Hjördis Levnajic

Rafiki

Loslassen bedeutet, frei zu sein

Bibliografische Information der Deutschen Nationalbibliothek: Die
Deutsche Nationalbibliothek verzeichnet diese Publikation in der
Deutschen Nationalbibliografie; detaillierte bibliografische Daten
sind im Internet über dnb.dnb.de abrufbar.
Die automatisierte Analyse des Werkes, um daraus Informationen
insbesondere über Muster, Trends und Korrelationen gemäß §44b
UrhG („Text und Data Mining") zu gewinnen, ist untersagt.

Buchsatz: Olivier Darbonville
Coverdesign: Srđan Vuković

Korrektorat und Kartenillustrationen von Kia Kahawa
Verlagsdienstleistungen (www.kahawa.de):
Korrektorat: Marcel Michaelsen
Landkarten: Malte Knaack

Verlag:
BoD · Books on Demand GmbH, Überseering 33,
22297 Hamburg, bod@bod.de
Druck: Libri Plureos GmbH, Friedensallee 273,
22763 Hamburg

ISBN: 978-3-7693-5548-2

Inhalt

Vorwort

Liebe Leserin, lieber Leser,

ich höre immer wieder Menschen von dem „Land Afrika" reden. Es schockiert mich jedes Mal und macht mich auch ein wenig traurig.

Die zweitausend Sprachen, die in den vierundfünfzig Ländern des Kontinentes gesprochen werden, lassen keine Zweifel an seiner Diversität.

Jedes Kapitel in diesem Buch beginnt mit einem Sprichwort des Landes, in das wir gemeinsam eintauchen werden. Sie geben einen ersten Eindruck vom Land und der Weisheit, die sich dort findet.

Ich möchte Sie nun einladen, mich auf meiner Reise durch Afrika zu begleiten. Wir werden in sechs Monaten zehn Länder auf unserem Weg von Südafrika nach Äthiopien besuchen. Wir werden viel trampen, bei Unbekannten übernachten und das ein oder andere Abenteuer erleben.

Bevor wir uns auf den Weg machen, habe ich noch eine Frage:

Woran denken Sie, wenn Sie „Afrika" hören? An Armut? An Krankheiten? An Kriege? An Flüchtlinge? An Safaris und umwerfende Natur? An Kunst?

All das gibt es natürlich dort, wie auf jedem anderen Erdteil auch.

Sie fragen sich, woran ich denke?

Ich denke an meine Rafiki.

Wer das ist, möchten Sie wissen?

Rafiki ist Swahili und bedeutet „Freund".

Ich legte mein Schicksal vertrauensvoll in die Hände tausender Afrikaner und Afrikanerinnen. Sie halfen mir in schwierigen Situationen, sie ließen mich in ihre Häuser und in ihre Herzen. Sie beherbergten mich, gaben mir zu essen und zeigten mir ihre Kultur. Ich war eine Unbekannte und sie erwiesen mir unfassbare Freundschaftsdienste. Die Geduld, Großzügigkeit und Gastfreundschaft, die mir entgegengebracht wurden, sind beispiellos und so widme ich dieses Buch all denen, die mich durch den Kontinent getragen haben.

Südafrika

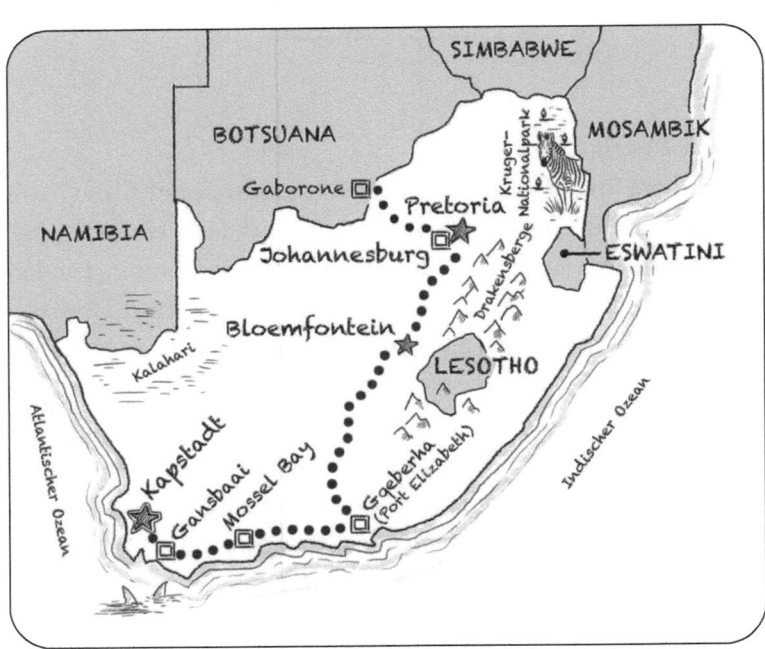

Hauptstädte: Bloemfontein (Judikative), Kapstadt (Legislative), Pretoria (Exekutive)

Jahr der Unabhängigkeit: 1961 vom Vereinigten Königreich

Bevölkerungsdichte (gerundet): 53 Einwohner pro km² (2024)

Religionen: 86 % Christen, 5 % traditionelle Glaubensrichtungen

Sprachen: Afrikaans, Englisch, Sepedi, Setswana, isiXhosa, isiZulu (+ 5 weitere Sprachen)

Währung: Südafrikanische Rand (1 = 0,08 US Dollar, Kurs 2017)

Top Sehenswürdigkeiten: Drakensberge, Garden Route, Kalahari, Kruger Nationalpark

Ein brüllender Löwe erlegt kein Wild.

Ich stand am Flughafen von Kapstadt und winkte meiner Mutter nach. Seit Kindestagen war dies mein großer Traum gewesen: Ich wollte Afrika bereisen. Ich weiß nicht, woher er kam. Vermutlich faszinierte mich der Gedanke, dass es Orte gab, an denen Menschen ganz anders aussahen als in meinem kleinen Dorf in Norddeutschland.

Wenn ich als kleines Mädchen auf der Schaukel gesessen hatte, hatte ich mir vorgestellt, sie würde sich aus der Halterung lösen und ich würde auf ihr über Afrika fliegen. Ich hatte versucht, ein Fluggerät aus Gänsefedern zu bauen und hatte immer einen gepackten Koffer unter meinem Bett verstaut. Ich hatte Jahre auf den Tag gewartet, an dem jemand an unsere Tür geklopft und verkündet hätte: „Ich reise nach Afrika, wer will mit?"

Dann wäre ich vorbereitet gewesen und hätte den gepackten Koffer unter dem Bett hervorgeholt. Das war nie geschehen.

Ich musste die Erfüllung meines Traumes selbst in die Hand nehmen und hatte mich in den letzten Jahren auf dieses Ziel vorbereitet.

Ich hatte alleine kleinere Reisen per Anhalter unternommen und hatte vor einigen Jahren bereits drei Monate in Mosambik gelebt und gearbeitet.

Jetzt, mit fast dreißig Jahren, war es so weit. Mein Traum wurde Wirklichkeit. Ich war endlich bereit – dachte ich.

Doch was tat ich in diesem großen Moment, dem ich über Jahre entgegengefiebert hatte? Ich stand am Flughafen und heulte mir die Augen aus. Es waren keine Freudentränen, es waren Tränen der Angst. Die Angst, meine Mutter nie wiederzusehen.

Wir hatten uns in der ersten Woche die Wunder Kapstadts gemeinsam angesehen. Nun verließ sie mich, damit ich mich alleine auf meinen Weg durch Afrika begeben konnte. Mein Gesicht glühte von der Anstrengung des Weinens.

Mir kam der Gedanke, ein Ticket zurück nach Deutschland zu kaufen.

„Eine dumme Idee", „zu gefährlich", „das überlebst du nicht" hatten mir Freunde und Verwandte vor Reiseantritt bestätigt. Als Frau alleine durch Afrika.

Mein Vater war in seinen Ausführungen am konkretesten geworden: „Du wirst ausgeraubt, vergewaltigt und umgebracht werden. Dann werden Krokodile deine Überreste fressen."

Ich blickte meiner Mutter nach, als sie durch die Sicherheitskontrolle verschwand. Sie war weg. Ich hatte mir den Abschied nicht so schwer vorgestellt. Trotz meiner Reiseerfahrung fühlte ich mich unvorbereitet. Die bevorstehende Reise war in Raum und Zeit größer als alles, was ich bisher gemacht hatte. Sie barg vielzählige Gefahren, denen ich mich stellen würde. In diesem Moment wirkte alles bedrohlich: der Flughafen, die Menschen, die Busfahrt zurück in die Stadt.

Ich befand mich an der südlichen Spitze des afrikanischen Kontinents. Dieser lag vor mir wie ein Minenfeld, das ich durchqueren wollte. Außer meinem Rückflug aus der Hauptstadt von Äthiopien hatte ich nichts geplant. Ich ließ die nächsten einhundertzweiundsechzig Tage auf mich zukommen. Sie sollten den Weg in das 6.856 Kilometer entfernte Addis Abeba definieren. Mir kam ein erschreckender Gedanke: „Ich werde die Reise nicht überleben."

Ich stieg immer noch weinend in einen Bus und fuhr zurück ins Zentrum. Dann schleppte ich mich in die Wohnung, in der meine Mutter und ich in Kapstadt gewohnt hatten. Eine wunderschöne Wohnung mit Ausblick auf den Tafelberg. Doch sie war leer und ich war mutterseelenallein. Ich rief meinen Freund Alex über Skype an.

„Meine Mama ist jetzt weggefahren", schluchzte ich.

„Ich weiß. Und du wusstest das auch", sagte er mit ruhiger Stimme.

Natürlich wusste ich das. Das Ticket hatte ich lange im Voraus gebucht.

„Ja, aber jetzt bin ich alleine, was mache ich denn jetzt?" Wieder flossen Tränen und meine Stimme brach.

„Ich komme nach Kapstadt, wenn du möchtest", bot er an.

Selbstverständlich wollte ich das, aber es war keine Lösung. Wir hatten uns auf Kreuzfahrtschiffen kennengelernt, wo ich als Übersetzerin und er als Fotograf gearbeitet hatte. Er würde in sieben Tagen von Serbien nach Australien fliegen, um dort wieder für sechs Monate einzuschiffen. Außerdem hatte ich mich nicht aus einer Laune heraus alleine auf die Reise begeben. Ich hatte die Erfahrung gemacht, alleine leichter Einblicke in die Kulturen zu erhalten. Als Frau alleine wurde ich auf der Straße angesprochen und zu Menschen nach Hause eingeladen.

Daraus hatten sich schon häufig lebenslange Freundschaften entwickelt. Als Alleinreisende sprach man mit mir; als Reisegespann wurde über uns gesprochen.

„Das geht leider nicht", antwortete ich daher. „Ich muss alleine reisen, damit ich Menschen kennenlerne."

Die Erklärung meiner Reisephilosophie an meinen Freund half mir dabei, mich wieder auf mein Ziel zu fokussieren. Es war nicht mein Plan, alleine zu sein. Ich wollte Menschen kennenlernen. Sicherlich würde mir Gesellschaft gegen meine Angst helfen und die Tränen trocknen lassen.

Der schnellste Weg dafür war die Internetplattform ,Couchsurfing'. Es gibt zwei Möglichkeiten, Gastgeber bei ,Couchsurfing' zu finden. Bei der ersten Variante liest man sich die Profile potenzieller Gastgeber gewissenhaft durch, studiert die Kommentare vorheriger Gäste und gleicht die Interessen und Wertvorstellungen ab. Die zweite Option ist schneller und bequemer und mir daher lieber. Man schickt eine allgemeine Anfrage an alle registrierten Couchsurfer in der jeweiligen Stadt. In dem Fall kontaktieren die Gastgeber den potenziellen Gast. Ich öffnete mein Couchsurfing-Profil und war verblüfft. Ich hatte lange Zeit vor der Abreise einen allgemeinen Aufruf gepostet. Wie konnte ich das vergessen haben? Damals hatten sich einige Couchsurfer bei mir gemeldet. Es war an der Zeit, mich ihren Nachrichten zu widmen. Ich setzte mich auf das Sofa und begann zu lesen.

Meine Wahl fiel auf einen jungen Mann namens Mkhokheli. Seine Antwort lag mittlerweile zwei Monate zurück und seine Nachricht entlockte mir ein Lächeln.

„Du klingst wie eine ausgeflippte, coole Person. Ich würde dich sehr gerne beherbergen. Ich kann dich auch mit Leuten in Simbabwe oder anderen Gegenden verbinden."

Die Aussicht auf Kontakte in anderen Ländern beeinflusste meine Entscheidung erheblich. Ich hoffte auf einige Tipps für meine Reise und im Idealfall bekam ich eine Liste von Menschen, die mich an jeder Grenze persönlich abholten und mich Händchen haltend durch die verschiedenen Länder führten.

Ein kleines Schuldgefühl, ihm erst jetzt zu antworten, schluckte ich runter. Ich couchsurfte nicht, um irgendwo kostenfrei zu wohnen. Es ging mir um den interkulturellen Austausch mit Einheimischen.

Mkhokheli nahm es mir anscheinend nicht übel und antwortete sofort: „Es wohnen derzeit bereits drei Mädchen bei mir. Du kannst gerne kommen, wenn es dich nicht stört, den Raum mit ihnen zu teilen."

Das hörte sich sehr ungewöhnlich an.

„Sammelt er Couchsurferinnen?", schoss es mir durch den Kopf.

Ich sprach mir Mut zu: „Positiv denken, immer positiv denken. Drei weitere Couchsurferinnen erhöhen die Sicherheit."

Die Reise begann und ab jetzt würde ich alle Habseligkeiten auf meinem Rücken tragen. Als ersten Schritt entsorgte ich deshalb alles, was ich als Ballast einstufte. Ich entledigte mich der Kurzzeittouristin: Haarshampoo, Sonnencreme und Prospekte über Kapstadt landeten im Mülleimer. Jedes Gramm weniger zählte und mein Rücken würde es mir danken.

Das Abenteuer konnte beginnen.

Ich habe einen unterirdischen Orientierungssinn. Als ich meinen Freund gefragt hatte, warum ihm meine bevorstehende Reise keine Sorgen bereitete, hatte er trocken erwidert: „Bei deinem Orientierungssinn rufst du mich nach drei Monaten an, weil du den Ausgang aus Kapstadt nicht gefunden hast."

So ging ich auf Nummer sicher und bestellte einen Uber-Fahrer über die dazugehörige App. Uber vermittelt private Fahrer für einen deutlich geringeren Preis als ein herkömmliches Taxi. In Deutschland war Uber verboten, in Kapstadt hingegen galt es als sicheres und zuverlässiges Transportmittel. Ich kannte die genaue Adresse nicht und konnte dem Fahrer nur den Stadtteil ‚Observatory' nennen.

Dieser war einst ein Arbeiterviertel gewesen. Inzwischen leben hier hauptsächlich Studenten und Künstler. Anders als im Stadtzentrum ragten hier keine Wolkenkratzer in die Luft, umgeben von dichtem Verkehr auf breiten Straßen.

Eine gemütliche Hauptstraße durchquerte das Viertel. Kleine viktorianische

Häuser erinnerten an Kleinstädte in Großbritannien. Die Menschen schlenderten durch die Straßen.

Dieses entschleunigte Leben hatte eine beruhigende Wirkung auf mich. Ich passte mit meiner planlosen Reise perfekt in das Straßenbild, welches von mittellosen jungen Leuten in ihren Zwanzigern, die auf der Suche nach dem Sinn des Lebens waren, geprägt war. Bisher war ich in Kapstadt voll in meiner Rolle als Touristin aufgegangen; der flüchtige Besucher, der sich an den Attraktionen erfreut und vom Alltag fernbleibt. Hier war mein Empfinden anders. Ich fühlte mich, trotz großen Rucksacks, Teil dieses Mikrokosmos. Ich brauchte dringend Internet, um Mkhokheli zu schreiben und ging in ein Café, das mit Wi-Fi Zugang warb. Die Einrichtung strahlte rustikalen Charme aus. Alles war aus Holz und machte den Anschein, als wäre es vom Sperrmüll gerettet worden. Gut gefüllte Bücherregale verliehen dem Ort eine heimelige Atmosphäre.

Er antwortete wieder unverzüglich auf meine Nachricht. Er befand sich noch auf der Arbeit, wollte mich aber treffen, um mir seinen Wohnungsschlüssel zu geben.

Wir kamen aus entgegengesetzten Richtungen aufeinander zu und trafen gleichzeitig vor seinem Haus ein. Mir stand ein großer Mann mit einer sportlichen Statur und vielen sehr kurzen Rastalocken gegenüber. Er legte augenscheinlich viel Wert auf sein Äußeres. Seine kräftige Umarmung wirkte wie eine Arznei gegen mein melancholisches Gefühl der Einsamkeit. Ich fühlte mich von der ersten Sekunde an wie eine alte Freundin, die zu Besuch kam.

Er öffnete die Tür zu seiner Wohnung. Es gab keinen Flur und so standen wir direkt in seinem Wohnzimmer mit offener Küche. Ein Tresen trennte die beiden Bereiche räumlich.

Das Wohnzimmer glich einem Schlaflager. Die Schlafcouch am Fenster hatte ihre Funktion als Couch wohl bereits vergessen, da sie vermutlich seit Längerem ausschließlich als Schlafplatz diente. Auf dem Boden lagen zwei Isomatten. Eine weitere Couch mit zwei Sitzen stand noch zur Verfügung.

„Hier kannst du schlafen", sagte Mkhokheli.

Ich legte meine Sachen darauf, um sie zu reservieren, bevor sich noch eine Couchsurferin anmeldete. Ich sah mich um. Im Wohnzimmer war kein Quadratzentimeter mehr Platz. Auch der Küchentresen verschwand unter Essen, Küchenutensilien und einer Vielzahl Sonnencremes.

„Sind das Trophäen?", dachte ich.

Mein Blick verharrte wohl zu lange auf den Sonnencremes.

„Die wurden von Couchsurferinnen hier vergessen. Wenn du Sonnencreme brauchst, bediene dich gerne." Er lachte.

Es gab noch ein weiteres Zimmer, in dem Mkhokheli schlief.

„Ich brauche eine südafrikanische SIM-Karte", sagte ich.

„Du kannst deinen Rucksack hierlassen, ich arbeite in der Nähe des Einkaufszentrums, dort kannst du eine kaufen", schlug er vor.

Ich hatte mich für den richtigen Couchsurfer entschieden.

„Das scheint eine sehr hippe Gegend zu sein", fasste ich meine ersten Eindrücke zusammen.

„Ja, diese Gegend boomt", erwiderte er.

Ich wollte unser Gespräch gerne vertiefen, doch die Mall lag leider nicht weit entfernt von seiner Wohnung.

„Hast du Lust, in deiner Mittagspause gemeinsam etwas zu essen?", fragte ich.

„Ich bin schon verabredet, aber heute Abend können wir weiterreden", antwortete Mkhokheli und verabschiedete sich wieder mit einer warmen Umarmung.

Ich erledigte meine Besorgungen und ging zurück in die Wohnung, um nachzudenken und um zu ergründen, wie es für mich von hier weiterging. Ich saß alleine im Wohnzimmer und brütete über einer Landkarte Südafrikas. Ich hatte zwei Möglichkeiten: Richtung Norden und durch Namibia oder ein kleines Stück Richtung Süden, um dann entlang der Küstenstraße Richtung Osten zu fahren. Die zweite Variante würde mich bis Port Elizabeth bringen und dann weiter nach Botsuana, das im Nordosten an Südafrika grenzte.

Vertieft in meine Landkarte erschrak ich, als Mkhokheli plötzlich in der Tür stand und mich aus meinen Gedanken riss.

Er war nicht allein. Seine Mittagsverabredung, eine blonde Amerikanerin, begleitete ihn.

„Du bist hier? Wir waren bei ihr. Der Mitbewohner hat uns beim Sex im Wohnzimmer erwischt und uns rausgeworfen", erklärte er mir die Situation.

Wir hatten wohl nicht dieselbe Vorstellung von ‚etwas gemeinsam essen‘.

„Ich trage immer noch keine Unterhose", tat sie kund.

„Ich hoffe, du hast keine ansteckenden Krankheiten?" scherzte er und sie entwickelte den Witz dankbar weiter: „Was? Habe ich dir nicht erzählt, dass ich Hepatitis habe?"

Beide fanden ihr Verhalten und die Situation zum Totlachen.

Ich nicht. Mir entgleisten meine Gesichtszüge. Die HIV-Rate in Südafrika lag bei etwa zwanzig Prozent und die beiden hatten offensichtlich gerade ungeschützten Sex gehabt. Ich wollte nicht verklemmt wirken und beließ es bei einem verwunderten Gesichtsausdruck.

„Ich war bis vor Kurzem noch als Couchsurferin bei Mkhokheli zu Gast. Aber irgendwann wurde ich ihm zu viel und er hat mich vor die Tür gesetzt", klärte mich die Amerikanerin auf.

„Du warst für Monate hier." Beide lachten wieder.

„Also doch ein Schürzenjäger und Couchsurferinnen-Sammler", dachte ich. Mir wurde die Situation zunehmend unangenehm. Zu meinem Glück stieß in diesem Moment ein weiteres Mädchen dazu. Sie hatte einen eigenen Schlüssel und so mutmaßte ich, dass auch sie über Nacht bleiben würde. Eine Französin, die sich beruflich in Kapstadt aufhielt.

„Couchsurfing während einer Geschäftsreise?", fragte ich verblüfft. „Dein Unternehmen würde dir doch sicher eine Unterkunft zahlen?"

„Ja, natürlich, aber ich berate Unternehmen zum Thema Ethik. Es wäre unethisch, für mehrere hundert Euro pro Nacht in einem Hotel zu wohnen", erklärte sie mir, „außerdem ist es so interessanter."

Mkhokheli bestärkte sie in der Entscheidung: „Ausländische Geschäftsleute und Airbnb haben die Mietpreise hier die letzten Jahre in die Höhe getrieben. Die europäischen oder amerikanischen Firmen bezahlen jeden Preis." Seine Stimme klang verbittert.

Ich erinnerte mich an eine Situation auf dem Weg zurück in die Wohnung. Ein Schwarzer hatte mir ohne ersichtlichen Grund den Mittelfinger aus einem fahrenden Auto gezeigt. Ich hatte es sofort in die Schublade mit der Aufschrift ‚Rassenhass' abgelegt. Womöglich war es kein Rassenhass, sondern Unmut über die angespannte Wohnungssituation gewesen.

Vielleicht hatte ich den Mittelfinger ein wenig verdient. Meine Mutter und ich hatten auch in einer Airbnb-Wohnung gewohnt. So hatten auch wir einen kleinen Anteil zu weniger und teurerem Mietraum für Kapstädter beigetragen. Die Wohnung, die wir für ein paar Tage gemietet hatten, fehlte auf dem freien Wohnungsmarkt. Insbesondere in Städten wie Kapstadt, die bei Touristen beliebt sind, führte die Nutzung von Wohnungen durch Touristen zu steigenden Mietpreisen. Obwohl ich mir der Problematik bewusst war, hatte ich mir im Vorfeld keine Gedanken über mein Handeln gemacht.

Das unbekümmerte Urlaubsgefühl, das ich noch den Tag zuvor in Kapstadt hatte, wich den Realitäten. Ich bekam einen Geschmack von den Alltagssorgen der Kapstädter.

Die letzten beiden Couchsurferinnen trafen ein. Zwei Mädchen aus Deutschland. Eine der beiden kämpfte mit den Tränen.

„Ich wurde heute zweimal ausgeraubt. Erst das Handy und später die Kreditkarte." In ihrer Stimme vermischten sich Wut, Enttäuschung und Verzweiflung.

„Heute Vormittag hatten wir noch mit dem Gedanken gespielt, länger in Kapstadt zu bleiben", ergänzte ihre Freundin fassungslos.

Der südafrikanische Alltag hatte auch sie wachgerüttelt und ihre Sorglosigkeit zerstört.

Ein Alltag, der für Gefahr und Gewalt berühmt war. Meine Reise stand bis zu diesem Zeitpunkt vor mir wie eine unüberwindbare Wand, und Kapstadt hatte bis jetzt den sicheren Hafen symbolisiert, den ich nicht verlassen wollte. Diese Geschehnisse und die Unterhaltungen an diesem Abend waren wie ein Stoß. Die Angst hatte die Seiten gewechselt. Ich empfand Kapstadt nicht mehr als sicheren Hafen und die große Weite Afrikas versprach Freiheit. Ich beschloss, am folgenden Tag aufzubrechen, obwohl ich mich immer noch nicht auf eine Reiseroute festgelegt hatte.

Mkhokheli brachte mich am nächsten Tag zur Hauptstraße, von wo aus die Minibusse ins Zentrum fuhren.

„Frag nach dem ‚Taxi Rank' am Bahnhof", gab er mir noch mit auf den Weg und verabschiedete sich so, wie er mich auch begrüßt hatte: mit einer herzlichen Umarmung.

Der Plan führte mich zunächst zum Busbahnhof ins Zentrum Kapstadts, um dort zu erfragen, wie ich die Stadt am besten verlassen konnte. Die

Minibusse wurden von Kleinunternehmern betrieben. Jeder Fahrer trug für seinen Bus, seine Angestellten und seine Fahrzeiten die Verantwortung. Dadurch fehlten Fahrpläne und das Fahrtziel stand nur selten in der Windschutzscheibe.

Ein Bus näherte sich und wurde langsamer. Die Schiebetür sprang auf und ein Teenager in Plastiklatschen hing heraus. Er schrie etwas Unverständliches.

„*Taxi Rank at the station*", schrie ich etwas panisch, da er nur langsamer wurde, aber nicht anhielt.

Er winkte mich mit einer schnellen Handbewegung in den fahrenden Bus.

Auf den ersten Blick waren die Minibusse schlicht das Transportmittel der Armen. Für Menschen, die meistens in den Außenbezirken wohnten und in der Innenstadt in schlecht bezahlten Jobs arbeiteten.

Auf den zweiten Blick war es ein Selbstmordkommando. Anschnallgurte suchte man auf einer Sitzbank, die für drei Leute ausgelegt war und auf der fünf Passagiere untergebracht wurden, vergeblich.

Der Fahrer reizte das Gaspedal bis zum Anschlag aus, während ein junger Mann die Schiebetür bediente. An den Haltestellen, die man kennen musste, da sie nicht als solche ausgeschildert waren, wurde der Bus langsamer, der Junge riss die Tür auf und schrie die Endstation, um Passagiere anzuwerben. Wenn der Junge mit seinen Adleraugen einen potenziellen Fahrgast am Straßenrand erspäht hatte, gab er dem Fahrer ein Zeichen. Dieser bremste den Minibus ab, damit der Fahrgast in den rollenden Bus springen konnte. Auch in einem vermeintlich vollen Bus fand sich immer noch ein Plätzchen. Auf dem Beifahrersitz konnten zwei Fahrgäste Platz finden, und einige Unglückliche mussten in gebückter Haltung stehen.

Auf den dritten Blick erkannte man das pure Leben. Das alte Blech, das den Bus notdürftig zusammenhielt, klapperte zu dem Beat der ohrenbetäubenden afrikanischen Musik, welche uns durch die kleinen Lautsprecher beschallte. Sitznachbarn redeten, lachten und diskutierten miteinander. In diesem Bus gab es keine Smartphone-Zombies, die mit In-Ear Kopfhörern auf ihre Bildschirme starrten. Der Wind pfiff durch die offenen Fenster und brachte eine willkommene Abkühlung.

Ein genauerer Blick offenbarte, dass die Mittelschicht Afrikas damit reiste. Am Morgen saßen einige Personen mit Aktenkoffern unter den Armen im Bus.

Abends trugen die Fahrgäste oft schicke Kleidung, wenn sie auf dem Weg zu einer Feier waren.

Weiße sah man in diesen Bussen selten. An diesem Tag befand sich außer mir eine weitere Europäerin im Bus. Der Platz neben ihr war der einzige freie Platz und so setzte ich mich neben sie. Sie kam auch aus Deutschland.

„Ich bin auf dem Weg zu einem Friedensmarsch", sagte sie.

Ich gestand, noch nie von solchen Märschen gehört zu haben.

„Was sind Friedensmärsche?"

„Es hat wieder Todesfälle in den Townships gegeben. Schwarze aus den Nachbarländern werden von den südafrikanischen Schwarzen oft diskriminiert und manchmal getötet", erklärte sie mir.

Wir kamen am Taxi Rank, dem zentralen Busbahnhof Kapstadts, an. Er befand sich neben dem Hauptbahnhof. Da ich die Fahrt sehr genossen hatte, beschloss ich, noch ein Stück mit Minibussen durch Südafrika zu reisen. Ich lief auf dem Platz, auf dem mindestens fünfzig solcher Kleinbusse standen, wild umher. Es herrschte Chaos und überall lag Müll. Ich war überfordert.

„Wie weit fahren Sie?", fragte ich wieder und wieder die verschiedenen Fahrer.

Ich konnte keinen Bus finden, der aus der Stadt hinausfuhr. Es handelte sich offenbar um ein innerstädtisches Fortbewegungsmittel. Ich wurde auf die großen, modernen Busse verwiesen. Klimatisiert und komfortabel, sicher und zur angegebenen Uhrzeit am gewünschten Ziel.

Das wollte ich nicht. Zudem konnte ich kein genaues Ziel angeben. Es ging mir um die Reise, um Begegnungen und Erfahrungen. Ich sah den Zug als meine letzte Möglichkeit, noch an diesem Tag Kapstadt zu verlassen.

„Ein Ticket zur letzten Station bitte", bat ich die Verkäuferin.

„Zu welcher Station möchten Sie denn?", fragte diese verwundert.

„Ich weiß nicht. Zur Letzten. Wie weit fährt der Zug?", wollte ich wissen.

Die Verkäuferin schien an meinem Geisteszustand zu zweifeln und verwies mich an ihre Kollegin.

„Die Endstation ist Strand", sagte diese.

Zweieinhalb Stunden Zugfahrt ins Ungewisse. Das klang perfekt. Die Verkäuferin hatte mir automatisch ein Ticket für die erste Klasse verkauft. Ein leerer Waggon mit grau gepolsterten Sitzbänken, die an Sofas erinnerten, sollte nur für mich sein. Das sah gemütlich und zugleich gefährlich aus. Ich hatte von Überfällen auf Zugpassagiere in Südafrika gehört.

Alleine in einem Zugabteil zu reisen, welches für vermeintlich wohlhabende Reisende gedacht war, schien mir keine kluge Entscheidung zu sein.

Vor der zweiten Klasse versammelte sich eine Menschenmenge und ich gesellte mich dazu. In dem brechend vollen Abteil saßen wir auf gelben Plastikbänken. An den Wänden klebten Aufkleber von Heilern und Wahrsagern. Ich las mir die Aufkleber durch. Ein Heiler namens ‚Dean‘ versprach: „Bringe deine verlorene Liebe zurück, Geld auf dein Konto, Schulden, bring dein Unternehmen voran." Ein Dr. Musa versprach Ähnliches mit der Ergänzung der „Penisvergrößerung". Ein anderer Aufkleber warb für Abtreibungen und Brustvergrößerungen. Liebe, Geld, Sex und Schönheit. Südafrika lag weit von meiner Heimat entfernt. Die Probleme und Wünsche der Menschen aber ähnelten sich.

Der Zug verließ die Stadt und ich erfreute mich am letzten Blick auf den Tafelberg, der an diesem Tag besonders schön aussah. „Tafel" bedeutet auf Afrikaans Tisch. Eine zarte Wolkendecke lag wie eine blütenweiße Tischdecke sanft auf dem flachen Berg.

„Ich werde wiederkommen, wenn ich die Reise überstehe", dachte ich lächelnd.

Es war ein befreiendes Gefühl, mein Leben in die Hände des Schicksals zu legen. Ich musste nichts planen und durfte in den Tag hineinleben. Ein Kontrollverlust erster Güte. Meine Anspannung und die Angst des Vortags fielen von mir ab. Ich war frei.

Ein junger Mann spielte Gitarre. Dazu sangen er und seine Frau Kirchenlieder, bei denen fast alle Fahrgäste lauthals mitsangen. Nur wenige, darunter ich, kannten die Texte nicht. Das hinderte uns nicht daran, die Musik mit rhythmischem Klatschen zu begleiten. Es herrschte eine fröhliche und ausgelassene Stimmung.

Einige Kinder in meiner Nähe sahen verstohlen zu mir herüber. Ich passte nicht in diese homogene Gruppe von Reisenden. Alles Einheimische ohne viel Gepäck, die genau wussten, wohin sie fuhren.

Verstecken war unmöglich: einen Meter siebenundsiebzig groß, bronzefarbenes Haar und schwer bepackt. Ich fiel unvermeidbar auf. Nur die Entscheidung, ob ich positiv oder negativ auffallen wollte, lag bei mir.

Ich nahm Blickkontakt auf und winkte den Kindern lächelnd zu. Zunächst sahen alle skeptisch zu mir herüber, doch nach einigen Minuten wagte es ein mutiges Mädchen, sich neben mich zu setzen. Ich begrüßte sie mit einem Handschlag.

„Ich bin jetzt die Freundin von der Frau", rief sie voller Stolz den anderen Kindern zu.

Das Eis war gebrochen und die Kinder belagerten mich innerhalb von Sekunden. Ich spürte ihre Aufregung, als sie mir unzählige Fragen stellten. Alle sprachen gleichzeitig und ich hatte Mühe in dem Durcheinander auf die Fragen einzugehen. Woher ich kam, warum ich in Südafrika war, was ich in meinem Rucksack hatte und wohin ich wollte. Ich tat mein Bestes, alle Fragen zu beantworten, aber das Konzept des Reisens ohne Grund konnten sie nicht nachvollziehen. Reisen nervte. Sie verbanden es mit ihren langen Schulwegen. Reisen war lästiger Alltag.

Deutschland schien für sie Lichtjahre entfernt, ein unerreichbares Land. Die Möglichkeit mit jemandem von so weit weg zu sprechen, begeisterte sie. Ihre Euphorie erstaunte mich angesichts der Tatsache, dass jährlich etwa zehn Millionen Touristen Kapstadt besuchten. Die ausgezeichnete touristische Infrastruktur reduzierte den Kontakt zu Einheimischen. Die einzigen Berührungspunkte gab es mit Taxifahrern, Verkäufern von Souvenirs und Eintrittskarten zu den vielzähligen Attraktionen oder Kellnern. Der Austausch zwischen den Welten beschränkte sich größtenteils auf Dienstleistungen. Ich selbst war in meiner ersten Woche fast nie mit Einheimischen ins Gespräch gekommen. Im Zug hätte ich in der ersten Klasse Platz finden sollen. Die Begegnung mit diesen goldigen Kindern hätte es dann nie gegeben.

Sie stiegen eine Viertelstunde vor Erreichen der Endstation aus. Je mehr ich über das Verhältnis zwischen Touristen und Einheimischen nachdachte, desto mehr verstand ich die Neugierde der Kinder.

Schließlich erreichte auch ich mein unbekanntes Ziel. Ich verließ den Zug und der Ausblick, der sich mir bot, ließ mich für einen Augenblick überrascht zurück. Die Dame, die mir das Ticket verkauft hatte, hatte den Namen der Endstation „Strand" englisch ausgesprochen und ich hatte es nicht mit dem deutschen Wort ‚Strand' in Verbindung gebracht.

Doch es war eben genau das: ein Strand. Vor mir lagen nur Sand und Wasser. Alle verbliebenen Passagiere machten sich zielstrebig auf den Weg zum Wasser, nur ich blieb verloren zurück.

Ich hatte auf eine Busverbindung gehofft. Fehlanzeige. Es handelte sich wortwörtlich um die Endstation aller öffentlichen Verkehrsmittel und ohne Auto ging es nicht weiter. Ich war buchstäblich gestrandet.

„Fahr am besten zurück nach Kapstadt. Von dort gibt es Busse in alle großen Städte", schlug mir ein unbekannter Herr vor.

Das kam nicht infrage. Entschlossen ging ich los.

„Ich werde nicht bei der ersten Schwierigkeit aufgeben", dachte ich erbost über meine Ignoranz.

Irgendwie würde es von hier weitergehen. Ich musste nur herausfinden, wie. Für den Notfall hatte ich alles, was ich brauchte, in meinem Rucksack: Zelt, Isomatte, Taschenmesser, Wasser, Nüsse und eine Powerbank mit Solarenergie. Es gab keinen Grund, mir Sorgen zu machen.

Ich versuchte, mich auf das Positive zu konzentrieren. Die Strecke, auch ‚Garden Route' genannt, schmiegte sich zwischen dem Atlantik auf der rechten und einer mit herrschaftlichen Häusern gespickten Hügellandschaft auf der linken Seite. Sie schlängelte sich den Berg hinauf. Der Anstieg forderte mich heraus und wandelte sich in der Mittagssonne stetig in eine Tortur.

Schon bald hatte die Sonne meinen Elan ausgetrocknet und das Gepäck meinen Mut erdrückt. Ich bin kein sportlicher Typ und so zwang ich mich, noch bis zur Spitze des vor mir liegenden Hügels zu gehen. Ich setzte mir Zwischenziele, um Erfolgserlebnisse zu haben, die mich motiviert genug hielten.

Oben angekommen ließ ich meine zwei Rucksäcke von mir fallen. Ich hatte einen großen Rucksack mit Kleidung und Campingequipment auf dem Rücken und einen kleinen Rucksack mit Wertsachen und der Fotoausrüstung vor meinem Bauch.

Mein T-Shirt war durchgeschwitzt. Ich genoss die leichte Brise, die auf dieser Höhe wehte und mein T-Shirt wie ein Föhn trocknete. Von hier hatte ich einen Überblick über die zurückgelegte Strecke. Die Straße wand sich vom Strand um eine Bucht stetig bergauf. Ich konnte meinen Startpunkt in der Ferne nur noch erahnen. Bis zu diesem Zeitpunkt hatte ich mit dem Gedanken gespielt, zurückzufahren und den gemütlichen Bus in die nächste Großstadt zu nehmen. Jetzt aber stand die Qual des bereits zurückgelegten Weges zwischen mir und Kapstadt. Diese Anhöhe besiegelte meine endgültige Entscheidung, nicht mehr umzukehren.

Ich setzte mich auf eine Bank. Viele Touristen fuhren die Garden Route mit Mietwagen entlang und hielten an den Aussichtspunkten an, um die Schönheit der Landschaft auf sich wirken zu lassen. Auch ich verlor mich in der Weite und der Kraft des Atlantiks, wenn er auf die Küste traf.

Ich saß dort und träumte davon, die Hügel mit einem motorbetriebenen Fahrzeug zu erklimmen und die Sonne mithilfe einer Klimaanlage erträglicher zu machen.

„Ich wünschte, einer dieser vielen Touristen würde mir anbieten, mich mitzunehmen", dachte ich.

Mir fehlte der Mut, sie direkt anzusprechen. Sie hatten etwas Unnahbares an sich. Nach einer halben Stunde gab ich es auf. Mein T-Shirt und die nassgeschwitzten Rückseiten meiner Rucksäcke waren getrocknet. Ein Schritt vor den anderen. So ging es voran. Ich sah immer wieder zurück. Trotz der traumhaft schönen Landschaft, kreisten meine Gedanken nur um die Unmöglichkeit meines Vorhabens. Vielleicht sollte ich an einem dieser bombastischen Häuser klingeln und um Hilfe bitten. Ich spielte die Szenarien in meinem Kopf durch.

Jemand könnte mich zu sich ins Haus einladen und mir ein Glas Brause anbieten oder ich könnte angeschrien und vom Hof gejagt werden oder ein Hund würde mich attackieren.

„Keine gute Idee", resultierte ich.

Ich hatte erst wenige Kilometer zurückgelegt und war bereits vollkommen verzweifelt. Bei diesem Tempo würde ich nie in Äthiopien ankommen. Ich und mein Vorhaben wirkten zu lächerlich, um Fremden davon zu erzählen. Zögerlich begann ich, den Daumen herauszuhalten. Mit wachsender Erschöpfung wuchs mein Engagement, mir eine Fahrgelegenheit zu beschaffen. In Südafrika herrscht Linksverkehr. Damit mich die Autofahrer auch sahen, ging ich nun auf der linken Straßenseite. Leider gab es auf dieser Seite keinen Fußgängerweg und ich drängte mich so dicht wie möglich an den Rand. Viele der Autofahrer brachten ihren Unmut über mein gefährliches Verhalten deutlich zum Ausdruck. Dass ich um Hilfe flehte, schien niemanden zu interessieren.

Mittlerweile blieb ich jedes Mal stehen, wenn ich ein Auto hörte. Ich versuchte, Augenkontakt aufzunehmen, faltete die Hände flehend zusammen, um Mitleid zu erregen. „Bitte nehmt mich mit", flüsterte ich jedes Mal.

Nichts. Die Autos hupten mich oft wütend an, weil die enge Straße kaum Platz für mich ließ. Ich war ein lästiger Fremdkörper.

Ich setzte mir kleinere Etappenziele, um nicht den Mut zu verlieren. Von einem Schattenfleck zum Nächsten, von Aussichtspunkt zu Aussichtspunkt. Ich zwang mich, die wunderschöne Natur zu betrachten, und blickte immer wieder stolz auf die zurückgelegte Strecke. Irgendwann trug keine dieser Motivationshilfen mehr Früchte und meine Verzweiflung über die Situation erreichte ihren Gipfel. Ich hob nicht einmal mehr den Arm, wenn sich ein Auto näherte.

„Es ist ohnehin zwecklos", dachte ich, als es endlich passierte. Ein Auto hielt an.

Als erfahrene Tramperin hatte ich über die Jahre einige Regeln als Sicherheitsmaßnahmen beim Trampen aufgestellt. Ich war mir natürlich des Risikos bei dieser Reiseform bewusst, aber meine drei goldenen Regeln gaben mir etwas Sicherheit.

Die erste Regel lautete: „Niemals bei Dunkelheit trampen". Meistens waren abends und nachts weniger Menschen auf der Straße und entsprechend kaum jemand, der im Ernstfall einschreiten könnte.

Meine zweite Regel besagte: „Steige nicht in Lkws ein". Diese Regel hatte ich während meiner Abenteuerreisen in Europa aufgestellt, als ich erfahren hatte, dass es Lkw-Fahrern aus versicherungstechnischen Gründen untersagt war, Tramper mitzunehmen. Wenn sie es doch taten, waren sie also entweder Engel, die trotz Verbots halfen oder Teufel, die Böses im Schilde führten. Ich legte keinen Wert darauf, es herauszufinden.

Die dritte goldene Regel war die wichtigste von allen: „Hör immer auf dein Bauchgefühl. Egal, wie verzweifelt du bist, wenn dein Bauch sagt, dass du der Person nicht vertrauen kannst, dann steigst du nicht ein!". Lieber wollte ich mich irren und jemanden zu Unrecht als gefährlich einstufen, als gegen mein Bauchgefühl bei jemandem einzusteigen und einem Verbrechen zum Opfer fallen.

Es war weder dunkel noch handelte es sich bei dem haltenden Auto um einen Lkw. Leider blieb meinem Bauchgefühl nicht viel Zeit, denn der Fahrer stand in einer Kurve mitten auf dieser Serpentinenstraße. Ich musste mich beeilen. Meine Sachen schmiss ich auf die Ladefläche des Jeeps und sprang durch die Beifahrertür in das Auto. Am Steuer saß ein Mann des Typs „Surfer im mittleren Alter".

Er fuhr los, bevor ich die Tür schließen konnte, und belehrte mich auf der Stelle: „Das ist gefährlich. Weißt du, dass Weiße in Südafrika täglich getötet werden?", fragte er.

„Ich wollte eigentlich mit Minibussen fahren. Aber von Strand gab es keine", versuchte ich mich zu erklären.

„Bis Mossel Bay bist du noch einigermaßen sicher. Danach darfst du auf keinen Fall so weitermachen. Sonst kommst du im besten Fall zwar lebend aus Südafrika raus, aber unter Garantie ohne deine Sachen", warnte er mich eindringlich.

„Ich verspreche es. Ab Mossel Bay fahre ich nur noch mit Bussen", sagte ich kleinlaut.

Mossel Bay lag etwa auf halbem Weg bis Port Elizabeth. Ich hatte an diesem Tag bereits genug in der Sonne gelitten und wollte ohnehin spätestens ab Port Elizabeth einen direkten Bus Richtung Norden nach Botsuana nehmen. Im klimatisierten Auto konnte ich die Landschaft in vollen Zügen und ohne Beschwerden durch Hitze und Lasten genießen. Die Berge waren nicht mehr mein Feind, sondern ein perfektes Gemälde von Mutter Natur. Eine Gruppe Paviane lief am Straßenrand entlang. Ich zückte sofort begeistert meine Kamera. Die pure Freude darüber, Paviane zu sehen, entblößte auch die Naivität einer unbekümmerten Europäerin.

„Paviane sind neugierig, gefährlich und aggressiv und überfallen dich mit Sicherheit, wenn du Essen dabei hast", wurde ich aufgeklärt.

„Dich hat der Himmel geschickt. Die hätten mir sicher meine Notfallration Nüsse gestohlen." Im Auto waren ich und meine Nüsse in Sicherheit.

Leider erreichten wir schnell das Ziel.

„Meine Stammbar. Dort gibt es auch Übernachtungsmöglichkeiten, falls du hier nicht wegkommst", sagte mein Retter.

Sie befand sich auf einer Klippe. Ich stellte mir vor, wie ich mit einem Glas Wein in der Hand die Brandung bei Sonnenuntergang betrachten würde. Dieser war aber sicherlich noch zwei oder drei Stunden entfernt. Ich war endlich vorwärtsgekommen und glaubte, das Glück ab jetzt auf meiner Seite zu wissen. Obwohl mein Körper danach verlangte, sich hinzulegen und sich auszuruhen, schlug ich dieses verlockende Angebot aus. Ich wollte das Momentum nutzen.

„Das Schicksal soll das übernehmen", dachte ich, „entweder ich finde eine weitere Mitfahrgelegenheit oder ich übernachte hier."

Beide Optionen stimmten mich glücklich. Ich genoss den Luxus, keine Entscheidungen treffen zu müssen.

Ich ging gut gelaunt zum Straßenrand. Dort wollte ich bis kurz vor Sonnenuntergang warten.

Eine schwarze Südafrikanerin stand ebenfalls an diesem Punkt und schien auf etwas zu warten.

„Hallo", sagte ich.

Sie wirkte verwundert über meine Kontaktaufnahme und nickte mir dezent zu.

„Entschuldigen Sie, ist das hier vielleicht eine Haltestelle für Minibusse?", fragte ich.

„Ja."

Jackpot. Zurück zu Plan A. Mit Kleinbussen von Ortschaft zu Ortschaft.

Auch dieser Plan hielt nicht lange. Es kam wieder anders als erwartet. Vielleicht sollte ich es endgültig aufgeben, Pläne zu schmieden.

Ein silberner Hyundai hielt direkt vor meinen Füßen an. Die Fahrerin sprach mich sofort auf Afrikaans an. Glücklicherweise spreche ich Niederländisch, welches Afrikaans sehr ähnlich ist.

„Mädchen, was tust du hier alleine?", fragte die Frau verblüfft.

Außer ihr saßen eine weitere Frau und zwei Männer in dem Auto. Sie waren alle weiß, mit leuchtend roten Wangen, gut genährt und starrten mich fassungslos, auf eine Erklärung wartend, an.

„Ich komme aus Deutschland und ich reise durch Afrika", sagte ich.

„Wohin willst du denn genau?", hakte die Dame verständlicherweise nach.

Darauf wusste ich keine Antwort. Ich konnte nicht „Äthiopien" antworten. Das klang zu lächerlich. Ich nannte also die erste Ortschaft, die mir in den Sinn kam. „Gansbaai, ich möchte nach Gansbaai", sagte ich voller Überzeugung. Diesen Namen hatte ich am Vortag in einer Beschreibung über die Garden Route gelesen. In Gansbaai konnten Touristen in Käfigen mit Haien tauchen. Ich wusste, dass sich Gansbaai auf etwa halber Strecke zwischen Kapstadt und Mossel Bay befand.

„Komm, komm, wir fahren dich hin. Wir fahren heute aus Spaß die Küste entlang", sprudelte es aus ihr heraus.

Ich zögerte. Die vier Mitfahrer füllten den kleinen Hyundai auch ohne mich gut aus. Zudem hatte ich der schwarzen Südafrikanerin gegenüber, die neben mir stand und das Geschehen unauffällig beobachtete, ein schlechtes Gewissen. Sie war von ihnen weder begrüßt noch angesehen worden und ich vermutete rassistische Ressentiments. Es fühlte sich falsch an, das Angebot anzunehmen. Als würde ich meine Prinzipien verraten.

Ich befand mich in einer Zwickmühle. Ich wand mich an die Frau.

„Ist es in Ordnung, wenn ich Sie alleine lasse und mitfahre?", bat ich sie um Erlaubnis.

Die Frau sah mich erstaunt an: „Gute Reise", brachte sie wortkarg heraus.

„Es tut mir leid", sagte ich mehrmals, während ich meinen Rucksack im Kofferraum verstaute.

Der Gedanke, von Rassismus profitiert zu haben, ließ mich nicht los. Ich versuchte, mein Gewissen zu beruhigen und die Hilfsbereitschaft mit meinem Gepäck zu rechtfertigen.

Ich schob die negativen Gedanken beiseite und fokussierte mich auf das Gefühl der Dankbarkeit. Sie hatten mir gerade geholfen.

Begeistert beschlossen sie, Teil meines Abenteuers zu werden und mich direkt nach Gansbaai zu bringen, obwohl das einen Umweg von neunzig Kilometern für sie bedeutete.

Meine neuen Weggefährten waren Bruder und Schwester mit ihren Ehepartnern. Die Schwester, ihr Name war Anja, saß am Steuer und hatte ihren Mann Wilhelm neben sich. Sie hatte durch ihre kleine, runde Figur etwas Mütterliches an sich. Ihr Bruder saß zwischen seiner Frau und mir auf der Rückbank. Die beiden trugen noch ihre blauen Arbeitshosen mit gelben

Sicherheitsstreifen. Sie waren im Straßen- und Landschaftsbau tätig und direkt nach der Arbeit losgefahren.

Die Unterhaltung verlief mühselig, denn sie sprachen Afrikaans, Englisch fiel ihnen schwer.

„In Südafrika muss man im Gefängnis gewesen sein, um Präsident zu werden", sagte mein Sitznachbar aus heiterem Himmel.

Eine klare Anspielung auf Nelson Mandela, der während der Apartheid siebenundzwanzig Jahre im Gefängnis verbracht hatte. Achtzehn Jahre davon auf der brutalen und menschenfeindlichen Gefängnisinsel Robben Island. Nelson Mandela ist in meinen Augen ein Held. Die Sprachbarriere kam mir in diesem Fall gelegen, denn sie hielt mich von einer Diskussion ab. Lieber erinnerte ich mich an einen besonderen Ausflug.

Gemeinsam mit meiner Mutter hatte ich zu Beginn der Reise Robben Island besucht. Ich hatte dort die Gelegenheit gehabt, mit einem Mitgefangenen von Nelson Mandela zu sprechen. Eine Frage hatte mir bei der Begegnung unter den Nägeln gebrannt.

„Hasst du Weiße?", hatte ich den Herrn gefragt.

„Ich empfinde keinen Hass", hatte er mir mit sanftem Blick geantwortet. Eine Antwort, die ich weder erwartet hatte noch begreifen konnte.

„Wie ist das möglich? Gar keinen Hass? Nicht einmal auf die Menschen, die dich schlugen und dich zur Zwangsarbeit trieben?", hatte ich nachgehakt.

„Nein", hatte er lächelnd geantwortet, „Hass zerstört nur den Hassenden. Dem Gehassten ist es egal, ob er gehasst wird. Ich hasse niemanden, nicht einmal die Wärter von damals, die mich geschlagen haben. Hätte ich den Hass gewinnen lassen, würde ich nicht mehr leben."

Anja riss mich aus meinen Gedanken: „Möchtest du etwas trinken?", fragte sie.

„Nein, danke", erwiderte ich erfolglos.

‚Nein' stand als Antworten nicht zur Wahl. Die Frage war nicht, ob ich etwas trinken wollte, sondern vielmehr, ob ich etwas Alkoholisches trinken wollte.

Ich wählte eine alkoholfreie Brause, da meine Mitfahrer und Mitfahrerinnen eine Flasche Schnaps nach der nächsten leerten. Eine in diesem Auto sollte einen klaren Kopf bewahren.

Der Alkohol zeigte seine Wirkung. Ich trug eine kurze Hose, die meinen Nachbarn merkbar provozierte. Seine Hand landete immer häufiger auf meinem Knie oder an meiner Hüfte.

„Du bist so hübsch und jung, aber ich würde nie meine Frau verlassen", lallte er mir zu und kam meinem Gesicht dabei sehr nah.

Ich lächelte schüchtern und blieb stumm.

Bei jedem Stopp sprang ich erleichtert aus dem Auto, um Abstand von meinem Sitznachbarn zu bekommen.

Anja ging in ihrer Rolle als frisch gebackene Touristenführerin voll auf. Sie pflückte Blumen für mich, genauer gesagt eine Blume: die Protea. Sie ist keine willkürliche Blume, sondern die Nationalblume Südafrikas und steht unter Naturschutz. Ich wusste, dass das Pflücken der Protea verboten war, doch mein Einwand kam zu spät. Ich nahm die Blume und bedankte mich.

Bei jedem Zwischenstopp platzierte mich Anja wie eine menschliche Puppe in der wunderschönen Landschaft. Sie bestand darauf, Fotos von mir zu machen. Und ich tat, wie von mir verlangt. Ich setzte mich auf eine Mauer mit dem weiten Atlantik im Rücken, stellte mich vor die Kulisse der Hügellandschaft und kniete mich neben die afrikanischen Klippschiefer, ein typisches Nagetier Südafrikas, die neugierig zu mir kamen.

Anja drückte begeistert auf den Auslöser. Kaum zurück im Auto landete die Hand meines Sitznachbarn wieder auf meinem Knie.

Ich fühlte mich stetig unwohler im Auto.

Wir erreichten Gansbaai in Dunkelheit. Wir waren alle fünf todmüde, und vier von uns waren außerdem sturzbetrunken.

Es fehlte noch ein Nachtquartier.

„Bleib im Auto sitzen, bis wir alles geregelt haben", sagte Anja. Sie wollte sichergehen, dass ich einen fairen Preis bezahlte.

Als sich die Parteien auf einen Preis geeinigt hatten, durfte ich das Auto verlassen.

„*Buongiorno*", begrüßte mich der Inhaber freundlich, wenn auch zu dieser Tageszeit nicht ganz passend.

Die italienische Begrüßung verwunderte mich. „Hallo. Ich bin aber Deutsche", klärte ich meine Nationalität auf.

Er zog die Augenbrauen hoch und blickte abfällig auf seine Landsleute.

„Sie haben gesagt, du seist Italienerin", erklärte er mir.

„Sie haben mich am Straßenrand gesehen und haben mich hierhergefahren", erläuterte ich diese merkwürdige Situation.

„Kommt, wir bleiben auch über Nacht hier!", rief Wilhelm lautstark.

Die anderen mussten nicht lange überredet werden.

Ich hatte meine Sachen bereits in ein Zimmer mit drei Betten gebracht, das ich mir mit zwei Unbekannten teilte.

„Glück gehabt", dachte ich erleichtert, denn ich wollte einfach nur meine Ruhe haben.

Am nächsten Morgen waren die vier verschwunden.

Ich dachte in Ruhe über den Vortag nach. Obwohl ich mich unwohl gefühlt hatte, war ich im Nachhinein über die Begegnung dankbar. Sie hatte mir die Zerrissenheit des Landes deutlich gemacht. Sie als Afrikaaners sprachen nur Afrikaans. Sie erwarteten, dass die schwarzen Südafrikaner diese Sprache, die mit der Kolonialisierung und vor allem mit der Apartheid und der Unterdrückung der Schwarzen in Verbindung stand, sprachen. Sie sahen Südafrika als ihr Land an, das Land, das sie aufgebaut hatten.

Ich dachte wieder an meinen Besuch auf Robben Island und an ein Zitat von Nelson Mandela „Wenn es Träume für ein wunderschönes Südafrika gibt, dann gibt es auch Straßen, die zu diesem Ziel führen. Zwei dieser Straßen heißen Güte und Vergebung."

Die Träume gab es sicher bei vielen Südafrikanern – egal ob schwarz oder weiß. Ich wünschte ihnen von Herzen, dass sie die Straßen dorthin irgendwann fänden.

Meine beiden Zimmergenossen waren bereits in den frühen Morgenstunden zum Haitauchen aufgebrochen.

Haitauchen.

Menschen steigen in einen Käfig, der es ihnen ermöglicht, einen Weißen Hai hautnah und trotzdem geschützt zu erleben.

Es kam immer mal wieder zu Unfällen. Haie, die ins Innere des Käfigs gelangten oder Boote, die kenterten. Nun war ich hier und wollte die Gelegenheit nutzen.

Chancen zu ergreifen, war meine Lebensphilosophie geworden.

Ich hatte schon früh im Leben Erfahrungen mit dem Tod gemacht und war mir dadurch der Endlichkeit des Lebens bewusst. Bis zu dem Tag wollte ich mich nicht von der Angst vor dem Unvermeidlichen treiben lassen. Der Tod ist uns allen sicher, ich möchte mein Leben bis dahin mit Erfahrungen füllen.

Ich fragte den Herbergsvater, ob er jemanden kennt, der so etwas anbietet.

Er rief sofort einen Freund an.

„Morgen haben wir noch einen Platz frei", kam prompt die Antwort.

Ich entschied mich dafür. Ich würde zu einem Weißen Hai ins Meer steigen.

Der Vermieter holte mich um vier Uhr dreißig morgens ab und fuhr mich zum Anbieter des Haitauchens.

Meine Nase hatte als erstes Kenntnis von unserer Ankunft. Es lag ein intensiver Fischgeruch in der Luft.

Vorbei an den Wetsuits ging ich ins Büro, um den Ausflug zu bezahlen. Dann folgte der Haftungsausschluss. Ich hatte mich mit den Gefahren auseinandergesetzt. Trotzdem wurde mir die Lebensgefahr des Unterfangens erst bewusst, als ich nun unterschrieb, dass der Anbieter in meinem Todesfall nicht haftbar gemacht werden konnte. Die Hinterbliebenen könnten keine Schadensansprüche stellen.

In Ordnung. Ich unterschrieb.

Langsam füllte sich der Raum mit Wagemutigen, Möchtegernabenteurern, Adrenalinjunkies und Hobby-Biologen.

Ich sah mich im Raum um und strich Hobby-Biologen wieder von der Liste. Niemand wirkte ernsthaft an Haien interessiert. Die Motivation für das Wagnis war der schnelle Kick oder eine gute Urlaubsgeschichte.

„Was wollte ich eigentlich?", fragte ich mich. Ich wollte schlichtweg einen Weißen Hai sehen.

Eines der mächtigsten Tiere der Unterwasserwelt. Geschichten und Filme präsentierten ihn als das Böse. Dabei stand der Weiße Hai auf der Roten Liste der vom Aussterben bedrohten Tierarten.

Es gab ein kleines Frühstück. Ich versuchte, die anderen zu animieren, trotz der frühen Uhrzeit etwas Brot zu essen.

Ich war vier Jahre zur See gefahren und wusste, was ich zu tun hatte, um nicht seekrank zu werden.

Leider folgten nicht alle meinem Rat. Sie würden es noch bereuen.

Die Wetsuits wurden verteilt und nach einer sehr kurzen Einweisung ging es los.

„Wenn wir keinen Hai sehen, dürft ihr noch mal umsonst mitfahren. Keine Körperteile ins Wasser halten", fasste der Reisebegleiter das Wesentliche kurz zusammen.

Wir waren alle sehr früh aufgestanden und hörten den Anweisungen im Halbschlaf zu.

Zum Abschluss wurden noch spektakuläre Bilder und Videos von Weißen Haien gezeigt. Im Mittelpunkt standen die Zähne. Das Adrenalin sollte wohl in Wallung gebracht werden. Jetzt wurde es ernst. Wir bestiegen ein Motorboot. Ich ging auf das obere Deck. Der Motor sprang an und das Boot beschleunigte unerwartet schnell, sodass ich fast über Bord ging. Im letzten Moment klammerte ich mich an der Reling fest.

Unser Boot ging als letztes an der Stelle vor Anker. Ich zählte die Boote. Zwölf. Zwölf Boote mit jeweils ungefähr zwanzig Abenteurern, die auf die ‚Bestie' warteten. Alle Boote hatten eine orangefarbige Fischsuppe an Bord, in der Gräten und Fischköpfe schwammen, die portionsweise als Lockmittel in das Wasser gekippt wurde. Der Gestank war so intensiv, garantiert hatte jeder Hai in hundert Kilometern Radius das Festmahl schon lange gerochen.

Kaum hatten wir einen Löffel unserer Delikatesse in das Wasser gegossen, erschien ein großer Weißer Hai.

„Schnell, die ersten fünf in die Wetsuits!", polterte der Gruppenleiter.

Die Wörter „schnell" und „Wetsuit" ergaben bei mir eine unmögliche Kombination. Ich zupfte, zerrte und drückte, bekam meine stämmigen Oberschenkel aber beim besten Willen nicht in den Anzug gepresst. Ich schwitzte und verzweifelte an meinem Körper. Mir kam die Idee, meine Arme in den Wetsuit zu stecken, damit der Rest beim Aufrichten seinen Platz finden würde.

Zu spät.

Während ich ungeschickt in gebeugter Körperhaltung und schwitzend, wie eine aufgeplatzte Leberwurst, in meinem Anzug hing, schaute ich dabei zu, wie fünf Personen in den Käfig stiegen. Zumindest funktionierte mein Plan und beim Aufrichten zog sich der Wetsuit wie von selbst an.

Ich nutzte die Zeit dafür, Fotos des Haies vom Boot aus zu machen.

Den Expeditionsleitern lag viel daran, dass wir spektakuläre Bilder bekamen. Der Hai wurde mit einem großen Stück Fisch, welches an einen Stab gebunden war, an den Käfig gelockt. Dieser wurde im letzten Moment hochgerissen, sodass der Hai in die Luft sprang, um den Fisch zu fressen.

„Wie im Zirkus", dachte ich.

Ich ärgerte mich darüber, dass ich diese Sache mit meinem Geld unterstützte. Ich stellte mir vor, jemand würde mir ein Festmahl versprechen, ich würde dafür von weither anreisen und dann würde man mir immer wieder den Teller vor der Nase wegziehen.

Der Hai hatte genug von den Spielchen und zog ab, um sein Glück beim nächsten Boot zu versuchen.

Wir nutzten die Gelegenheit und tauschten die Plätze mit den anderen. Ich war an der Reihe, in den kalten Atlantik zu steigen.

Trotz meiner Bedenken über die Praktik, den Hai anzulocken, war ich jetzt euphorisch und aufgeregt, in unmittelbarer Nähe dieses faszinierenden Tieres zu sein. Ein Teil des Käfigs blieb oberhalb des Wassers, sodass wir normal an der Oberfläche atmen konnten. Er schwamm dort irgendwo herum und konnte jede Sekunde auftauchen. Sobald die Reiseleiter ihn entdeckten, würden sie uns Bescheid geben. Dann sollten wir abtauchen.

Ich wollte das Risiko, ihn zu verpassen, nicht eingehen und blieb fast ununterbrochen unter Wasser. Erfolglos.

Nach einiger Zeit verlor ich die Anspannung und setzte mich auf eine Stange hinter mir, die eigentlich dazu gedacht war, sich festzuhalten.

„Dein Hintern hängt aus dem Käfig. Mädchen, hier schwimmt ein Weißer Hai, der dir im Moment problemlos den Arsch abbeißen kann", wurde ich vom Expeditionsleiter ermahnt.

„Oh, stimmt. Entschuldigung", sagte ich und zog peinlich berührt schnell mein Hinterteil wieder in den Käfig. Ich hatte den Hai vergessen.

„Kommt raus. Der Hai ist weg", wurden wir angewiesen. Etwas enttäuscht kletterten wir aus dem Käfig.

Als wir das Boot betraten, hingen bereits drei Abenteurer kotzend über der Reling. Uns hatte der Wellengang im Wasser weniger getroffen. Ich schnappte mir sofort einen Lolli mit der Geschmacksrichtung ‚grüner Apfel‘, den es an Bord gab. Auf dem Kreuzfahrtschiff hatten wir bei Seegang im gesamten Schiff grüne Äpfel verteilt. Aus irgendeinem Grund halfen sie gegen Seekrankheit.

Leider tat es mir niemand gleich und so machten wir uns auf den Rückweg mit einem Boot voller sich übergebender Abenteurer.

Ich kehrte etwas niedergeschlagen vom Haitauchen zurück. Meiner Meinung nach ist es Tierquälerei. Ich wollte Gansbaai so schnell wie möglich verlassen.

Mossel Bay war mein nächstes Ziel, welches ich noch am selben Tag erreichen wollte. Ich konnte sofort weiterfahren, denn ich hatte vorsichtshalber am frühen Morgen im Dunkeln schnell alle meine Sachen zusammengepackt und mitgenommen.

Gansbaai zu verlassen erwies sich als schwierig. Der Ort lag abgeschnitten und öffentliche Verkehrsmittel gab es nicht. Der Weg zur Hauptstraße war zu weit, um ihn zu Fuß zu gehen.

„Du willst per Anhalter fahren?“, fragte mich der Inhaber des Haitauchens entsetzt.

„Wie soll ich denn sonst hier wegkommen?“, fragte ich.

„Hier ist meine Telefonnummer, ruf mich an, wenn du sicher angekommen bist“, bat er mich besorgt.

Er stieg jeden Tag mit weißen Haien ins Wasser, aber per Anhalter fahren war ihm zu gefährlich? Seine Sorgen besorgten mich.

„Bitte bring sie zur Hauptstraße“, bat er einen Kollegen.

Ich freute mich über die großartige Starthilfe, denn an der Hauptstraße befand sich ein Punkt, an dem Menschen auf Mitfahrgelegenheiten warteten.

Es war in Südafrika eigentlich nichts Außergewöhnliches zu trampen. Meine Hautfarbe passte allerdings nicht ins Bild. Hier warteten nur schwarze Südafrikaner.

Ich wollte ihnen auf keinen Fall eine Mitfahrgelegenheit wegschnappen und ein Hindernis in ihrem Alltag sein. Für sie war es eine Notwendigkeit, jemanden zu finden. Ich tat es aus freien Stücken und ohne finanzielle Not.

Ich lief ein Stück die Straße entlang, um nicht in direkter Konkurrenz mit ihnen zu stehen. Dieses Mal dauerte es nicht lange, bis sich jemand erbarmte. Ein schlanker Südafrikaner in den Fünfzigern nahm mich mit.

Auch er konnte seine Verwunderung nicht zurückhalten.

„Weißt du", begann er vorsichtig, „Südafrika ist nicht sicher." Er runzelte die Stirn. „Früher war es hier besser", ließ er mich an seinen Gedanken teilhaben.

Ich traute meinen Ohren kaum und hakte nach. „Aber früher, in der Apartheid, wurdest du als Schwarzer doch unterdrückt?", fragte ich ungläubig nach.

„Ja, die Apartheid war keine leichte Zeit. Meine Frau ist weiß und damals mussten wir uns immer verstecken", erklärte er.

Die Erklärung machte seine Aussage noch unbegreiflicher.

„Wie kannst du dann sagen, dass es früher besser war?"

„Früher gab es zwar eine Rassentrennung, aber es gab weniger Korruption und Gewalt. Wenn man sich an die Regeln hielt, ging es einem vergleichsweise gut", erklärte er mir. „Natürlich waren wir nicht frei, aber ich hätte lieber das Apartheid-Regime als unsere jetzige Regierung", tat er resigniert kund.

Ich hatte in den wenigen Tagen in diesem Land vieles gehört und gesehen: Weiße, die Schwarze verachtungsvoll behandelten; Schwarze, die mir als Weiße den Mittelfinger ohne ersichtlichen Grund gezeigt hatten; Schwarze, die Einwanderer aus den Nachbarländern töteten. Hass von allen Seiten.

Doch ein Schwarzer, der mit einer Weißen verheiratet war und sich die Apartheid zurückwünschte, war schwer zu verstehen.

„Ich kann es nicht nachvollziehen", sagte ich ehrlich.

„Was bringt uns Freiheit, wenn wir keine Jobs haben?", stellte er als Frage in den Raum.

Ich hatte in meinem Land beides: wirtschaftliche Sicherheit und Freiheit. Es stand mir nicht zu, seine Situation zu beurteilen, und ließ die Frage über uns schweben, ohne auf eine Auflösung zu drängen.

Wir erreichten den Ort Caledon. Er lag zwar westlich von Gansbaai und somit in der falschen Richtung, aber mein Fahrer sagte, dass es von hier einen Bus nach Mossel Bay gab.

Es ging mir nicht mehr um das Bereisen und Erleben Südafrikas. Ich war durch die Begegnungen, die Gespräche und Warnungen müde vom Land. Ich wollte so schnell wie möglich nach Botsuana kommen.

In Mossel Bay angekommen, suchte ich vergebens meinen Impfausweis und meinen internationalen Führerschein. Ich musste die Dokumente am Morgen in der Dunkelheit übersehen haben. Ohne den Impfausweis konnte ich nicht weiterreisen. In einigen afrikanischen Ländern war der Nachweis einer Gelbfieberimpfung Pflicht.

Zum Glück hatte ich mir die Telefonnummer des Herbergsvaters notiert, den ich sofort anrief.

„Ich werde die Putzfrau fragen, ob sie etwas gefunden hat und melde mich dann wieder", versprach er.

Später am Nachmittag bekam ich einen Anruf.

„Die Putzfrau hat deine Dokumente gefunden. Schicke mir deine Adresse per SMS und ich schicke dir alles per Post, sobald ich zu Hause bin", schlug er vor. „Es müsste in drei Tagen da sein."

Ich war erleichtert, nicht wieder zurück nach Gansbaai fahren zu müssen. Bis die Dokumente eintrafen, wollte ich in einem Hostel wohnen. Es handelte sich um einen umgerüsteten Zug direkt am Strand.

Im Hostel fiel mir ein Flyer über Fallschirmsprünge in Mossel Bay in die Hände.

Ich rief an und machte einen Termin für den Folgetag aus, bevor ich es mir anders überlegen würde.

Die Sonne schien und gelegentlich streichelte eine kleine Brise sanft meine Haut. Der perfekte Tag. Ich wurde von dem Anbieter der Fallschirmsprünge abgeholt. Gemeinsam ging es zum Flugplatz, auf dem sich eine Halle befand, in der kleine Flugzeuge auf ihren Einsatz warteten.

Meine Nervosität vor dem ersten Fallschirmsprung meines Lebens stieg langsam.

„Ich werde gleich aus einem Flugzeug springen", war das Einzige, das mir während der gründlichen Einweisung durch den Kopf ging.

„Im freien Fall nimmst du eine Haltung wie eine Banane ein", wies mich mein Tandempartner Donovan an.

Das konnte ich mir merken, weil das die typische Haltung war, die man auf Bildern von Fallschirmspringern sah. Leider nahm ich nur diese Information aus der Einweisung mit, da meine Nervosität alles übertünchte.

Ich verließ mich auf seine jahrelange Erfahrung.

„Möchtest du im Anzug springen oder in deiner Kleidung?", fragte er mich.

„Das geht? Ist das nicht zu kalt?", fragte ich irritiert. Ich trug zwar eine lange Jeans und Turnschuhe, aber oben nur ein dünnes, schwarzes Top mit Spaghetti-Trägern.

„Kein Problem. Wir haben Glück mit dem Wetter. Dir wird nicht kalt sein", versprach Donovan.

Seine lockere Art entspannte mich. Wenn man schon aus drei Kilometern Höhe aus einem Flugzeug sprang, dann an einem sonnigen Tag wie diesem.

Wir stiegen in die Luft. Unter uns lag die Bucht Mossel Bays, an der die Unendlichkeit des Atlantiks grenzte.

„Hoffentlich landen wir mit unserem Fallschirm nicht im Ozean, sonst bekommt der weiße Hai meinen Hintern am Ende doch noch", dachte ich.

Donovan schien meine Nervosität zu spüren. „Wie fühlst du dich?", fragte er.

„Dumm, sehr dumm", antwortete ich unter nervösem Lachen.

„Das ist das erste Mal, dass ich ‚dumm' als Antwort höre. Okay, setz deine Brille auf", wies er mich an.

Ich tat, wie mir befohlen, und setzte meine Schutzbrille auf. Es wurde ernst.

„Wir haben dreitausend Meter erreicht. Jetzt gibt es kein Zurück mehr", rief mir Donovan über die Motorengeräusche des Flugzeuges zu.

Wir waren bereits miteinander verbunden und robbten gemeinsam zur Tür. Panik stieg in mir auf. Nein, das war keine Panik. Es war mehr. Das war Todesangst. Ich schüttelte den Kopf.

Wir saßen in der Tür und meine Beine baumelten aus dem Flugzeug. Unter mir, sehr weit unter mir, der Atlantik.

Es fühlte sich falsch an, aus einem Flugzeug zu hüpfen. Ich wollte einen Rückzieher machen. In dem Moment sprang Donovan und ich mit ihm.

Ich schrie.

Wir schlugen ein paar Purzelbäume in der Luft, bevor ich angewiesen wurde, in die Bananenposition zu gehen.

Diesen Teil konnte ich endlich genießen. Der erste Schock war überwunden und der freie Fall wirkte absurderweise kontrolliert. Ich lächelte und winkte in die Kamera, die Donovan an seinem Handgelenk trug.

Der Fallschirm ging auf.

„Und wie wars?", fragte mich Donovan.

Eine wilde Anreihung von Lauten sprudelte aus mir heraus.

„Äh, boah, wow, uuuuhuuu, man, wow", war mein poetischer Kommentar.

Donovan lachte und freute sich. „Das nennt man einen Airgasm", klärte er mich über das Glücksgefühl auf. Ein Wortspiel aus dem englischen Wort für ‚Luft' und ‚Orgasmus'.

Wir glitten durch die Lüfte und machten gelegentlich kreiselnde Bewegungen. Ich verstand Menschen wie Donovan, die geradezu süchtig nach diesem Kick waren.

Wieder auf dem Boden standen meine Haare zu Berge und die Endorphine tanzten Salsa.

„Würdest du es wieder machen?", fragte Donovan mich.

„Ja, ganz bestimmt", sagte ich, glücklich über die Erfahrung und darüber, meine Angst überwunden zu haben.

Die Tage vergingen. Nach drei Tagen des vergeblichen Wartens wurde ich unruhig. Die Telefonnummer des Herbergsvaters in Gansbaai funktionierte nicht mehr. Ich wollte auf keinen Fall zurück nach Gansbaai fahren. Es war zu kompliziert und zu zeitintensiv.

Die rettende Idee kam mir beim Spaziergang an der Atlantikküste.

Vielleicht könnte mir der Inhaber des Haitauchens weiterhelfen. Er hatte mich ohnehin gebeten, ihn anzurufen, was ich bisher nicht getan hatte. So wie ich es verstanden hatte, waren die beiden miteinander befreundet.

„Hallo, ich bin es, die Deutsche, die per Anhalter durch Afrika fährt. Ich bin in Mossel Bay", half ich seiner Erinnerung auf die Sprünge.

„Ich bin wirklich froh zu hören, dass du heil in Mossel Bay angekommen bist. Ich habe mir Sorgen gemacht."

Ein schönes Gefühl, wenn sich fremde Menschen um einen sorgen.

„Ich versuche immer wieder deinen Freund, den Herbergsvater, zu erreichen; er wollte mir wichtige Dokumente nach Mossel Bay schicken", erklärte ich meine Lage. „Er geht seit Tagen nicht an sein Telefon."

„Merkwürdig. Ich weiß auch nicht, warum er sich nicht mehr bei dir meldet. Probier es mal bei seiner Frau", schlug er mir vor und diktierte mir ihre Nummer.

Ich rief sofort bei ihr an.

„Sein Handy wurde gestohlen. Er hatte deine Telefonnummer nicht und deine Adresse hatte er nur als SMS", klärte mich seine Frau auf und reichte ihr Handy weiter an ihren Mann.

„Hallo. Gut, dass du anrufst. Es tut mir wirklich leid", entschuldigte er sich und versprach, meine Unterlagen nun sofort per Kurier an mich zu schicken.

Mir fiel ein Stein vom Herzen. Jetzt konnte ich sorgenfrei die Umgebung genießen. Delfine gesellten sich in der Ferne zu mir. Sie tummelten sich in den Wellen vor der Steilküste.

Mir blieben weitere drei Tage in Mossel Bay. Es gab nicht sehr viel in dieser kleinen Stadt zu sehen. Die meisten Touristen blieben nur zwei Tage und reisten dann weiter. Ich entwickelte mich zur Touristenführerin für Neuankömmlinge. Die Highlights der Stadt waren die Steilküste, Höhlen mit archäologischen Ausgrabungen der Steinzeit und der botanische Garten.

Warum beschränkte ich mich eigentlich auf das, was für Touristen vorgesehen war? Ich war diese Reise mit dem Vorsatz angetreten, den Kontinent aus einer nicht touristischen Perspektive kennenzulernen.

Mossel Bay lag am Meer und erstreckte sich über einen Hang, der direkt hinter dem Strand begann. Der Hang war übersät mit pompösen Häusern und Villen.

„Was liegt eigentlich auf der anderen Seite des Hügels?", fragte ich mich, als ich auf die prächtigen Häuser blickte.

Ich ging durch Straßen, die mich an prachtvollen Villen vorbeiführten. Sie waren sehr sauber, aber vor allem auch sehr leise. Eine unüberhörbare Stille. Keine Musik. Keine Stimmen. Kein Verkehrslärm. Kein Vogelgezwitscher. Es war, als würde ich durch eine extrem luxuriöse Geisterstadt ohne Leben wandern. Nur selten wurde die Stille vom aggressiven Bellen einiger Hunde durchbrochen, wenn ich an den mit Mauern und Elektrozäunen gesicherten Villen vorbeiging.

Eingeschüchtert und beeindruckt von diesem Reichtum ging ich meines Weges weiter bergauf. Ein einziges Mal sah ich einen Mann vor seinem Haus.

Er sprach mich an: „Wohnst du hier?"

„Nein, ich bin nur eine Touristin", sagte ich freundlich zurück.

Keine weiteren Fragen, kein Gespräch, nicht einmal ein freundliches „Auf Wiedersehen".

Ich gehörte nicht an diesen Ort. Meine Kleidung passte zu einer Rucksackreise, aber nicht in ein luxuriöses Wohnviertel.

Oben angekommen, lag eine viel befahrenen Straße vor mir.

„Rechts oder links?" Ich sah mich um.

Eine schwarze Frau ging auf der anderen Straßenseite. Sie ging nach rechts.

Ich folgte ihr unauffällig. Um es nicht nach einer Verfolgung aussehen zu lassen, hielt ich genügend Abstand und wechselte die Straßenseite nach einiger Zeit.

Auf dem Hang waren die Häuser groß und stark gesichert gewesen. Schön anzusehen, aber abgeriegelt von der Welt.

Hinter dem Hügel waren sie nicht umzäunt und es herrschte Leben auf der Straße. Mit jedem Meter, den ich mich vom Reichenviertel entfernte, wurde die Straße lebhafter. Eine mit elektrischen Sicherheitszäunen abgeriegelte Villa in einer Geisterstadt oder ein kleines ungesichertes Haus mit Leben?

Für mich wäre es eine leichte Entscheidung gewesen. Ich zog Freiheit, Reichtum vor.

Ich entdeckte links von mir einen kleinen Supermarkt. Ich hatte zwei Bedürfnisse, die ich dringend befriedigen musste: Trinken und Sauberkeit. Ich kaufte Wasser und Haarshampoo. In Kapstadt hatte ich es weggeworfen, um Gewicht zu sparen. Seitdem hatte ich meine Haare mit Seife gewaschen. Sie fühlten sich stumpf und fettig an und ich ertrug es nicht mehr.

Der Supermarkt war mit einfachen, mager gefüllten Metallregalen ausgestattet. Die Preise lagen deutlich unter denen im Stadtzentrum. Der Verkäufer begrüßte mich freundlich, wie ich es bis jetzt in Mossel Bay noch nicht erlebt hatte.

Mein Weg führte mich immer weiter geradeaus, entlang der Hauptstraße, immer weiter weg von dem touristischen Mossel Bay, hinein ins wahre Leben. Kinder grüßten mich. Zum ersten Mal fühlte ich mich in Südafrika wirklich willkommen.

Mir war immer wieder erzählt worden, dass ich als weiße Frau allein in Südafrika in Gefahr schwebte. Nun ging ich allein durch ein Viertel, in dem nur Schwarze lebten und die Geschichte vom bösen schwarzen Südafrikaner, der mich als Weiße umbringen wollte, schien lächerlich.

Plötzlich lag ein riesiges Einkaufszentrum vor mir. Meine stundenlange Wanderung durch die Hitze hatte mich zu einer amerikanisch anmutenden Mall geführt. Fassungslos starrte ich diesen Konsumpalast an.

Danach war ich nicht auf der Suche gewesen. Enttäuscht blickte ich mich um und entdeckte rechts vom Einkaufszentrum einen kleinen Parkplatz mit Minibussen.

Minibusse. Hier musste es noch mehr geben als diesen Konsumpalast.

Ich beobachtete, wie die meisten Menschen nach ihrem Einkauf in dieselbe Richtung gingen. Sie nahmen eine Straße, die abwärts in Richtung Atlantik führte. Bergab zu gehen war ein verlockendes Angebot.

Bevor ich es begriff, stand ich mitten im Township von Mossel Bay.

„Das ist gefährlich. Mach keinen Blödsinn", sagten die mahnenden Stimmen meiner Freunde und Familie, die mich stets begleiteten.

„Warum sollte es gefährlich sein? Wegen der Armut oder steckt in uns allen ein kleiner Rassist?", versuchte ich meine Angst rational zu erörtern.

Ich entschloss mich zu einem Spaziergang durch das Viertel. Die Angst, bestohlen zu werden, blieb. Zum Glück hatte ich meine Kamera an diesem Tag nicht mitgenommen.

Schon nach wenigen Schritten machte sich ein Unbehagen in mir breit. Ich fiel auf wie ein Elefant in der Antarktis. Köpfe drehten sich nach mir um. Mit gespieltem Selbstbewusstsein ging ich weiter in das Viertel.

Wie im reichen Viertel gab es auch hier Hunde. Hier dösten sie bei dieser Hitze aber lieber in den Hauseingängen. Nur selten hob einer den Kopf, wenn ich vorbeiging, um ihn dann gleich wieder auf seine Pfoten zu legen. Diese Häuser brauchten keinen Schutz. Hier gab es vermutlich wenig zu stehlen. Viele waren buchstäblich Bretterbuden: ein paar Holzbretter, die notdürftig zusammengenagelt worden waren.

In dieser Umgebung kam mir meine einfache Kleidung zugute. Mein löchriges Kleid gab keine falschen Signale. Dass ich wegen meiner Hautfarbe trotzdem nicht unauffällig und unbemerkt durch die Gegend wandern konnte, war ein kleiner Vorgeschmack auf das, was mich auf meiner Reise noch erwarten sollte.

Die Blicke der Menschen verrieten ihre Neugierde auf mich, den Fremdling. Trotzdem sprach mich niemand an. Bis es zu einem Austausch käme und die Menschen mir vertrauen würden, bräuchte ich vermutlich Tage. Ich wollte Südafrika aber schnellstmöglich verlassen.

Am nächsten Tag kamen die ersehnten Dokumente endlich an. Ich konnte weiterreisen.

Jede meiner Begegnungen auf dem Weg per Anhalter nach Mossel Bay hatte mich ausdrücklich gewarnt, östlich von Mossel Bay zu trampen. Ich reiste ab diesem Zeitpunkt daher weitestgehend so, wie es Südafrika für Touristen vorsah: in komfortablen Bussen.

Aus Sicherheitsgründen und um sofort weiterfahren zu können, kaufte ich ein Ticket für den „Baz Bus". Es handelte sich um einen überteuerten Touristenbus, der entlang der Garden Route von Hostel zu Hostel fuhr.

Wie erwartet saßen in dem Bus nur Europäer, die das afrikanische Abenteuer suchten. Das kalkulierte Abenteuer. Mich langweilte die Fahrt, auf der ich nichts über Südafrika lernte.

Als wir endlich in Port Elizabeth ankamen, war es bereits dunkel. Ich konnte mir spontan einen Platz bei einem Couchsurfer sichern, der glücklicherweise angeboten hatte, mich von der Bushaltestelle abzuholen.

Ich wartete wie vereinbart in einer Tankstelle. Nervös kontaktierte ich den jungen Mann.

„Ich bin da. Wann kommst du?", schrieb ich.

„Ich bin auf dem Weg und bin in etwa fünfzehn Minuten da."

Jedes Auto, das sich näherte und jede Person, die mich ansah, brachten mein Herz zum Rasen. Ich hatte Angst.

Es war nicht die Angst vor einem möglichen Überfall, sondern davor, dass ein solcher meinen Traum zum Platzen bringen würde.

„Ich muss erst Afrika bereisen", dachte ich.

Meine ganze Erleichterung entlud sich in einer Umarmung, als John mich endlich abholte. Sein Akzent überraschte mich. Er war zweifelsohne Brite.

„Du stammst aber nicht aus Südafrika?", fragte ich in der Hoffnung, er würde mir etwas mehr über seinen Hintergrund erzählen.

„Nein. Ich komme aus London und mache hier meine Lizenz zum Hubschrauberpiloten. Hier ist es günstiger", erklärte er stolz.

Wir gingen einen langen, dunklen Weg entlang. Die Gegend wurde stetig einsamer. Unbehagen überkam mich.

Woher wusste ich eigentlich, dass ich ihm vertrauen konnte? Mir kamen Zweifel.

Ein System von gegenseitigen Referenzen soll auf ‚Couchsurfing' für Sicherheit sorgen. Sie werden von anderen Couchsurfern geschrieben, die die Person persönlich kennen. Ich las mir diese Referenzen leider nie durch.

Teils, weil ich zu faul war und teils, weil ich mir ohnehin nicht von anderen sagen lassen wollte, wie ein Mensch war. Ich wollte mir mein eigenes Bild machen.

Außerdem konnte ein Mordopfer auch keine negative Referenz hinterlassen, die mich warnen könnte. Jetzt bereute ich meine Sturheit.

Er konnte mich problemlos in das nächste Gebüsch zerren und mich vergewaltigen und dann umbringen. Niemand würde es erfahren.

„Hätte ich doch wenigstens jemanden zu Hause über meinen genauen Aufenthaltsort informiert", dachte ich.

Der Weg wurde noch dunkler, es gab keine Straßenbeleuchtung. Ich hoffte bei jedem Haus, es möge sein Haus sein.

Verunsichert erkundigte ich mich: „Ist es denn noch weit?"

Er lachte und zeigte auf eine Art Sumpf: „Hinter der Ecke."

Die dunkelste Ecke. Mir war nicht zum Lachen zumute. Ich zwang mich zu einem Lächeln. Endlich erreichten wir das Haus. Es handelte sich dabei tatsächlich um das letzte Gebäude in der Straße. Erleichtert stellte ich fest, dass noch weitere Menschen in dem Haus wohnten.

„Du schläfst in meinem Bett und ich nehme die Couch", sagte John bestimmt und brachte meinen Rucksack in sein Zimmer.

„Nein, nein, es heißt doch ‚Couchsurfing'. Ich schlafe gerne auf der Couch", warf ich ein.

„Nein, ich bin ein Gentleman. Ich bestehe darauf, dass du das Bett nimmst", sagte er und beendete die Diskussion. Ich hatte ihm Unrecht getan und schämte mich jetzt für meine Gedanken.

Das Bett fühlte sich himmlisch an und ich schlief binnen Sekunden ein.

Am nächsten Morgen war die Angst der Nacht vergessen.

Wir aßen Cornflakes zum Frühstück und unterhielten uns über Gott und die Welt.

Der Austausch mit wildfremden Personen gab Reisen die Würze. Sie wurden dadurch unvergesslich. Ich hatte zu einigen vergangenen Couchsurfern auch Jahre später noch Kontakt.

Unter John wohnte eine alleinerziehende Mutter mit ihrem dreijährigen Sohn. Er kam zu Besuch und das Wohnzimmer verwandelte sich im Handumdrehen in eine Kindertagesstätte. Er hatte alle seine Spielsachen mitgebracht. Bagger, Puzzle und eine ganze Kiste voller Spielfiguren, die nun auf dem Fußboden ausgekippt wurden. Wir spielten bis der Vermieter kam und den Kleinen in den Kindergarten brachte.

Es war Anfang März. In Europa stand der Frühling in den Startlöchern, aber hier, im Süden der Welt, kündigte sich der Herbst mit einem heftigen Sturm an. Ich reiste Richtung Norden und floh vor Kälte und Regen. Je näher ich dem Äquator kommen würde, desto milder würde das Wetter sein.

Soweit die Theorie.

Meine Entscheidung, Südafrika an diesem Tag endgültig und ohne Umwege zu verlassen, traf ich, als John einen Annäherungsversuch machte.

„Willst du mich küssen?", fragte er geradeheraus.

„Auf gar keinen Fall. Du weißt, dass ich einen Freund habe!", rief ich erschrocken. Sein Mund war meinem Gesicht bereits bedenklich nah.

Er konnte es nicht glauben: „Aber, wenn du keinen Freund hättest, dann könntest du mir nicht widerstehen", erklärte er selbstbewusst.

„Auch dann würde ich dich nicht küssen. Couchsurfing ist doch kein Dating-Portal. Es geht um den kulturellen Austausch, nicht um den Austausch von Körperflüssigkeiten", sagte ich etwas gereizt.

Ich war genervt.

Erst das Erlebnis mit dem Couchsurfer in Kapstadt und seiner Amerikanerin und jetzt diese erneute Enttäuschung.

„Mein Gott, bist du prüde", sagte er mit gekränkter Stimme.

Die weitere Reise wollte ich auf Couchsurfing verzichten. Ich musste einen anderen Weg finden, mit Einheimischen in Kontakt zu kommen.

Südafrika hatte mich enttäuscht.

Die erste Woche in Kapstadt war herrlich gewesen. Ich hatte mich in der Touristenblase wohlgefühlt. Die Landschaft entlang der Garden Route im Süden des Landes war zum Verlieben schön. Das Wichtigste hatte jedoch gefehlt: Ich hatte es nicht geschafft, eine Verbindung zu den Menschen aufzubauen.

Hatte es an meiner Einstellung gelegen oder hatten die Konflikte zwischen den Menschen im Land es nicht zugelassen?

Zu keinem Moment hatte ich mich wirklich sicher gefühlt und so lag der Misserfolg vermutlich ebenso an mir, wie an der innenpolitischen Situation Südafrikas.

Das musste sich ändern und ich legte alle meine Hoffnung in das nächste Land: Botsuana.

Bevor es so weit war, wartete noch eine achtzehnstündige Busfahrt nach Johannesburg auf mich, gefolgt von einer achtstündigen Busfahrt nach Gaborone, der Hauptstadt Botsuanas.

Der Bus nach Johannesburg war klimatisiert und sehr modern. Es gab Anschnallgurte, eine Toilette und einen Fernseher im Dauerbetrieb.

Fast alle Fahrgäste hatten zwei Sitzplätze für sich. Ich auch. Also machte ich ein erholsames Nickerchen. Jedoch vermisste ich auch die lebhafte Stimmung aus den kleinen Minibussen. Es war bequem, aber auch einsam.

Schräg vor mir saß ein junger Mann. Er hatte seinen Laptop auf dem Schoß und trug Kopfhörer. Ich beobachtete ihn und versuchte erfolglos auf seinen Bildschirm zu sehen. Er war so vertieft in das, was er tat, dass es interessant sein musste.

Zwischendurch sah ich mir halbherzig den Film an, der über den Bildschirm vor mir flackerte. Ein Kriegsfilm. Soldaten töteten andere Soldaten.

Plötzlich brüllte eine Frau hinter mir panisch: „In diesem Bus sitzen auch Kinder!"

Ich drehte mich reflexartig zu ihr um. Sie hielt ihre Hände vor die Augen ihres etwa siebenjährigen Sohnes.

Ich sah mich um und verstand, was sie gemeint hatte. In dem Film wurde gerade eine Sexszene gezeigt.

Auch der Junge mit dem Laptop war aufgeschreckt. Er sah mich an und verdrehte die Augen.

„Den ganzen Film über wurden Menschen getötet. Das hat sie nicht gestört", flüsterte ich ihm zu.

Er lachte.

Ich sah eine Chance, mich mit einer freundlichen Begegnung von Südafrika positiv zu verabschieden und ich wollte sie nicht ungenutzt lassen. „Du wirkst wirklich konzentriert. Was tust du da?", fragte ich ihn.

„Ich mache Musik. Möchtest du etwas hören?", er rückte ans Fenster, sodass ich mich neben ihn setzen konnte.

Natürlich nahm ich das Angebot an. Es war schön, die restliche Busfahrt in Gemeinschaft zu bestreiten.

Von der ersten Sekunde an unterhielten wir uns wie Freunde, die sich lange nicht gesehen hatten, ohne den Namen des anderen zu kennen.

„Ich bin auf dem Weg zu meinem Vater. Er wohnt in Johannesburg und dort schlägt das musikalische Herz von Südafrika. Mein Traum ist es, ein erfolgreicher Hip-Hop-Künstler zu werden", erklärte er mir seine Reiseabsichten.

Ich habe wenig Ahnung von Musik, glaubte aber, Potenzial in ihm zu sehen. Nicht wegen seiner Musik, die ich fachlich nicht beurteilen konnte, sondern aufgrund der Leidenschaft für Musik, die in seinen Augen leuchtete, wenn er über seinen Lebenstraum berichtete.

„Ich möchte Menschen verstehen. Nicht nur, was sie sagen, sondern warum sie tun, was sie tun. Andere Kulturen kennenlernen und von ihnen lernen", erklärte ich meinen Traum. Interessiert erkundigte er sich nach meinen Erfahrungen in Südafrika. Ich wollte ihn nicht verletzen, aber gleichzeitig nicht lügen.

„Südafrika steht vor vielen Herausforderungen und mir ging es nicht anders", sagte ich diplomatisch.

„Ist dir etwas Schlimmes passiert?", fragte er besorgt.

„Nein, eigentlich nicht. Ich hatte aber nie das Gefühl, wirklich sicher zu sein."

Ich war mir immer noch nicht sicher, ob ich Südafrika vielleicht Unrecht tat.

„Du hast recht", bestätigte er meinen Eindruck sofort. „Letztes Wochenende wurde ich nachts in Port Elizabeth überfallen. Ein paar Jungs hielten eine Waffe an meine Schläfe und drohten damit abzudrücken, wenn ich ihnen nicht mein Handy gegeben hätte", erzählte er in unaufgeregtem, fast gelangweiltem Ton.

Mir hingegen lief ein Schauer über den Rücken.

„Ich hatte Todesangst", fügte er nun doch hinzu.

„Das glaube ich. Ich würde mich nach so einem Vorfall nicht mehr vor die Tür trauen."

„Als ich meiner Tante und meiner Mutter davon erzählte, sagten sie, ich sollte mich nicht so anstellen. Das sei ihnen schon oft passiert."

Mir wurde bewusst, dass ich vermutlich bisher viel Glück gehabt hatte.

„Aber als ich einmal eine weiße Freundin hatte, war das für Wochen DAS Gesprächsthema in meiner Familie gewesen."

Wir lachten gemeinsam über die Absurdität der Reaktionen auf einen Überfall und im Vergleich dazu auf eine Beziehung zwischen einem schwarzen Südafrikaner mit einer weißen Südafrikanerin.

„Wir müssen die Prioritäten in unserem Land wirklich anders setzen", sagte er und ich hatte zum ersten Mal die Hoffnung, dass Nelson Mandelas Vision von einem wunderschönen Südafrika eines Tages in Erfüllung gehen könnte. Ich hatte einen Jugendlichen getroffen, der auf der Suche nach den Straßen war, die das Land dahinführen würden. Ein Land, in dem nicht mehr die Hautfarbe oder die Herkunft im Fokus standen, sondern das Verhalten der Mitbürger und Mitbürgerinnen.

Die Hochhäuser von Johannesburg erschienen vor uns.

„Wie heißt du eigentlich?", fragte ich.

Wir hatten uns stundenlang unterhalten, ohne die Namen voneinander zu kennen.

„Mein Name ist Sidima", sagte er und reichte mir offiziell die Hand.

Wir verlinkten uns schnell als Freunde auf Facebook und versprachen einander, in Kontakt zu bleiben, bevor sich unsere Wege trennten.

Er wurde von seinem Vater abgeholt. Ich blieb zurück.

Ich hatte zwei Stunden am Busbahnhof von Johannesburg, um mich und mein Equipment auf die Weiterreise vorzubereiten: Toilette. Essen. Trinken. Handy aufladen. Wasser auffüllen.

Versöhnt mit Südafrika machte ich mich mit einem befreiten Gefühl auf zum Bus nach Gaborone.

Auf der Suche nach Freiheit: Fallschirmsprung in Mossel Bay

Die ersten zaghaften Berührungsversuche mit der afrikanischen Tierwelt:
Ein Klippschliefer in Südafrika

*Die Pinguine am Boulders Beach, der zum Tafelberg-Nationalpark gehört,
hatten zu der Zeit viele Jungtiere.*

*In einer solchen Einzelzelle auf der Gefängnisinsel Robben Island war
Nelson Mandela 18 Jahre inhaftiert. Insgesamt verbrachte er
27 Jahre im Gefängnis.*

Botsuana

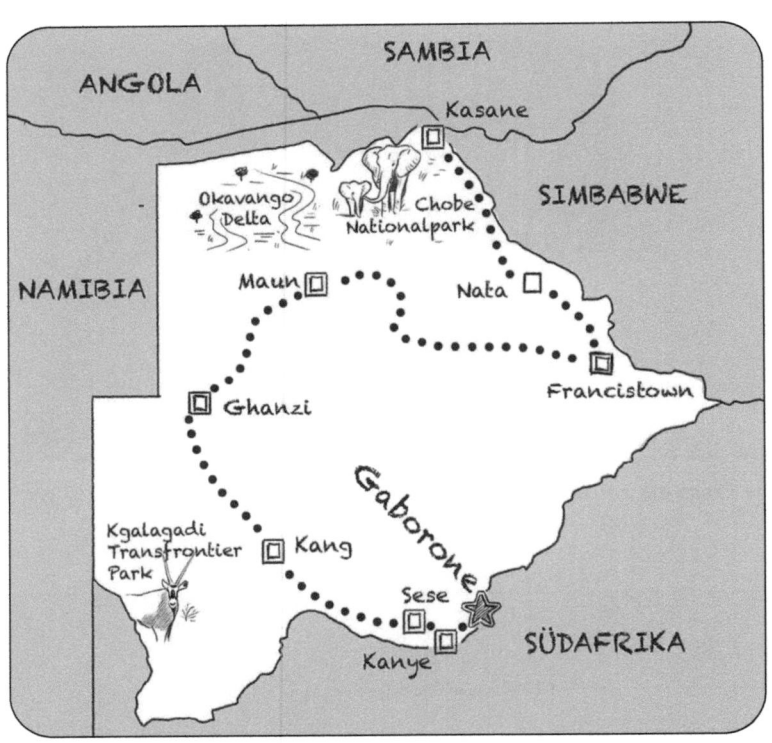

Essen, ohne zu teilen, ist wie mit deinem Mund zu fluchen.

Es stand bereits eine Schlange vor dem Bus. Der Prozess ähnelte dem Boarding in Flugzeugen. Jeder Reisende musste ein gültiges Reiseticket vorzeigen, um in den Bereich der Busse zu gelangen.

Die Schlange bewegte sich zügig und geordnet. Schnell stand ich vor dem Gepäckraum des Busses. In dem Moment drehte sich ein junger Mann mit kurzen Rastalocken zu mir um und nahm mir meinen Rucksack ab, um ihn für mich im Gepäckraum zu verstauen.

„Woher kommst du?", platzte es aus mir heraus, weil mich seine Hilfsbereitschaft beeindruckte.

„Aus Botsuana", sagte er mit einem breiten Lächeln.

„Toll", sagte ich begeistert. „Du hast gerade dafür gesorgt, dass ich Botsuana jetzt schon liebe. Danke für deine Hilfe mit meinem Rucksack."

„Es freut mich, mein Land stolz zu machen", erwiderte er fröhlich und begab sich in den Bus.

Botsuana und ich hatten einen guten Start.

Der Bus erreichte die südafrikanische Grenze bei Dunkelheit. Wir waren der letzte Bus an diesem Tag, bevor der Grenzübergang geschlossen wurde.

Die Grenzbeamten hatten ihn unseretwegen zwei Stunden länger offen gelassen. Ein Unfall auf der Hauptstraße hatte die gebräuchliche Grenze unerreichbar gemacht. Wir waren einen Umweg gefahren und auf diesen kleinen Grenzübergang ausgewichen.

Zunächst ging es durch die südafrikanische Grenze, um den Ausreisestempel zu erhalten. Zwischen der südafrikanischen und der botsuanischen Grenze lag ein Niemandsland.

Ich war die Letzte und sah, wie die Grenzbeamten nach mir ihre Sachen packten und die Tür abschlossen. Der Weg zurück war verschlossen, und das bereitete mir Unbehagen. Der Bus rauschte an mir vorbei, um uns auf der botsuanischen Seite wieder mitzunehmen.

Für uns Reisende ging es zu Fuß zur botsuanischen Grenze. Ich wollte nicht das Schlusslicht der Gruppe sein und ging daher zügig durch die Nacht. Es gelang mir, einige Mitreisende zu überholen.

Ich näherte mich dem hilfsbereiten Mann, der meinen Rucksack im Bus verstaut hatte. Ich blieb dicht hinter ihm.

Als wir nach einer Viertelstunde Fußweg die Grenze zu Botsuana erreichten, stießen wir auf eine lange Warteschlange. Wir waren nicht die Einzigen gewesen, die auf diese Grenze ausweichen mussten. Vier Busse warteten auf ihre Fahrgäste.

Einer der Busse gehörte zu einer Gruppe Jugendlicher. Die Mädchen trugen karierte Röcke, Kniestrümpfe und weiße Blusen und die Jungs Anzüge mit Krawatten. Sie gingen auf ein Internat in Südafrika und waren auf ihrem Weg nach Hause, wie mir eines der Mädchen erklärte.

Hunderte Menschen standen ruhig wartend in der Schlange.

Es ging seit einigen Minuten keinen Zentimeter voran. Die Menschen nahmen es mit Gelassenheit. Ich schlussfolgerte, dass es kein besonderes Vorkommnis war und ich mich entspannen konnte.

Nach über zwanzig Stunden auf den Beinen wäre ich fast im Stehen eingeschlafen. Erschöpft ließ ich mich auf dem sandigen Boden nieder. Vermutlich ein komischer Anblick für alle. Ich war nicht nur die einzige Weiße in der Menge, sondern auch die Einzige, die im Sand saß.

Zwei der vier Busse hatten die Grenze bereits passiert. Lediglich die Schüler und wir fehlten. Die Einreise der Internatsschüler war in Windeseile abgeschlossen und kurz darauf trat ich enthusiastisch an den Schalter einer Grenzbeamtin.

Sie wirkte genervt.

Verständlich, da sie eigentlich vor mehr als zwei Stunden Feierabend gehabt hätte. Deutsche Staatsangehörige brauchten für Botsuana kein Visum. Stempel und weiter.

Dachte ich.

Auf Nachfragen war ich nicht vorbereitet gewesen.

„Bitte tragen Sie hier die botsuanische Adresse während Ihres Aufenthaltes ein", die Beamtin schob mir ein Formular zu.

„Ich habe keine Adresse. Ich bin eine Rucksacktouristin", antwortete ich selbstbewusst.

„Wo schlafen Sie denn?", fragte sie schnippisch.

„Das finde ich immer erst dann heraus, wenn ich an einem Ort ankomme", berichtete ich begeistert von dem Reisekonzept und der damit verbundenen Freiheit, die ich so liebte.

Sie teilte meine Begeisterung leider nicht.

„Ohne Adresse kann ich Sie nicht ins Land lassen."

Für mich war die Aussage ein angsteinflößender Umstand. Für Sie war es das Gesetz und eine Formalität. Sie verzog keine Miene.

Sie hatte keine Lust auf Abenteuergeschichten. Sie wollte Feierabend machen und sich nicht mit einer verrückten Touristin herumärgern.

Die Lage war ernst. Die Luft hatte sich inzwischen stark abgekühlt. Die südafrikanische Grenze war geschlossen. Ich konnte nicht zurück. Die Einreise war meine einzige Option, wenn ich nicht im Niemandsland zurückgelassen werden wollte.

„Durfte man überhaupt zwischen den Grenzen übernachten?", schoss es mir durch den Kopf.

„Können Sie keine Ausnahme machen? Gibt es irgendeine Lösung?", flehte ich sie an.

Sie schüttelte den Kopf mit versteinertem Gesichtsausdruck. Es war nicht ihr Problem und demnach egal.

Der nette Junge, dem ich seit Johannesburg wie sein Schatten gefolgt war, stand am Schalter neben mir und hatte das Gespräch belauscht.

Er kam an meinen Schalter: „Ich weiß nicht, was sie da erzählt. Sie ist mein Gast und schläft bei mir", erklärte er der Beamtin.

Diese zog ungläubig die Augenbrauen hoch. Ich sagte nichts und starrte beide an.

„Ach ja?" Sie glaubte ihm kein Wort.

„Ja, natürlich", entgegnete er selbstsicher.

„Wenn das so ist, dann übernehmen Sie sicher gerne die Verantwortung dafür, dass sie auch wieder ausreist. Tragen Sie bitte Ihre Details hier ein."

Sie schob ihm ein Formular rüber und fügte streng hinzu: „Auch Ihre Telefonnummer, falls etwas mit ihr sein sollte, dann sind Sie verantwortlich", wiederholte sie mahnend.

Ich blieb stumm und regungslos im Hintergrund. Hoffentlich würde er sich von ihr nicht einschüchtern lassen. Mein Glück war unfassbar. Ohne zu zögern, füllte er alle notwendigen Angaben aus.

Ich bekam meinen Stempel und durfte nach Botsuana einreisen.

Er grinste mich an: „Herzlich willkommen in Botsuana."

Ich fühlte mich federleicht. Die Anspannung und Besorgnis, die mich in Südafrika stetig begleitet hatten, lösten sich in Luft auf. Ich fühlte mich frei.

Botsuana wirkte auf den ersten Blick wie eine verbesserte Version von Südafrika. Die Währung ‚Pula' sah dem südafrikanischen ‚Rand' in der Gestaltung sehr ähnlich. Ich hörte Englisch und Afrikaans. Dieselben Sprachen, die auch in Südafrika dominierten, was sicherlich auch an der Grenznähe lag.

In einem unterschieden sich die beiden Länder jedoch erheblich: Botsuana erschien sicherer, freundlicher und sauberer.

Gaborone liegt nicht weit von der Grenze entfernt, doch es war bereits Nacht. Es ging für mich vom Regen in die Traufe. Ich hatte weder Kontakte vor Ort noch hatte ich vorab etwas organisiert.

Gaborone. Die Straßen waren perfekt asphaltiert und mit moderner Straßenbeleuchtung ausgestattet, doch es gab nichts zu sehen. Die Stadt wirkte gespenstisch leer.

Der Bus wurde bei unserer Ankunft sofort von Taxifahrern umlagert. Eine Szene wie in Zombie-Filmen, wenn die letzten Überlebenden in totenstillen Städten von Zombies entdeckt und angegriffen wurden.

So wirkte es auf mich.

In der Hoffnung, dass viele der Taxifahrer schnell Kundschaft finden würden, stieg ich als Letzte aus.

Diese Strategie ging leider nicht auf.

Viele meiner Mitreisenden wurden von Verwandten oder Bekannten abgeholt, so auch mein Retter von der Grenze.

Ich stach als einzige Weiße besonders heraus und die Fahrer hatten mich durch die Fenster längst erspäht. Viele schienen mich als den besten Fang an diesem Abend ausgemacht zu haben und warteten vor dem Bus auf mich.

Wie um Himmels Willen sollte ich wissen, wem ich vertrauen konnte? Ich verließ den Bus und wurde umzingelt. Die Menge redete auf mich ein.

„Ich muss mein Gepäck holen", rief ich überfordert.

Ich sah mich um. Ein Mann stand abseits und beobachtete das hektische Geschehen. Er ließ mich in Frieden – ein Alleinstellungsmerkmal. Er sah aus wie ein Teddybär. Eine allgemein rundliche Figur mit einem großen runden Kopf. Er trug kein T-Shirt, sondern ein weißes Hemd, das er in die Hose gesteckt hatte. Ich ignorierte alle anderen und ging zielstrebig zu ihm.

„Ich brauche einen Platz zum Schlafen", begann ich das Gespräch. Er drehte den Kopf zu mir. „Ich helfe dir gerne."

„Ich habe nicht viel Geld. Könntest du mich zur günstigsten Unterkunft bringen?"

„Ich werde mein Bestes geben, aber es ist schon spät; zu dieser Uhrzeit ist es schwer, noch etwas zu bekommen."

Wir fuhren zu drei Unterkünften. Er nahm meine Bitte um eine günstige Bleibe sehr ernst.

„Du bleibst bitte im Wagen, während ich den Preis verhandele", wies er mich jedes Mal an.

Die Preise waren identisch und so entschied ich mich für die Unterkunft in Zentrumsnähe.

Ich war durchgeschwitzt, stank und wollte schlafen. Der Fahrer hatte einen anderen Plan.

„Noch bist du eine Kundin, aber gleich sind wir Freunde", sagte er auf dem Weg zur Rezeption. „Ich warte hier auf dich und zeige dir dann Gaborone. Natürlich kostenlos, wir sind ja Freunde."

Obwohl ich bereits mit einem Bein in der Welt der Träume stand, konnte ich das Angebot nicht ausschlagen. Ein „Nein" auf einer Reise bedeutete eine verpasste Chance. Die Dusche schaffte es, mich aufzuwecken. Die Kakerlake und die Maus, die mir den Willkommensgruß beim Betreten meines Zimmers übermittelt hatten, überzeugten mich endgültig, die Stadt zu erkunden.

Mein neuer Freund wartete im Empfangsbereich auf mich. Wir fuhren in das Stadtzentrum. Gaborone ähnelte anderen Metropolen der Welt, wenn auch in kleinerem Maßstab. Hochhäuser, deren Glasfronten um die Wette blitzten, junge Leute saßen in Straßencafés oder gingen in die Discos auf den Dächern der Stadt.

Mein neuer Freund war spürbar stolz auf sein Land und wollte den Stolz mit mir teilen. Gaborone verblüffte mich. Ich hatte es mir bei weitem nicht so modern vorgestellt. Die Bewunderung der Stadt mischte sich mit Enttäuschung. Ich wollte Neues lernen und nicht Altbekanntes in verändertem Gewand sehen.

Er führte mich zu der hippsten Disco Gaborones. Der Türsteher, ein großer, eleganter und muskulöser Mann mit kurzem Haar, bot mir an, umsonst hineinzugehen, um mich umzusehen. Ich nahm das Angebot an, hatte aber kein Interesse. Aufgebrezelte Mädchen und Jungs, die zu amerikanischer Musik tanzten.

„Gibt es in Gaborone auch einfachere Clubs?", fragte ich den Türsteher, als ich nach kurzer Zeit zurück in den Eingangsbereich kam.

„Ja, ich zeige sie dir gerne morgen."

Wir tauschten unsere Telefonnummern aus.

„Wie heißt du?" Ich wollte ihn nicht als ‚Türsteher Gaborone' abspeichern.

„Ashah[1]."

Die Sonne begrüßte mich, als wünschte sie mir einen wunderschönen Tag.

Ich war ausgeschlafen und voller Energie, das Land zu erkunden. Die erste Mission sollte ein Ausflug zum nächstgelegenen Supermarkt sein, um Obst zu besorgen.

„Guten Morgen", rief mir ein Bauarbeiter entgegen.

„Guten Morgen", trällerte ich fröhlich zurück. „Bin ich auf dem richtigen Weg zum Supermarkt?"

„Ja, immer geradeaus und dann auf der linken Seite. Kannst du mir Handyguthaben mitbringen?", bat er mich.

Das Vertrauen des unbekannten Mannes erstaunte mich, als er mir hundert

---

1 Name wurde geändert.

Pula, umgerechnet fast zehn Euro, gab. Woher wusste er, dass ich wiederkommen würde?

Am Supermarkt angekommen, traf ich den Taxifahrer vom Vortag.

„Hi. Ich habe in der Unterkunft gefragt, wo du bist. Sie sagten, ich würde dich hier finden", klärte er mich auf, als er mein überraschtes Gesicht sah.

Sein intensives Interesse bereitete mir Unbehagen.

„Ich wollte wissen, ob alles in Ordnung ist."

„Ja, alles ist gut. Weißt du, wo ich Handyguthaben kaufen kann? Ich habe einen kleinen Auftrag bekommen." Ich wollte das Vertrauen des Bauarbeiters in mich unter keinen Umständen enttäuschen.

Er brachte mich zu einem kleinen Kiosk in der Nähe.

„Ich treffe mich später mit Ashah, dem Türsteher von gestern Abend. Wir wollen abends gemeinsam ausgehen. Möchtest du vielleicht auch mitkommen?", schlug ich vor.

Er stimmte zu und gab mir seine Nummer.

„Mein Name ist übrigens Thabo."

„Danke, dann bis heute Abend!"

Ich war erleichtert, dass er den Vorschlag angenommen hatte. Zwei unbekannte Männer wirkten auf mich sicherer als einer. Falls einer der beiden sich als faules Ei entpuppte, hoffte ich, dass mir der andere Schutz bot.

Auf dem Rückweg übergab ich dem Bauarbeiter, etwas stolz darauf, es gefunden zu haben, sein Handy-Guthaben.

„Danke, meine Freundin", entgegnete er mit einem herzlichen Lachen und besiegelte unsere Freundschaft mit einem Handschlag.

Bereits nach einem Tag in Botsuana fühlte ich mich zu Hause, weil mich jeder, dem ich begegnete, zu seiner Freundin erklärte.

Zurück in der Unterkunft wartete Ashah im Vorzimmer auf mich und sah mit dem Besitzer fern.

„Hi. Ich habe mir etwas überlegt", sagte er. „Wie wäre es, wenn du bei mir übernachtest. Mein Bruder ist nicht da und du könntest sein Zimmer nutzen", schlug er mir vor.

Ich war zwiegespalten. Nach meinen Begegnungen mit Männern in Südafrika wollte ich vorsichtiger sein. Ich kannte ihn kaum. Sein offenes Lachen jedoch erweckte mein Vertrauen und wie sollte ich etwas über Afrika lernen, ohne gelegentlich etwas zu riskieren. Ich stimmte zu.

„Lass mich nur kurz meine Sachen packen", bat ich ihn und verschwand in meinem Zimmer.

Wir fuhren in seinem Auto zu seinem Häuschen. Es lag nicht im glitzernden Stadtzentrum mit den perfekt asphaltierten Straßen. In diesem Teil Gaborones schlängelten sich Sandwege entlang kleiner Häuser. Es war Zeit, mehr über ihn zu erfahren, bevor ich die Nacht in seinem Haus verbrachte.

Er kam ursprünglich aus Simbabwe und war ein fleißiger Tausendsassa, der mehr als ein Türsteher war.

„Ich habe mir in Botsuana meine eigene kleine Baufirma aufgebaut. Türsteher sein ist ein Hobby, wo ich viele Menschen kennenlerne."

Viele Simbabwer hatten ihr Land verlassen, um Glück und Erfolg in den Nachbarländern Südafrika, Sambia oder Botsuana zu suchen. So auch Ashah, der zum großen Teil seine Familie in Simbabwe ernährte.

Wir kamen bei ihm zu Hause an. Ich ließ meinen Rucksack zunächst im Auto. Eine Hintertür, falls ich mich doch umentscheiden und nicht bei ihm übernachten würde.

Sein Haus hatte zwei Schlafzimmer, ein einfaches Badezimmer und eine Küche, in der sich das ungewaschene Geschirr stapelte, sodass die Türme drohten umzufallen.

„Bevor wir die Clubs unsicher machen, muss ich meine Kleidung waschen. Ich habe nichts Sauberes mehr zum Anziehen", teilte ich Ashah mit.

„Kannst du per Hand waschen?" Er zog skeptisch die Augenbrauen hoch.

Ich war wohl nicht seine erste Begegnung mit einer Europäerin. Handwäsche war tatsächlich meine Schwachstelle. „Ich bin nicht gut darin", räumte ich beschämt ein.

„Wenn du willst, mache ich das für dich. Dann geht es bestimmt schneller", schlug er vor.

Es war mir unangenehm, sein Angebot anzunehmen, aber er hatte recht. Er wusch Kleidung sicherlich schneller als ich.

„Also gut", willigte ich ein. „Währenddessen putze ich im Gegenzug dein Haus." Denn das war ganz offensichtlich seine Schwachstelle.

Wir machten uns an die Arbeit.

Die heiße Mittagssonne hatte meine Kleidung bereits getrocknet, als ich mit dem Hausputz fertig war.

„Komm. Wir fahren zu einem Grillplatz. Dann müssen wir das Geschirr nicht wieder schmutzig machen", schlug er vor.

Das klang nach botsuanischem Alltag und ganz nach meinem Geschmack.

Der Schlachter lag gegenüber vom Grillplatz. Es roch nach totem Tier. Das Fleisch lag ungekühlt in Truhen. Ich war nicht in der Lage, es auszuwählen, denn ich war voll darauf fokussiert, mich bei dem Geruch nicht zu übergeben. Ashah übernahm die Auswahl und kaufte Würste und Hähnchenteile ein.

Auf dem Platz gab es mehrere Grillstellen. Ein öffentlicher Grillplatz für jedermann, an dem Unbekannte zu Freunden wurden. Die Idee gefiel mir.

Männer, die Bier tranken, umgaben mich. Ein betrunkener Mann interessierte sich für mich und näherte sich.

„Ich möchte dich heiraten", sagte er mehrmals und kam mir dabei immer näher.

Ashah stellte sich zwischen den Mann und mich.

„Wie sprichst du mit meiner Frau? Hast du keinen Respekt? Hab Respekt vor meiner Frau", brüllte er ihn an.

Ich stand verunsichert hinter Ashah, besorgt, die Situation könnte eskalieren.

Der Mann versuchte, sich zu entschuldigen: „Ich wusste nicht …", stammelte er verängstigt.

Ashah ließ ihn nicht zu Wort kommen und setzte abermals lautstark nach: „Unglaublich, dass du keinen Respekt vor der Frau eines Bruders hast", griff er den verängstigten Mann wieder an.

Ich wurde zum Besitz von Ashah. Ein Mann, der mir eigentlich immer noch unbekannt war. Seine Reaktion diente meinem Schutz und so widersprach ich nicht.

Ich werde oft gefragt, ob ich als alleinreisende Frau keine Angst habe. Wäre ich immer alleine, dann hätte ich gute Gründe dafür. Darum hatte ich mir auf meinen Reisen angewöhnt, nie lange alleine zu bleiben. Ich suchte nach Menschen, die mir Schutz gaben. Die einzige Schwierigkeit bestand darin, die Spreu vom Weizen zu trennen. Solang mir das gelang, befand ich mich in Sicherheit.

Der Betrunkene entschuldigte sich bei Ashah und nicht bei mir. Ich sah darüber hinweg und freute mich über die gewaltfreie Lösung des Konflikts. Die beiden Kampfhähne lagen sich inzwischen sogar in den Armen.

Wieder zu Hause angekommen, stand sein Bruder in ‚meinem‘ Zimmer. Er wollte in seinem Bett schlafen. Das Bett, das mir versprochen worden war.

„Es tut mir leid, das hatte ich nicht erwartet. Aber du kannst in meinem Bett schlafen", lud mich Ashah ein.

„Ich bin in einer festen Beziehung. Versprichst du mir, nichts zu versuchen?", fragte ich mit ernsthafter Miene.

„Ja, keine Sorge. Ich habe kein Interesse an dir", versicherte er mir und so nahm ich das Angebot an. Wir würden zunächst ohnehin gemeinsam mit dem Taxifahrer die Disco besuchen.

„Wenn er am Abend aufdringlich wird, schlafe ich einfach in meinem Zelt", beschloss ich.

Ich hatte keine Party-Outfits in meinem Rucksack. Ich zog Flip-Flops, eine graue Leggings und ein leichtes, tailliertes Baumwollkleid an, welches kurz über den Knien endete. Es war dunkelblau mit einem braun-weißen Rautenmuster, wodurch es meiner Meinung nach ein bisschen afrikanisch aussah.

Wir holten zunächst Thabo in der Innenstadt ab und fuhren dann weiter in das Randgebiet der Stadt. Dieser Ort begeisterte mich von der ersten Sekunde an. Die Umgebung versprach neue Erfahrungen fernab vom langweiligen Einheitsbrei. Mehrere kleine Clubs reihten sich aneinander. Zu diesem Zeitpunkt waren sie noch menschenleer. So früh am Abend spielte sich das Leben auf dem sandigen Vorplatz ab. Es standen mehrere Autos rings um den Platz und jeder Besitzer war sein eigener DJ. Auch wir öffneten alle Türen, inklusive Kofferraum, und spielten laut Musik.

Frauen bereiteten auf tragbaren Holzkohlegrillen Fleischspieße oder Würste zu. Ich entschied mich für einen Fleischspieß. Das zweite Mal an diesem Tag, dass ich nur Fleisch aß. Eine ausgewogene Ernährung sieht anders aus, aber der Spieß schmeckte nach Freiheit.

Die Freiheit der Frauen, ohne viele Vorschriften etwas Geld zu verdienen, meine Freiheit, diese Reise ohne Zwänge, Beurteilungen und Belehrungen zu machen. Niemand konnte uns hineinreden. Wir waren frei.

Wir beendeten unsere Autodisco. Thabo war im Auto eingeschlafen und wachte auf, als wir die Musik ausschalteten.

„Geht alleine, ich bin müde", brachte er noch heraus, bevor er wieder die Augen schloss.

Der Club war inzwischen brechend voll und alle Sitzmöglichkeiten waren vergeben.

„Du kannst dich hier hinsetzen", sagte eine junge Frau und setzte sich auf den Schoß ihres Freundes.

Damit hatte ich nicht gerechnet. „Vielen Dank!"

Die Herzlichkeit war mir beinahe unangenehm, denn ich konnte nicht mit Sicherheit sagen, ob ihr in meinem Land das gleiche Maß an Freundlichkeit entgegengebracht werden würde.

Leider verhinderte die laute Musik eine Unterhaltung. Ich suchte die Tanzfläche auf.

Ein Spiegel verdeckte die gesamte Wand. Vor diesem hatten sich alle Tänzer aufgereiht und tanzten mit ihrem Spiegelbild.

Es schien wie ein Wettbewerb der verrücktesten Bewegungen und Verrenkungen. Je dramatischer die Verrenkungen mit allen Körperteilen, desto mehr Anerkennung gab es. In die Knie und das Hinterteil hoch und runter bewegen, weite, schnelle Schritte in Bodennähe. Dabei betrachteten die Männer und Frauen ihr Spiegelbild mit einem ernsten Gesichtsausdruck.

Ich probierte, es ihnen zaghaft gleichzutun und fühlte mich dabei lächerlich.

Mir lag das Tanzen mit meinem Spiegelbild nicht und so holte ich Ashah auf die Tanzfläche. Auf einmal standen wir mit unserem Paartanz im Mittelpunkt und stahlen den Spiegeltänzern und Spiegeltänzerinnen die Show.

Ashah hatte sich den gesamten Abend wie ein wahrer Gentleman verhalten. Ich fühlte mich sicher, das Bett mit ihm zu teilen. Ich würde in meinem Schlafsack sein, der ohne Reißverschluss wie ein Kokon war und definitiv nur für eine Person Platz hatte.

Nach einer ruhigen Nacht beschloss ich, weiterzuziehen. Ashah war noch nicht bereit, loszulassen.

„Ich habe mir heute freigenommen", sagte er. „Was wollen wir unternehmen?"

Ich überlegte kurz, ob ich länger bleiben sollte. Gaborone hatte mir einen außergewöhnlich herzlichen Empfang bereitet. Die Neugierde auf Botsuana war dadurch größer geworden. Ich konnte nicht länger warten. Ich wollte das Land erkunden.

„Wie wäre es, wenn wir zum Berg Kgale fahren? Dort soll es Affen geben", machte ich einen Kompromissvorschlag, „und wenn du Zeit hast, könntest du mich vielleicht danach aus der Stadt fahren?"

Ashah stimmte dem Plan glücklicherweise zu.

Der schwierigste Teil beim Trampen ist es, große Städte zu verlassen. Die meisten Personen fuhren innerhalb des Stadtgebietes umher.

Ich packte meinen Rucksack und lud ihn in den Kofferraum, damit wir nach unserer Wanderung weiterfahren konnten.

Kgale ist mit etwa dreizehnhundert Metern die höchste Erhebung Gaborones. In der Nähe von Kgale kletterte ein stattlicher Pavian geschickt über einen Zaun.

„Bitte halt an", bat ich Ashah, um ihn mir anzusehen.

Der Pavian setzte sich demonstrativ mit seinem erregten Glied vor mich auf den Zaun.

„Bitte fahr doch weiter", änderte ich schnell meine Meinung.

Wir parkten das Auto, um uns auf unsere Wanderung zu machen. Ashah nahm sein Radio aus der Halterung und versteckte es unter dem Sitz.

„Ist es hier nicht sicher? Kann ich meinen Rucksack hierlassen?", fragte ich besorgt.

„Ich möchte einfach niemandem einen Grund geben, die Scheibe einzuschlagen", antwortete er in ruhigem Ton.

Das machte Sinn. Ich ließ in Deutschland Wertgegenstände auch nie sichtbar im Auto liegen.

Nach wenigen Schritten hörten wir Gesänge. Ich liebte, was ich hörte, und blieb stehen. Traditionelle afrikanische Gesänge sind wie Streicheleinheiten für die Seele, auch ohne die Sprache zu verstehen.

„Das ist ein Gottesdienst", erklärte mir Ashah.

„Ein Gottesdienst am Berg?", hakte ich neugierig nach.

Gottesdienste unter freiem Himmel waren keine gängige Praxis bei mir zu Hause.

„Ja, das ist für viele ein heiliger Ort."

Die Gemeinde stand inmitten von Bäumen. Durch das Blätterdach drangen Sonnenstrahlen, die wie ein Licht Gottes auf die Gläubigen fielen. Er strahlte eine besondere Energie aus, die einem heiligen Ort gerecht wurde.

Wir hörten eine Weile zu, wenn auch in einiger Entfernung, um nicht zu stören. Außer der strahlend weißen Kleidung, die alle trugen, konnte ich wenig erkennen.

Als die Predigt begann, gingen wir weiter.

Ashah erklomm den Berg ohne Schwierigkeiten. Ich hingegen kroch schwitzend hinauf. Er hatte Mitleid mit mir und nahm mir den kleinen Rucksack mit meiner Kameraausrüstung ab.

Ich hatte mir so sehr gewünscht, Affen zu sehen, dass Ashah kurzerhand sprang und einen Affen imitierte. Die Arme gebeugt, mit den Händen unter den Achseln, hüpfte er den Berg vor mir wie ein Affe schreiend hoch.

„Ich kann nicht glauben, dass du für mich einen Affen nachahmst", lachte ich.

Der Weg nach oben verlief durch dickes Gestrüpp und über schwer begehbare Felsbrocken.

Die Mühen hatten sich gelohnt. Oben angekommen bot sich uns ein Ausblick auf das gesamte Stadtgebiet Gaborones.

„Dort wohne ich", er zeigte auf Häuser in der Ferne, „und dort fahren wir gleich hin", sagte er und verwies auf die große Weite.

In dem Teil war nichts zu erkennen.

Erst bei diesem Ausblick wurde mir bewusst, wie niedrig die Bevölkerungsdichte in Botsuana war. Auf einen Quadratkilometer kamen vier Einwohner. In Deutschland hingegen wohnen über zweihundert Personen pro Quadratkilometer. Sicherlich würde dieser Umstand das Reisen per Anhalter erschweren.

Wir verließen die Stadt.

Ashah fuhr und fuhr und fuhr. Er wollte sich nicht von mir trennen.

Vielleicht hatten wir doch unterschiedliche Vorstellungen über unsere Beziehung entwickelt.

Sicherlich war es eine gute Entscheidung gewesen, getrennte Wege zu gehen. Ich hatte ihm gegenüber ein schlechtes Gewissen. Die Benzinkosten und der finanzielle Verlust durch den freien Tag waren erheblich gewesen.

„Wie weit willst du noch fahren?", fragte ich vorsichtig, um nicht undankbar zu erscheinen.

„Ich fahre dich noch bis Kanye", sagte er, „von dort geht die Straße A2 immer geradeaus Richtung Norden."

Kanye liegt hundert Kilometer von Gaborone entfernt. Was für eine grandiose Starthilfe.

„Danke schön!" Ergriffen von seiner Selbstlosigkeit drückte ich ihn herzlich zum Abschied.

„Viel Glück auf deiner Reise."

Das konnte ich gut gebrauchen.

Ich befand mich an einer Bushaltestelle, doch es gab keine Zeitangaben, wann und ob überhaupt noch ein Bus kommen würde. Kein Mensch, den ich hätte fragen können. Dass niemand an der Bushaltestelle wartete, deutete ich als schlechtes Zeichen. Nach einer halben Stunde verlor ich die Geduld und stiefelte zu Fuß los.

Schon bald bereute ich die Entscheidung. Es gab keine Bäume am Straßenrand und somit keinerlei Schatten. Eine Stunde ohne einen Bus oder ein Auto gesehen zu haben, verging.

Am Straßenrand kämpfte ein kleiner Mistkäfer mit seiner Kugel. Ich legte mein Gepäck ab und sah ihm eine Weile zu. Ich hatte nichts Besseres zu tun und es war eine willkommene Ausrede, um eine Pause einzulegen. Er stellte sich immer wieder auf seine Vorderbeine und stemmte sich mit seinem Gewicht gegen die Kugel. Er bewegte sie im Rückwärtsgang immer weiter. Eine mühselige Art sich fortzubewegen. Er war klein und schien unbedeutend in der Welt zu sein. Trotzdem stellte er ein Bindeglied im Ökosystem dar. Seine Mistkugel bedeutete Leben für ihn und seine Nachkömmlinge.

„Du tapferes kleines Kerlchen", dachte ich.

Mich konnte eine Mistkugel nicht retten. Ich brauchte ein Wunder. Der frühe Einbruch der Dunkelheit um achtzehn Uhr brachte einen Zeitdruck mit sich, und ich war schon zu weit gewandert, um wieder zurückzulaufen und noch zu weit von der nächsten Stadt entfernt, um sie noch an diesem Tag zu erreichen.

Angesichts dessen, dass ich mein Problem aus eigener Kraft nicht lösen konnte, blieb mir nur Gelassenheit. Nicht weit entfernt entdeckte ich einen kleinen Baum, der Schatten bot. Ich schleppte meinen Rucksack dorthin und setzte mich auf ihn.

Jetzt konnte ich keine falsche Entscheidung treffen; den Teil hatte ich bereits hinter mir, als ich die Bushaltestelle verlassen hatte. Es war egal, ob ich weiterging oder hier saß. Die Stille beeindruckte mich. Ich hörte nur einige Insekten zirpen. Frieden.

Ich hatte mich gerade mit dieser friedlichen Stille angefreundet, als sie plötzlich unterbrochen wurde.

„Das ist doch ein Motorengeräusch", sagte ich zu mir und sprang auf.

Ich sah mich um, konnte aber kein Auto entdecken. Gab es auch akustische Fata Morganen? Ich blickte die Straße hinunter. Der Asphalt war heiß und flimmerte. Kurze Zeit später erschien in der Ferne ein Auto.

Das war meine Chance, vielleicht die einzige und letzte an diesem Tag. Schnell schnallte ich mir meine Rucksäcke auf und stellte mich in die Straßenmitte. Unübersehbar. Wenn mich der Fahrer nicht totfahren wollte, musste er anhalten.

Ein kleines weißes Auto hielt vor meinen Füßen an. Ich war aufgeregt.

„Ich fahre nicht sehr weit", begrüßte mich der Fahrer.

„Das macht nichts. Ich freue mich über jeden Meter", sagte ich besorgt darum, er könnte mich nicht mitnehmen.

Mir war wirklich jeder Meter eine willkommene Hilfe.

Beim Trampen hatten mir Menschen oft mit kreisenden Handbewegungen zu verstehen gegeben, dass sie nicht weit fuhren. Sie wussten nicht, dass auch kurze Strecken ein Segen waren.

„Steig ein", sagte er noch, bevor er anfing zu telefonieren.

Nicht weit entfernt verließen wir die Hauptstraße. Er bog in einen schmalen Sandweg ein. Das war mir nicht recht.

„Wo fahren wir hin?", erkundigte ich mich besorgt um meine Sicherheit.

„Meine Familie möchte dich kennenlernen", sagte er trocken.

Am Ende des Weges stand ein Häuschen und vor ihm eine Menschengruppe. Sie winkten mir zu und sahen neugierig in die Autofenster. Ich winkte schüchtern zurück.

Der Fahrer bemerkte, dass mir die Situation unangenehm war.

„Als ich meiner Familie am Telefon von dir erzählt habe, wollten sie dich unbedingt sehen", erklärte er seinen Abstecher zum Haus.

Ich wusste nicht, wie ich mich verhalten sollte. Wäre es unverschämt, zu fragen, ob ich hier übernachten könnte? Ich traute mich nicht.

Der Fahrer hatte ebenfalls keinen Plan, wie es nun weitergehen sollte. Er stieg wieder ins Auto. Unbeholfen sahen wir uns alle gegenseitig an.

„Ich bringe dich zur nächsten Bushaltestelle", schlug er vor.

Ein Déjà-vu. Wieder stand ich an einer Bushaltestelle und musste mich entscheiden, ob ich blieb oder weiterging. Eine Bushaltestelle ohne ein Dorf in der Nähe. Ich ärgerte mich, nicht nach den Fahrtzeiten gefragt zu haben. Die Bushaltestelle war lediglich durch ein Zeichen markiert und bot keinen Schatten.

Ich wollte bis zum nächsten Schattenplatz gehen. Doch so weit kam ich nicht.

Ich hörte, wie sich hinter mir ein Fahrzeug näherte. Ein Minibus.

„Verdammt. Ich hätte doch an der Bushaltestelle bleiben sollen", dachte ich, verärgert darüber, genau denselben Fehler binnen kürzester Zeit ein zweites Mal begangen zu haben.

Ich hob den Arm, um auf mich aufmerksam zu machen.

Die Dämmerung würde bald anbrechen und ich wollte es unbedingt vermeiden, die Nacht draußen zu verbringen. Der Bus hielt tatsächlich an. Ich freute mich, als ich die Reisenden sah. Acht Schulkinder saßen, sprangen und sangen in ihren schicken Uniformen auf den Rückbänken. Ich durfte mich auf den Beifahrersitz setzen. Aus dem Radio ertönte ein Lied, dessen Text ich nicht verstand, doch die Kinder grölten aus ganzem Hals mit.

„Wo bin ich denn hier gelandet? Ist das ein Klassenausflug?", fragte ich den Fahrer.

„Nein. Die Kinder gehen auf eine Privatschule. Wir fahren jeden Tag gemeinsam drei Stunden hin und drei Stunden zurück", sagte er, bevor alle Kinder gleichzeitig schrien: „*Again Mr. Pemba! Again!*"

Er lächelte und drückte kommentarlos die Playtaste.

„Und Sie müssen den ganzen Tag dieses Lied hören? Nervt Sie das nicht?", fragte ich lachend.

„Nein, das ist schon in Ordnung. So sind sie beschäftigt", sagte Mr. Pemba sanft lächelnd, als bald wieder von hinten „Noch mal Mr. Pemba. Noch mal", gerufen wurde.

Ich erzählte Herrn Pemba von meinem Plan, Afrika zu durchqueren. Er glaubte nicht daran, dass es möglich war, wollte mich aber bei der Umsetzung unterstützen. Er drehte die Musik leise, wodurch er sofort die Aufmerksamkeit der kleinen Fahrgäste hatte.

„Hey Mädchen. Wollt ihr nicht eure Eltern fragen, ob unsere neue Freundin bei euch übernachten kann?"

Wieder war ich zur „Freundin" ernannt worden.

Zwei Schwestern waren von der Idee begeistert. Als wir bei ihnen zu Hause ankamen, belagerten sie sofort ihren Vater. Der sagte noch kurz etwas an Mr. Pemba gerichtet und die Mädchen und ihr Vater verschwanden durch ein großes Tor, hinter einer Mauer. Beim Öffnen des Tores konnte ich einen Pool erkennen. Die schicken Schuluniformen und der Besuch einer weit entfernten Privatschule hatten auf eine gut situierte Familie hingedeutet.

„Es tut mir leid", sagte Mr. Pemba. „Der Vater möchte es nicht."

„Kein Problem. Ich kann es verstehen. Die Eltern kennen mich nicht", sagte ich, bemüht darum, die Enttäuschung zu verbergen.

Die Mädchen hatten noch nicht aufgegeben. Hinter der Mauer konnte ich ihre energischen Stimmen hören und kurze Zeit später erschien der Vater vor dem Haus.

„Gut. Du kannst bei uns schlafen." Kleine Töchter, egal wo auf der Welt, haben die Fähigkeit, ihre Väter um den Finger zu wickeln. Herr Pemba reichte mir glücklich die Hand. „Botsuana ist wunderschön. Wer würde nicht gerne hier wohnen? Bitte komm zurück und eröffne hier ein Geschäft. Ausländer bringen uns gute Jobs."

Ich fragte mich, warum er glaubte, dass ich als mittellose Reisende ein Unternehmen in Botsuana gründen könnte. Es war jedoch schön zu hören, wie stolz die Menschen auf ihr Land waren und mich als Ausländerin willkommen hießen. Patriotismus und Freundlichkeit gegenüber Fremden schlossen sich nicht aus.

Ich hatte als Kind einen Goldhamster gehabt und sollte mit ihm lernen, Verantwortung für ein Lebewesen zu übernehmen. Jetzt war ich der Goldhamster.

„Du hast jetzt die Verantwortung für sie. Sorg dafür, dass sie Essen und Trinken hat", forderte der Vater seine älteste Tochter auf.

Sie brachte mich in ihr Zimmer, in dem ein Boxspringbett stand.

„Hier schläfst du heute", erklärte sie mir.

Ich konnte mein Glück kaum fassen.

Wir gingen gemeinsam nach draußen. Ich sollte mich zum Vater setzen, der bereits aß.

Die Mutter brachte auch mir einen Teller mit Hühnchen, das in einer Soße lag. Dazu gab es den in Ostafrika fast obligatorischen Maisbrei. Er sollte mich durch viele Länder meiner Reise verfolgen. Der Name würde sich ändern. In Botsuana nennt man ihn Pap, was ihn meiner Meinung nach passend beschreibt. Es handelt sich um einen geschmacklosen, weißen Brei. Wir saßen draußen auf dem Boden und aßen mit unseren Händen.

Meine Mutter hatte von Kindesbeinen an darauf bestanden, dass mein Bruder und ich mit Messer und Gabel aßen. Vielen Dank auch, Mama.

Ich versuchte, die Essenstechnik von meinen Gastgebern zu kopieren. Sie nahmen etwas Pap in die Hand, formten in der Hand eine Kugel und nutzten diese dazu, den Saft aufzusaugen, in dem das Hühnchen lag. Das Hühnchen wurde ebenfalls in die Hände genommen und vom Knochen abgenagt.

Der Pap war verdammt heiß. Ich verbrannte mir die Hände und sah aus, wie ein Baby, das gerade den ersten Brei selbstständig ‚gegessen' hatte.

„Was machst du eigentlich hier in Afrika?", wollte der Hausherr von mir wissen.

Er traute mir nicht über den Weg.

„Ich reise einfach. Ich möchte mehr über Afrika lernen."

Die Antwort gefiel ihm. In seinem Gesicht funkelte Stolz.

Ich schien ihn beruhigt zu haben. Er sah in mir keine Gefahr mehr, nahm seinen Teller und ging.

Nach dem Essen wollte ich mich nützlich machen. Ich hatte gelernt, meinen Dank für die Gastfreundschaft nicht mit Geld, sondern mit Taten auszudrücken. Es war neunzehn Uhr und bereits dunkel, aber die Mädchen mussten noch ihre Hausaufgaben machen und dabei konnte ich ihnen helfen.

Als wir im Anschluss gerade eine Partie Schach begonnen hatten, kam die Mutter in das Zimmer, um die Kinder ins Bett zu bringen. Sie trug weder ein Oberteil noch einen BH. Ich war überrascht und erwischte mich nach wenigen Sekunden dabei, zu starren. Ich glaube, noch gerade rechtzeitig, bevor die Mutter, die auf ihre Töchter konzentriert war, es bemerkt hatte, wandte ich den Blick ab. Trotz des auf den ersten Blick westlich geprägten Lebensstandards gab es offensichtliche kulturelle Unterschiede. Gerne hätte ich gefragt, ob es nur in dieser Familie so üblich war oder ob Frauen in Botsuana allgemein freizügiger waren als in Europa. Eine Nachfrage hätte die Situation für alle unangenehm gemacht. Ich tat also so, als wäre es für mich nichts Ungewöhnliches. Ich war Gast. Was für mich gewöhnlich war, tat nichts zur Sache.

„Wenn ihr möchtet, kann ich morgen früh als Dankeschön mit meiner Kamera Fotos von den Mädchen machen?", bot ich der Mutter an.

Sie fand die Idee großartig. Ich hoffte, dass diese interkulturelle Begegnung so für beide eine Win-win-Situation war.

Der Vater wollte mich, so vermutete ich, loswerden. Am nächsten Tag gab er mir eine Starthilfe und brachte mich ein Stück weiter zu einer Diamantenmine. Ein Verkehrsknotenpunkt und somit ein vielversprechender Ort, um zügig eine Mitfahrgelegenheit zu ergattern. Ich hatte mir das Dorf Kang als Tagesziel gesetzt, welches ich bereits am frühen Nachmittag erreichte.

Ich ging zielgerichtet zur Kgotla, um den Kgosi des Dorfes zu treffen. Die Kgosi sind die Chiefs, eine Art Bürgermeister, denen das Amt vererbt wird und die auch gleichzeitig eine richterliche Funktion haben. Die Kgotla ist Arbeitsplatz des Chiefs, Rathaus und Gerichtssaal zugleich. Ich wusste nicht, was ich mir davon erhoffte, den Chief zu treffen, aber ich hatte keinen besseren Plan, um mehr über Kang zu erfahren. Zu meiner Überraschung war ,der' Chief eine füllige Frau. Ihr Name war Chief Seipone. Sie hatte ein gewinnendes Lächeln und war mir sofort sympathisch.

„Ich würde gerne etwas über das Dorf lernen und hoffe, Sie könnten mir mehr erzählen", begann ich mich zu erklären.

„Natürlich, sehr gerne. ‚Kang' bedeutet ‚Womit'. Meine Vorfahren stammten aus Südafrika und hier war nichts, als sie herkamen", erklärte mir Chief Seipone.

Während ihrer Erklärungen beschäftigte mich nur eine Frage: „Warum gab es hier eine weibliche Chief?"

„Entschuldigen Sie bitte die Frage, ist es üblich, dass Frauen Chiefs sind?"

Sie lächelte. Die Frage begleitete sie vermutlich schon ihr Leben lang. Mich beschämte meine Frage nun fast. Es hörte sich so an, als würde ich an den Fähigkeiten von Frauen zweifeln. Dabei war das auch mein ewiger Kampf. Ich musste nie erklären, warum ich allein reiste, sondern nur, warum ich als Frau allein reiste. Und es nervte mich.

„Es ist seit den Siebzigerjahren legal. Trotzdem war es ein langer Weg", gestand sie mir.

„Und wie kommt es dazu?", hakte ich neugierig nach. Dass es legal war, hieß noch lange nicht, dass es auch gewöhnlich war.

„Mein Vater war vor mir Chief. Er hatte sich größte Mühe gegeben, einen männlichen Nachfolger zu zeugen, aber Gott schenkte ihm vierzehn Töchter." Sie lachte. „Ich bin die dritte Tochter und er hat sich für mich als Nachfolgerin entschieden." Ihre Stimme klang stolz und doch bescheiden. „Wenn du möchtest, erzähle ich dir später mehr", sagte sie.

Ich nahm das Angebot dankend an: „Wann und wo treffen wir uns?", fragte ich.

„Komm in zwei Stunden wieder, dann habe ich mehr Zeit."

Ich nahm meine Sachen und ging durch das kleine Dorf. Mein Weg führte mich vorbei an einer Kneipe, in der ein ausgestopfter Büffelkopf hing, an einer Schule, in der Kinder in ihren Uniformen an mir vorbeiliefen und mich grüßten und an einem kleinen Supermarkt, wo ich von einem Mann sofort in ein Gespräch verwickelt wurde. Wieder erklärte ich meine Reise und wieder löste mein Vorhaben eine Mischung aus Begeisterung, Neugierde, Freude, Sorge und Unverständnis aus.

„Mein Name ist Limo. Ich bin nur geschäftlich in Kang und kann dir hier nicht helfen, aber wenn du nach Kasane kommst, dann kannst du bei meinen Schwestern übernachten", schlug er vor, ohne die Schwestern gefragt zu haben.

Wir fügten uns gegenseitig als Freunde auf Facebook hinzu. Vielleicht war mein Traum, an der Hand von Einheimischen durch den Kontinent geführt zu werden, gar nicht so abwegig. Euphorisiert ging ich zurück zur Chief, die bereits auf mich wartete. „Ich zeige dir zuerst die Kgotla. Weißt du, was das ist?", fragte sie mich.

„Ich weiß, dass hier Gerichtsurteile gefällt werden, richtig?", antwortete ich etwas unsicher.

„Ja, genau, die Kgotla ist unser traditionelles Dorfgericht. Als Chief bin ich die Richterin. Wenn du eine Straftat begehst, kannst du dir aussuchen, ob du vor das traditionelle Gericht, die Kgotla, gestellt werden möchtest oder vor ein modernes Gericht. Wenn du mit dem Urteil nicht einverstanden bist, kannst du in Revision gehen. Die einzige Ausnahme ist Mord. Bei Mordfällen entscheidet immer das moderne Gericht mit einem studierten Richter."

Das leuchtete mir ein. Die Kgotla war ein Platz in Kreisform, umzäunt von Baumpfählen, die dicht aneinander standen. Das Eingangstor war in den Farben Botsuanas gestrichen: hellblau, weiß und schwarz.

„Das ist die traditionelle Kgotla. Aber hier gibt es keinen Schatten, also haben wir einen Saal gebaut, da ist das Klima angenehmer."

Sie ging voran in ihren braunen Pumps und dem flatternden orangefarbigen Kleid mit einem afrikanischen Muster in Lila darauf. Ihre lilafarbigen Ohrringe passten perfekt zum Kleid. Vor der modernen Kgotla stand in großen Buchstaben: ‚Stolz und vereint‘

„Das passt zum Land", dachte ich. Bei fast jeder Begegnung hatten mir die Menschen von dem Stolz berichtet, den sie für ihr Land empfanden.

Durch ihre Gastfreundschaft fühlte ich mich nach so kurzer Zeit aufgenommen und konnte mir vorstellen, bei längerem Aufenthalt eine ähnliche Verbindung zu Botsuana aufzubauen.

Im Inneren verzierten Malereien von Tieren – Elefanten, Zebras, Springböcke, Giraffen und Affen – die Wände. Die Chief bemerkte, wie mein Blick auf der Wandmalerei ruhte.

„Das haben die Kinder aus der Schule im Dorf gemalt. Ich möchte, dass sie sich als Teil des Ortes fühlen", erklärte sie und erschrak, als sie auf ihre Uhr sah. „Ich muss los. Ich treffe mich mit dem Pastor. Wir bauen ein Haus für eine Frau. Es gibt noch viel zu tun."

Ich wollte mit, weil ich die Gesellschaft von Chief Seipone genoss.

„Darf ich mitkommen?"

„Natürlich. Wir können jede helfende Hand gebrauchen", sagte sie fröhlich.

Das Haus lag etwas außerhalb des Dorfes und mir wurde erklärt, dass es für eine alte Frau bestimmt war. Sie und ihre Familie lebten noch als Nomaden.

„Die Regierung hat es sich zum Ziel gesetzt, alle Botsuaner sesshaft werden zu lassen. Deshalb schenken wir den Nomaden Häuser. Das ist ein Teil zum Schutz der Wildtiere. Nomaden jagen und das ist in Botsuana streng verboten[2]", erklärte sie, ohne dass ich fragen musste.

Das Haus stand bereits. Ein kleines Haus mit zwei Zimmern und einem Badezimmer. Hier sollte bald eine siebenköpfige Familie leben.

Der Pastor, die Chief und ich verbrachten zwei Stunden mit Malerarbeiten. Der Pastor ging mit mir zu der Nomadin, für die das Haus bestimmt war. Sie saß auf dem Boden vor dem Haus und machte Feuer. Sie hatte für ihr hohes Alter einen kräftigen Handschlag „Hey my friend", begrüßte sie mich auf Englisch.

Der Pastor übersetzte alles Weitere: „Sie fragt, wo ihr Geschenk sei."

„Ihr Geschenk?", fragte ich verblüfft. Wo mein Geschenk als Dankeschön war, wäre meiner Meinung nach die bessere Frage gewesen. Schließlich stand ich mit weißer Farbe bekleckert vor ihr. „Mein Geschenk waren zwei Stunden meiner Lebenszeit", sagte ich und hoffte, der Pastor würde meinen schnippischen Unterton bei seiner Übersetzung unterschlagen.

Der Chief war es ein Anliegen, mir ihr Dorf zu zeigen. Wir fuhren weiter zu einem Wasserreservoir, welches für alle Rinderzüchter öffentlich zugänglich war. Chief Seipone erblickte in der Ferne etwas, das sie misstrauisch machte. Wir stiegen in den Mini Cooper des Pastors und fuhren über getrocknetes Weideland. Einige Männer jagten ein Kalb.

„Da stimmt etwas nicht. Bauern würden ihr eigenes Kalb nicht so behandeln. Es könnte einen Herzinfarkt erleiden. Die versuchen sicher, das Kalb zu stehlen", stellte sie fest und rief sogleich die Polizei an.

Wir warteten in sicherer Entfernung und überließen das Handeln der

---

2 Dieses Verbot wurde deutlich gelockert, weil die Überpopulation von Elefanten nicht mehr tragbar war.

Polizei, die in weniger als fünf Minuten vor Ort war. Die Leidenschaft, die Chief Seipone für ihr Dorf zeigte, konnte jedem Menschen mit Verantwortung ein Vorbild sein.

„Wo wirst du heute eigentlich schlafen?", fragte sie.

„Ich habe ein Zelt dabei. Deshalb bin ich heute Mittag zu dir gekommen. Ich wollte dich als Chief eigentlich fragen, ob ich in Kang zelten darf", gestand ich.

„Vielleicht ist das nicht nötig. Ich werde dich meiner Mutter vorstellen. Da kannst du bestimmt übernachten."

Ihre Mutter war eine alte Dame, die in einem kleinen Haus im Dorfzentrum wohnte. Ihr ganzer Stolz waren die Hühner, die den Hof belagerten.

„Sie sagt", übersetzte Chief Seipone, „es macht ihr Sorgen, dass sie kein Englisch spricht. Ihr könntet euch nicht unterhalten."

Ich verstand die Sorge, versuchte sie aber wegzuwischen. „Wir können uns doch mit Händen und Füßen unterhalten", schlug ich vor.

„Nein", übersetzte Chief Seipone ihre Mutter wieder, „sie ist zu schüchtern. Aber sie möchte dir als Gastgeschenk und als Entschuldigung ein Huhn geben."

Ein Huhn? Es war schwer genug, mich und mein Gepäck durch Afrika zu bewegen. Ein lebendes Huhn würde meine Situation an den Grenzen bestimmt nicht erleichtern.

„Ich glaube, das kann ich leider nicht annehmen. Sie werden mein Huhn sicher an der nächsten Grenze wegnehmen", verneinte ich höflich.

„Meine Mutter besteht darauf, dir ein Huhn zu schenken", übersetzte mir die Chief wieder. „Sei froh, dass sie nur ein Huhn geben möchte. In Botsuana sind Ziegen auch beliebte Gastgeschenke."

Wir lachten beide.

„Bitte sag ihr ganz herzlichen Dank, aber es geht wirklich nicht, wegen meines Gepäcks. Aber ich hoffe zurückzukommen und dann freue ich mich, sie wiederzusehen."

Ich konnte mich aus der Situation winden und musste das Huhn nicht mitnehmen.

„Möchtest du bei mir übernachten?", fragte mich die Chief. „Mein Sohn ist nicht da. Du kannst in seinem Zimmer schlafen."

Ich ging mit in ihr Haus. Erst jetzt, beim Betreten des Hauses, wurde mir auch die historische Bedeutung und die Wichtigkeit eines Chiefs, endgültig klar.

Staunend betrachtete ich die antiken Artefakte, die im Wohnzimmer lagen. Das Fell eines Zebras, welches auf ein Schild gespannt war, das Fell eines Leoparden und einer Gazelle lagen auf einem Thron aus Holz.

„Das sind alles Erbstücke aus vergangenen Zeiten", sagte sie etwas versunken in ihren Erinnerungen, „in meiner Kindheit, in den Achtzigerjahren, lebten wir hier noch alle, auch meine Familie, in traditionellen Hütten."

Das Land hatte nach seiner Unabhängigkeit von Großbritannien und der Entdeckung von Diamanten eine rasante Entwicklung gemacht. Mit dem Abbau der Diamanten finanzierte Botsuana sein Bildungssystem. Ich konnte mir vorstellen, hier zu leben, genau an diesem Ort, hier in Kang.

Doch für mich ging es wieder weiter.

Als ich am nächsten Morgen aufwachte, hatte Chief Seipone das Haus bereits verlassen. Im Wohnzimmer fand ich ein Frühstück mit Brot und Cornflakes. Was für eine liebenswerte Frau sie war! Nach dem Frühstück ging ich zur Kgotla, um mich zu verabschieden. Sie war in einem Gespräch mit einem Bürger und so wartete ich vor ihrem Büro auf einer Holzbank, bis zwei Männer mich ansprachen: „Bitte steh auf. Wir brauchen die Bank für eine Bestrafung."

Ich dachte, ich hätte mich verhört. „Entschuldigung? Wie bitte?", fragte ich vorsichtig nach.

„Wir haben nur diese Bank für unsere Bestrafungen", erklärten mir die Männer. Ich stand auf und die Bank wurde in das Polizeizimmer getragen. Die Tür ging zu.

Chief Seipone kam aus ihrem Büro und erklärte: „Ein Junge. Er hat jemanden aus dem Dorf beleidigt. Er bekommt fünf Schläge mit einem Stock auf sein Hinterteil als Bestrafung. Bei euch gibt es keine körperliche Züchtigung, richtig?", fragte sie mich, ohne dass ich ein Wort gesagt hatte.

„Das stimmt", sagte ich verwundert.

„Wir haben vier Arten der Bestrafung: Geldstrafe, körperliche Züchtigung mit maximal sechs Schlägen und ausschließlich für Männer erlaubt, Sozialarbeit oder Gefängnis", erklärte sie mir das Justizsystem in Botsuana.

Ich war von dem Teil der körperlichen Züchtigung geschockt, denn das passte nicht zu dem friedlichen und träumerischen Bild, das ich von Botsuana hatte.

Ohne Abschiedsgeschenk wollte mich Chief Seipone nicht gehen lassen. Sie überreichte mir ein T-Shirt vom Unabhängigkeitstag Botsuanas, auf dem stand: „50 Jahre Unabhängigkeit – stolz und vereint". Das schönste Geschenk, das ich mir vorstellen konnte.

Nach all dem, was ich über das Justizsystem von meiner neuen Freundin, der Chief von Kang, gelernt hatte, wollte ich unbedingt eine Gerichtsverhandlung in einer Kgotla erleben. In Kang war die nächste Zeit keine Verhandlung geplant. Ich hoffte, in einer anderen Stadt mehr Glück zu haben.

Ich erreichte noch am selben Tag Ghanzi, die nächstgrößere Stadt, die zweihundertsiebzig Kilometer entfernt lag. In Ghanzi angekommen, erkundigte ich mich sogleich in der Kgotla nach möglichen Verhandlungen in den nächsten Tagen. Ich hatte Glück und so konnte ich am folgenden Tag eine Verhandlung verfolgen.

Ich hatte in einem günstigen Zimmer geschlafen, was nur notdürftig für eine Nacht dienen sollte. Am folgenden Morgen packte ich meine Sachen, in der Hoffnung, eine andere Übernachtungsmöglichkeit zu finden. Doch zunächst ging es zur Kgotla.

Verhandlungen konnten in jeder der in Botsuana gesprochenen Sprachen abgehalten werden und auch in jedem Dialekt. Die Verhandlungen waren für die Öffentlichkeit zugänglich. Mir wurde eine Übersetzerin zur Seite gestellt, da diese Verhandlung in einer der Bantusprachen geführt wurde. Leider hatte die Übersetzerin Schwierigkeiten, die Parteien zu verstehen. Gegenüber standen sich eine alte Dame, die die Vermieterin war, und ihr Mieter. Der Mieter war ein junger Mann, der angeblicher Mietschulden und Sachschaden bezichtigt wurde.

Auch wenn mir durch mangelnde Übersetzung viel verborgen blieb, war der Prozess sehr interessant. Zunächst schilderte die Klägerin den Fall aus ihrer Sicht. Der junge Mann habe die Miete nicht gezahlt und eine Reihe Schäden im Haus angerichtet. Niemand unterbrach sie. Sie hatte ohne Nachweise handschriftlich eine Auflistung der Kosten vorbereitet.

In Folge hatte der Angeklagte das Wort und widersprach. Seiner Meinung nach schuldete er der Dame kein Geld, er habe alles laut Mietvertrag gezahlt.

Nun stellte der Chief Fragen und brachte die beiden Parteien ins Gespräch miteinander. Sie verhandelten und der Chief moderierte die Unterhaltung durch seine Fragen. Mir ging plötzlich auf, was das Wort „Verhandlung" im Kern aussagte. Nicht einer der beiden hatte Recht oder Unrecht. Beide sahen sich im Recht und verhandelten eine Lösung. Die ältere Dame senkte ihre Forderungen. Sie konnten sich jedoch nicht final einigen. Der Chief beschloss, die Verhandlung zu unterbrechen und sich in der darauffolgenden Woche ein Bild vor Ort zu machen, bevor weitergeredet würde. Der Vorgang war simpel und genial.

Leider würde ich so den Ausgang der Verhandlungen nicht erfahren. Das war aber nicht schlimm, denn mir ging es hauptsächlich darum, das Prinzip des botsuanischen Justizsystems besser zu verstehen und das tat ich nach dieser Erfahrung.

Ich erinnerte mich an ein Gespräch, das ich vor Jahren mit einem Anwalt in Deutschland geführt hatte. Seine Worte hatten sich geradezu in mein Gedächtnis gebrannt: „In meinem Beruf geht es nicht um Gerechtigkeit, sondern um Recht."

„Das war der Unterschied zwischen den zwei parallel laufenden juristischen Systemen in Botsuana", dachte ich. „Hier, in der Kgotla geht es um Gerechtigkeit. Darum, dass eine für alle Seiten gerechte Lösung gefunden wird und nicht um teure Anwälte oder die Deutung der Rechtslage." Wieder begeisterte mich Botsuana.

Nach einem kurzen Nickerchen auf einer Bank wanderte ich ziellos über den Marktplatz. Es war mir egal, was passieren würde. Ich genoss den Moment.

„T-Shirts. Ich verkaufe T-Shirts. Hey, Mädchen. Möchtest du ein T-Shirt kaufen?", rief mir eine Frau zu, die mich nicht aufdringlich, sondern herzlich anstrahlte.

„Leider nicht. Ich habe keinen Platz in meinem Rucksack. Es tut mir leid. Momentan ist meine größte Sorge, einen Schlafplatz zu finden", erstickte ich das Verkaufsgespräch.

„Ich habe heute Nacht von Weißen geträumt. Als ich dich sah, dachte ich, der Traum hätte bedeutet, dass eine Weiße ein T-Shirt kauft, aber jetzt weiß ich, was er bedeutet hat. Gott hat dich zu mir geschickt. Ich soll dir einen Platz zum Schlafen anbieten. Möchtest du zu mir nach Hause kommen?", fragte sie.

Ich fühlte mich selbst nicht als Gottgesandte, sondern eher als mittellose, planlose, stinkende Rucksacktouristin, aber freute mich natürlich über das Angebot.

„Sehr gerne", entgegnete ich und konnte mein Glück abermals nicht fassen.

„Gut. Dann mache ich jetzt Feierabend. Hilfst du mir dabei, den Stand zu schließen?"

Gemeinsam nahmen wir die T-Shirts von den äußeren Stangen und hängten sie in den Innenraum ihres Marktstands. Wertvollere Ware wie Lederhandtaschen und Kosmetikartikel verstauten wir in großen Plastiktaschen, die wir in ein nahegelegenes Lager trugen.

„Ich teile es mir mit einigen, die hier auf dem Marktplatz verkaufen. Dann muss ich nicht alles nach Hause tragen", sagte sie.

Die Taschen waren bleischwer und obwohl ich nicht wusste, wo sie wohnte, war ich wirklich froh, sie nur ein kleines Stück tragen zu müssen. Ich hatte mir noch nie Gedanken darüber gemacht, wie die Menschen auf afrikanischen Märkten ihre Produkte zu den Ständen bekamen. Sie hatte, wie vermutlich viele andere Verkäufer, kein Auto und konnte sich auch keine Miete in der Innenstadt leisten. Nachdem wir die Taschen weggebracht hatten, konnten wir die Plastikplanen an den Seiten herunterlassen und die Holzklappe, die tagsüber den Kunden als Dach Schatten bot, zuklappen und mit einem Vorhängeschloss verriegeln.

„Bevor wir nach Hause gehen, würde ich gerne zum Gottesdienst", sagte sie und forderte mich auf, mitzukommen.

Dieser fand nicht in einer Kirche, sondern bei einer Privatperson statt. Im Wohnzimmer standen Plastikstühle in Reihen und alle Frauen trugen Kopftücher. Keine kirchliche Atmosphäre, wie ich sie kannte.

„Hier, nimm. Du musst deinen Kopf bedecken", sagte sie und gab mir ein Tuch. Auch sie bedeckte ihr Haar mit einem weißen Dreieckstuch.

Aus der lebhaften Marktverkäuferin wurde eine ernsthafte Gläubige. Die Gemeinde bestand aus fünfzehn engagierten Frauen, die jedes Lied und jeden

Psalm auswendig mitsprachen. In der ersten Reihe saßen drei Männer und ich. Der Pastor redete fast ausschließlich mit uns. Er stellte uns Fragen, wie in einer biblischen Quizshow. Ich konnte leider keine beantworten. Die Männer neben mir waren zu meinem Glück eine ebenso große Enttäuschung.

Nach zwei Stunden war es vorbei und wieder erschlug mich die Herzlichkeit beinahe.

„Komm wieder. Wir würden uns freuen, dich öfter hier zu sehen", sagte mir jede der Teilnehmerinnen persönlich und kam, um mir die Hand zu schütteln.

Mittlerweile war die Nacht hereingebrochen und wir machten uns auf den Weg durch Gassen und Gänge.

„Wieso saßen die Männer und ich in der ersten Reihe?"

„Das machen wir immer so mit Neuankömmlingen. Wir sind schon im Glauben angekommen und brauchen weniger Unterstützung. Die Männer waren heute alle zum ersten Mal da, wie du", erklärte sie mir.

Wir hatten die Stadt verlassen und durchquerten ein großes Feld auf einem Trampelpfad. Meine neue Freundin leuchtete uns mit ihrem Handy den Weg, denn es gab keine Straßenbeleuchtung. Alleine hätte ich mich gefürchtet.

Sie zeigte auf eine kleine Ansammlung von Häusern. „Dort drüben wohne ich. Weißt du, was ein ‚4 in 1' ist?", erkundigte sie sich lächelnd.

Ohne Kontext konnte ich mir nichts darunter vorstellen.

Ich zog grübelnd meine Augenbrauen zusammen. „Nein."

Sie lachte. „Küche, Wohn-, Schlaf- und Badezimmer in einem Raum. Heute lernst du ein ‚4 in 1' kennen."

Mit dieser neuen Information fand ich es noch beeindruckender, dass sie mich zu sich nach Hause eingeladen hatte. Sie hatte nicht viel und war bereit, das Wenige mit einer komplett unbekannten Person zu teilen.

Wir kochten Pap, Hühnchen und ein grünes Gemüse, das aussah wie Algen und sehr bitter schmeckte. „Der Spinat Botsuanas", dachte ich und zwang mich, es herunterzuschlucken.

„Wie bereits erwähnt, dieser Raum ist auch mein Badezimmer. Hast du ein Problem damit, nackt gesehen zu werden?", fragte sie mich einfühlsam.

„Ja. Ein riesengroßes Problem", dachte ich und sagte aus Respekt vor den Lebensbedingungen und ihrer Großherzigkeit: „Nein. Kein Problem."

Sie brachte mir eine Babywanne. Wie sollte ich mich darin waschen? Zu allem Überfluss war sie von einem Riss durchzogen, der fast bis zum Boden der Wanne reichte. Wasser konnte man hier nicht einfüllen. Ich zog meine Kleider aus und stand nun nackt und beschämt da.

„Setz dich rein", forderte sie mich auf.

Ich versuchte, mich hinzusetzen, doch es ging nicht. Meine Hüften waren zu breit, meine Knochen zu lang. In einer Wanne für Babys zu baden, stand nun fast symbolisch für mich. Ich war nackt und hilflos wie ein Baby. Wie sollte das funktionieren? Sie beobachtete meine ungeschickten Versuche, herauszufinden, wie ich mich in dieser winzigen Vorrichtung waschen sollte.

Sie entledigte sich kurzerhand ebenfalls aller Kleider. „Ich zeige dir, wie es geht", sagte sie und hockte sich nackt neben mich.

Ich beobachtete sie.

Der Trick war, mich nicht auf mein Gesäß zu setzen, sondern nur in die Hocke zu gehen. So mussten meine breiten Hüften keinen Platz in der Wanne finden. Sie stellte pantomimisch und ohne Wasser dar, wie nun der Waschvorgang idealerweise weiter verlief. Ich sollte nicht den Körper nass machen, sondern das Stück Seife in Wasser eintauchen und mich damit einseifen. So konnte ich viel Wasser sparen. Nachdem ich mich eingeseift hatte, goss ich mit einem Joghurtbecher vorsichtig Wasser über alle Körperstellen. Für dieses ‚Bad' brauchte ich nur drei Liter Wasser und der Wasserstand reichte am Ende des Badevorgangs bis knapp unter den Riss in der Wanne. Sie gab mir ein Handtuch und ich war glücklich und stolz. Glücklich, sauber zu sein und eine neue Freundin gefunden zu haben und stolz darauf, über meinen Schatten gesprungen zu sein und mit nur drei Liter Wasser geduscht zu haben.

Was für ein Erfolgserlebnis. Unser Umgang war außergewöhnlich vertraut und wir teilten uns das Bett. Wie in Botsuana wahrscheinlich üblich, schlief sie oben ohne. Ich blickte aus dem Fenster in die Nacht, deren Himmel reich mit Sternen beschmückt war.

Den nächsten Tag verbrachten wir gemeinsam an ihrem Marktstand. Die einzigen Kunden waren junge Leute, die Guthaben für ihr Handy brauchten. Sie schickte ihnen dann per SMS das gekaufte Guthaben zu und machte dabei einen minimalen Profit. In Afrika werden viele Bankgeschäfte über Handys abgewickelt, da viele Menschen keine Bankkonten besitzen. Man konnte sich nicht nur Handyguthaben per SMS zuschicken, sondern auch Geld. Dieses konnte man sich an dafür bestimmten Geschäften auszahlen lassen.

„In der Mitte des Monats laufen die Geschäfte nicht gut", erklärte sie mir. „Am Monatsende müsstest du hier sein."

„Warum, was ist dann?"

In meiner Vorstellung wurde das Geld zum Monatsende eher knapp.

„Am Monatsende bezahlen die Bauern ihren Arbeitern den Monatslohn und fahren sie in die Stadt. Der Lohn ist etwa fünfhundert Pula und die Arbeiter geben alles an einem Tag aus. Sie kaufen alles, egal was. Hauptsache, das Geld ist weg. Die meisten Arbeiter sind Buschmänner. Viele kommen nackt in die Stadt. Sie sparen nicht. Oft kaufen sie Alkohol, Zigaretten oder Kleidung."

Als Kind einer Bankangestellten, die als Geburtsgeschenk ein Sparschwein geschenkt bekommen hatte, fiel es mir schwer, ihr Verhalten nachzuvollziehen. Andererseits konnte man das Geld so weder verlieren noch konnte es gestohlen werden.

Ich versuchte, mich in sie hineinzuversetzen. Sie kamen aus dem Busch und ein frisch erlegtes Tier konnte man nicht lange aufbewahren; man verbrauchte sofort, was man hatte. Aus dieser Perspektive ergab ihr Verhalten Sinn.

Mit vielen neuen Eindrücken und Erfahrungen machte ich mich weiter Richtung Norden in die Stadt Maun. Sie liegt am Okavango Delta, welches das Aushängeschild für die unberührte Natur Botsuanas ist.

Leider stand schnell fest, dass ich nur mithilfe eines Flugzeuges zu den Lodges im Delta kommen konnte. Die Regenzeit, die sich von November bis März erstreckt, ging gerade zu Ende, und die Unmengen Wasser hatten die vorhandenen Straßen im Delta unbefahrbar gemacht.

Ich kontaktierte Limo, den Mann, der mich in Kang angesprochen und mir seine Kontaktdaten gegeben hatte, per WhatsApp.

„Hi Limo. Ich bin jetzt in Maun."

Die Antwort kam prompt. „Du bist schon in Maun? Ich gebe meinen Freunden deine Nummer, damit sie sich mit dir treffen."

Tatsächlich riefen sie mich kurz darauf an und wir verabredeten uns. Ich sollte auf sie warten.

Ein Auto mit drei jungen Männern, die sich als Limos Freunde vorstellten, hielt neben mir. Ich stieg ein und wir fuhren über holprige Straßen, die immer enger wurden, von denen schlussendlich nur ein mit hohem Gras bewachsener Pfad übrigblieb. Sie lebten außerhalb des Stadtgebietes in einem einfachen Haus aus Beton. Als wir dort ankamen, fuhr der Besitzer des Autos wieder weg.

„Wir haben ihn gebeten, uns und dich mit deinem Gepäck herzufahren", sagte mir einer der beiden Freunde.

„Und wie kommt ihr hier weg, wenn ihr mal etwas einkaufen müsst?"

„Wir gehen zu Fuß."

Das hatte ich befürchtet. Ich fühlte mich gefangen. Das bedeutete mindestens eine Stunde Fußweg, wenn ich in die Stadt wollte.

„Habt ihr eine Idee, wie ich mir das Delta ansehen könnte? Kennt ihr jemanden mit einem SUV?", fragte ich.

Sie riefen sofort verschiedene Freunde an, wofür sie ein Stück Richtung Stadt gehen mussten, denn es gab hier keinen Handy-Empfang. Leider kamen sie ohne Erfolg zurück.

„Ich glaube, das Backpackers ‚Old Bridge' bietet Reisen in das Delta an", kam einem der beiden die Idee.

„Würdet ihr mit mir hingehen?"

Ich fürchtete, mich ohne Handyempfang komplett zu verlaufen.

Glücklicherweise erklärte sich einer der beiden bereit, mich zu begleiten. Sie hatten recht. Am nächsten Morgen würde ein zweitägiger Camping-Trip ins Delta aufbrechen. Ich hatte darauf gehofft und vorsichtshalber meinen Rucksack mitgenommen. Ich blieb gleich dort, da der Trip sehr früh morgens beginnen sollte.

Als wir losfuhren, war es noch dunkel. Das Backpacker Hostel lag direkt am Flussufer, wo ein Motorboot auf eine Gruppe Amerikaner und mich wartete. Wir fuhren eine Stunde mit dem Motorboot nach Boro, einem kleinen Dorf im Delta. Ich stieg aus, während die anderen sitzen blieben. Sie würden mit dem Motorboot weiterfahren, denn sie hatten einen mehrtägigen Trip im Delta gebucht. Ich wollte eine Nacht im Delta zelten.

„Darf ich mir das Dorf ansehen?", fragte ich den Bootsführer.

„Ja, wir warten noch auf den Guide", sagte er.

Das Dorf lag einige Meter über dem Flussufer und war von einem Zaun eingegrenzt. Am Eingang stand ein großer Baum, unter dem einige junge Männer Schatten fanden.

Das Dorf sah so aus, wie ich mir Afrika als Kind vorgestellt hatte. Die Menschen wohnten in traditionellen Lehmhütten mit Strohdächern. Ich war neugierig, wollte aber nicht voyeuristisch sein. Gleichwohl bemerkte ich, wie ich von den Dorfbewohnern beobachtet wurde.

„Hallo", grüßte ich jeden, der mir begegnete, und bekam jedes Mal ein Lächeln zurück.

Trotzdem hatte ich das Gefühl, den Frieden zu stören und ging zurück zum Ufer, als hinter mir ein junger Mann auftauchte.

„Hallo. Mein Name ist Dickie. Ich bin dein Guide", begrüßte er mich freundlich.

Dickie war sechsundzwanzig Jahre alt, hatte eine wilde Frisur mit Dreadlocks unter einer schwarzen Wollmütze und trug keine Schuhe. Sein Alter und sein Erscheinungsbild überraschten mich. Wie ein professioneller Reiseführer sah er nicht aus.

„Wohnst du hier?", fragte ich.

„Ja, aber nur an den Wochenenden. Dann besuche ich meine Eltern und verdiene Geld mit Touren im Delta. In der Woche studiere ich in der Stadt Medizin."

„Warum ist euer Dorf eingezäunt?" Diese Frage brannte mir seit Betreten des Dorfes unter den Nägeln.

„Um uns vor Elefanten und Nilpferden zu schützen, aber das funktioniert nur bedingt. Dort drüben haben Elefanten den Zaun wieder platt getreten", er zeigte auf eine Lücke.

Seine Souveränität beeindruckte mich und meine Zweifel wegen seines Alters waren wie weggeblasen. Das Delta war sein Zuhause. Wer könnte besser sein als jemand, der dort aufgewachsen war?

Das Motorboot mit den amerikanischen Touristen fuhr weg, während Dickie meinen Rucksack auf das ‚Mokoro' hievte. Mokoros sind die typischen Kanus im Okavango Delta. Sie werden aus einem Baumstamm geschnitzt und sind sehr schmal. Ich durfte mich setzen, während Dickie mit einem Freund das Mokoro in den Fluss schob.

Ich entdeckte ein verbeultes und rostiges Warnschild im Wasser. Ein Betreten des Wassers war verboten. Einige Frauen standen fast direkt neben dem Schild, um große Behälter mit Wasser zu befüllen.

Ich zeigte auf das Schild. „Darf man hier ins Wasser?"

„Eigentlich nicht, weil es im Delta viele Krokodile gibt, aber die kommen nicht hierher", beruhigte mich Dickie, „und dicht am Ufer ist das Wasser durch den aufgewirbelten Sand nicht klar genug, deshalb gehen die Frauen hierher."

Eine Mischung aus Ehrfurcht, Respekt und Erschrecken durchfuhr mich. Ich hätte niemals den Mut gehabt, hier Wasser zu holen.

Dickie stand hinter mir und schob das Mokoro mit einem langen Stab voran. Gleichzeitig steuerte er es damit geschickt. Wie geschickt man dafür sein musste, sollte ich noch herausfinden.

Schon bald verließen wir die breite Wasserstraße und glitten durch ein Geflecht von Seegras und Seerosen. Mit Paddeln oder Rudern gäbe es kein Durchkommen.

„Die kleinen Wege sind sicherer. Auf ihnen halten sich weder Krokodile noch Nilpferde auf", verriet Dickie.

Die kleinen Seewege waren sehr in meinem Sinne. Auf fast jeder Seerose entdeckte ich bunte Libellen. Das Mokoro bewegte sich geschmeidig wie ein natürlicher Teil dieses Systems geräuschlos an ihnen vorbei, sodass sie nicht wegflogen.

Von einem Seegrashalm beäugte mich ein kleiner weißer Frosch. Die Uhr schien hier langsamer zu ticken. Es war so ruhig. Das langsame Fortbewegen ermöglichte es, Libellen oder Frösche zu beobachten.

Dickie stoppte das Boot und griff nach einer Wasserrose. Er presste unterhalb der Blüte und Wasser spritzte heraus.

„Das ist ganz reines Wasser. Es wird von der Pflanze gefiltert", erklärte er mir.

Ein Detail, das mich begeisterte. Wie ein Kind, das die Welt entdeckte, brachte ich alle Seerosen in meiner Nähe dazu, Wasser zu spritzen.

Der lange Wasserpfad mündete nun in eine Art See im Delta, den wir überqueren mussten. In der Mitte dieses Sees stand ein einsames Nilpferd, auf das mich

Dickie erst aufmerksam machen musste, denn nur seine Ohren und Augen lugten aus dem Wasser.

„Wir halten Abstand und fahren langsam am anderen Ende des Sees. Wir müssen dabei ganz leise sein. Nilpferde, die alleine sind, können sehr aggressiv werden", warnte Dickie.

Das Nilpferd tauchte vollständig ab.

Ich hatte Angst und war erleichtert, als wir den See durchquert hatten und bald darauf den Ort erreichten, an dem wir unser Zeltlager errichten würden.

Das verzögerte sich jedoch.

Botsuanische Jugendliche campten dort. Ihre Musik dröhnte über das Gelände. Die Geräuschkulisse bildete einen starken Kontrast zu der friedlichen Ruhe, die ich bis dahin so genossen hatte.

Ich ließ mich etwas entfernt im Gras nieder. Ich brauchte kein Entertainment. Die Natur im Delta ließ keine Langeweile aufkommen.

Vor mir sprang eine winzig kleine Spinne in hohen Bögen durch das Gras, bis sie auf meinem Oberschenkel landete und dann weiterzog.

„Wir müssen zwei Stunden warten, bevor wir die Zelte aufbauen können", sagte Dickie, der sich mit den Campern auf diesen Kompromiss geeinigt hatte.

„Kein Problem. Ich genieße es, hier zu sein. Gerade eben hatte ich Besuch von einer kleinen Spinne, die in beeindruckenden Bögen durch das Gras gesprungen ist."

„Das war eine Springspinne."

In der Tat hatte sie ihrem Namen alle Ehre gemacht.

Endlich konnten wir unsere Zelte aufschlagen.

Das erste Mal, dass ich mein kleines Zelt nutzen würde. Ich hatte es extra für diese Reise wegen seines niedrigen Gewichts angeschafft. Es wog unter einem Kilo, war olivgrün, wodurch es sich in die Landschaft einfügte, und erinnerte an einen Sarg, nur kleiner.

Dickie lachte. „Was ist das denn?"

Ich sagte mit größtmöglicher Überzeugung „Mein Zelt!"

War es sicher, in einem Zelt zu schlafen, das zwei Meter lang und einen halben Meter hoch war? Unser Zeltplatz war schließlich nicht umzäunt oder anderweitig geschützt und im Okavango Delta lebten neben Nilpferden auch die berühmten ‚Big Five': Elefanten, Leoparden, Löwen, Büffel und Nashörner. Den Namen haben ihnen die Wildjäger in Afrika gegeben. Die ‚Big Five' gelten als die stärksten und gefährlichsten Tiere, die am schwierigsten zu jagen sind. Das Risiko, bei der Jagd zu sterben, ist seit jeher groß. Das macht ihre Trophäen umso wertvoller.

Ich war selbstverständlich weit entfernt von jedem Jagdgedanken und wollte diese Tiere nur aus sicherer Distanz erleben und bewundern.

Unser Lagerplatz war nicht nur in Bezug auf Sicherheitsfragen minimalistisch, sondern auch, was die Sanitäreinrichtungen betraf.

Hinter einigen Büschen hatte Dickie ein Loch gegraben, das er mir nun präsentierte.

„Das ist die Toilette", klärte er mich auf. „Wenn du fertig bist, dann schütte ein bisschen Sand darüber, damit es nicht anfängt zu stinken und wir keine unerwünschten Tiere anlocken", wies er mich an.

Wir verließen unser Camp kurz nach Einsetzen der Dämmerung. Zu der Zeit sind die Tiere aktiv und es ist trotzdem noch hell genug, um sie zu beobachten. Eine gewisse Sicht war mir sehr lieb, denn wir waren unbewaffnet. Trotz meines Vertrauens in die Fähigkeiten von Dickie, kostete es mich einiges an Überwindung, mein Leben in seine Hände zu legen. Schließlich kannte ich ihn erst ein paar Stunden.

Schnell stellte er seine hervorragenden Fähigkeiten beim Spurenlesen unter Beweis.

Wir passierten einen großen Misthaufen und er erklärte mir, was er darin sehen konnte: „Das ist Elefantendung von heute Morgen. Die Sonne hat ihn schon etwas getrocknet. Sieh ihn dir genau an, dann fällt dir sicher auf, dass das gegessene Gras nicht komplett verdaut wurde."

Es stimmte. Man konnte die Struktur des Grases noch klar erkennen, deutlich besser als bei einem Kuhfladen zum Beispiel.

„Das bedeutet, dass der Elefant, der hier vorbeigekommen ist, ein hohes Alter hat. Sein Gebiss ist nicht mehr gut. Sie bekommen in ihrem Leben sechsmal neue Zähne. Wenn die letzten Zähne abgenutzt sind, dann können sie die Nahrung nicht mehr ausreichend zerkauen."

„Gleich werden wir Zebras und Gnus sehen", sagte er.

„Woher weißt du das?" Ich sah weit und breit nicht ein einziges Tier, geschweige denn eine Herde aus Gnus und Zebras.

„Du musst die Spuren lesen und deine Sinne benutzen. Riechst du nichts?", fragte Dickie.

Ich schnüffelte. Nichts. Es lag definitiv kein Tiergeruch in der Luft. Ich hatte bis dahin immer behauptet, dass der Geruchssinn mein bester Sinn war. Im Vergleich zu Dickie war mir, als wäre ich ohne Nase geboren worden.

Wir gingen weiter zielstrebig durch die Savanne, die bereits im schillernden Rot der Abendsonne erstrahlte. Eine teuflische Schönheit und Ruhe bedachte man die Gefahren im Gras und hinter den Büschen.

Und dann war sie da: Eine Herde aus Zebras und Gnus. Sie in Freiheit, zu Fuß und ohne Schutz zu erleben, ergriff mich.

„Zebras und Gnus sind oft zusammen. Zebras sehen hervorragend und Gnus riechen ausgezeichnet. Sie verknüpfen ihre besten Sinne, um sich gegen Fressfeinde besser zu schützen", erklärte mir Dickie.

Einige Zebras standen in Paaren. Dabei war der Kopf des einen am Hinterteil des anderen.

„Warum stehen einige Zebras in entgegengesetzten Richtungen nebeneinander und andere nicht?", wollte ich wissen.

„Nur eng verwandte Zebras stehen so zusammen", sagte Dickie, „Schwestern oder Mutter und Tochter zum Beispiel. Das sind Tiere, die einander blind vertrauen. Sie sichern sich zum Schutz gegenseitig und haben auf diese Weise eine Dreihundertsechzig-Grad-Übersicht."

Auf mein Bitten blieben wir in der Nähe der Herde. Als der Wind sich drehte, rannten die Gnus davon, was das Zeichen für die Zebras war, ebenfalls loszugaloppieren. Der Boden bebte unter uns. Das Beben war nicht nur zu hören, ich konnte es in mir spüren.

Auf dem Weg zurück zum Lager trafen wir noch auf Impalas und Antilopen und angeblich auch auf eine Giraffe. Dickie konnte sie mit bloßem Auge erspähen. Mir blieb nur der Zoom meiner Kamera, um die Giraffe in großer Entfernung zu erkennen, und selbst mit dieser technischen Hilfe konnte ich sie nur erahnen. Seine Sinnesorgane waren auf beeindruckende Weise geschärft, was in dieser Umgebung überlebenswichtig war.

Zurück im Camp legten wir in Alufolie gewickeltes Gemüse ins Lagerfeuer, wo es garte. Dazu gab es Brot. Ein einfaches und dennoch köstliches Essen.

Als ich im Zelt lag, hörte ich in der Ferne einen Löwen leise brüllen. Er war sicherlich weit entfernt. Nichtsdestotrotz fühlte ich mich bei dem Gedanken nicht wohl und lag mit aufgerissenen Augen in meinem Sarg-Zelt.

Da war noch ein Geräusch. Ein raues Stöhnen oder Grunzen, vielleicht ein Warzenschwein. Waren Warzenschweine gefährlich? Ich lag erstarrt da.

Die Gleichmäßigkeit des Geräusches war merkwürdig. Nein, es war kein Warzenschwein. Dickie schnarchte. Amüsiert fand ich in den Schlaf.

Als ich am nächsten Morgen aufwachte, ekelte ich mich vor mir selbst. Ich stank und war dreckig. Meine Kleidung hatte den Geruch des Lagerfeuers aufgenommen und meine Fingernägel waren schwarz vom Ruß.

Aber immerhin lebte ich. Der Löwe hatte mich nicht in meinem Zelt besucht. Doch die Spuren zeigten, dass wir in der Nacht durchaus Besucher auf unserem Zeltplatz gehabt hatten. Ein sehr breiter Trampelpfad führte dicht an meinem Zelt vorbei. Am Vortag hatte das Gras noch gestanden, nun war es platt getreten.

„Das war ein Nilpferd. Das wäre fast über dein Zelt gelaufen, wie es aussieht", sagte Dickie grinsend.

Ein Nilpferd hatte nur wenige Zentimeter von meinem Zelt entfernt einen nächtlichen Spaziergang gemacht und ich hatte seelenruhig geschlafen. Nilpferde forderten nach Mücken und der Puffotter die meisten menschlichen Todesopfer in Afrika und werden von vielen als die gefährlichsten Tiere Afrikas benannt. Mir fuhr ein Schauer über den Rücken. Das hätte auch anders enden können.

„Und ich hatte vor dem Löwen Angst gehabt", sagte ich immer noch fassungslos.

„Den habe ich auch gehört. Der war aber circa fünf Kilometer von uns entfernt", klärte Dickie mich auf.

Als der Morgen dämmerte und das Delta langsam erhellte, waren wir bereits wieder zu Fuß unterwegs.

Dieses Mal war unser Spaziergang von weniger Erfolg gekrönt. Es war eben die wahre Natur und kein Zoobesuch. In vier Stunden sahen wir wieder einige Zebras, die uns sogleich bemerkt hatten und wegliefen. Außerdem passierte uns ein Warzenschwein, das gemütlich seinen Morgenspaziergang genoss. Im

Gegensatz zu ihm genoss ich die Wildnis nicht mehr. Gegen elf Uhr wurde es unerträglich heiß. Mich störte meine mangelnde Hygiene. Zu dem Geruch des Lagerfeuers gesellte sich Schweißgeruch.

Dickie hatte eine einfache Lösung für mein Problem:

„Wir gehen schwimmen", rief er enthusiastisch, „ich kenne eine Stelle, wo es keine Krokodile gibt."

Das Okavango Delta ist ein Netzwerk von Wasserläufen. Einerseits konnte ich mir keine Wasserstelle im Delta vorstellen, an der es keine Krokodile gab. Andererseits tat mir ein Bad gegen den Gestank sicher gut. Dickie führte mich zu einer Art Bucht, die von Seegras umgeben war.

„Gut, aber du gehst zuerst in das Wasser", willigte ich besorgt ein, „wenn du nicht aufgefressen wirst, komme ich auch rein." Ich hatte wirklich Angst um mein Leben.

Besorgt sah ich Dickie hinterher, als er in das trübe Wasser stieg. Hoffentlich hatte er mit seiner Behauptung recht.

Nichts geschah.

Etwa zehn Sekunden später folgte ich ihm. Dickie fiel es sichtlich schwer, sich über Wasser zu halten.

„Leg dich auf den Rücken und lass dich treiben. Ich stütze deinen Rücken von unten", schlug ich vor.

Das hatte mir mein Vater beigebracht, als ich noch ein kleines Mädchen war. In der Nordsee hatte mir diese Lektion einmal das Leben gerettet.

„Bitte bring mir das Schwimmen bei", bat er mich. „Ich habe versucht, es mir selbst beizubringen, weil es keine Schwimmlehrer gibt, aber ich kann nur das", sagte er und führte mir sein Hundepaddeln vor.

Ich revanchierte mich mit ein wenig Schwimmunterricht sehr gerne für die einzigartigen Erfahrungen der letzten zwei Tage.

Doch dann war es an der Zeit, das Okavango Delta wieder zu verlassen. Ich durfte versuchen, uns in dem Mokoro nach Hause zu fahren. Frohen Mutes ergriff ich den langen Stab. Es war wahnsinnig anstrengend, das Boot durch die Stöße zu bewegen und das dichte Seegras hatte mir den Krieg erklärt. Nachdem ich uns fünfmal geradewegs da hineinmanövriert hatte, musste ich meine Niederlage eingestehen.

„Mit wie viel Jahren hast du gelernt, ein Mokoro zu manövrieren?"

„Wir lernen das mit ungefähr acht Jahren."

Achtjährige waren stärker als ich. Diese Information macht mein Scheitern noch unangenehmer.

Dickie brachte uns schnell zurück nach Boro, wo das Motorboot bereits auf mich wartete.

Mit dem Motorboot nahmen wir den großen breiten Kanal und ich sah den Grund, warum Dickie mit seinem Mokoro genau diese mied.

Am Rand lag ein ausgewachsenes Krokodil, das sicher vier Meter maß.

Es hatte den Mund weit geöffnet, als wartete es darauf, gefüttert zu werden. Ich erschauderte bei dem Gedanken, im selben Wasser wie dieses Ungeheuer geschwommen zu sein. Mit einer pfeilschnellen Bewegung und ohne Vorwarnung schoss es ins Wasser. Ich schrie vor Schreck auf. Wie viele Krokodile sich wohl unter unserem Boot tummelten?

Das Okavango Delta ist ein bezaubernder Ort. Zugerne wäre ich ein paar Tage in Boro geblieben, um noch mehr über den Ort und das Leben im Delta zu lernen.

In der Backpacker Unterkunft hatte ich mich über die beste Route nach Kasane, der Grenzstadt zu Simbabwe, informiert. Diese Stadt würde mein letzter Stopp in Botsuana sein und Limo aus Kang hatte mir zugesagt, ich könnte dort bei seinen Schwestern wohnen.

Ich sollte den Bus nach Nata nehmen und dort in einen Bus nach Kasane umsteigen.

Verloren lief ich über den Busbahnhof auf der Suche nach dem Bus nach Nata.

„Es gibt derzeit keinen Bus nach Nata, die Straßen stehen alle unter Wasser", klärte mich ein Ticketverkäufer auf.

„Aber das ist die kürzeste Route nach Kasane. Vier Stunden bis nach Nata und dann fünf Stunden nach Kasane", sagte ich, um ihm klarzumachen, dass ich ohnehin noch eine weite Fahrt vor mir hatte.

„Es gibt aber derzeit keinen einzigen Bus nach Nata", wiederholte er, nun etwas ungeduldiger.

„Und jetzt? Wie komme ich nach Kasane?", fragte ich niedergeschlagen.

„Du kannst den Bus nach Francistown nehmen, dann steigst du um und fährst weiter nach Kasane", erklärte mir der Verkäufer.

„Wie lange würde das dauern?" Ich hatte Limos Schwestern meine Ankunft bereits angekündigt.

„Nach Francistown sind es acht Stunden und von dort noch einmal neun Stunden nach Kasane."

Siebzehn Stunden. Ich hatte keine Wahl und kaufte die Tickets.

Schließlich erreichte ich Kasane, erschöpft, aber auch glücklich, endlich angekommen zu sein. Es war vier Uhr morgens. Limos Schwestern Elizabeth, Obi und Elena hatten es sich nicht nehmen lassen, mich gemeinsam abzuholen.

Obi gab mir ihr Zimmer. Sie musste ohnehin beruflich in eine andere Stadt. Ich ließ mich auf ihr himmlisches Bett fallen und versank sofort in einen tiefen Schlaf. Gegen Mittag wachte ich verwirrt auf und es dauerte einige Sekunden, bis ich mich erinnerte, wo ich war.

Sie hatten bereits für mich gekocht.

Elena arbeitete als einzige der drei Schwestern nicht und nahm sich daher Zeit für mich. Sie zeigte mir die Stadt und ging mit mir zu einem Wäscheservice. Alle meine Kleidungsstücke, die mittlerweile von Rauch, Schweiß und der langen Busfahrt bestialisch stanken, würden für umgerechnet fünf Euro gewaschen werden. Ich gönnte mir den Luxus, obwohl ich mich für den Geruch meiner Kleidung schämte.

Am Abend tanzten und lachten wir ausgelassen im Wohnzimmer, als wäre ich die vierte Schwester im Familienbund.

Ein neuer Tag mit neuen Erfahrungen brach an. Elizabeth, alias ‚Lizzy', nahm sich einen Tag frei.

„Heute macht ein neues Möbelhaus in Kasane auf", sagte sie. „Ich möchte hingehen und mir ein neues Bett kaufen."

Ich hatte kein Interesse an einem Möbelhaus. Lizzy ging also ohne mich. Ich wollte die Schwestern mit einem prall gefüllten Kühlschrank als Dankeschön für ihre Gastfreundschaft überraschen und stiefelte zum nächstgelegenen Supermarkt.

„Und wo ist das Bett?", fragte ich Lizzy, als sie hektisch in das Haus stürmte.

„Ich wollte mir vom Möbelhaus einen Kredit geben lassen, aber dafür brauche ich eine Wohnbestätigung vom Chief und der ist nicht da", berichtete sie aufgeregt.

Sie gab mir das Prospekt, um mir das Bett zu zeigen.

„Aber Lizzy, hier steht, dass das Möbelhaus fünfundzwanzig Prozent Zinsen nimmt. Das ist doch Wucher! Ist das Bett so wichtig?"

Sie griff sich in gekrümmter Haltung auf den Rücken. „Ja, ich kann auf dem alten Bett nicht mehr schlafen. Mir tut jeden Morgen der Rücken weh."

Lizzy arbeitete als Buchhalterin bei einer kleinen Reiseagentur, die Ausflüge in den anliegenden Chobe Nationalpark organisierte, und ich vertraute ihr.

„Ich leihe dir das Geld ohne Zinsen", bot ich ihr an.

Sie riss ihre großen braunen Augen auf. „Wirklich? Das würdest du tun?"

„Ich vertraue dir. Wir machen einen Plan. Du zahlst mir einfach jeden Monat fünfzig Euro zurück. Dann ist es in neun Monaten abbezahlt", schlug ich vor und wir machten uns auf den Weg zum Möbelhaus.

Als wir dort ankamen, war ich, gelinde gesagt, verblüfft.

Vor dem Möbelhaus hatte sich eine Menschenmenge versammelt. Sie drängelten, drückten und schoben. Ein Mann an der Eingangstür rief Nummern auf.

Die Organisatoren hatten diese Nummern vergeben und ließen der Reihe nach Menschen in das Geschäft, nachdem andere es verlassen hatten. Warum es trotzdem einem anarchistischen Zustand glich, war mir ein Rätsel.

Lizzy hatte sich bereits am Morgen eine Nummer besorgt.

„Es tut uns leid. Die Nummer wurde schon aufgerufen. Sie müssen eine neue Nummer ziehen", teilte uns die Security mit.

„Das gibt es doch nicht. Wir möchten keine Almosen. Wir haben den Aufruf verpasst und wir möchten etwas kaufen", versuchte ich, die Sicherheitsmänner zu überzeugen. Ohne Erfolg.

Das Möbelhaus gehörte zu einer südafrikanischen Kette. Ich erhaschte einen Blick ins Innere. Dort saßen zwei weiße Männer, die das Spektakel in aller Ruhe beobachteten. Das mussten die Besitzer sein!

Ich hatte eine Idee.

Ich quetschte mich durch die Menschenmasse an die Glasfront und versuchte Augenkontakt mit den zwei Männern aufzunehmen, was mir nach kurzer Zeit gelang. Ich hielt Lizzys Nummer an die Glasscheibe und mimte den Gesichtsausdruck eines bettelnden Labradors nach. Die beiden Männer hatten mich gesehen und riefen den Sicherheitsmann zu sich. Dann zeigten sie auf mich.

Der Sicherheitsmann holte mich aus der Menge. Ich hatte es geschafft.

„Einen Moment. Meine Schwester muss auch mit", sagte ich. „Lizzy, Lizzy, wo bist du?", rief ich zurück in die Menge.

„Hier, ich bin hier", rief Lizzy. Eine Hand ragte aus der Menge, ich ergriff sie und zog sie zu mir.

Einige Umstehende hatten die Situation beobachtet und sahen Lizzy und mich missgünstig an. Ich konnte ihre Abneigung verstehen. Ich war offensichtlich wegen meiner Hautfarbe bevorzugt worden.

Selbstironie kann Herzen erwärmen und so sagte ich laut: „Es ist, weil ich wie ein Stück Käse aussehe, aber es ist nicht für mich. Meine Schwester hier braucht ein neues Bett." Ich war erleichtert, als die umstehenden Personen meinen Humor erkannten und mit Lachen und Klatschen reagierten.

Ich hatte den Rassismus zu meinem Vorteil genutzt, was mir zuwider war. Doch mein unwohles Gefühl verflog schnell, als ich Lizzys Strahlen sah.

Das Geschäft lag in der Nähe des Grenzübergangs zu Simbabwe. Wir gingen zur Grenze, um uns zu erkundigen, welche Papiere ich für das Visum vorlegen müsste. Ich nahm eine Kopie des Einreiseformulars mit auf den Heimweg. Ich wollte in jedem Fall vermeiden, in eine ähnliche Situation wie an der botsuanischen Grenze zu kommen.

Dummerweise verpassten wir den Minibus, der uns zurück in die Stadt bringen sollte.

„Komm, wir gehen zu Fuß", schlug ich vor.

„Nein. Ich bin müde und ich möchte auch nicht schwarz werden", entgegnete Lizzy.

Ich explodierte vor Lachen: „Was möchtest du nicht werden?" Ich bekam mich kaum wieder ein. „Lizzy, du bist schwarz. Richtig schwarz", sagte ich.

„Das ist nicht lustig", sagte sie etwas beleidigt.

„Würdest du nicht lachen, wenn ich sagen würde, dass ich nicht weiß werden möchte?", fragte ich.

Jetzt musste auch Lizzy lachen.

Auf einmal hörte ich sie schreien „*Back up*. Bleib zurück!" Verwirrt runzelte ich meine Stirn. „Warum schreist du mich so an?"

Kurz darauf erblickte auch ich ihn. Auf unserer linken Seite stand ein Elefant!

„Wie wunderschön! Komm, Lizzy. Wir gehen etwas näher ran", sagte ich.

„Auf gar keinen Fall. Ich gehe keinen Zentimeter weiter", sagte Lizzy und blieb wie angewurzelt stehen.

Nun kam von der rechten Seite ein Baby-Elefant, gefolgt von einer ganzen Herde.

Auch mir wurde nun bewusst, wie bedrohlich diese Situation war.

Ein Lkw-Fahrer hielt an, als er uns und die Elefanten sah.

„Steigt schnell hinten auf", sagte er hastig. „Vor kurzem wurde hier ein Tourist von einem Elefanten getötet. Wisst ihr, wie gefährlich es ist, hier zu Fuß zu gehen? Es gibt auch Löwen und Leoparden", erklärte der Mann weiter.

Schließlich kamen wir unversehrt zu Hause an und ließen den Tag ausklingen.

„Lizzy, du arbeitest doch für eine Reiseagentur", begann ich das Gespräch. „Habt ihr die nächsten Tage nicht vielleicht Kunden, bei denen ich einfach mitfahren könnte? Als Praktikantin sozusagen?"

„Morgen hat ein britisches Paar eine Safari-Fahrt gebucht. Da darfst du sicher mitfahren." Sie rief sofort den Guide an. „Er sagt, das ist in Ordnung. Du musst nur zehn Dollar Eintritt und acht Dollar für das Mittagessen zahlen", gab Lizzy die Nachricht des Guides weiter.

„Das bezahle ich gerne", sagte ich und freute mich auf den Chobe Nationalpark am nächsten Tag.

Stanza, so hieß der Guide, und ich trafen uns in aller Frühe vor dem Büro. Wir fuhren gemeinsam zum Hotel, in dem das britische Ehepaar ihren Urlaub verbrachte. Ein pompöses Hotel, das teuerste der Stadt, lag vor unseren Augen. Was für ein Kontrast zu meiner Unterkunft, in der sich die Decke im Wohnzimmer durch den Kot von Fledermäusen bedenklich wölbte und Risse hatte. Das Ehepaar, das schicke und gebügelte Safari-Outfits trug, erzählte mir von ihren alljährlichen Afrikareisen, die sich in Luxushotels oder Lodges und auf Safaris abspielten.

Der Chobe Nationalpark befindet sich im Vier-Ländereck von Botsuana, Namibia, Simbabwe und Sambia.

„Die Elefanten wissen, dass sie in Botsuana niemand erschießt, deshalb haben wir jetzt ein Problem mit einer Überpopulation von Elefanten", erklärte Stanza uns. „Der Chobe Nationalpark ist für einhundertzehntausend Elefanten ausgelegt und wir haben jetzt schon einhundertdreißigtausend Elefanten. Jedes Jahr wächst die Population um fünf Prozent."

Bis jetzt hatte ich immer nur gehört, dass Elefanten weniger wurden und vom Aussterben bedroht waren.

„Könnt ihr die Elefanten nicht an andere Länder geben?", fragte ich.

„Das haben wir versucht, zum Beispiel nach Angola, aber die Elefanten laufen einfach nach Botsuana zurück."

„Verhütungen sind zu teuer, Jagen ist unverantwortlich, weil die Tiere sensibel sind. Du musst entweder eine ganze Elefantenherde erschießen oder keinen. Wenn ein Einzelner einer Herde überlebt, dann bleibt er traumatisiert zurück und wird aggressiv, was zu einer wirklichen Bedrohung werden kann." Resigniert fügte Stanza hinzu: „Es bleibt nur, sie davon zu überzeugen, woanders hinzugehen."

Wir hatten den Park erreicht. Mir fielen vier lange, parallel laufende Narben an Stanzas rasiertem Kopf auf.

„Woher stammen diese Narben?", fragte ich geradeheraus.

„Das war ein Kampf mit einem Leoparden mit meinen bloßen Händen. Er hat mich mit seinen Krallen am Kopf erwischt, aber ich habe letztendlich gewonnen", erzählte er stolz. „Bei einem Löwen hätte ich keine Chance gehabt, aber einen Leoparden kann man besiegen."

Ich starrte auf seine Narben. ‚Man kann einen Leoparden besiegen‘, hallte es in meinem Kopf nach. Das war mir etwas zu allgemein formuliert. Ich schloss mich bei ‚man‘ definitiv aus. Die Geschichte klang unglaublich. Doch die Narben konnten gut zu den Krallen einer Raubkatze passen.

Stanza brachte den Jeep abrupt zum Stehen.

„Apropos Löwe. Seht mal links!" Er zeigte auf einen Baum.

Tatsächlich stand darunter ein Löwe mit imposanter Mähne. Sein Blick war starr nach oben in die Baumkrone gerichtet. Nichts konnte ihn beirren.

Selbst als Stanza Geräusche sterbender Tiere imitierte, wandte der Löwe seinen Blick nicht vom Baum ab.

„Dort muss irgendwas sein, das interessanter ist als ein sterbendes Tier." Stanza schien ratlos. Er wollte wissen, was es damit auf sich hatte.

Kaum erkennbar befand sich in der Baumkrone eine Löwin, die damit kämpfte, wieder auf den Boden zu gelangen. Das erklärte die Sorge ihres Partners, denn Löwen sind keine guten Kletterer. Ihr hohes Körpergewicht birgt die Gefahr, dass Äste brechen. Das stellte uns vor das nächste Rätsel. Was hatte die Löwin dazu bewogen, sich in dieses ungewohnte Terrain zu begeben?

„Ich vermute, dass sich weiter oben ein Leopard mit seiner Beute befindet", versuchte unser Guide, das merkwürdige Schauspiel zu erklären.

„Löwen sind faul. Wenn sie die Möglichkeit haben, dann stehlen sie lieber die Beute eines Leoparden, als selbst zu jagen. Sie sind Leoparden körperlich überlegen, aber Leoparden sind graziler und können auf Äste klettern, die für Löwen unerreichbar sind."

Die Löwin hatte nach einiger Zeit endlich einen Weg gefunden, die Äste hinabzuklettern, und gelangte mit einem großen Satz wieder auf den Boden. Es sah aus, als würde das Löwenpaar eine Lagebesprechung halten, bevor die Löwin wieder nach oben kletterte und im grünen Blätterkleid verschwand. Stanzas Vermutung erschien mir plausibel. Eine leichte Beute war die beste Erklärung für das wiederholte Wagnis der Löwin. Das Bestreben, mit möglichst wenig Aufwand an Essen zu kommen, leuchtete mir ein. Ich ging auch lieber in ein Restaurant, als selbst zu kochen.

Leider fuhren wir weiter. Ich hätte den gesamten Tag mit der Beobachtung des Löwenpaares verbringen können. Auf unserem Weg durch den Chobe Nationalpark sahen wir unter anderem Impalas, die gemütlich grasten, Paviane, die sich entlausten, Giraffen, die Sand aßen, der wichtige Mineralien enthielt, und Nilpferde, die sich von Vögeln säubern ließen. Doch mein Highlight war, neben den Löwen, eine Elefantenherde. Wir blieben eine Stunde am Flussufer, an dem sie sich aufhielten. Auf der gegenüberliegenden Seite lag Namibia.

„Die Elefanten kennen die Landesgrenzen. Sie wissen genau, ab wann sie erschossen werden können und bleiben deshalb hier", erklärte uns Stanza „Nur ganz selten überqueren sie die Grenze nach Namibia."

Zwei junge Elefantenbullen tauchten sich gegenseitig unter Wasser. Sie erinnerten mich an Teenager, die ihre Kräfte messen. Es war so leicht, sich mit diesen Tieren verbunden zu fühlen. Ich konnte nicht begreifen, wie es Menschen übers Herz brachten, Elefanten zu erschießen.

Abends trafen sich einige Guides der Region zum ‚Braai', wie man im südlichen Afrika das Grillen nennt. Kenny, ein Freund von Lizzy, holte uns ab. Kenny war klein, athletisch und hatte Rastalocken. Doch sein Erkennungsmerkmal war sein freches Grinsen. Wir verstanden uns auf Anhieb. Mir blieb auf der Reise jedes Mal nur wenig Zeit, um Freundschaften zu schließen. Also wurde auch Kenny innerhalb kürzester Zeit zu einem Freund.

Lizzy und ich waren die einzigen Frauen in einer Gruppe von Männern, die alle die Leidenschaft für die Natur Botsuanas und deren Tierwelt teilten. Die Gespräche entblößten auch ihre klaren Vorstellungen über Paar-Beziehungen und die Rolle der Frauen. Stanza drückte es am deutlichsten aus: „Ein afrikanischer Mann hat immer recht, es gibt hier keine Diskussionen mit Frauen", erklärte er.

Lizzy, eine unabhängige und selbstbewusste Frau, und ich, eine Frau, die Afrika alleine durchquerte, lachten aus voller Brust.

„Stanza mein Freund", sagte ich und klopfte ihm lachend auf die Schulter, „du hast gerade dafür gesorgt, dass ich nie einen Afrikaner heiraten werde."

Kenny mischte sich postwendend in das Gespräch ein: „Er spricht für sich, nur für sich. Nicht alle afrikanischen Männer denken so, ich zum Beispiel nicht."

Die Diskussion nahm Fahrt auf. Der Kampf um das richtige Beziehungskonzept zwischen den Männern belustigte Lizzy und mich.

Stanza lenkte ein: „Ich habe mich schon etwas verändert. Ich wasche sogar manchmal die Wäsche für meine Frau", führte er als Beispiel für seine veränderte Denkweise an.

„Habt ihr Kinder?", hakte ich nach.

„Ich wollte immer zehn Kinder haben. Bei zehn Kindern ist die Chance höher, dass wenigstens zwei Kinder die Mühen wert sind."

Wieder lachten wir alle gemeinsam. Bei allem, was wir besprachen, schwang Humor mit, dennoch steckte im Kern der Aussagen auch etwas Tiefgründiges.

„Wir haben jetzt nur fünf Kinder, weil die Ärzte gesagt haben, meine Frau sollte aus medizinischen Gründen keine Kinder mehr bekommen."

Allmählich versiegte das Gespräch. Wir hatten alle zu viel gegessen und waren zu müde, um zu reden.

Der Abschied fiel mir schwer. Ich war in Versuchung, zu bleiben. Eine Freundin aus Brasilien hatte einmal zu mir gesagt: „Als der Storch dich gebracht hat, war sein Navigationssystem kaputt." Ich glaube, ich hätte eigentlich in Botsuana leben sollen. Noch nie hatte ich mich so schnell an einem Ort zu Hause gefühlt. Und doch war es wieder an der Zeit, weiterzuziehen. Ich hatte mir ein Ziel und eine begrenzte Zeit gesetzt. Diese Vorgaben zogen mich aus dem Land und trieben mich gegen meinen Willen weiter auf meiner Reise.

Ich verabschiedete mich von meinen neuen Schwestern. Sie waren alle gekommen. Die botsuanischen Grenzbeamten nahmen unsere enge Verbindung wahr und machten eine Ausnahme. Die Schwestern durften die botsuanische Grenze ohne Gebühr passieren, damit sie mich bis zum simbabwischen Grenzübergang fahren und wir uns dort verabschieden konnten. Ich kämpfte mit den Tränen und war damit nicht allein.

Tschüss, Botsuana, du wundervolles Land.

Botsuana bewahrt seine Kultur: die Kgotla in Kang, wo
traditionelle Gerichtsverfahren durchgeführt werden.

Der ehrliche, aber verzweifelte Versuch, von den Einheimischen zu lernen:
Steuern eines Mokoros im Okavango Delta

*Meine Lieblingstiere, denn sie vereinen Kraft, Empathie und Verstand:
eine große Elefantenherde im Chobe Nationalpark*

*Ein Löwe wartet im Chobe Nationalpark auf seine Partnerin,
die hoch in den Baum geklettert ist.*

Simbabwe

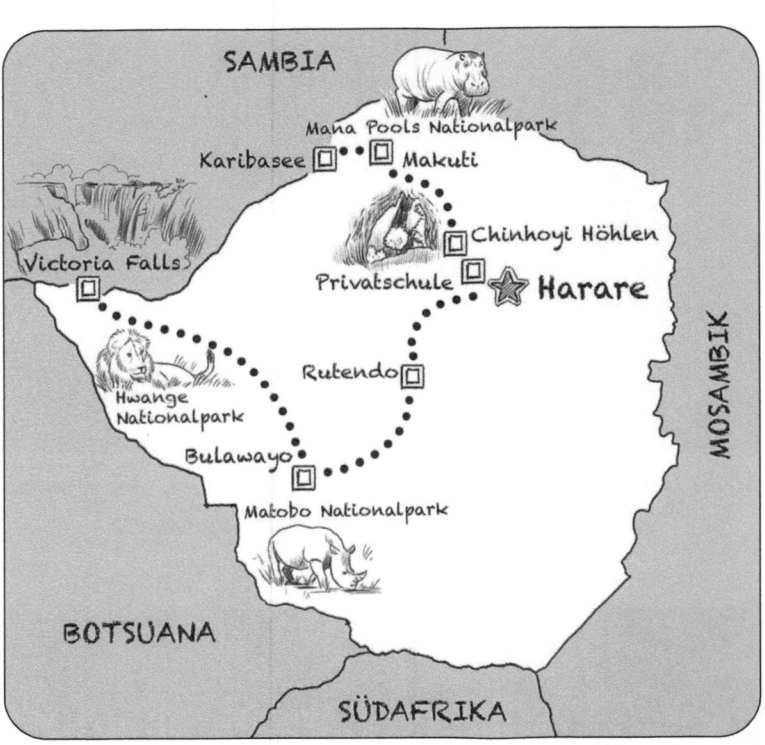

Hauptstadt: Harare

Jahr der Unabhängigkeit: 1980 vom Vereinigten Königreich

Bevölkerungsdichte (gerundet): 44 Einwohner pro km² (2024)

Religionen: 84 % Christen, 5 % Traditionelle Glaubensrichtungen, 10 % Atheisten

Sprachen: Englisch, Shona, Ndebele (+ 13 weitere)

Währung: Bond Dollar (1 = 1 US Dollar, Kurs 2017)

Top Sehenswürdigkeiten: Chinhoyi Höhlen, Hwange Nationalpark, Karibasee, Mana Pools Nationalpark, Matob Nationalpark, Victoriafälle

Egal, wie lang die Nacht ist, die Morgendämmerung wird kommen.

Ich wusste nur zwei Dinge über Simbabwe: Es gibt dort die Victoriafälle und ich hatte etwas von einer Hyperinflation gehört. Wobei ich bezüglich der Wirtschaftskrise nicht sicher war, ob diese Information noch aktuell war.

Das Visum erwies sich als unproblematisch. Ich gab an, eine simbabwische Familie in der Stadt Kwekwe zu besuchen. Es wurden keine weiteren Fragen gestellt. Es war Ashahs Familie, die mich erwartete und deren Adresse ich für das Visum nutzte.

Das KAZA-Visum galt für Simbabwe und Sambia. Die beiden Länder verbindet viel miteinander. Sie waren einst ein Land gewesen und teilen sich heute mit den Victoriafällen und der Kariba-Talsperre zwei wichtige Tourismusattraktionen und Einnahmequellen.

Nach jeder Grenzüberquerung war es, als müsste ich die Uhr auf null stellen. Alles auf Anfang. Wieder alleine. Neue Sprache. Neue Währung. Neue Menschen. Neue Kultur. Eine neue Mentalität und irgendwie ein neues Leben.

Gleich hinter der Grenze stand eine Gruppe von Männern.

„Ich möchte zu den Victoriafällen. Wie kann ich dahin kommen?", begann ich das Gespräch ohne Umschweife.

„Ich bin Taxifahrer und würde dich gerne fahren, aber ich bin die nächsten Tage für eine Jagd gebucht", sagte ein Mann, der sich dann mit dem Namen Victor vorstellte.

„Eine Jagd? Was jagt ihr denn? Elefanten?", fragte ich und hatte Angst vor der Antwort.

„Zum Beispiel. Je nachdem, für welches Tier die Lizenz gekauft wurde."

Mir wurde flau im Magen. Elefanten waren meine Lieblingstiere geworden. Ich hatte sie zwei Tage zuvor im Chobe Nationalpark beobachtet. Sie
sind für mich die perfekten Lebewesen. Mächtig und stärker als alle anderen.
Ein Elefant kann einen Löwen besiegen. Elefanten sind intelligent und man
sagt, dass sie sich an alles erinnern können, was je in ihrem Leben passiert ist.
Neben ihrer körperlichen Überlegenheit und dem beispiellosen Gedächtnis
sind Elefanten sehr empathisch. Sie trauern um Verstorbene in regelrechten
Zeremonien.

Körper, Geist und Seele harmonieren in einem Gleichgewicht miteinander.
Dieser Dreiklang macht sie für mich zu dem perfekten Lebewesen.

„Du könntest als mein Gast mit auf die Jagd kommen, ich lade dich ein",
bot Victor mir an.

Ich reiste mit dem Vorsatz, jede Gelegenheit zu nutzen. Das Wort ‚Nein'
existierte für mich auf Reisen kaum. Doch dieses Angebot konnte ich nicht
annehmen. Ich war nach den vergangenen Tagen überzeugter denn je, dass
die Großwildjagd verboten gehört. Doch ist diese Sichtweise natürlich aus
der Ferne leicht zu vertreten. Ich lebte nicht vor Ort. Ich litt nicht unter der
Überpopulation von Elefanten und anderen Tierarten. Ich war nicht von den
Konflikten zwischen Menschen und Tieren betroffen, wie es die Bewohner des
Ortes Boro im Okavango Delta am eigenen Leib erlebten. Ich war nicht auf die
Großwildjagd als Einnahmequelle angewiesen.

„Nein." Ich konnte es nicht ohne Erklärung stehen lassen. Eine Einladung
auszuschlagen, war unhöflich. Das hatte ich von Ashah bereits gelernt. „Ich
habe mich mit Freunden in Rutendo, in der Nähe von Kwekwe, verabredet.
Sie warten auf mich und ich möchte vorher unbedingt die Victoriafälle sehen",
sagte ich und fügte schnell hinzu: „Vielleicht beim nächsten Mal, wenn ich
wieder nach Simbabwe komme."

„Lass mich meinen Bruder Philip anrufen. Er wohnt in Victoria Falls.
Vielleicht kannst du bei ihm übernachten", sagte er und verschwand mit
seinem Handy am Ohr.

Victors spontane Hilfsbereitschaft entzündete ein Feuerwerk von
Endorphinen in mir. Simbabwe und ich hatten einen ausgezeichneten Start.
Das Land würde sicher gut zu mir sein, so wie Botsuana es gewesen war. Gut

gelaunt machte ich mich wieder auf die Suche nach einer Möglichkeit, zu den Victoriafällen zu gelangen.

Nur wenige private Autos passierten diesen Grenzübergang. Ein UNESCO Weltnaturerbe lag in direkter Nachbarschaft und niemanden schien es zu interessieren. Minibusse fuhren auch nicht zu den Fällen und so blieb mir als einzige Möglichkeit, etwas widerwillig ein Sammel-Taxi zu nehmen.

Der Taxifahrer roch in mir das große Geschäft. Er versuchte mich sogleich zu überreden, das Taxi für mich alleine zu buchen.

„Es kann Stunden dauern, bis wir genügend Mitfahrer finden. Du kannst alle Plätze abkaufen und wir fahren sofort los. Dann sparst du viel Zeit", redete er auf mich ein.

Er hatte mit seiner Vermutung, Europäer seien immer unter Zeitdruck und wollten Prozesse beschleunigen, sicher nicht Unrecht und für neunundneunzig Prozent aller Touristen wären es vermutlich unschlagbare Verkaufsargumente gewesen: schnell, sicher, viel Raum im Taxi, mehr Zeit an den Victoriafällen – doch ich setzte meine Prioritäten auf dieser Reise anders. Ich hatte Zeit und der Weg war mindestens genauso wichtig wie das Ziel. Ich wollte nicht schnell reisen, sondern die Länder intensiv erleben. Ich wollte mir keine Bequemlichkeit erkaufen, sondern verstehen, wie der Alltag ablief.

„Vielen Dank, aber ich habe Zeit und warte gerne, bis sich das Taxi füllt", erklärte ich ruhig und bestimmt.

Während ich entspannt auf die anderen Fahrgäste wartete, beobachtete ich, wie sich die Männer unterhielten. Sie wirkten sehr vertraut miteinander. Sie lehnten sich an die Autos, scherzten und lachten. Sie verbrachten vermutlich jeden Tag mehrere Stunden gemeinsam an diesem Grenzübergang und warteten auf Kundschaft.

Ein simbabwischer Herr in Anzug stieß zu den Fahrern und kam dann zu mir.

„Möchten Sie sich die Taxifahrt teilen, dann können wir sofort los?", fragte er mich durch das geöffnete Fenster.

Ich hatte scheinbar einen Stempel auf der Stirn: „Reiche Europäerin". Dass ich mit einem Rucksack zu Fuß unterwegs war, beirrte niemanden.

„Nein, danke, ich bin nicht unter Zeitdruck und warte, bis sich das Taxi füllt", klärte ich den Herrn auf.

„Ich habe keine Zeit", sagte er gestresst. „Gut, Sie bezahlen den Preis für einen Platz und ich kaufe die letzten vier Plätze ab", schlug er resigniert vor.

Ich stimmte zu.

Bevor wir losfuhren, gab Victor dem Taxifahrer noch Anweisungen, mich zum Haus seines Bruders Philip in Victoria Falls zu fahren. Er hatte ihn erreicht und ich durfte dort mein Zelt aufschlagen. Es konnte nicht besser laufen.

Nur Minuten später sammelten wir weitere Fahrgäste entlang der Strecke ein, die ursprünglich offenbar zu Fuß gehen wollten und es sich nun beim Anblick des anrauschenden Taxis anders überlegt hatten. Das senkte die Kosten für den Geschäftsmann erheblich und er musste letztendlich nur die Kosten für zwei Plätze übernehmen.

In der Stadt Victoria Falls angekommen, fuhren wir im Außenbezirk auf und ab. Ich konnte leider nicht dabei helfen, das Haus von Philip zu finden. Wo dieser lebte, hatte sein Bruder Victor nur dem Fahrer erklärt.

Die Straßen und Häuser glichen einander. Wir fuhren auf Schotterpisten aus Sand, die von Ein-Zimmer-Häuschen gesäumt waren. Der einzige Unterschied bestand im Material. Viele Häuser waren aus Beton gebaut und einige wenige aus Holz gezimmert. Hausnummern fand man kaum.

Dieses Viertel gehörte sicherlich zu den ärmsten in der Stadt Victoria Falls. Ich war eingeschüchtert und nicht mehr so überzeugt davon, hier mein Zelt aufzuschlagen. Wenn ich hierbliebe, würde es vermutlich nicht lange dauern, bis alle Bewohner des Viertels von meinem Zelt und mir wussten.

Nach über einer halben Stunde und vielen Nachfragen bei Anwohnern fand der Fahrer endlich das richtige Haus.

Philip begrüßte mich herzlich: „*Welcome to my home!*"

Meine Zweifel verschwanden und die Entscheidung, mein Zelt hier aufzuschlagen, stand. Auch sein Haus bestand nur aus einem Raum. Dieser war mithilfe von Gardinen in weitere Räume unterteilt.

Sein eigener kleiner Bereich bestand fast ausschließlich aus seinem Bett.

„Wenn du möchtest, dann kann ich in deinem Zelt schlafen und du nimmst das Bett", bot er mir selbstlos an.

Das Angebot rührte mich. Nichtsdestotrotz lehnte ich es dankend ab. Ich wollte niemandem zumuten, in diesem kleinen Zelt zu übernachten. Ich selbst hatte bei meinen ersten Übernachtungen mit Platzangst zu kämpfen gehabt. Wir gingen hinaus, um zu überlegen, wo ich es aufstellen könnte.

In dem Moment betrat ein Mann das Grundstück. Betrunken und außer Kontrolle torkelte er auf mich zu und redete laut auf mich ein. Ich verstand kein Wort. Philip ging sofort dazwischen und verwies den Mann des Grundstücks.

Das bereitete mir nun doch etwas Sorgen.

Er bemerkte es und erklärte knapp: „Der Freund meiner Mutter."

Ich konnte nur hoffen, dass dieser Mann kein Interesse an mir hatte. In dieser Hoffnung baute ich mein Zelt auf.

Die Nacht war glücklicherweise ohne besondere Vorkommnisse verlaufen und Philip nahm mich morgens mit ins Stadtzentrum, wo er arbeitete.

Eine Mischung aus Donnern und Rauschen begleitete uns auf dem Weg durch die Stadt.

„Was ist das für ein Geräusch?", fragte ich auf meine Ohren zeigend.

„Das sind die Wasserfälle", klärte mich Philip grinsend auf. In seinem Gesicht las ich Stolz auf seine Heimat.

„Die Regenzeit ist vor Kurzem zu Ende gegangen und die Fälle sind wilder als gewöhnlich. White Water Rafting oder Schwimmen im Devil's Pool sind jetzt nicht möglich", sagte Philip ein wenig düster.

Er arbeitete in einem Reisebüro und lebte vom Verkauf solcher Aktivitäten.

Beim Gedanken an die tödliche Kraft, die Millionen Tonnen in die Tiefe stürzendes Wasser erzeugte, lief mir ein Schauer über den Rücken.

Philip blieb auf seiner Arbeit, während ich mich auf den Weg zu den Fällen machte.

Ich passierte einen Mann, der Geldscheine der alten simbabwischen Währung verkaufte. Zwanzig-Millionen-Dollar-Scheine aus der Zeit der Hyperinflation im Land kosteten zehn Dollar. Aus wertlosem Papier zehn Dollar mit dem Verkauf zu machen, war eine geniale Idee. Ich ging an ihm vorbei, ohne ein Kaufinteresse zu signalisieren.

„*Sister, sister*", rief mir der Verkäufer etwas aufdringlich hinterher.

Ich drehte mich um und rief ihm fröhlich zu: „*Sister from another mister.*"

Der Verkäufer lachte herzhaft und ließ mich kommentarlos weiterziehen.

Ich freute mich diebisch über meine Schlagfertigkeit und ging gut gelaunt meines Weges.

Ein Sandweg führte direkt zu den Victoriafällen. Am Ende des Wegs in der Nähe des Eingangs befanden sich mehrere Stände mit Souvenirs. Es handelte sich dabei hauptsächlich um Handwerksarbeiten aus Holz. Doch ich hatte kein Interesse. Zum einen, weil ich in meinem Rucksack keinen Platz hatte und zum anderen, weil ich keine Zeit verlieren wollte. Ich musste die Victoriafälle sehen!

Bereits vor dem Eingang erfrischte mich ein sanfter Sprühregen, der die Erwartungen noch größer werden ließ.

Am Eingang bekam meine gute Laune einen Dämpfer.

„Dreißig US-Dollar. *Cash only*", sagte die Dame an der Kasse.

Der Preis überraschte mich. Lizzy aus Botsuana hatte gesagt, der Eintritt würde zehn Dollar kosten. Ich sah auf die Preistafel und stellte fest:

Zehn Dollar war der Preis für Personen aus den Nachbarländern. Simbabwer zahlten zwei Dollar und nicht afrikanischen Touristen wurden dreißig Dollar berechnet.

„Kann ich auch mit einer Kreditkarte zahlen?"

„*Cash only*", wiederholte die Verkäuferin gelangweilt.

Die Regierung weiß, wie sie an US-Dollar kommt, dachte ich mürrisch und zückte widerwillig das Bargeld. Wie wichtig es noch werden würde, ahnte ich zu diesem Zeitpunkt nicht.

Ich ging nicht zu den Wasserfällen. Ich lief.

Als ich die Wasserfälle erreicht hatte, blieb ich abrupt und ergriffen stehen.

Ein magischer Anblick.

„Jetzt könnte ich glücklich sterben. Ich habe das Schönste gesehen, was unser Planet zu bieten hat", dachte ich.

Ich stand am Kopf der Schlucht, in die der Sambesi Fluss hineinstürzte. Auf meiner linken Seite stürzten unvorstellbare Wassermengen die Klippe hinunter. Hier begannen die Wasserfälle, die weiterreichten, als meine Augen es erfassen konnten. Dieses war der simbabwische Teil der Wasserfälle. Etwa auf der Hälfte der Schlucht teilte das Wasser das gegenüberliegende Land. Der Sambesi bildet die natürliche Grenze dieser beiden Länder. Sambia lag auf der anderen Seite dieses Spaltes.

Vor mir wölbte sich ein perfekter doppelter Regenbogen über die Schlucht.

Die Wucht des Wassers erfüllte die gesamte Schlucht mit einem Donnern und einem dichten Wasserschleier.

Wie musste es für die ersten Menschen gewesen sein, die diesen Ort entdeckt hatten? Sie hatten die Wasserfälle „Mosi-oa-Tunya" genannt, was übersetzt „Der Rauch, der donnert" bedeutet. Ein treffender Name. Er beschrieb das imposante Spektakel, welches mich sprachlos machte, deutlich besser als der Name, den die britische Kolonialmacht diesem Wunder gegeben hatte.

Nach geraumer Zeit löste ich mich von diesem imposanten Anblick und ging weiter den Weg entlang der Schlucht. Der Blick auf dieses Naturwunder war aus jedem Winkel ein anderer. Jedes Mal faszinierend.

Der so genannte ‚Todesweg' führte ein kleines Stück direkt am Abgrund entlang. Die Wassermassen der gegenüberliegenden Fälle waren so enorm, dass es sich anfühlte, als liefe ich direkt durch sie hindurch. Es glich mehr einem Tauch- als einem Spaziergang. Ich schnappte nach Luft, wobei ich immer wieder Wasser schluckte. Es war ein heißer Tag und die Abkühlung durch das Wasser war ein Segen. Es durchnässte meine Kleidung bis auf die Unterwäsche.

Ich wurde melancholisch. Gerne hätte ich diesen Moment und die Freude mit meinem Liebsten geteilt.

Es fiel mir schwer, mich von diesem Ort zu trennen, doch ich hatte mich mit Philip verabredet. Ich beschloss, mir den sambischen Teil dieser Landschaft am nächsten Tag anzusehen.

Ich machte mich auf den Weg zurück in die Stadt. Die Sonne schien kräftig. Als ich in der Stadt ankam, waren meine Haare und Kleidung bereits getrocknet.

Auf dem Weg zu Philips Arbeitsplatz kam ich an einer Pizzeria vorbei und mir wurde mein Hunger bewusst. Ich hatte den gesamten Tag noch nichts gegessen. Da Philip und ich keine Uhrzeit abgemacht hatten, nahm ich Platz und gönnte mir eine Pizza. In der Eingangstür stand ein Unbekannter und fotografierte mich. Als ich ihn ansah, verschwand er. Ich wunderte mich, schenkte ihm aber keine weitere Beachtung.

Glücklicherweise begleitete mich Philip nach Hause. Ich hätte den Weg mit hoher Wahrscheinlichkeit nicht selbst gefunden. Das Haus lag sehr weit ab vom Zentrum.

„Ich habe vorhin eine Pizza gegessen und wurde von einem Unbekannten fotografiert. Hier sind doch häufiger weiße Touristen. Kannst du dir das erklären?"

„Das war bestimmt ein Spion der Regierung."

„Ein Spion?" Das klang beunruhigend.

„Da passiert nichts. Der muss nur beweisen, dass er arbeitet. Mach dir nichts daraus."

Wohl war mir dabei nicht, aber ich konnte ohnehin nichts dagegen unternehmen.

Wir gingen auf einen lokalen Markt, was eine willkommene Ablenkung von den Gedanken über Spione und ihre Beweggründe bot.

Auf dem Markt wuselten viele Menschen umher und ich blickte mich erstaunt um. Ein Großteil der Produkte war mir fremd. Blätter, getrocknete Insekten und mir unbekanntes Gemüse. Ich bat Philip am Abend gemeinsam etwas typisch Simbabwisches zuzubereiten. Etwas, das ich zu Hause nicht essen könnte.

„Simbabwisches Popcorn", sagte Philip und zeigte auf einen Sack toter Raupen.

Der Vergleich mit Popcorn hinkte. Ich konnte zwischen gepufften Maiskörnern und gegrillten Raupen kaum Gemeinsamkeiten ausmachen.

Wir kauften zwei Hände voll Raupen.

Wir kamen im Dunkeln zu Hause an. Die Hitze des Tages hatte sich zu einer angenehmen Wärme abgekühlt. Philip legte glühende Kohlen in einen Topf. Darauf kam ein kleines Gitterrost, auf welches er wiederum einen Kochtopf stellte. Die Raupen rösteten im heißen Öl. Waren sie beim Kauf noch hell gewesen, verfärbten sie sich nun in ein dunkles Braun. Sie waren servierfertig. Ich hätte in diesem Moment zu gerne einen Rückzieher gemacht, was ich aus Respekt vor Philip und der Kultur gegenüber unterließ.

„Kopf aus und essen", befahl ich mir und versuchte, meine Gesichtszüge unter Kontrolle zu bringen.

Ich griff nach einer halben Raupe. Die Raupe hatte kaum Eigengeschmack und so wirkte es durch das Chitin so, als äße ich meine Fingernägel. „Gar nicht schlecht", log ich. Ich nahm aus Höflichkeit noch eine zweite und eine dritte Raupe.

Ein Nachbar stieß zu uns und ich teilte unseren Snack mit Vergnügen. So blieb weniger für mich übrig. Er hatte seine Gitarre mitgebracht und begleitete mit ihr seinen wunderschönen Gesang. Seine traditionellen, simbabwischen Lieder krönten diesen aufregenden Tag.

Obwohl mir jeder, mit dem ich mich in den Tagen zuvor über die Victoriafälle unterhalten hatte, versichert hatte, die simbabwische Seite sei die weitaus schönere, wollte ich auch die sambische Seite sehen. Ich hatte mich in den Anblick der Fälle verliebt und konnte nicht weiterfahren, ohne noch einen weiteren Blick auf sie zu werfen. So zog ich am nächsten Morgen in aller Frühe los.

Ich konnte ohne Philips Hilfe mit dem Minibus in die Stadt fahren, wo ich denselben Sandweg wie am Tag zuvor ging. Nach etwa der Hälfte des Weges blieb ich erschrocken stehen.

Direkt vor meinen Füßen lag ein großer Haufen Elefantenmist. Es war heiß, doch der Mist war noch nicht angetrocknet. Ich schloss daraus, dass sich der Elefant in nächster Nähe befinden musste. Ich sah mir den Mist genauer an. Es musste ein junger Elefant sein, denn die Nahrung war sehr gut verdaut. Ich liebe Elefanten. Mir war aber spätestens seit dem Vorfall an der Grenze mit Lizzy klar, wie gefährlich sie sein konnten. Ich konnte den Weg nur zurück oder nach vorn gehen. Es gab keinen anderen Ausweg. Ich wusste nicht, wo sich der Elefant aufhielt, also schlich ich langsam vorwärts. Behutsam setzte ich einen Fuß vor den anderen, um ihn nicht zu erschrecken, sollte ich ihm begegnen.

Dickie hatte mir im Okavango Delta vor Augen geführt, wie schlecht ausgebildet meine Sinne waren. „Einen Elefanten werde wohl sogar ich rechtzeitig entdecken", hielt ich einen inneren Monolog.

Plötzlich stand er da. Ein mächtiger Elefantenbulle mit prächtigen Stoßzähnen stand rechts von mir im Gebüsch. Er sah friedlich aus. Seelenruhig riss er das Blätterwerk von den Bäumen und ließ es sich schmecken. Ein majestätischer Anblick. Gefährlich, aber majestätisch. Uns trennten etwa drei Autolängen voneinander.

„Stehenbleiben oder weglaufen?" Wieso hatte ich diese Frage noch keinem Guide gestellt? Die Information wäre in diesem Moment Gold wert gewesen. Ich hatte viele grausame Geschichten von Elefanten, die Menschen getötet hatten, gehört. Ein Guide hatte mir einst davon berichtet, wie er einen toten, chinesischen Touristen abtransportieren musste. Der Mann war von einem

Elefanten zerstampft worden und kaum noch zu identifizieren gewesen. Sie hatten das Tier betäuben müssen, um den Leichnam bergen zu können. Wieso hatte ich damals nicht gefragt, wie man sich bei einer Begegnung mit einem Elefanten richtig verhielt? Ich wollte nicht als Brei enden.

Ich hatte Todesangst und fühlte mich gleichzeitig geehrt und privilegiert, diesen einmaligen Moment zu erleben. Ich stand wie angewurzelt da, ratlos, wie ich mich verhalten sollte.

Mut oder Leichtsinn packte mich. Vorsichtig griff ich nach meiner Videokamera und wagte es, die Begegnung kurz zu filmen. Der Elefant ließ sich nicht beirren und genoss weiter seine Mahlzeit. Meine Angst wich nun der Faszination. Ich fühlte mich in seiner Gegenwart sicher, tauschte meine Videokamera mit meinem Fotoapparat.

Das sichere Gefühl war ein Trugschluss und der Griff nach dem Fotoapparat war ein Fehler gewesen. Als ich ihn vor mein Gesicht hielt, ließ der eben noch ruhige Elefantenbulle von seinem Essen ab und drehte sich zu mir. Seine imposanten Stoßzähne zeigten auf mich. Er musterte mich. Bis zu diesem Zeitpunkt hatte ich gedacht, er hätte mich nicht bemerkt. Diese Annahme entpuppte sich nun als glasklare Fehleinschätzung. Die Bedrohung wurde real. Ich störte ihn. Er kam zwei Schritte auf mich zu. Uns trennte nur noch ein kleiner Graben, den der Bulle natürlich mit Leichtigkeit überwinden konnte.

„Das wars. Gleich bin ich tot. Hoffentlich machst du es schnell. Ich will keinen langen Todeskampf erleiden", bat ich ihn in meinen Gedanken. Ich schloss mit meinem Leben ab und ließ die Kamera und meinen Kopf aus Ehrfurcht sinken. Ich starrte auf den Boden. Mein Gegenüber hielt inne.

Er zögerte.

Die längsten Sekunden meines Lebens begannen. Ich hielt den Atem an. Es war, als bliebe die Zeit stehen. Ich glaubte zu spüren, dass er nachdachte. Er versuchte einzuschätzen, was für ein Exemplar Mensch ihm gegenüberstand. War es gefährlich oder nicht? Er traf seine Entscheidung und drehte sich weg. Er ging zurück in das Gebüsch, um wieder der Nahrungsaufnahme nachzugehen.

Am liebsten hätte ich ihn vor Dankbarkeit umarmt.

Stattdessen entfernte ich mich nun leise, aber mit schnellen Schritten. Ich bemühte mich, dabei nicht hektisch zu wirken, obwohl mein Herz raste.

Vier Simbabwerinnen kamen auf mich zugerannt, so schnell sie konnten.

Sie trugen die für Afrika typischen farbenfrohen langen Wickelröcke und Flip-Flops. Dabei balancierten sie kunstvoll Körbe und Krüge auf ihren Köpfen. Ihre Schnelligkeit beeindruckte mich. Ich fühlte mich beim Tragen dieser Kleidung immer eingeschränkt in meinen Bewegungen.

„*Elephant, Elephant!*", schrien sie mir panisch entgegen.

Ich hob die Hand, damit sie stehen blieben. „Nicht weitergehen. Hinter uns ist ein Elefantenbulle und den habe ich bereits verärgert", erwiderte ich hastig.

Das musste ich nicht zweimal sagen.

Sie zweifelten meine Worte nicht an, drehten um und verschwanden in Windeseile wieder in die Richtung, aus der sie gekommen waren.

Ich ging bestimmt weiter und unterdrückte das Verlangen zu laufen. Wieder lag Elefantenmist neben dem Weg. Sicher hatte dieser Haufen die Frauen zum Rennen veranlasst. Er war schon leicht angetrocknet und so vermutete ich denselben Verursacher dahinter.

Endlich erreichte ich das rettende Ende des Sandweges. Dort begann die asphaltierte Straße, die mich zum Grenzübergang zwischen Simbabwe und Sambia führen würde. Mein Puls ging auf ein gesundes Maß zurück. Die Angst verschwand und wurde von Freude über diese einzigartige Begegnung abgelöst.

Man sagt: „Ein Elefant vergisst nie." Auch ich werde diesen Moment nie vergessen. Ich bin durch die gemeinsame Erinnerung mit diesem großen, grauen Riesen, irgendwo in Simbabwe, auf Lebenszeit verbunden. Hoffentlich werden ihn Wilderer oder Trophäenjäger nie finden.

Nach einem längeren Fußmarsch erreichte ich endlich die sambische Grenze.

Die Victoriafälle lagen offenbar noch ein Stück entfernt, denn geschäftstüchtige Sambier boten mir an, mich gegen Geld in ihrem Auto hinzufahren. Ohne zu wissen, wie weit es sein würde, ging ich weiter zu Fuß.

Um auf die sambische Seite zu gelangen, musste man eine Brücke überqueren. Eine der beliebtesten Aktivitäten an den Victoriafällen fand hier statt: Mutige stürzten sich, an einem Bungee-Seil befestigt, in die Tiefe. Mein Bedarf an Abenteuern war für diesen Tag gedeckt und so ließ ich mich nicht zu diesem Adrenalin-Kick hinreißen.

Ich hatte zudem ganz andere Sorgen. Eines meiner Grundbedürfnisse war nicht befriedigt: Ich hatte Hunger. Tierischen Hunger! Das simbabwische Popcorn hatte meinen Magen nicht gefüllt.

Glücklicherweise befanden sich am Straßenrand einige Verkaufsstände. Ich näherte mich drei Männern, die selbst gemachte Muffins verkauften.

„Ich hätte gerne vier Muffins, bitte", sagte ich erleichtert.

„Kaufst du auch welche für uns?", fragte mich einer der Männer, die mit dem Verkäufer am Straßenrand saßen und den Eindruck machten, mit ihm befreundet zu sein.

„Wieso fragt ihr nicht euren Freund, ob er welche mit euch teilt?", erwiderte ich etwas schnippisch.

Hunger hat die teuflische Macht über mich, jede Diplomatie bei Seite zu legen. Er bringt die ungenießbare Version meiner Persönlichkeit zum Vorschein.

Sie sahen mich erbost an, während der Verkäufer die vier Muffins in eine kleine Plastiktüte packte und sie mir dann, ohne ein Wort zu sagen, überreichte.

Gierig nahm ich einen Muffin aus der Tüte und biss hastig ein Stück ab. Der Muffin war staubtrocken, was das Kauen erschwerte.

Immer noch den ersten Bissen kauend, erreichte ich einen Vorplatz zum Eingang der Wasserfälle, auf dem sich Paviane versammelt hatten. Eine Pavianmutter mit ihrem Kind auf dem Rücken hatte mich entdeckt und nahm mich mit ihren orangefarbig funkelnden Augen ins Visier. Sie raste auf mich zu, das Kind auf ihrem Rücken krallte sich an ihr fest.

Mir war sofort klar, worauf sie aus war. Sie wollte meine Muffins. Einen Augenschlag später hatte die Mutter mich erreicht. Sie saß vor meinen Füßen und griff nach meinen Muffins. Ich wollte sie ihr nicht kampflos überlassen und wich ihr aus. Die Pavianmutter hatte mir gegenüber einen klaren Vorteil, den sie mir nun präsentierte: Sie öffnete ihr Maul und zeigte ihre spitzen, gelben Zähne. Hauer, die mir ohne Zweifel schwerste Verletzungen zufügen konnten. Sie griff nach meinem Bein und setzte zum Biss an.

Ich warf die Tüte mit den drei kostbaren verbliebenen Muffins so weit von mir, wie ich konnte. Sie ließ von mir ab und rannte zur Tüte, bevor die anderen Affen sich die Beute unter die Nägel reißen konnten.

Jetzt, da die Gefahr gebannt war, bemerkte ich die einheimischen Männer, die sich auf und um den Platz versammelten. Sie hatten das Spektakel amüsiert beobachtet und lachten aus voller Kehle, insbesondere die Männer des Muffinstandes.

„Karma", dachte ich. „Das war pures Karma. Du wolltest die Muffins nicht teilen und nun hast du alle verloren. Selber Schuld."

Ich fragte mich allerdings, warum die Paviane nicht die Männer am Muffinstand beraubten. Da wäre die Beute doch um ein Vielfaches größer.

Der Eintrittspreis betrug auf der sambischen Seite zwanzig Dollar und somit zehn Dollar weniger als in Simbabwe. Die Infrastruktur konnte sich sehen lassen. Die Wege waren besser befestigt und die Sambier hatten sich einige besondere Details einfallen lassen. So führte etwa eine wacklige Hängebrücke entlang der Wasserfälle.

Doch der Ausblick konnte mit dem auf der simbabwischen Seite nicht mithalten. Die Wasserfälle hatten nicht dieselbe magische Strahlkraft. Vielleicht lag es auch daran, dass mich der allererste Anblick der Wassermengen am Vortag noch viel mehr überwältigt hatte. Vielleicht waren es auch die gut angelegten, bequemen Wege, die die Magie der Naturgewalten minderten.

Auch dieses Mal durchnässte der Dauerregen, den die herabstürzenden Wassermassen verursachten, meine Kleidung komplett. Leider versteckte sich die Sonne mittlerweile hinter einer Wolkendecke.

Als ich am frühen Nachmittag Philips Haus erreichte, fror ich in der noch stets klitschnassen Kleidung.

Es war mein letzter Tag bei Philip, der es sich nicht nehmen ließ, mich zum Treffpunkt für Anhalter, der etwas außerhalb der Stadt lag, zu begleiten.

Mein neues Etappenziel hieß Bulawayo. Ashah aus Botsuana hatte mir geschrieben und vorgeschlagen, mich dort zu treffen. Er würde mit dem Auto aus Gaborone kommen und wir könnten dann gemeinsam weiter nach Rutendo zu seiner Familie fahren. Bulawayo lag etwa vierhunderfünfzig Kilometer entfernt. Die Schlaglöcher in der Straße verhinderten zu schnelles Fahren, sodass mein Ziel, Bulawayo noch am selben Tag zu erreichen, ehrgeizig war.

Ein Mann hielt an. „Wohin möchtest du?"

„Ich würde gerne bis Bulawayo fahren."

„Ich fahre in den Hwange Nationalpark. Wenn du möchtest, nehme ich dich bis dorthin mit. Es ist nicht Bulawayo, aber du wärst hundert Kilometer näher an deinem Ziel", schlug er vor.

Ich musste nicht darüber nachdenken und sprang sofort in den Wagen.

Der Fahrer arbeitete im Hwange Nationalpark und so lag eine Unterhaltung über die Tierwelt Afrikas nahe. Ich berichtete ihm von meinen Tierbegegnungen des Tages. Endlich hatte ich die Möglichkeit, die eine Frage zu stellen, die mich den Tag über beschäftigt hatte.

„Warum hat die Pavianmutter ausgerechnet mich angegriffen? An den Verkaufsständen hätte sie viel mehr Beute ergaunert."

„Paviane haben Angst vor Männern. Sie greifen ganz gezielt Frauen an", erklärte er mir.

Das Verhalten leuchtete mir ein. Ihre Chance, eine Frau erfolgreich zu überwältigen, ist natürlich weit größer als bei einem Mann. Und so ist es aus ihrer Sicht nur clever, wenn sie sich Frauen als Opfer wählen.

Das erklärte auch, warum sich an dem Punkt nur Männer aufhielten, und auch, warum sie sich so köstlich über meine Hilflosigkeit amüsieren konnten. Sie selbst hatten nichts zu befürchten. Jetzt fühlte ich mich nicht mehr so schlecht, nicht geteilt zu haben. Ich war das Opfer und die hatten sich lustig gemacht.

Mit diesem spannenden Gespräch verging die Zeit wie im Flug und wir erreichten die Kreuzung, an der sich unsere Wege trennten, viel zu schnell.

„Ich kann dich leider nicht weiter mitnehmen. Entschuldigung. Bleib auf jeden Fall hier stehen. Versuche auf keinen Fall zu Fuß weiterzukommen!", warnte der Fahrer mich eindringlich. „Es wird bald dunkel und wir befinden uns am Rand des Nationalparks. Es gibt hier viele Löwen."

Der Elefant und die Pavianmutter waren eindrucksvoll genug gewesen. Ich brauchte eine Pause von der Fauna Afrikas.

In Afrika wird es schlagartig dunkel. Es gibt keine lange Dämmerung. Gegen achtzehn Uhr machte die Sonne Feierabend.

Nun tauchten betrunkene Männer auf. Je später es wurde, desto unangenehmer wurde die Situation für mich. Immer mehr Männer mit Bierflaschen in den Händen näherten sich mir. Sie grölten und lallten. Ich konnte ihre Sprache nicht verstehen, was die Situation noch bedrohlicher machte. Ich roch Gefahr. Ich befand mich schon zu lange an diesem Ort. Hier konnte ich nicht bleiben und schon gar nicht schlafen. Leider fuhren kaum Autos auf dieser Straße und wenn Autos vorbeifuhren, dann waren sie voll besetzt. Ein markanter Gegensatz zu Deutschland. Bei uns ist ein voll besetztes Auto vermutlich seltener als Autos mit nur einem oder zwei Insassen. Viele Autofahrer in Simbabwe verkauften freie Plätze. Zahlende Fahrgäste fanden sie an Sammelpunkten, die Einheimische kannten. Und so spät am Abend waren die Plätze größtenteils vergeben.

Meine Chancen schwanden. Ich brauchte ein Wunder.

Ein Lkw hielt an. Der Fahrer wirkte nicht sehr sympathisch und es war zudem bereits dunkel. In diesen Lkw einzusteigen würde bedeuten, auf einen Schlag meine drei goldenen Regeln zu brechen:

Nicht im Dunkeln trampen.

Nicht mit Lkws fahren.

Nicht bei Personen einsteigen, die mir unsympathisch sind.

Ich stieg ein.

Welche Wahl hatte ich? Übernachtungsmöglichkeiten gab es an diesem Ort nicht. Ich befand mich schutzlos in der Nähe eines Nationalparks mit streunenden Löwen und wurde von betrunkenen Männern bedrängt, die allmählich alle Hemmungen verloren.

Der Fahrer sagte, er würde nach Bulawayo fahren. Das Wunder, das ich brauchte, schien gekommen zu sein.

Leider sprach er kaum Englisch, wodurch es eine ungewöhnlich stille Fahrt war. Wir fuhren leise durch die Nacht und ich nickte immer wieder ein. Der Tag hatte viel Kraft gekostet.

Gegen zwei Uhr dreißig hielt der Lkw an. Der Fahrer stellte den Motor ab. Ich wachte auf und glaubte im ersten Moment, wir wären angekommen gewesen. Doch ich sah keine Lichter.

„*Tonight we sleep together here*", sagte er in gebrochenem Englisch.

Meinte er, wir würden beide hier übernachten oder wir würden miteinander schlafen?

„Wie weit ist es denn bis Bulawayo?", fragte ich nach, um die Situation besser einschätzen zu können.

„Noch dreißig Minuten", antwortete er knapp.

Warum sollten wir nach acht Stunden Fahrt, eine halbe Stunde vor

Erreichen des Zieles, Rast machen? Es gab in Simbabwe sicher keine Kontrolle der Lenkzeiten.

Ich hatte keine Kraft zu diskutieren, aber hier zu übernachten war auch keine Option.

„Bitte fahre mich nach Bulawayo."

„*No. We sleep here together*", wiederholte er.

Ich befand mich schlagartig in Alarmbereitschaft. Ich durfte keine Schwäche zeigen.

„Ich schlafe nicht hier." Ich gab mir Mühe, so entschieden wie nur möglich zu klingen. „Wenn du mich nicht nach Bulawayo fährst, dann gehe ich zu Fuß weiter", sagte ich bestimmt.

Das war ein Bluff. Eine halbe Stunde Fahrt bis Bulawayo bedeutete eine Entfernung von circa fünfzig Kilometern. Zu versuchen, nachts ganz allein fünfzig Kilometer durch Simbabwe zu laufen, wäre verrückt gewesen.

„*Okay. I bring you. Give me five Dollar.*"

Ich gab ihm die fünf Dollar, ohne zu zögern.

Er brachte mich zu einem günstigen Hotel. Die Kakerlaken begrüßten mich, und die Matratze war seltsamerweise in Plastik eingewickelt.

Mir war alles egal. Ich war froh, nicht von einem Elefanten zertrampelt oder von einem Pavian gebissen worden zu sein. Und jetzt freute ich mich am meisten darüber, das Bett nicht mit einem unbekannten Mann auf einer Landstraße in Simbabwe teilen zu müssen.

Am nächsten Morgen löste sich auch das Geheimnis um die verpackte Matratze. Es handelte sich bei diesem Hotel um ein ehemaliges Bordell. Durch die Plastikbezüge konnten die Betten einfach und schnell gereinigt werden. Freier und Prostituierte waren gegangen, aber die Matratzen waren geblieben. Ich war froh, dieses Detail erst jetzt zu erfahren.

Ashah und ich trafen uns. Die gemeinsame Weiterreise im Auto bis zu seiner Familie in Rutendo würde nun weniger abenteuerlich, was mir sehr recht war.

Bevor wir zu seiner Familie fuhren, erfüllte er mir den Wunsch, den Nationalpark Matobo zu besuchen. Er ist nicht nur der älteste Nationalpark Simbabwes, sondern eine weitere der fünf Stätten des UNESCO-Welterbes in Simbabwe.

Eine unwirkliche Landschaft von Granitfelsen breitete sich vor uns aus. Auf den Felsspitzen balancierten runde Steine. Es war mir unbegreiflich, wie das möglich war.

Simbabwe ist ein Land der Wunder. Unmögliches gibt es nicht.

Auf der Fahrt durch den Park trafen wir nur auf ein weiteres Auto. In ihm saßen keine Touristen, sondern Einheimische.

Ein Park, der Weltnaturerbe war und von nur vier Leuten besucht wurde! Keine Touristen, keine Jeeps, kein Lärm. Es war wunderbar. Wir hatten Matobo für uns und konnten in aller Ruhe die Höhlenmalereien vom Volk der San und die von der Natur erschaffenen Skulpturen aus Granitfelsen bewundern.

Als wir den Park verließen, begegneten uns am Ausgang einige bewaffnete Männer.

„Wieso tragen sie Gewehre bei sich?", wollte ich von Ashah wissen, der anhielt und die Frage an die Männer weitergab. Sie unterhielten sich auf Shona, eine der Sprachen in Simbabwe, und ich übte mich in Geduld.

„Sie beschützen die Nashörner vor Wilderen", übersetzte er schließlich.

Wie wunderbar! Wegen der lukrativen Jagd auf die „Big Five" stehen auch Elefanten und Nashörner mittlerweile auf der Roten Liste. Ihnen wurde nicht nur das Prestige der Trophäen, sondern auch der monetäre Wert von Elfenbein beziehungsweise der Hornsubstanz zum Verhängnis.

Ein Lichtblick bietet der Tourismus. Mittlerweile sind die „Big Five" ein wichtiges Marketing für afrikanische Länder, die damit ihre Safaris bewerben.

Es lohnte sich auch finanziell in den Schutz zu investieren. Die bewaffneten Ranger waren ein Lichtblick für die Zukunft.

„Nashörner?", fragte ich aufgeregt. „Es gibt hier Nashörner? Wo sind sie? Wo können wir sie finden?"

„Sie sagen, sie können uns zu den Nashörnern bringen", teilte Ashah mir mit.

Es fiel mir leicht, dafür Geld zu bezahlen. Der aufwendige Schutz der Tiere lohnt sich nur, wenn Touristen gewillt sind, für einen Schuss mit der Fotokamera zu zahlen.

Wir stiegen aus und eilten durch das tiefe Gestrüpp. Die Ranger waren gut in Form und ich verlor den Anschluss. Ashah bat sie, kurz auf mich zu warten.

„Wir müssen uns beeilen. Es wird bald dunkel", gab einer der beiden Ranger zurück.

Immer diese verflixt frühe Dunkelheit in Afrika! Ich musste meine Einstellung zum Tag ändern und anfangen, ihn zu planen, wenn ich nicht regelmäßig wegen ihr in Schwierigkeiten geraten wollte.

Ich bemühte mich nach Kräften, bei dem Tempo mitzuhalten. Plötzlich hob einer der Ranger seinen Arm. Der andere legte einen Finger auf den Mund. Mit der anderen Hand zeigte er vor sich.

Vor uns stand eine Herde von Gnus. Unter ihnen, in unserer unmittelbaren Nähe, stand eine Nashornkuh mit ihrem Kalb, das gerade an ihren Zitzen saugte.

Ein Jungtier zu sehen, setzte dem Erlebnis die Krone auf. Es stand symbolisch für Hoffnung. Hoffnung, die Art noch retten zu können. Vielleicht war es noch nicht zu spät für die Nashörner Afrikas.

„Sie stehen in einer Herde von Gnus", erklärte uns der Guide. „Nashörner sehen nur etwa dreißig Meter weit. Sie verlassen sich auf die Gnus. Wenn sie loslaufen, dann rennen auch die Nashörner los."

In Botsuana hatte ich gelernt, dass die Gnus sich auf die guten Augen der Zebras verlassen. Ich vermutete, dass ihre Sehkraft besser als die von Nashörnern, aber schlechter als die von Zebras war. Die Kooperation der Tierarten zu sehen, stimmte mich fröhlich. Ein solcher Zusammenhalt bringt Zuversicht.

Leider galoppierte die Herde kurz nach unserem Eintreffen davon. Die Erde bebte, wie ich es schon im Okavango Delta erlebt hatte. Sie liefen nicht sehr weit und so konnten wir uns ein zweites Mal anpirschen und sie noch einmal für kurze Zeit bewundern, bevor sie endgültig verschwanden.

Wir erreichten Rutendo weit nach Mitternacht.

Die gesamte Familie war für uns wach geblieben. Ashahs Eltern, Schwestern, Brüder, Tanten, Nichten und Neffen, insgesamt etwa zwanzig Personen saßen versammelt im Wohnzimmer, um mich zu begrüßen.

Gerührt von der Gastfreundschaft und peinlich berührt, weil ich mir im Nationalpark so viel Zeit gelassen und die Familie um ihren Schlaf gebracht hatte, gab ich jedem die Hand.

Sie ließen jedoch keinen Zweifel an ihrer Freude über unseren Besuch.

Seine Schwestern Ruvimbo und Rumbidzai nahmen mir meinen Rucksack ab und zeigten mir ihr Zimmer, wo auch ich schlafen würde. Ashah wurde umarmt und geküsst. Sie hatten ihn lange nicht mehr gesehen.

Ich versuchte, mir die Situation andersherum vorzustellen. Hätte ich in Deutschland zu der Uhrzeit einen Gast nach Hause gebracht, hätten wir uns in das Haus geschlichen, um niemanden zu wecken. Sicherlich hätte nicht die gesamte Verwandtschaft bis in die Nacht auf den Gast gewartet.

Mir gefiel die simbabwische Art, Besuch zu empfangen. Ich nahm mir in diesem Moment vor, diese Lektion über Gastfreundschaft als Souvenir mitzunehmen. Gastfreundschaft sollte nach der Reise einen höheren Stellenwert in meinem Leben erhalten.

In einer Woche würde es Ostern sein. Alleine zu reisen ist immer an den Tagen am schwierigsten, an denen Familienfeste wie Ostern oder Weihnachten anstehen. Es ist schwer auszuhalten, an diesen Tagen ganz allein zu sein. Darum war ich glücklich darüber, bis Ostern bei Ashahs Familie bleiben zu können.

Die Mutter lud mich ein, die Familie über die Feiertage in das Fastencamp ihrer Kirche in der Nähe der Hauptstadt Harare zu begleiten. Die Familie gehörte der apostolischen Kirche in Simbabwe an. Die Kirche sagte mir nichts, aber ich stellte auch keine weiteren Fragen. Die Aussicht, an den Tagen in Gesellschaft von lieben Menschen zu sein und die Neugier auf ein Fastencamp, machten mir die Entscheidung leicht.

„Das Fastencamp verlangt dir alles ab. Es ist wirklich hart. Bist du sicher, dass du mitgehen möchtest?", fragte mich Ashahs Schwester Rumbidzai. „Ich selbst fahre nicht mit. Mir ist das viel zu anstrengend", erklärte sie mir.

Das überraschte mich nicht. Rumbi, wie sie alle nannten, war ein Wirbelwind. Sie interessierte sich für Kleidung und Nägel und nahm lieber Tanzvideos für Social Media auf, als in ein christliches Fastencamp zu gehen.

„Ja, natürlich möchte ich mitfahren. Ich möchte eure Traditionen gern besser kennenlernen."

Ich hatte noch nie gefastet. Ich war ein paar Mal von muslimischen Freunden in Deutschland im Fastenmonat Ramadan nach Sonnenuntergang zum Essen eingeladen worden, aber das war natürlich der angenehme Teil. Ich wollte wissen, ob ich die Herausforderung bewältigen konnte.

„Warum fastet ihr?", fragte ich Ruvimbo, die andere Schwester Ashahs. Sie würde mit zum Fastencamp fahren.

„Damit wir uns besser in die Situation der Armen versetzen können", erklärte sie mir.

Ich schwieg. In meinen Augen war die Familie nicht reich.

Sie besaßen einen Minibus mit zwölf Sitzplätzen, der noch für die Reise nach Harare fit gemacht werden musste. Die drei Brüder rätselten, warum er nicht ansprang und schraubten den ganzen Tag an dem Bus.

Es herrschte eine eindeutige Rollenverteilung. Männer bauten Häuser und kümmerten sich um Autos. Sie verdienten auch den Großteil des Geldes.

Die Frauen kümmerten sich um den Rest, sprich Haushalt und Kinder. Haushalt bedeutete viel körperliche Arbeit, denn auch das Wasserholen gehörte zu ihren Aufgaben.

Ich musste als Gast des Hauses eigentlich nichts machen, bestand aber darauf zu helfen und so durfte ich gemeinsam mit Ruvimbo einen Hahn rupfen und ausnehmen. Es war für uns beide das erste Mal, einen Hahn auszunehmen. Wir stellten uns nicht sehr geschickt an und lachten übereinander. Das Blut beschmutzte unsere Kleidung.

Nach vollendeter Arbeit hatte ich ein großes Verlangen nach einer Dusche.

Im Haus gab es zwar einen eigenen Duschraum, jedoch gab es nur ein Mal pro Woche fließendes Wasser und so nahm ich einen der unzähligen Eimer, die mit Wasser gefüllt waren, in das Badezimmer, um mich zu waschen. Ich wollte auch die Haare waschen, denn ich befürchtete Schlimmes, was die Sanitäranlagen im Camp betraf.

Ich hatte nur einen Zehn-Liter-Eimer für eine Dusche inklusive Haarwäsche. Um kein Wasser unnötig zu verschwenden, kniete ich mich auf den Boden und tunkte meinen Kopf in den Eimer. Jetzt waren die Haare wenigstens schon nass. Ich wrang mein Haar über dem Eimer aus, um wieder etwas Wasser aufzufangen. Dann duschte ich mich sparsam und zum Ausspülen der Haare versank ich meinen Kopf abermals im Eimer. Vor meiner Reise hätte ich eine komplette Dusche mit nur zehn Litern Wasser nicht für möglich gehalten.

Als ich aus der Dusche kam, reichte mir Ruvimbo einen Föhn.

„Danke, aber meine Haare trocknen in der Sonne superschnell", lehnte ich das Angebot ab.

Ruvimbo akzeptierte meine Antwort nicht. Ich wurde auf einen Stuhl in die Mitte des Wohnzimmers gesetzt und alle Frauen der Familie versammelten sich um mich. Sie wollten mich alle einmal frisieren und einigten sich darauf, dass jede ein paar Minuten meine Haare kämmen und föhnen durfte.

Da sie nicht mit europäischen Haaren vertraut waren, taten sie mir zunächst ziemlich oft weh. Anstatt erst die Spitzen zu bürsten und sich dann stetig weiter nach oben Richtung Haaransatz vorzuarbeiten, kämmten sie meine Haare sofort in einem Zug vom Haaransatz bis zu den Spitzen. Ich demonstrierte, wie sie meine Haare in drei Intervallen leichter kämmen konnten.

Auch als meine Haare schon lange getrocknet und gekämmt waren, wurde die Bürste noch weitergereicht und ich fühlte mich wie eine lebendige Puppe. Es war eine merkwürdige gemeinsame Aktivität, aber es brachte mich den Frauen der Familie näher. Langsam fühlte ich mich wie ein Teil der Familie.

Das Knarren des großen eisernen Eingangstors war unüberhörbar, als es geöffnet wurde.

Die Schwestern und ich gingen in den Innenhof, um zu sehen, was los war. Der Kleinbus der Familie wurde nach draußen auf die Straße gerollt.

„Wir haben ihn repariert. Jetzt müssen wir ihn anschieben, damit der Motor anspringt", klärte mich Ashah auf.

Die Familie schaute zunächst verwirrt und begann dann zu lachen, als ich mich zu den Männern hinter den Bus stellte, um mit anzuschieben.

„Ich bin vielleicht nicht so stark wie ihr, aber eine kleine Hilfe bin ich bestimmt", rechtfertigte ich mein Verhalten.

Umso mehr strengte ich mich nun an. Ich hatte das Gefühl, etwas in der patriarchischen Welt beweisen zu müssen. Ich stemmte mich gegen den Bus und legte all meine Kraft in diese Aufgabe. Der Bus kam in Bewegung und wir mussten schnell laufen, um mithalten zu können. Schnell sprang der zwölfjährige Neffe in den Bus und betätigte die Zündung. Es funktionierte!

„Möchtest du mitkommen zum Tanken?", fragte Ashah.

„Ja klar", sagte ich, ohne zu wissen, dass in Simbabwe auch das Alltägliche ein Abenteuer sein konnte.

Wir fragten zunächst mehrere Personen, an welcher Tankstelle reines Benzin, das nicht mit Wasser gestreckt wurde, zu bekommen war. Dann fuhren wir zu der Tankstelle, die am häufigsten gute Referenzen erhalten hatte, und tankten den Bus vollständig auf.

„Hilfst du mir beim Schütteln?", fragte Ashah.

„Entschuldige bitte, wobei soll ich helfen?"

„Dabei den Bus zu schütteln, damit sich das Benzin verteilt. Dann können wir noch etwas mehr tanken."

Ein solches Schauspiel hatte ich bereits in Bulawayo gesehen. Menschen hatten ihre Autos hin und her bewegt, als wollten sie sie in den Schlaf wiegen. Ich hatte mich damals gefragt, was es damit auf sich hatte.

Nun stand auch ich da und wiegte den Bus. Nachdem wir ihn ein paar Mal geschaukelt hatten, konnten wir tatsächlich noch etwas zusätzliches Benzin tanken.

Zurück im Haus aßen wir das von Ruvimbo und mir gerupfte und ausgenommene Hähnchen, zusammen mit Sadza, dem Maisbrei, der in Botsuana noch „Pap" geheißen hatte. So stellte ich mir den Geschmack und die Konsistenz von Tapetenkleister vor. Der Hahn musste zehn Jahre alt gewesen sein, es war, als würde ich auf einem Gummistiefel kauen. Ich gab das Kauen schließlich auf und verschlang die Stücke im Ganzen. In Simbabwe ist es üblich, auch die Hühnerknochen zu essen, doch dazu konnte ich mich nicht überwinden.

Am nächsten Tag verabschiedeten wir uns vom Vater und von Rumbidzai. Beide drückten sich, gegen den Willen der sehr religiösen Mutter, in diesem Jahr vor dem Fastencamp. Für den Rest von uns begann die Reise in die zweihundertfünfzig Kilometer entfernte Hauptstadt Harare. Wir saßen mit zwölf Personen im Bus. Zudem fuhr ein Auto mit Ashahs Zwillingsbruder Artmore am Steuer und vier weiteren Mitfahrern hinter uns her.

Das war ein glücklicher Umstand, denn lange hielt der gerade erst reparierte Bus nicht durch. Nach wenigen Kilometern gab er den Geist auf und wir mussten links ranfahren[3].

Frauen und Kinder verließen den Bus, während die Männer abermals versuchten, ihn zu reparieren.

---

3   In den südlichen Ländern Afrikas herrscht Linksverkehr.

Wir warteten und warteten. Geduld ist eine Tugend, die die Simbabwer wie vermutlich kein zweites Volk beherrschen.

Nach einer gefühlten Ewigkeit war der Bus wieder fahrtüchtig und es ging singend weiter. Die Stimmung war unverändert großartig. Selbst die kleineren Kinder beschwerten sich nicht über die Fahrt. Die Familie baute meinen Namen in das Lied ein, das sie in Shona sangen. Mein Zugehörigkeitsgefühl verstärkte sich weiter.

Wieder und wieder ließ uns der Bus im Stich. Der Ablauf wiederholte sich: Frauen und Kinder gingen an den Straßenrand und die Männer legten sich im Wechsel unter den Bus. Was bei all dem nie passierte, waren böse Worte, Streit, hitzige Diskussionen oder Schuldzuweisungen. Die Ruhe und Gelassenheit der Familie beeindruckten mich einmal mehr.

Ashah lag gerade unter dem Bus, als ihm ein Missgeschick passierte. Durch Unachtsamkeit lief ihm Benzin in Mund und Nase.

Er versuchte, die giftigen Stoffe durch Spucken und Schnauben zu entfernen, doch er bekam sofort starke Kopfschmerzen. Er stützte sein schmerzverzogenes Gesicht in die Hände.

Die ganze Familie sprang auf und eilte zu ihm, um ihn zu umsorgen. Es war heiß und unser spärlich bemessenes Trinkwasser neigte sich bereits dem Ende zu. Nichtsdestotrotz wuschen wir ihm damit den Kopf, und er nahm einen großen Schluck Wasser und spuckte ihn wieder aus, um den Mund auszuspülen. Die Frauen begleiteten Ashah in den Schatten und die Brüder übernahmen die weitere Reparatur.

Ohne Wasser, müde und erschöpft, aber immer noch ohne Streit, erreichten wir schließlich das Camp in der Dunkelheit. Wir saßen nach unserer Ankunft noch eine Weile im Bus.

Aus dem sicheren Bus beobachtete ich sorgenvoll das Geschehen draußen. Es schüchterte mich ein. Tausende Menschen in weißer Kleidung gingen wie von einer fremden Macht angezogen in dieselbe Richtung.

Das Ganze vermittelte den Eindruck einer Sekte oder eines Kults.

Die Familie im Bus unterhielt sich immer noch. Da sie Shona sprachen, verstand ich nichts. Schweigend saß ich da. Aufgrund der Körpersprache und des Tonfalls meinte ich zu verstehen, dass nun doch diskutiert wurde. Ich vermutete, dass es um die Frage ging, wo wir unser Lager aufschlugen.

Dann erkannte ich doch ein Wort. Ashah benutzte das Wort „Murungu". Das Wort hatte ich schnell gelernt, es bedeutete „die Weiße". Damit war ich gemeint.

Es traf mich wie ein Schlag. Zum ersten Mal fühlte ich, wie es war, wenn man auf die Hautfarbe reduziert wurde. Ich wurde über meine Hautfarbe definiert; ich war „die Weiße". Was ich dachte oder machte, ob ich gut oder böse war, mein eigentlicher Name, das waren in Anbetracht meiner Hautfarbe bedeutungslose Details. Ich war die „Murungu". Alles andere schien zweitrangig. Ich wollte mehr als meine Hautfarbe sein. Ich wollte als Person gesehen werden. Ich hatte mich als Teil der Familie gefühlt, doch dieses Gefühl zerbrach mit einem Wort.

Ich weinte.

Die Familie war sichtlich schockiert. Sie konnten nicht wissen, was gerade in mir vorging, und so versuchte ich schluchzend, meine Gefühle zu schildern.

„Es tut mir leid", entschuldigte sich Ashah bei mir. „Ich habe es nicht böse gemeint, eher als liebenswürdigen Spitznamen."

„Dann gib mir einen Spitznamen, der sich auf meine Persönlichkeit bezieht. Ein Name, der etwas beschreibt, das mich als Person ausmacht", bat ich. „Außerdem verstehe ich kein Shona. Ich weiß nicht, was du sagst. Ich weiß nur, dass du über mich redest, wenn ich ‚Murungu' höre."

Die ganze Familie entschuldigte sich bei mir. Doch warum ich weinte, konnten sie nicht nachvollziehen. Ich hätte es vor meiner Reise auch nicht verstanden.

Nachdem die Tränen getrocknet waren, verließ ich den Bus, um mich umzusehen. Eine Zeltstadt, deren Ausmaß mit bloßem Auge nicht zu erfassen war. In und zwischen den Zelten flackerten die Feuerstellen. Frauen mit weißen Kopftüchern wuselten geschäftig umher und bereiteten sich augenscheinlich auf etwas vor. Die Männer trugen weiße Kittel und sahen aus wie Ärzte.

„Der Gottesdient beginnt gleich." Ruvimbo reichte mir ein weißes Dreieckstuch. „Das musst du während des Gottesdienstes tragen."

„Bewegen sich deshalb alle in dieselbe Richtung?", fragte ich, während ich mir das Tuch um den Kopf band.

„Ja. Der Gottesdienst findet dort drüben auf der Rasenfläche statt", erklärte sie in die Dunkelheit hinter sich zeigend.

Mich mit dem weißen Kopftuch zu sehen, begeisterte die Familie und ich musste mit jedem für ein Foto posieren.

Wir gingen gemeinsam zum Gottesdienst und Ruvimbo erklärte mir auf dem Weg die Spielregeln: „Frauen müssen während des Gottesdienstes auf dem Boden sitzen. Die Bänke sind den Männern vorbehalten. Sie sitzen getrennt von uns. Nur die Männer dürfen predigen oder in der Bibel lesen."

In meinen Augen war jede dieser Regeln unerhört, wobei eine besonders herausstach.

„Warum dürfen Frauen nicht in der Bibel lesen? Der Sinn der Bibel ist es doch, dass Gottes Wort jedem zugänglich gemacht wird."

„Ich weiß nicht, warum es das Verbot gibt. Es ist aber kein Problem. Die Männer lesen uns daraus vor, wenn wir es möchten."

Ich sah ein handfestes Problem. Meiner Meinung nach diente eine solche Regel nur dazu, die Frauen von ihren Männern abhängig zu machen und sie von Bildung und Eigenständigkeit fernzuhalten. Zudem fragte ich mich, woher sie wissen konnten, ob die Männer auch wirklich das vorlasen, was dort geschrieben stand.

Ich war bereits bedient. Frauendiskriminierung unter dem Deckmantel der Religion. Damit konnte ich mich nur schwer abfinden. Insbesondere, da diese Regelung überhaupt nicht meiner Vorstellung vom Christentum entsprach. Meine Gedanken teilte ich allerdings nicht. Ich sah mich als Reisende, als Beobachterin, als Lernende und nicht als Belehrende.

Ruvimbo und ich saßen auf einer Decke im Gras. Gemeinsam, inmitten von siebentausend Menschen. Davon schien mich jeder außer meiner simbabwischen Familie anzusehen. 6983 Augenpaare waren auf mich gerichtet. Jedenfalls kam es mir so vor.

Hinter uns saßen einige Männer auf einer Bank, die Ruvimbo immer wieder ansprachen. Sie antwortete stets einsilbig.

„Was wollen sie denn immerzu von dir?", fragte ich neugierig, da ich wie immer nicht verstand, was um mich herum passierte.

„Sie fragen mich über dich aus. Ich hasse es, weil ich jetzt lügen musste."

„Warum musstest du lügen?"

„Damit sie dich in Ruhe lassen. Ich habe gesagt, dass du Ashahs Frau bist", gestand sie mir.

Das war mir eigentlich nicht recht.

„Manchmal kann man auch etwas sagen, ohne zu lügen. Zum Beispiel: Sie ist vergeben", sagte ich.

„Das hätten sie nicht akzeptiert. Außerdem dürfen Weiße eigentlich nicht hier sein. Als Ehefrau meines Bruders bist du natürlich herzlich willkommen", erklärte sie mir.

Die Ehefrau zu spielen, war hier eine Kleinigkeit. Eheringe gab es nicht und selbst verheiratete Paare durften einander im Camp nicht berühren. Die Sittenwächter überwachten die Einhaltung der strengen Regeln.

Nach dem vierstündigen Gottesdienst wollte ich nur noch in mein Zelt kriechen und schlafen. Für mich war ein Gottesdienst von einer oder zwei Stunden in einer Sprache, die ich verstand, bereits eine Herausforderung. Einen Gottesdienst vier Stunden im Gras sitzend, in einer fremden Sprache zu verfolgen, war eine Qual gewesen. Viele der Frauen schliefen im Gras. Ich hatte es auch versucht, doch die Stimmen der Prediger, die durch kraftvolle Verstärker wie Donner über die Wiese schallten, die vielen Eindrücke und eine Tanzeinlage hatten es verhindert. Insbesondere die Tanzeinlage hatte mich nicht mehr zur Ruhe kommen lassen. Zu lauter Musik sprangen alle, mit Ausnahme der schlafenden Frauen, auf und stampften mit beiden Beinen so kräftig auf den Boden, wie es ihnen möglich war. Während des Refrains sprangen die Teilnehmer so hoch sie konnten. Ein Schauspiel, das mich ziemlich verunsicherte.

Mir dämmerte langsam, warum mich Rumbidzai vor der Teilnahme gewarnt hatte und warum sie selbst bevorzugte, zu Hause zu bleiben. Es war körperlich und mental anstrengend. Ich musste mir eingestehen, dass ich die Sache wohl unterschätzt hatte.

Ich war den ganzen Tag nicht auf der Toilette gewesen, was die geringe Wasseraufnahme ermöglicht hatte. Nun, vor dem Schlafengehen, war es dringend nötig.

„Wo sind eigentlich die Toiletten?", erkundigte ich mich bei Ruvimbo. Sie war meine Vertrauensperson.

„Ich gehe mit Hjördis zu den Toiletten", rief sie ihrer Mutter zu.

Die Benutzung meines Namens, freute mich ungemein.

„Ist schon in Ordnung. Mach dir keine Umstände. Ich kann auch alleine gehen, wenn du mir erklärst, wo sie sich befinden", versuchte ich das Angebot abzulehnen.

Sie bestand darauf, mich zu begleiten. „Nein, nein. Ich lasse dich nicht alleine gehen. Das ist nicht sicher."

Eine alarmierende Aussage.

Männer und Frauen durften sich nicht berühren und das Camp wurde doch von Sittenwächtern überwacht. Vor welcher Bedrohung wollte mich Ruvimbo beschützen? Ich stellte ihre Befürchtungen nicht weiter infrage und folgte ihr.

Der Weg zu den Toiletten hätte mir nicht einmal erklärt werden müssen.

Bereits nach wenigen Metern konnten wir blind unseren Nasen vertrauen. Der Uringestank wurde mit jedem Schritt intensiver.

Bereits vor dem Betreten der Toilette musste ich unweigerlich würgen.

Ich hatte mich zunächst gewundert, warum Ruvimbo und ich, angesichts der Tatsache, dass etwa fünftausend Frauen in diesem Camp übernachteten, die einzigen bei den Toiletten waren. Jetzt wusste ich, warum: Sie waren unzumutbar.

Ich hatte keine Wahl und betrat das Grauen des Unrates. Die Toiletten bestanden aus einem gemauerten Stall. Mit Zwischenmauern wurden die Kabinen voneinander getrennt. Einfache, nicht abschließbare Holztüren gaben den Anschein von Privatsphäre. Allein der Mondschein sorgte für Licht. Der Urin sollte über Löcher im Betonboden abfließen. Das funktionierte leider nur bedingt. Ich trug Flip-Flops. Bereits beim ersten Schritt in diesen Toilettenstall wurden meine Füße nass. Ich stand im Urin. Immer wieder würgte ich und schluckte die hochkommende Magensäure runter. Ich wollte nicht unhöflich sein und zwang mich, würgend in eine der Kabinen zu gehen. Zum Glück war mein Magen leer, da ich den ganzen Tag nichts gegessen hatte.

Ruvimbo, die ich inzwischen nur noch Ru nannte, hatte vor dem Gebäude auf mich gewartet.

„Gibt es noch etwas Anderes?", fragte ich unverblümt. Das konnte ich nicht noch einmal aushalten.

„Ja, wir gehen auch oft in das Feld außerhalb des Camps", verriet sie mir.

Das besagte Feld war von diesem Zeitpunkt an die Toilette meiner Wahl.

Die Frauen luden mich ein, mit ihnen gemeinsam im großen Frauenzelt zu übernachten. Ich lehnte ab. Eine der Schwestern von Ashah hatte ein kleines Baby, das sich vor mir fürchtete. Es weinte jedes Mal unverzüglich, wenn es mich sah. Eine so helle Hautfarbe war neu und schien ihm nicht geheuer zu sein. Ich wollte es nicht weiter ängstigen und zog es vor, in meinem kleinen Sarg zu schlafen. Den baute ich aber direkt neben dem Frauenzelt auf.

Ich lag ruhig in meinem Mini-Zelt und wartete, dass die Stimmen verklangen und die ersten Schnarchgeräusche einsetzten. Nun aß ich heimlich und ganz leise meine Notfallkekse, die ich noch in meinem Rucksack hatte.

Nach dem Morgengebet, das sich wieder über mehrere Stunden erstreckt hatte, kamen wir zurück zu unseren Zelten.

Einige Kinder hatten sich dort versammelt. Sie beobachteten mich und spielten ein Spiel. Die Spielregeln waren simpel: „Wer hat Angst vor der weißen Frau?" Sie versteckten sich gemeinsam hinter einem Baum. Wenn ein Kind ein paar Schritte auf mich zugegangen war, kam ein anderes, um seinen Freund mutig zu überbieten und sich dichter an mich zu wagen. Sobald ich mich bewegte, rannten alle gemeinsam lachend und schreiend wieder hinter ihren Baum.

Noku, die fünfjährige Nichte von Ashah, wurde so über Nacht zur kleinen Heldin unter den Kindern. Sie turnte auf mir herum, sprang auf meinen Rücken, ließ sich von mir in die Luft werfen, und alle anderen sahen sie ehrfürchtig an. Noku genoss sichtlich die Aufmerksamkeit.

Ruvimbo kam und unterbrach das Spiel.

„Soll ich dir das Zeltlager zeigen?"

Selbstverständlich wollte ich diesen riesigen Komplex erkunden.

Die Frauen hielten sich im vorderen Teil auf. Hier spielte das Leben, denn die Kinder hielten sich bei ihren Müttern auf. Kinder schrien, einige Frauen sangen gemeinsam, andere verkauften Bananen und wieder andere bereiteten auf kleinen Feuern die erste Portion Sadza des Tages zu.

Fasten bedeutete nicht für eine Woche gar nichts zu essen. Die Nahrung war lediglich strikt auf kleine Portionen von Sadza und Bananen beschränkt.

Der Gesang und das Kindergeschrei verschwanden, als wir den Teil des

Zeltlagers erreichten, in dem die Männer schliefen. Hier standen keine großen Gruppenzelte für mehrere Personen, sondern kleine Ein-bis-zwei-Personen-Zelte. Das Lager war deutlich kleiner, denn im ganzen Camp hielten sich größtenteils Frauen und Kinder auf.

Trotzdem standen Männer in der Kirche über den Frauen, denn ihnen wurden heilende Kräfte zugeschrieben. Ich beobachtete verschiedene Gruppen von Männern, die sich betend um Frauen versammelt hatten. Es handelte sich dann entweder um eine Reinigung vom Satan oder eine Taufe.

Eine alte Frau kniete sich mit Essen vor einen Mann und reichte es ihm demütig.

„Wieso kniet die Frau?", fragte ich ruhig, wobei mich der Anblick empörte.

„Sie zollt dem Mann Respekt", antwortete Ru aus tiefer Überzeugung.

„Aber sie ist älter. Sollte er sich nicht hinknien oder wenigstens beide vor-einander knien?", hakte ich noch einmal nach. Normalerweise haben ältere Menschen in Simbabwe einen hohen Stellenwert.

„Nein. Frauen knien vor Männern. Aber ich würde auch nie vor einem meiner Brüder oder meinem Mann auf die Knie gehen", sagte Ru lachend.

„Ich finde es merkwürdig, wie viel Macht Männer bei euch haben", übte ich nun doch vorsichtig Kritik.

„So ist das eben im Christentum", erwiderte Ru.

„Ich bin auch Christin. In meiner Kirche ist das nicht so."

Ru lächelte verlegen und wirkte nachdenklich. Die Information, dass andere Christen die gleiche Religion auf andere Art interpretieren, überraschte sie merklich.

Die apostolische Kirche war eine verschlossene Gemeinschaft und von anderen Kirchen in Simbabwe abgekoppelt.

Nach dem Rundgang beeindruckte mich, wie modern meine Gastfamilie im Vergleich zu ihren Glaubensgenossen agierte. Sie bereiteten etwa die Sadza auf einem Gaskocher, anstatt auf einem Feuer, zu. Die Männer und die Frauen schliefen zwar getrennt, die Männer im Bus und die Frauen im Zelt, aber sie blieben in unmittelbarer Nähe zueinander. Die anderen Familien hatten sich auf die zwei Teile des Camps aufgeteilt. Und nicht zuletzt knieten die Frauen meiner simbabwischen Familie nicht vor ihren männlichen Verwandten.

Sadza. Wieder gab es nur Sadza zu essen. Ich konnte diesen geschmacklosen

Maisbrei nicht mehr sehen, geschweige denn herunterschlucken. Die Mutter musste die Ablehnung in meinem Gesicht gelesen haben. „Wenn wir leiden und bereit sind, Opfer zu bringen, dann wird Gott etwas Gutes für uns tun."

„Ich verstehe. Guten Appetit."

Ich war mittlerweile im gesamten Lager als Frau Ashahs bekannt.

„Möchtest du hier getauft werden?", fragte mich einer der Geistlichen.

„Ich bin bereits getauft. Danke."

Er ließ nicht locker. „Aber nicht in unserer Kirche. Möchtest du nicht offiziell ein Mitglied bei uns werden?"

„Darf ich ganz offen mit dir sein?", bat ich um Erlaubnis, bevor ich meine Meinung kundtat.

„Ja, bitte."

„Ich habe ein Problem mit der Rollenverteilung. Ich möchte nicht im Gras sitzen. Ich möchte nicht vor Männern in die Knie gehen. Und ich möchte eigenständig die Bibel lesen dürfen." Ich bemühte mich um Ehrlichkeit, ohne respektlos zu klingen.

„*I understand*", bekam ich zur Antwort. Er lächelte noch, was mich beruhigte, ließ aber nun von mir ab.

An diesem Abend lud mich ein Mann dazu ein, während des Gottesdienstes mit ihm und seinen Freunden auf einer der Bänke Platz zu nehmen. Ich fragte mich, warum mir dieses Privileg zuteilwerden sollte. Sollte ich nach meiner Beschwerde auf diese Weise von der Kirche überzeugt werden oder hatte es mit meiner Hautfarbe zu tun?

Ich konnte das Angebot nicht annehmen; nicht solange meine Freundinnen im Gras sitzen mussten. Es ging mir nicht darum, im Gras zu sitzen oder nicht. Mich störte die Diskriminierung von Frauen im Allgemeinen.

Gottesdienst, Sadza, Gottesdienst, Schlafen. Zwischendurch mit Noku spielen. Das war alles. So vergingen die Tage.

Es war an der Zeit, eine neue Herausforderung anzugehen. Bisher hatte mich Ru zu den Duschen begleitet und mich mit einem Handtuch vor neugierigen Blicken abgeschirmt.

Ich war bereit dazu, über meinen Schatten zu springen und mich der Situation alleine zu stellen. Ich ging mit meinem Eimer zur Wasserstelle und pumpte per Hand Wasser hinein. Dann betrat ich mit meinem Eimerchen selbstbewusst den Duschraum. Alle Köpfe drehten sich zu mir.

Mein Selbstbewusstsein fiel in sich zusammen wie ein Soufflé.

Durch die Mitte des Raumes verlief eine gemauerte Wand, von der auf jeder Seite jeweils zwölf kleinere Mauern abgingen, die eine Höhe von nur etwa einem Meter zwanzig hatten und mir somit kaum einen Sichtschutz boten. Türen gab es natürlich auch keine. Etwas hilflos sah ich mich um und entdeckte in der hintersten Ecke eine richtige „Duschkabine". Sie hatte zwar ebenfalls keine Tür, aber ihre Wände reichten bis zur Decke.

Ich ging an den nackten Frauen, die mich unverändert anstarrten, vorbei und steuerte dieses Separee an. Eine Jugendliche, die auch etwas Privatsphäre wünschte, besetzte es.

Ich beschloss zu warten.

„Wenn du nicht weißt, wie eine Eimerdusche geht, dann waschen wir dich gerne", rief mir eine rundliche Frau im mittleren Alter zu. Gemeinsam mit einigen anderen älteren Frauen stand sie am Eingang. Sie lachten und duschten sich dort ohne jegliche Scham.

Das fehlte mir noch zu meinem Glück. Frauen, die mich nicht nur anstarrten, sondern mich auch noch gemeinsam wuschen.

„Nein, danke. Ich weiß, wie eine Eimerdusche funktioniert."

„Sie wartet auf die hintere Kabine. Sie schämt sich", klärte eine der Frauen den Rest laut auf. Alle außer mir hatten ihren Spaß an der Situation und amüsierten sich.

„Es ist etwas unangenehm, wenn man von allen im Raum angestarrt wird. Es gibt eigentlich auch nichts zu sehen. Unsere Körperteile sind die gleichen, nur eben in einer anderen Farbe", verteidigte ich mich.

Ich hatte genug davon, die Außerirdische zu sein.

Kurz darauf genoss ich die Dusche in meinem Separee ohne neugierige Blicke in vollen Zügen, bevor ein langer Tag mit noch einmal insgesamt zehn Stunden Gottesdienst, den ich nicht verstand, begann.

Ich lag auf dem Rasen. Es war dunkel und still. Ich musste während des Gottesdienstes eingeschlafen sein. Alle waren verschwunden. Mein Zelt lag noch im Kleinbus, in dem die Männer schliefen. Ich hatte es aus Faulheit vor dem Gottesdienst nicht aufgebaut.

Ich sah mich um und erblickte Ashah am Rand des Feldes. Er winkte mir zu.

„Ich habe hier gewartet, damit dir nichts passiert."

„Danke schön", sagte ich voller Erleichterung.

„Jetzt müssen wir schnell zum Bus, bevor die Sittenwächter uns bemerken", sagte er mit gedämpfter Stimme. Wir gingen zügig zu unserem Stellplatz.

„Ich muss noch mein Zelt aufbauen."

„Das geht jetzt nicht. Dafür ist es zu spät. Wenn sie dich erwischen, ist meine ganze Familie in Schwierigkeiten", warnte er.

Das wollte ich auf keinen Fall verantworten. Sie waren so gastfreundlich zu mir gewesen.

„Du kannst mit im Bus schlafen", bot er mir an.

Ich hatte keine Angst, schließlich hatten wir uns in Botsuana bereits ein Bett geteilt. Ich wusste aber, dass auch das gegen die Regeln verstieß.

„Kein Problem. Du stehst einfach vor allen anderen morgen früh auf und bleibst über Nacht versteckt unter der Decke. Dann wird niemand davon erfahren", schlug er vor.

Ich willigte ein. Er kannte die Regeln besser als ich und konnte somit auch besser einschätzen, was ging und was nicht. Im großen Kofferraum des Busses schliefen sein Bruder und sein achtjähriger Neffe.

Ashah und ich teilten uns zwei Rückbänke, die eine große Liegefläche ergaben.

Ich träumte von Essen.

Meistens drehten sich meine Träume, auch die Tagträume, auf meiner gesamten Reise ums Essen. Doch hier war es noch extremer; insbesondere während der Gottesdienste waren es meine Lieblingsgedanken. Ich wünschte mir Schnitzel, Spaghetti Bolognese, Torten, Schokolade, eine Gemüsesuppe, Rouladen, Pizza, Wurst, Kartoffelsalat und vieles mehr. Die Wunschliste war lang und ich konnte mich über Stunden damit beschäftigen, mir die Geschmäcker vorzustellen.

Ein merkwürdiges Gefühl an meinem Hals riss mich aus meinem Schlaraffenland. Es war nass. Langsam kam ich zurück ins Hier und Jetzt und öffnete meine Augen. Ashah küsste meinen Hals und hatte sich über mich gebeugt. Als mir bewusst wurde, was mir gerade widerfuhr, war ich auf einen Schlag hellwach. Ich setzte mich auf und blickte mich um. Erschrocken stellte ich fest, dass er seine Hose bereits runtergezogen hatte.

Fassungslos stieß ich ihn von mir weg. Mit einer Hand hielt ich ihn von mir fern, mit der anderen zeigte ich links neben mich. Denn dort schliefen sein Bruder und sein Neffe.

Doch er gab nicht auf. Er sah kein Problem. Ich wurde energischer in meinen Abwehrversuchen und schlug ihn mit voller Kraft auf seinen Brustkorb. Ich nutzte das Überraschungsmoment, sprang zur Tür und griff nach dem Türgriff.

Ashah war wieder bei Sinnen und zog schnell die Hose hoch. „Bitte mach das nicht. Verlass bitte nicht den Bus. Die ganze Familie wird große Probleme bekommen." Er wirkte nicht mehr stark und entschlossen. Er war beunruhigt und verunsichert. Als schien ihm in diesem Moment bewusst zu werden, was er fast getan hätte.

„Das hättest du dir überlegen müssen, bevor du im Schlaf über mich hergefallen bist", zischte ich leise, um seinen Neffen nicht aufzuwecken. „Gib mir meinen Rucksack und mein Zelt. Ich verlasse das Camp jetzt sofort."

„Das kann ich nicht. Das geht nicht. Bitte tu das meiner Familie nicht an", bettelte er und legte seine Hand auf meine Schulter.

Ich schlug seine Hand weg. „Gut, für deine Familie bleibe ich. Aber ich werde keine Sekunde mehr neben dir verbringen. Ich schlafe auf dem Beifahrersitz", sagte ich und griff nach einer Decke.

Ich machte die ganze Nacht kein Auge mehr zu und wartete auf den Sonnenaufgang, während in mir eine Mischung aus Angst und Wut brodelte.

Er hatte unsere Freundschaft zerstört und das Wohl seiner Familie leichtfertig aufs Spiel gesetzt. Doch ich war auch wütend auf mich. Wütend darüber, so naiv gewesen zu sein und ihm so viel Vertrauen geschenkt zu haben. Wütend darüber, die Situation falsch eingeschätzt zu haben. Wütend darüber, seine Kultur in meiner Beurteilung der Freundschaft nicht genügend berücksichtigt zu haben. Die Männer hier waren an eine strikte Trennung der Geschlechter gewöhnt und vielleicht hatte er meine lockere Art auch deshalb falsch eingeschätzt.

Endlich erlöste mich die Sonne von der Nacht und brachte Helligkeit in das Camp und in meine Gedanken. Ich konnte mich aus dieser beklemmenden

Situation befreien. Ich packte schnell meine Sachen, wollte jedoch nicht gehen, ohne mich von der Familie zu verabschieden. Ich wartete also, bis alle wach waren.

„Bitte erzähle ihnen nichts von dem Vorfall. Besonders nicht meiner Mutter und meinen Schwestern", flehte Ashah mich an.

Er wusste um sein Fehlverhalten.

Der Familie zuliebe willigte ich ein.

Ohne eine Erklärung konnte die Familie meine plötzliche Abreise jedoch nicht nachvollziehen. Sie waren alle aufgeregt und fragten sich, warum ich plötzlich so schnell abreisen musste.

„Warum musst du jetzt sofort los? Wir haben doch noch ein paar Tage hier gemeinsam", sagte Ru, den Tränen nahe.

Die kleine Noku begann bitterlich zu weinen. Wir hatten uns angefreundet und in jeder freien Minute miteinander gespielt. Sie weinte so bitterlich, dass ihr Schmerz auch mir weh tat. Ich konnte es kaum ertragen.

„Ich muss gehen. Ich habe meinen Reisepass kontrolliert. Mein Visum läuft bald ab und ich muss noch durch Simbabwe und Sambia reisen", log ich.

Sie argumentierten dagegen. Es gäbe immer eine Lösung und auf zwei bis drei Tage käme es sicher nicht an.

So kam ich nicht weiter. Ich zog den Bruder ins Vertrauen und erzählte ihm von den Vorkommnissen in der Nacht.

„Bitte hilf mir, deine Familie zu überzeugen", bat ich ihn.

„Es tut mir leid, was Ashah getan hat. Ich bringe dich mit dem Auto in die Stadt", sagte er verständnisvoll, wenn auch wenig überrascht. Er erklärte der Familie daraufhin, wie riskant es für mich wäre, länger zu bleiben und im schlimmsten Fall mit einem abgelaufenen Visum in Simbabwe oder Sambia zu stranden.

Nachdem sich die Familie versichert hatte, dass keine Sittenwächter in der Nähe ware, umarmte ich jedes Familienmitglied, auch Ashah, um den Schein zu wahren. Ich war zwar traurig, die Familie zu verlassen, aber vor allem erleichtert, der Situation entkommen zu sein.

Müde, allein, traurig, unsicher, enttäuscht – ich fühlte mich schrecklich. Planlos stand ich mit meinen Rucksäcken inmitten einer lauten und chaotischen

Menschenmenge. Ein Blick in mein Portemonnaie offenbarte ein weiteres Problem. Ich war nicht nur emotional ausgebrannt, sondern auch finanziell. Mir blieben fünf Dollar. Ich musste dringend Geld abheben.

Kaum eine Bank in Simbabwe hatte noch Geld in den Automaten. Wo es Geld gab, konnte man an den langen Warteschlangen erkennen. Ich reihte mich hoffnungsvoll ein und stellte mich auf einige Stunden Wartezeit ein.

Die Summe, die pro Tag abgehoben werden konnte, war auf fünfzig Bond Dollar begrenzt. Mit dann fünfundfünfzig Bond Dollar konnte ich einen Bus nach Sambia nehmen. Ich war fertig mit Simbabwe.

Nach zwei Stunden hatte sich die Schlange noch kaum bewegt. Mir fehlte die Engelsgeduld der Simbabwer.

„Könnten Sie meinen Platz hier in der Schlange reservieren?", fragte ich die Frau, die hinter mir stand. Sie willigte ein und ich ging an den Wartenden vorbei zum Geldautomaten.

Ein Sicherheitsmann sorgte dort für Ordnung.

„Entschuldigen Sie bitte. Glauben Sie, dass ich heute noch Geld abheben kann? Ich stehe weit hinten in der Schlange."

Er zog die Augenbrauen hoch. „Haben Sie denn ein simbabwisches Bankkonto?"

„Nein. Ich habe ein deutsches Konto und eine Visa-Kreditkarte", antwortete ich, verwundert über die merkwürdige Frage.

„Du kannst hier nur mit einem simbabwischen Konto Geld abheben, internationale Kreditkarten funktionieren nicht."

„Könnte ich vielleicht mit einem Bankangestellten sprechen? Es ist wirklich wichtig."

Er tat mir den Gefallen und holte einen Angestellten dazu, doch an der Situation änderte das nichts. Ich sollte kein Geld bekommen.

Zum Grenzübergang Chirundu waren es dreihundertfünfzig Kilometer. Wie sollte ich den erreichen?

Ich war ratlos.

Ein Busfahrer riss mich aus meinen Gedanken: „*West End, West End. Hey Murungu, going to West End?*"

Ob ich nach West End[4] wollte? Gerne, alles war besser als das Stadtzentrum. Ich wusste zwar nicht, wo „West End" war, aber „End" hörte sich vielversprechend an. Vielleicht lag es an der Stadtgrenze. In der Stadt war es zu chaotisch und die meisten Autofahrer hatten ihre Fahrziele erfahrungsgemäß innerhalb der Stadtgrenze, was das Trampen erheblich erschwerte. Am Stadtrand stünden meine Chancen sicherlich besser. Jedoch konnte ich meine letzte Geldreserve nicht dafür ausgeben. Mir blieb nur, zu Fuß zu gehen.

„*I don't have money.* Kein Geld, sorry."

„Steig ein. Du darfst so mitfahren", sagte er, ohne zu zögern. Er hatte meine Not erkannt. Ich musste bemitleidenswert aussehen.

Ich nahm das Angebot erleichtert an. Wieder einmal lag mein Gelingen in den Händen anderer.

Wir erreichten die Endstation und ich bedankte mich mit einem Handschlag beim Fahrer.

„*You're welcome.* Viel Glück, Mädchen."

Er hatte mich nicht nur zum Stadtrand gebracht, sondern er hatte mir durch seine selbstlose Hilfe und seine Freundlichkeit neuen Mut gegeben.

Ich glaubte wieder daran, es bis nach Sambia schaffen zu können. Ich würde einfach gehen. Mein Zelt gab mir Unterschlupf, meine Wasserflaschen hatte ich in dem KFC-Restaurant am West End aufgefüllt und ich hatte noch eine Packung Nüsse als Notfallration. Ich ging los.

Wieder riefen mir Busfahrer hinterher: „Wohin willst du, Murungu?"

Dieses positive Erlebnis hatte mir einen emotionalen Höhenflug beschert, weshalb ich selbstbewusst antwortete: „Nach Sambia. Ich gehe zu Fuß."

Eine Antwort, die zunächst Gelächter auslöste und die Fahrer dazu veranlasste, ein zweites Mal zu fragen: „Murungu, wir können dich mitnehmen. Wohin gehst du?"

„Nach Sambia, aber ich gehe zu Fuß", beharrte ich auf meinem Vorhaben.

Die Gesichter der Fahrer verrieten, dass sie mich für völlig verrückt hielten.

---

4   Tatsächlich heißt die Haltestelle „Westgate". Ich hatte mich glücklicherweise verhört.

Als ich bereits ein gutes Stück zu Fuß zurückgelegt und das Chaos der Hauptstadt hinter mir gelassen hatte, beschloss ich halbherzig den Arm auszustrecken, sobald sich Autos näherten. Innerlich bereitete ich mich darauf vor, die Nacht draußen in meinem Zelt zu verbringen.

Bei jedem Auto drehte ich meinen Kopf um, damit der Fahrer meinen flehenden Gesichtsausdruck sehen konnte. Auto um Auto fuhr vorbei. Gerade war wieder ein Auto an mir vorbeigezogen, dem ich enttäuscht nachsah. Ich traute meinen Augen kaum, als es langsamer wurde, den Blinker setzte und am Straßenrand anhielt. Der Wind hatte sich gedreht und das Glück war zurück auf meiner Seite.

Zu laufen fiel mir durch die Rucksäcke schwer. Euphorisiert eilte ich so schnell ich konnte zu dem Auto, um diese Gelegenheit nicht zu verpassen.

Kein Mann, wie ich vermutet hatte, sondern eine weiße Frau saß hinter dem Steuer ihres kleinen roten Autos und strahlte mich an. „Möchtest du mitfahren?"

„Sehr gerne!", rief ich erleichtert. Ich fragte nicht, wohin wir fuhren, denn es war mir egal.

„Wohin möchtest du denn?"

„Ich möchte nach Sambia. Ich weiß nur noch nicht, wie ich dahin komme", tat ich mein Vorhaben kund.

„Mein Haus ist in der Nähe. Ich kenne deinen Zeitplan nicht, aber hättest du vielleicht Lust, zwei oder drei Nächte bei uns zu schlafen? Es wäre schön, wenn meine Kinder Menschen aus anderen Teilen der Welt kennenlernen könnten."

Sie bat mich bei ihr zu schlafen, als würde ich ihr damit einen Gefallen tun!

„Du hast ja keine Ahnung, wie gern ich das Angebot annehme. Ich habe kein Geld, kein Essen und kaum noch Wasser", brach es aus mir heraus.

Wir waren schnell miteinander vertraut. Ihr Name war Bindi und sie erzählte mir von ihrer Reise per Anhalter durch Lateinamerika, die sie als Jugendliche gemacht hatte. Sie war eine besondere Frau. Ich fühlte mich sofort auf eine ungewöhnliche Art mit ihr verbunden.

Wir verließen die Hauptstraße und bogen in einen der mysteriösen Sandwege ein. Ich hatte mich immer gefragt, wo diese unscheinbaren Wege hinführten. Alles um uns herum wirkte verwahrlost. Ich konnte mir nur schwer vorstellen, dass Bindi in einer Hütte im Nirgendwo wohnte. Sie hatte meinen verwirrten Blick offenbar bemerkt und erklärte mir, was ich sah.

„Das Land um uns herum waren früher alles sehr gut laufende Farmen. Nachdem den weißen Familien ihre Höfe gewalttätig weggenommen wurden, ging es mit den Farmen bergab, denn den neuen Besitzern fehlte das Know-how."

Der Sandweg war geziert mit Schlaglöchern, denen sie so gut wie möglich auswich.

Nun erreichten wir ein Tor, das von einem Portier geöffnet wurde.

Ein Paradies erstreckte sich vor unseren Augen. Gemähter, saftig grüner Rasen und gepflasterte Gehwege. Das hätte ich mir in meinen kühnsten Träumen nicht vorstellen können.

„Ich arbeite hier und lebe mit meiner Familie in einem der Häuser. Das ist eine Privatschule und mein Mann und ich unterrichten hier."

Ihr Mann Victor begrüßte uns. Er stand Bindi im Punkte Herzlichkeit in nichts nach. Auch er war begeistert davon, einen Gast von so weit her bei sich zu beherbergen. Sie hatten zwei Söhne im Grundschulalter, die auf dem Wohnzimmerboden saßen und mit einem Computerspiel beschäftigt waren, als wir eintraten.

„Hey ihr beiden. Ihr sollt nicht immer damit spielen. Geht doch lieber raus." Victors Versuch, die Aufmerksamkeit der Jungs auf sich zu ziehen, lief ins Leere. „Hey, seht mal, wir haben einen Gast. Kommt und sagt hallo."

Das hatte funktioniert. Das Computerspiel wurde pausiert und beide Köpfe drehten sich zeitgleich zu uns. „Hi", sagten sie wie aus einem Mund.

„Kommt her und sagt richtig hallo", forderte ihr Vater sie auf.

Beide kamen und begrüßten mich nun mit einem Handschlag.

„Genug gespielt, geht ein bisschen raus." Dieses Mal hatte Victor Erfolg und sie spielten in dem Paradies vor ihrer Tür.

Bindi kam herbei: „Möchtest du etwas essen? Du hast doch bestimmt Hunger, oder?"

„Sehr gerne. Kann ich etwas helfen?"

„Es ist schon alles fertig. Wir können gleich essen. Jetzt zeige ich dir erst einmal dein Zimmer", sagte Bindi.

Das Haus war wunderschön. Es erinnerte an ein altes Bauernhaus mit seinen hohen Decken und den massiven Holzmöbeln. Gemälde afrikanischer

Künstler zierten die Wände und mein Zimmer war ein Traum. In der Mitte des Raumes stand ein Doppelbett, das mit frischen Bettbezügen bezogen war. Ein Himmelbett mit einem Moskitoschutz. Ich hatte einen eigenen Kleiderschrank und etwas weiter den Gang runter ein eigenes Badezimmer mit einer Badewanne und einer Dusche. „Könnte mich bitte jemand kneifen?", dachte ich. „Das muss ein Traum sein."

„Die Badewanne kann leider nicht benutzt werden und aus der Dusche kommt nur kaltes Wasser. Ich hoffe, das ist in Ordnung", sagte Bindi fast verlegen.

„Bindi, dein Haus ist ein Paradies. Ich war gerade ein paar Tage in einem Fastencamp der apostolischen Kirche und dein Haus …"

Bindi unterbrach mich: „Wo warst du? Das ist nicht wahr!" Sie lachte. „Das ist verrückt, wie bist du denn da hingekommen?"

„Das ist eine lange Geschichte", sagte ich erschöpft.

„Dann packe in Ruhe aus. Gleich gibt es Essen. Möchtest du deine Wäsche in der Waschmaschine waschen?"

„Eine was? Eine Waschmaschine? Ihr habt eine Waschmaschine?" Ich suchte sofort alles zusammen und warf auch die Kleidungsstücke in die Maschine, die nach meiner Handwäsche vermeintlich sauber sein sollten. So eine Gelegenheit würde ich so schnell nicht wiederbekommen.

Es tat gut, verstanden zu werden, ohne mich erklären zu müssen, ohne das Gefühl zu haben, eine Fremde zu sein. Dieser Ort gab mir die Erholung, die ich dringend brauchte. Ich musste mich nicht verstellen und das Essen erinnerte mich an zu Hause. Es gab gekochte Karotten, Brokkoli, Zwiebeln und Couscous und dazu Hähnchen aus dem Backofen und sogar einen Salat. Ich wollte am liebsten für immer hierbleiben. „Vielleicht könnte ich ja als Lehrerin an der Schule anfangen", träumte ich angesichts der immer noch allgemein misslichen Lage.

Bindi, Vic und ich machten nach dem Abendessen einen Spaziergang und sie zeigten mir die beeindruckende Anlage. Es waren gerade Ferien, daher waren außer den Lehrerkindern keine Schüler zu sehen.

Mehrere lange Bauten umgaben das Schulgebäude.

„Das sind die Schlafsäle. Wenn keine Ferien sind, schlafen unsere Jungs mit den anderen Schülern auch hier", erklärte mir Bindi.

Es handelte sich demnach um ein Internat. Das erklärte auch die Größe und Infrastruktur der Schule. Es gab kleine Pools, Tennisplätze, Rugby-Felder und vieles mehr. Ohne die beiden hätte ich mich verlaufen.

„Wie du siehst, hat Sport an dieser Schule einen hohen Stellenwert. Sie ist eine der ältesten Privatschulen Simbabwes. Es gehen auch einige Kinder von Politikern hierher", erklärte mir Vic und Bindi fügte hinzu: „Wir könnten uns die Schulgebühren nicht leisten, aber da wir hier unterrichten, dürfen die Jungs hier gratis in die Schule."

Ich konnte kaum glücklicher sein. Es fühlte sich an, als hätte Gott Bindi als eine Art Engel, eine Retterin in der Not, zu mir geschickt. Wir unterhielten uns bis spät in die Nacht. Sie wollten alles über meine Reise wissen. Ich genoss es, mich mit diesen beiden Menschen, die zu verstehen schienen, wie es mir ging, über meine Erlebnisse auszutauschen. Ich sprach auch über meinen Unmut wegen meiner Hautfarbe immer nur die „Murungu" zu sein.

Victor erklärte: „Weiße und Schwarze leben in Simbabwe immer noch sehr getrennt voneinander. Diese Schule ist gemischt. Und ich bin als Kind auf eine Privatschule gegangen, deshalb hatte ich immer mit Weißen Kontakt."

„Ich war schon etwas verwundert über deinen englischen Akzent, du hörst dich fast an wie ein Brite", sagte ich.

„Viele Menschen wundern sich, wenn sie uns zusammen sehen. Gemischte Paare sind hier immer noch selten", ergänzte Bindi, „aber Vic ist weißer als viele Weiße."

Wenn ich ehrlich war, hatte auch mich die Hautfarbe von Vic überrascht. Da Bindi eine Weiße war, war ich von einem weißen Mann ausgegangen. Es lag sicherlich auch an meinen Erfahrungen im Fastencamp und trotzdem musste ich mir eingestehen, dass die Annahme ein wenig rassistisch gewesen war.

„Ich werde auch oft Murungu genannt", fügte er lachend hinzu.

Ich verstand nun besser, dass „Murungu" nicht als Beleidigung gemeint war, auch wenn es „Weiße" bedeutete. Vic und Bindi erklärten mir, dass Murungus gewisse positive Eigenschaften wie Pünktlichkeit, Verlässlichkeit und Ehrlichkeit zugeschrieben wurden. Das konnte ich schlecht nachvollziehen. Europäer waren schließlich einst als Kolonialmächte nach Afrika gekommen und hatten abscheuliche Dinge getan. Die Selbstdarstellung und Vermarktung der Europäer mussten schon sehr gut gewesen sein, um mit der Zeit ein so positives Bild von Weißen zu verbreiten. Trotz allem wollte ich nicht Murungu genannt werden. Es blieb meiner Meinung nach rassistisch, auch wenn es positiv gemeint war. „Positiven Rassismus" würde ich dieses Phänomen, das mich durch Afrika begleitete, bezeichnen.

„Weißt du was", sagte Vic, „die meisten unserer Schulkinder sind im Moment in einem christlichen Sommercamp. Du kennst ja bereits das Fastencamp der apostolischen Kirche. Wie wäre es, wenn wir morgen zu diesem Sommerlager fahren? Dann siehst du, wie unterschiedlich das Leben und Religion in Simbabwe gefeiert werden", schlug er vor.

„Sehr gerne. Das würde mich wirklich freuen. Ich liebe Kinder!"

Nach einer Dusche in Begleitung eines kleinen Froschs versank ich in einen tiefen Schlaf.

Es war die erholsamste Nacht auf meiner bisherigen Reise. Die Kombination aus kompletter Erschöpfung und wohltuender Geborgenheit hatten zu zehn Stunden Schlaf geführt. Vic und Bindi hatten mich nicht geweckt, aber erwarteten mich nun mit einem fürstlichen Frühstück im Garten: Rührei, Cornflakes, Brot und Obst. Mein Leben hätte in diesem Moment nicht schöner sein können.

„Wir brechen nach dem Frühstück zu den Chinhoyi Höhlen auf. Sie liegen auf dem Weg zum Camp", sagte Vic begeistert.

Ich hatte noch nie von den Chinhoyi Höhlen gehört. Doch wenn sie Einheimische begeisterten, dann mussten sie etwas Besonderes sein.

Der Preis für Einheimische lag bei drei Bond Dollar, während Ausländer zehn Dollar bezahlen mussten. Bindi und Vic zahlten auch meinen Eintritt. Normalerweise hätte ich nun protestiert, doch da ich nur noch fünf Bond Dollar hatte, nahm ich es sehr dankbar an.

Um zu den Höhlen zu gelangen, ging es zunächst etwa zweihundert Stufen hinab. Mir graute es bereits vor dem Aufstieg später. Als wir unten ankamen, begann das Abenteuer. Vor uns lag der Eingang in das Höhlensystem aus Kalkstein. Ich wusste nicht, was mich erwartete. Meine Gastfamilie verschwand im Berg und ich folgte. Glücklicherweise waren die Gänge beleuchtet. Das war auch nötig, denn die Stufen waren in den Berg gemeißelt und somit uneben. Wir gelangten zum Ausgang des Weges. Die Luft war erfrischend kühl, obwohl nicht die kleinste Brise zu spüren war. An dieser Stelle war das Dach eingebrochen, wodurch ein See offen vor uns ruhte. Vierzig Meter hohe Höhlenwänden umrandeten ihn. Sein kristallklares, kobaltfarbiges Wasser lud zum Träumen ein. Schwimmen war richtigerweise verboten und so stellte ich mir vor, wie ich in das kühle Nass springen würde.

Vic erzählte mir mehr: „Vor uns liegt der ‚See der Gefallenen‘. Im neunzehnten Jahrhundert wurden hier mehrere Menschen getötet, indem sie in diesen See gestoßen wurden.“

Ich konnte diesen verträumten, friedlichen Ort nicht mit einem Verbrechen in Verbindung bringen.

Welche Geheimnisse diese Höhlen wohl noch bargen? Hinter dem See erblickte ich Höhleneingänge unter Wasser.

Bei internationalen Touristen waren die Höhlen augenscheinlich kaum bekannt. Außer uns liefen nur eine Schulkasse und ein simbabwisches Pärchen die Treppen hinab und wieder hinauf.

Wir waren auf halber Wegstrecke alle aus der Puste. Wir ließen uns auf einer der wenigen Holzbänke nieder, um eine Rast zu machen. Zum Glück hatte Bindi für uns ein Picknick eingepackt.

„Hast du inzwischen einen Plan, wie du nach Sambia kommst?“, fragte Bindi.

„Jetzt fahre ich erst einmal mit euch in das Camp. Danach geht es weiter per Anhalter.“ Bindi und Vic waren sichtlich besorgt. Der Moment und die Zeit mit der Familie waren so kostbar, dass ich nicht über den Abschied nachdenken wollte.

Wir erreichten das Sommercamp, das sich in einer Privatschule befand, die aber wegen der Ferien ebenfalls geschlossen war.

Mich hatte die Schule, in der Bindi und Vic arbeiteten, schon stark beeindruckt. Diese Schulanlage würde allerdings selbst Privatschulen in Europa oder den USA Konkurrenz machen. Selbst mit dem Auto dauerte es eine Zeit, bis wir, vorbei an einem Fußballfeld, einer professionellen Laufstrecke und einem richtigen Schwimmbad, das Areal durchquert hatten und die Parkplätze erreichten.

Zweihundert privilegierte und christlich erzogene Jugendliche zwischen zwölf und achtzehn Jahren verbrachten hier einen Teil ihrer Sommerferien. Mit Adleraugen erblickten einige Schüler Bindi und Vic, als diese aus dem

Auto stiegen, und kamen auf uns zugelaufen. „Mister and Miss P", schrien sie wie aus einer Kehle und umhalsten ihren Lehrer und ihre Lehrerin. Dieser Spitzname bezog sich auf den Anfangsbuchstaben des Nachnamens.

Vic lachte laut: „Wir kommen gleich zu euch, ein bisschen Geduld", bat ,Mister P' die Kids, nicht ohne sie alle einmal abzuklatschen.

„Wo möchtest du schlafen?", fragte er dann an mich gerichtet. „Mit uns im Zelt oder bei den Mädchen in ihren Schlafsälen?"

Ich überlegte kurz. Ich mochte die Familie sehr und mein Herz sagte „bei der Familie", aber ich würde die Möglichkeit verpassen, die Welt dieser Schülerinnen ein wenig kennenzulernen, also sagte ich: „Lieber in den Schlafsälen der Mädchen."

Bindi brachte mich hin. Ich bekam ein Zimmer für mich. Die Dusche lag zwischen meinem und dem Nachbarzimmer. Die Schlafräume waren leer. Es gab viel zu viele Aktivitäten und so sollte ich meine Nachbarinnen erst später kennenlernen.

Wir gingen wieder nach draußen und Bindi führte mich durch das Camp: An einer Ecke standen Eimer über Eimer mit Batikfarben und alle Kinder freuten sich sichtlich über die Sauerei, die sie veranstalteten; am Baum daneben kamen gerade zwei Jugendliche angerannt. Sie machten eine Rallye und mussten an dieser Station Bibelfragen beantworten. Ich wusste keine einzige Antwort.

„Wir spielen ,The Amazing Race' nach", wies mich Bindi in das Geschehen ein.

„Was ist ,The Amazing Race'?"

„Eine amerikanische Fernsehshow. Paare reisen Hinweisen und Aufgaben hinterher. Eine Art weltweite Schnitzeljagd", erklärte sie mir. „Wir teilen die Jugendlichen in Gruppen ein und sie folgen auf dem Gelände Hinweisen und müssen Aufgaben bewältigen, die einen Bezug zur Bibel haben."

Nach der Zeit im apostolischen Camp war es eine Wohltat, diesen Umgang mit Religion und Kindern zu beobachten. Nicht Strafe, strenge Regeln und Unterdrückung der Frauen bildeten hier die Grundpfeiler der religiösen Bildung, sondern Anreize, Spiel und ein freier Austausch. In der apostolischen Kirche galten Kinder ab fünf Jahren als alt genug, um zu fasten; mit sieben Jahren wurden die Mädchen dazu angehalten, beim Kinderhüten, Kochen und

Putzen zu helfen. Jungs hingegen durften ihre kindliche Freiheit länger genießen. Hier im Camp durften Mädchen und Jungen sich noch ausprobieren. Natürlich gab es auch Regeln, wie getrennte Schlafsäle, Essenszeiten einhalten, morgens gemeinsam schwimmen zu gehen und abends gemeinsam den Gottesdienst zu erleben.

Es waren zwei Welten. Nur wenige Tage lagen zwischen den beiden Szenarien und beide spielten sich im selben Land ab.

Ich sah zwei kleine Mädchen miteinander spielen. Ein Mädchen war hellhäutig und das andere dunkelhäutig. Sie waren ungefähr vier Jahre alt und beide zuckersüß. Sie wurden von ihren Kindermädchen betreut und ich gesellte mich zu ihnen, während die Eltern ihre älteren Geschwister im Camp besuchten. Zoe und Anna, so hießen die beiden, hatten keine Berührungsängste. Ein weiterer Unterschied zum apostolischen Camp. Sie luden mich dazu ein, „*I spy with my little eye*" zu spielen.

„Ich sehe was, was du nicht siehst, und das ist weiß", sagte ich den Basketballkorb im Visier.

Sie sahen sich um und suchten etwas Weißes. Ich hatte die Farbe Weiß gewählt, weil ich wollte, dass sie gewannen, es gab hier nicht viel in Weiß.

Anna schrie aufgeregt: „Die Blume!"

„Nein, es ist nicht die Blume."

Sie sahen sich ratlos um.

Dann zeigte Zoe auf ihre Freundin Anna: „Du, Anna, du bist weiß."

Anna war empört und schaute an sich hinab. „Ich bin nicht weiß, ich bin orange."

Es war einer der schönsten Momente meiner Reise. Anna hatte in einem Satz das gesamte Konzept über weiße und schwarze Haut, das einst von Kolonialherren zur Unterdrückung und Rassentrennung implementiert worden war, der Lächerlichkeit preisgegeben, so wie nur Kinder es können.

Sie gaben auf und ich zeigte auf den Basketballkorb.

Bindi kam zu mir und lud mich auf einen Spaziergang über das Gelände ein. Wir gingen um den großen Sportplatz. Als wir weit von allen anderen entfernt waren, blieb sie stehen und drehte sich zu mir.

„Vic und ich haben miteinander über dich gesprochen", begann sie. „Wir möchten, dass deine Reise ein Erfolg wird."

„Ihr habt mir schon so viel Kraft gegeben. Ich glaube wieder, dass es gelingen kann", antwortete ich voller Dankbarkeit.

„Wir möchten dir gern fünfzig US-Dollar schenken."

„Was?" Ich war verblüfft, gerührt und peinlich berührt. Das konnte ich nicht annehmen. Die meisten Simbabwer verdienten nicht mehr als hundert Dollar im Monat.

Bindi versuchte mir die Scham zu nehmen: „Bitte. Es muss dir nicht unangenehm sein. Sieh es als Sicherheitsnetz. Wenn du es nicht benötigst, dann gib es jemandem auf deiner Reise, der es nötiger hat als du oder wir. Bitte nimm es. Wir möchten es nicht zurückhaben."

Ich nahm das Geld an. Für einen Notfall. Ich wollte es ohne dieses Geld schaffen und es auf meiner weiteren Reise jemandem geben, der es nötiger hätte als ich. So, wie Bindi es vorgeschlagen hatte.

Nach dem gemeinsamen Abendessen, bei dem alle Anwesenden, egal ob Betreuer oder Jugendliche, gleichzeitig und gemeinsam auf Stühlen sitzend, das Essen zu sich genommen hatten, ging ich in mein Zimmer, um mich vor dem abendlichen Gottesdienst schnell zu duschen. Dort traf ich endlich auf meine Nachbarinnen, denn ihre Tür zum gemeinsamen Bad stand offen.

Ich stellte mich vor und wir kamen in ein Gespräch.

„Als was arbeiten deine Eltern?", fragte ich eines der Mädchen erstaunt über meine eigene Frage. Ich hatte auf der Reise noch nie jemanden nach der Arbeit gefragt.

„Mein Vater ist der Minister für Tourismus", antwortete sie.

Klar, in diesem Freizeitlager verbrachten die Kinder der simbabwischen Elite ihre Freizeit.

„Oh, das ist ja praktisch! Ihm hätte ich ohnehin gerne einen Brief geschrieben. Kannst du ihm etwas von mir ausrichten?", fragte ich sie unverblümt.

„Ja, gerne. Was denn?"

„Also, als Tourist in Simbabwe ist es fast unmöglich, an Geld zu kommen. Ich konnte mit meiner Kreditkarte nirgendwo Geld abheben, konnte aber den Eintritt bei den Victoriafällen nur in bar bezahlen. Ich hätte gerne mehr Geld in Simbabwe ausgegeben, aber wenn ich kein Geld abheben kann, dann kann ich auch keins ausgeben. Ich bin sogar ohne Geld in Harare gelandet, wo ich zum Glück Bindi und Vic getroffen habe. Frag deinen Vater doch, ob er nicht wenigstens an den touristischen Orten Geldautomaten für ausländische Reisende einrichten könnte, ja?"

„Das sage ich ihm gerne. Du hast also kein Geld mehr? Wie überlebst du?" Sie schien ehrlich besorgt.

„Es geht schon, aber bitte sag es ihm, damit andere Touristen nicht dasselbe Problem haben." Ich wollte ihr nicht sagen, dass mir gerade fünfzig Dollar geschenkt worden waren. Ich wusste nicht, ob es in Bindis und Vics Interesse war, wenn das die Runde machen würde.

„Würden dir zehn Dollar helfen? Mehr habe ich leider nicht", sagte sie.

Ihre Großzügigkeit rührte mich. Sie hatte mich gerade erst kennengelernt und wollte mir ihr letztes Geld schenken.

„Das ist ja lieb! Aber nein, danke, es geht schon – wirklich. Ich habe ein Zelt und treffe immer wieder auf hilfsbereite Menschen in diesem wunderschönen Land."

Sie freute sich über das Kompliment.

Ich lag in meinem Bett und dachte über die letzten Tage nach, über die Kontraste, die dieses Land offenbart hatte. Ich ließ die Erfahrungen Revue passieren und verglich die beiden Welten, die ich kennenlernen durfte. Es waren zwei Extreme, die aufeinandertrafen. Die untere Mittelschicht und die Oberschicht. In vielen Ländern der Welt gibt es eine tiefe Kluft zwischen der ärmeren und der reichen Bevölkerung, damit steht Simbabwe nicht allein dar.

Die starken kulturellen Unterschiede zwischen den Schichten waren frappierend. Insbesondere die Behandlung der Frauen. Mit ein wenig Beklemmung erinnerte ich mich an die Zeit mit Ashahs Familie. Es war insbesondere die Mutter gewesen, die sehr streng mit ihren Töchtern war. Anders als sie, hatte der Vater in unseren Gesprächen dafür plädiert, dass die Töchter zunächst eine Ausbildung machen sollten, bevor sie heirateten. Er war auch nicht mit in das Camp gekommen. Im Camp hatten sich hauptsächlich Frauen aufgehalten. Wieso unterstützten sie eine Kirche und eine gesellschaftliche Ordnung, die nach meiner Wahrnehmung die Frauen, also ihre Töchter, unterdrückte?

Ich versuchte, mich in sie hineinzuversetzen. Meine Mutter hatte als Alleinerziehende immer in Vollzeit gearbeitet. Sie hatte mir vorgelebt, sich als starke Frau um den Haushalt und die Kinder zu kümmern und dabei zu arbeiten. Gut, es gab nicht jeden Tag frisch gekochtes Essen und man hätte bei uns zu Hause auch nicht vom Fußboden essen können, aber mir wurden die Selbstständigkeit und die Kraft, die in Frauen steckt, vorgelebt. Wie würde ich meine Fähigkeiten einschätzen, wenn mir immer gesagt worden wäre, dass ich für meine wirtschaftliche und die Sicherheit meiner Familie einen Mann brauchte? Wäre ich so selbstsicher, wenn ich keine weiblichen Vorbilder gehabt hätte, die mir das Gegenteil bewiesen hatten? Wie würde ich dann meine Töchter erziehen?

Vielleicht würde auch ich sie zu hörigen, dem Mann dienenden Frauen erziehen, die als Lebensziel hatten, Kinder in die Welt zu setzen, zu kochen, zu putzen und alles dafür täten, ihren Ehemann glücklich zu machen. Mütter überall auf der Welt und in jeder Kultur wollen dasselbe: Sie wollen ihre Kinder und vielleicht insbesondere ihre Töchter in Sicherheit sehen.

Das Ziel ist dasselbe, nur der Weg ist ein anderer. Es stehen sich „Stärke durch Unabhängigkeit" und „Angst vor Unabhängigkeit" gegenüber.

Und obwohl es mir in der emanzipierten Welt von Vic und Bindi so gut gefiel, konnte ich hier nicht lange bleiben, wenn ich mein Ziel erreichen wollte. Ich schlief mit dem Gedanken ein, am nächsten Tag schweren Herzens wieder abreisen zu müssen.

Die gesamte Familie brachte mich im Auto zur Hauptstraße. Es war ein wirklich schwerer Abschied. „Bitte lasst uns in Kontakt bleiben. Wenn eure Söhne alt genug sind, dann können sie gerne ein Jahr als Austauschschüler zu mir nach Deutschland kommen."

Es dauerte etwa zwei Minuten, bis ein vollgepackter Minibus, der zu einem Camper umgebaut war, anhielt.

„*Hey, where are you from?*", fragte mich der Mann am Steuer, der in Begleitung einer Frau war.

„*From Germany.*"

„Wir auch. Wir sind auf dem Weg zu den Mana Pools. Wenn du willst, kannst du ein Stück mitfahren."

„Zu den Mana Pools? Ich habe davon gehört. Es fahren keine Busse dorthin. Ich würde gern bis dorthin mitkommen."

„Hast du Essen für eine Woche dabei, um dich selbst zu versorgen?", fragte der Mann.

Wie sollte ich in meinem Rucksack ein Zelt, Kleidung und Essen für eine Woche verstauen? Ich vermutete eine ironische Frage dahinter und eher eine freundliche Absage an mich. Sie wollten mich nicht auf ihrem Abenteuer dabeihaben.

„Nein, das habe ich nicht", antwortete ich also ernüchtert.

„Dort gibt es nicht viel. Wir haben unseren Camper voll ausgestattet und reisen so durch Afrika. Wir können uns mehrere Wochen selbst ernähren", führte er aus, als wollte er sagen: „Du weißt nicht, wie man richtig durch Afrika reist, aber das ist nicht unser Problem."

„Wir können dich in Makuti rauslassen. Das ist die letzte Abzweigung, bevor es weiter zu den Mana Pools geht. Von dort hättest du auch die Möglichkeit, weiter zum Karibasee zu kommen", erklärte mir die Frau.

„Und wenn du nach einer Woche noch in Makuti bist, dann können wir dich auf unserem Rückweg wieder mitnehmen", fügte der Mann hinzu.

Sollte mich das aufbauen? Mir war nie so deutlich vor Augen geführt worden, wie hart die deutsche Denkweise sein konnte. Ich hatte mich bereits an die Gastfreundschaft Afrikas gewöhnt. Das Zusammentreffen mit meinen Landsleuten war ein regelrechter Kulturschock.

Ich stieg in Makuti aus. Makuti hatte drei Attraktionen zu bieten, wie ich nun feststellte: Eine Tankstelle ohne Benzin, ein verwahrlostes und geschlossenes Hotel und eine Straßenverkäuferin. Jedenfalls war das alles, was ich sah. Oder war der tatsächliche Ort „Makuti" nur in der Nähe dieser Kreuzung? Ich sah mich ratlos um. Es war Mittagszeit, die Sonne stand hoch und schien erbarmungslos herab. Auf der linken Seite der Hauptstraße begann eine Schotterpiste, die etwas abschüssig verlief. Unter einem Baum, der den einzigen Schattenplatz bot, hatte die Straßenverkäuferin ihren kleinen Stand mit Süßigkeiten, Bananen und Handyguthaben aufgebaut. Ich musste auf Toilette. Das war ein guter Anfang für ein Gespräch.

„Guten Tag. Könnten Sie auf meinen Rucksack aufpassen, während ich eine Toilette suche?"

„Natürlich. Frag bei der Tankstelle nach einer Toilette", sagte sie hilfsbereit.

Ich ließ meinen Rucksack dankbar fallen.

„Hallo? Hallo? Ist hier jemand?"

Ein junger Mann kam aus der Tankstelle heraus. „Was kann ich für dich tun?"

„Ich suche eine Toilette."

„Geh den Hügel hoch zum Hotel. Warte, ich begleite dich."

Einst war es augenscheinlich ein prächtiges Hotel gewesen. Es hatte eine mittlere Größe und verfügte über einen Pool. Alles war mit Unkraut überwuchert. Es befand sich in einem Dornröschenschlaf.

„Sie renovieren es gerade", erklärte mir der junge Mann.

Ich sah weder Arbeiter noch Leitern, Gerüste oder irgendwelche Baumaterialien. Ich ließ seine Aussage so stehen.

Ich blieb in der Nähe der Verkäuferin. Der junge Mann hatte etwas an sich, was meine inneren Alarmglocken angeschaltet hatte. Vielleicht war ich seit dem Erlebnis mit Ashah auch etwas paranoid, aber ich fühlte mich bei der Verkäuferin deutlich sicherer.

Die Schotterpiste führte zum Karibasee. Ich setzte mich auf den Boden und wartete auf eine Mitfahrgelegenheit. Es war ein geeigneter Ort, da die Straße leicht abschüssig war und hinter der Hauptstraße verschwand, die somit etwas höher lag. Ich war für Autos von der Hauptstraße aus nicht sichtbar. Hier wusste ich, dass alle vorbeifahrenden Autos dasselbe Ziel hatten wie ich: den Karibasee.

Mittlerweile befand ich mich bereits seit drei Stunden an diesem Ort. Kein einziges Auto war in dieser Zeit vorbeigekommen. Ohne Autos keine Mitfahrgelegenheit. Ich wurde unruhig.

Endlich fuhr ein Wagen heran. Voller Vorfreude stand ich auf.

„Komm zu meinem Fenster. Ich bin Polizist. Zeig mir deinen Pass", befahl der Fahrer.

Mir rutschte das Herz in die Hose. Ich hatte einige Jahre zuvor für drei Monate in Mosambik gelebt und dort gelernt, keinem Polizisten zu vertrauen. Auch in Simbabwe waren meine bisherigen Erfahrungen mit Polizisten nicht positiv gewesen. Sowohl Bindi und Vic als auch das deutsche Paar waren auf den Fahrten mehrfach von Verkehrspolizisten angehalten worden und hatten Strafen für lächerliche Delikte zahlen müssen. Von Bindi und Vic waren zwanzig Dollar verlangt worden, weil ihr elektrischer Scheibenheber nicht funktioniert hatte.

Meine Strategie war, freundlich zu bleiben, naiv zu tun und jeden Konflikt zu vermeiden.

Der Polizist hatte mich nicht zufällig getroffen. Er war zielstrebig auf mich zugekommen. Doch woher hatte er von mir gewusst? Hatte der Tankwart ihn informiert?

Er beäugte meinen Pass misstrauisch. Verständlich. Ein deutsches Mädchen saß ohne Begleitung und mittellos mit ihrem Rucksack im Sand im Nirgendwo. Das war ihm vermutlich noch nie passiert.

„Wohin willst du?"

„Zum Karibasee. Ich warte auf ein Auto."

Er guckte skeptisch. „Warum willst du dahin? Bist du eine Journalistin? Du darfst hier nicht als Journalistin arbeiten." Sein Tonfall wurde strenger. Ich erklärte ihm, wie es dazu gekommen war, dass ich kein Geld mehr hatte. Ich gab mir Mühe, jede Kritik an Simbabwe, insbesondere Kritik an den politischen Würdenträgern, zu unterlassen. In Simbabwe konnte nach Aussage einiger Gesprächspartner ein falsches Wort schnell zu einer Strafe oder einer Verweisung des Landes führen.

„Wie findest du Simbabwe?", fragte er mich.

Das war eine Fangfrage. Jetzt kein falsches Wort und trotzdem authentisch und ehrlich bleiben!

„Es ist eines der, ja vielleicht sogar das schönste Land der Welt! Leider konnte ich mir nicht alle Schönheiten ansehen, da ich mit meiner deutschen Kreditkarte kein Geld abheben konnte. Aber die Menschen hier sind so nett und haben mir immer geholfen", sagte ich stolz auf meine Antwort. Eine geborene Diplomatin.

„Die Situation ist im Moment schwierig. Wir haben Glück, dass wir seine Exzellenz Robert Mugabe[5] haben. Er arbeitet jeden Tag unermüdlich für das Land und bald wird es besser", antwortete der Polizist systemtreu.

Ich glaubte, dass seine Aussage auch eine Art Fangfrage enthielt. Robert Mugabe war seit dreißig Jahren Präsident gewesen. Zunächst hatte seine Revolution gute Vorsätze gehabt. Seinetwegen konnte auch die schwarze Bevölkerung zur Schule gehen, doch nach diesen ersten glorreichen Jahren mit internationalen Auszeichnungen, hatte die Gier Macht über ihn ergriffen

---

5   Robert Mugabe ist im Jahr 2019 verstorben. Leider hat sich die Situation in Simbabwe nach seinem Tod nicht verbessert.

und er hatte das Land mit Korruption und Menschenrechtsverletzungen von der „Kornkammer Afrikas" in ein Land, das immer wieder von Hungersnöten heimgesucht wurde, verwandelt. So jedenfalls hatten es mir Simbabwer geschildert.

Natürlich ging ich keine Diskussion mit dem Polizisten ein. „Ja, das glaube ich, es ist nicht leicht für den Präsidenten", bekräftigte ich seine Aussage.

Der Polizist schien besänftigt und nun schlichtweg an mir als Ausländerin und meiner Reise interessiert zu sein. Es war jetzt ein Gespräch ohne Fallen und Fangfragen, doch es zog sich zu sehr in die Länge. Ich versuchte durch kurze Antworten und eine leicht ablehnende Körpersprache zu einem Ende zu kommen. Erfolglos. Mittlerweile waren zwei Stunden vergangen und vier Autos hatten uns passiert, vier potenzielle Mitfahrgelegenheiten. Sie hatten mich aber in dieser Gesprächssituation nicht als Tramperin identifiziert oder den Polizisten gemieden und hatten natürlich nicht angehalten.

„Ich möchte Sie nicht länger aufhalten und muss auch bald weiter, bevor es dunkel wird", versuchte ich die Begegnung zu beenden.

„Natürlich. Ich muss auch zurück und mich auf der Wache melden. Ich komme in einer Stunde zurück und wenn du dann noch hier bist, fahre ich dich zur Polizeiwache am Karibasee. Dort kannst du übernachten", bot er mir an.

Das war zwar sehr nett, aber nicht das, was ich wollte. Ich fürchtete, dort in weitere Gespräche verwickelt zu werden und dann unter Umständen doch das Falsche zu sagen.

„Ich habe also eine Stunde, von hier wegzukommen", dachte ich und sagte: „Vielen Dank, das ist sehr nett. Dann vielleicht bis später."

„Ja, bis später und pass auf dich auf, hier gibt es Löwen und Schakale."

Es dauerte nur wenige Minuten, bis ein Jeep für mich anhielt. Er war bis unter das Dach bepackt. Auf der Rückbank saßen eine Frau und ein Mann. Zwischen, auf und unter ihnen war überall Gepäck.

Vorne saßen zwei Männer, die mich anstrahlten. „Was machst du hier?"

„Ich bin auf dem Weg zum Karibasee."

„Wir auch, du kannst gerne mitfahren."

Ich wusste nicht, wo ich in dem Auto noch Platz finden sollte, aber in Simbabwe findet man immer eine Lösung. Es wurde kurzerhand umgepackt und ich quetschte mich neben die anderen Mitfahrer auf die Rückbank und nahm meinen Rucksack auf den Schoß.

Ich stellte mich wie bei jeder Begegnung vor: „Mein Name ist Hjördis. Ich komme aus Deutschland und fahre per Anhalter durch Afrika. Ich bin in Kapstadt gestartet."

Die Reaktion lag zwischen Verwunderung und Bewunderung. Doch davon ließ ich mich nicht mehr beirren. Die Hilfsbereitschaft von Bindi und Vic, als ich es am nötigsten hatte, hatte einen Schalter umgelegt. Ich war davon überzeugt, Äthiopien zu erreichen.

„Wisst ihr, wo man am See günstig übernachten kann?"

Die Augen des älteren Fahrers namens Nicholas leuchteten. „Wir fragen unseren Chef, ob du bei uns bleiben kannst. Er ist ein hilfsbereiter Mann."

Alle im Auto waren aufgeregt, mich getroffen zu haben und mein Bauchgefühl war mit der Gruppe im Reinen. Bevor wir zu unserer Unterkunft gelangten, hielten wir an einem Supermarkt an. Ich wurde dem Chef vorgestellt, der, wie ich nun erfuhr, Chairman Musiwa oder auch nur Chairman genannt wurde. Er war, wie viele Simbabwer, der Inbegriff von Gastfreundschaft und Hilfsbereitschaft „Du kannst gerne bei uns bleiben und vielleicht können wir dir mit deinem Geldproblem auch helfen."

Wie ich jetzt begriff, war ich Teil einer Studienreise von siebenundvierzig Studenten und Studentinnen der *University of Zimbabwe* geworden. Allesamt angehende Ingenieure für Bergwerke. Der Chairman hatte die Aufgabe, für eine Woche siebenundvierzig Studierende, ihre vier Lehrkräfte sowie den Chairman und seine Frau, die die Gruppe ebenfalls begleitete, und nun auch mich zu verpflegen. Die Studenten und Studentinnen waren noch zurückhaltend. Niemand kam auf mich zu, um mit mir zu sprechen. Sie beobachteten mich aus der Ferne. Was sie wohl dachten?

Wir befanden uns in einem Tourismusgebiet, sodass ich im Supermarkt glücklicherweise mit meiner Kreditkarte zahlen konnte. Der Betrag für die Verpflegung belief sich auf über hundert US-Dollar. Ich hatte dem Chairman von meinem Problem, Bargeld zu bekommen, erzählt und er hatte die Lösung. Ich bezahlte die Einkäufe mit meiner Kreditkarte und der Chairman gab mir den vollständigen Betrag in US-Dollar zurück.

„Wie viel soll ich für die Unterkunft und das Essen bezahlen?"

„Nichts. Du bist unser Gast", sagte er bestimmt. Der Chairman war eine Autorität, mit der man nicht diskutierte.

Die Unterkunft übertraf meine kühnsten Erwartungen. Ich hatte mit einem Zeltlager gerechnet. Vor uns lag eine Lodge mit zwei Swimmingpools.

Der Chairman hielt eine kurze Ansprache vor seinen Schützlingen, um mich ihnen vorzustellen. Dann brachte er mich zu einem Bungalow, in dem fünf der elf Studentinnen schliefen. Nur elf Mädchen. Nicht verwunderlich, wenn man den Studiengang in Betracht zog. Ingenieurswesen und vor allem Bergbau sind auch in Deutschland immer noch Männerdomänen. Der Bungalow bestand aus zwei Zimmern: einem Wohnzimmer mit einer kleinen Küche und einem Schlafzimmer mit einem Doppelbett. Außerdem ein Badezimmer mit einer richtigen Dusche, was alle Mädchen begeistert zur Kenntnis nahmen.

Mir wurde das Schlafzimmer zugesprochen. Dort sollte ich alleine schlafen. Die anderen hatten ihre fünf Einzelbetten im Wohnzimmer aufgestellt.

„Ihr könnt mit mir im Schlafzimmer übernachten", bot ich an. Ich wünschte mir, ein Teil dieser Gruppe zu werden, wenn auch nur auf Zeit. Zudem konnte ich nur so mehr über sie lernen.

Der Chairman hakte ein: „Das ist schon in Ordnung so. Sie sind sehr gern zusammen und reden in Shona miteinander."

Ich konnte meine Enttäuschung nicht verbergen und brachte nur ein „Ach so, okay." heraus.

Der Chairman und seine Frau wollten mit mir sprechen. Als ich zurückkam, hatte eines der Mädchen, ihr Name war Talent, ihr Bett in mein Zimmer gestellt.

„Ich hoffe, das ist in Ordnung. Du hast ja gesagt, dass du nicht allein schlafen willst. Und ich spreche gern Englisch", erklärte sie mir ihre Entscheidung.

Ich freute mich unglaublich darüber. Wir freundeten uns schnell an, sie war offen und neugierig und wir tauschten uns über unsere unterschiedlichen Leben aus.

„Gibt es in Deutschland auch so viele Schlaglöcher wie hier?", war eine ihrer ersten Fragen.

In Simbabwe glich eine Autofahrt oftmals einem Hindernisrennen.

„Eigentlich gibt es kaum Schlaglöcher, außer vielleicht auf Waldwegen", dachte ich laut nach, „aber dafür haben wir viele Baustellen." Ich hatte den Vergleich noch nie so direkt gemacht.

Sie lachte bestimmt fünf Minuten lang und konnte meine Antwort nicht glauben. „Wie ... du sagst ...", immer wieder unterbrach sie sich selbst durch ihr schallendes Lachen, „ihr ... habt gar keine Schlaglöcher?"

Schließlich beruhigte sie sich wieder.

„Und was esst ihr in Deutschland? Gibt es auch jeden Tag Sadza?"

„Wir essen gar kein Sadza. Ich kannte es vor meiner Afrikareise nicht. Wir essen eher Kartoffeln, manchmal auch Reis oder Nudeln", fasste ich die kulinarischen Standards zusammen.

„Keine Sadza? Oh Gott, Deutschland ist mein Traumland", sagte sie wieder lachend.

Talent war die erste Simbabwerin, die ich kennenlernte, die Sadza nicht mochte. Gemeinsamkeiten verbinden und so nannten wir uns schnell ‚Sister'.

Das Abendessen wurde für mich zu einer Herausforderung. Hier herrschten wieder klare Hierarchien, an die ich mich zu halten hatte. Die Lehrkräfte, der Chairman, seine Frau und ich, bekamen zuerst Essen. Wir saßen auf Plastikstühlen draußen am offenen Feuer, wo frischer Fisch für uns zubereitet wurde. Dazu gab es Sadza und da ich hatte fallen lassen, kein Sadza zu mögen, wurden speziell für mich Nudeln in einem Topf gekocht, der ebenfalls auf der Feuerstelle stand.

Ein köstliches Mahl, das wir mit den Tellern auf unseren Beinen in entspannter Atmosphäre genossen.

Nach uns bekamen auch die Studenten und Studentinnen zu essen. Sie kamen, als wir fertig waren, mit ihren Tellern zur Grillstelle, um dann damit in den Essensraum zu gehen.

Ich bat den Chairman darum, nun Zeit mit ihnen zu verbringen. Er schien verblüfft über meine Bitte, war es doch ein Privileg, mit ihm und den Lehrkräften zu essen. Dennoch stimmte er zu.

In großen Teilen Afrikas fürchteten sich die Menschen vor Wasser. Kaum jemand kann schwimmen. Einige der Jugendlichen trauten sich wenigstens in den Pool mit hüfthohem Wasser, doch bei vielen saß die Angst zu ertrinken zu tief. Sie kamen dem Beckenrand nicht nahe.

Wie schon in Botsuana wollte ich mich auch hier mit Schwimmunterricht erkenntlich zeigen.

Ich versuchte ihnen zunächst die Angst zu nehmen und sie von unten nur leicht zu stützen, während sie in Rückenlage auf dem Wasser lagen. Als sie trieben und ich sie nur noch leicht berührte, ließ ich los und sie verfielen in Panik.

Nur zwei Studenten gelang es, die Angst zu überwinden und auf dem Wasser zu treiben.

Es war utopisch, ihnen das Schwimmen in einigen Tagen beizubringen, doch ich hoffte, ihnen die Angst ein wenig genommen zu haben.

Der Chairman hatte für den nächsten Tag einen Ausflug organisiert. Zunächst fuhren wir zu einer Krokodilfarm. Alle waren fasziniert. Die meisten hatten noch nie ein echtes Krokodil gesehen.

Die Krokodile lagen dicht auf dicht. In Deutschland wurden Rinder, Schweine oder Hühner so gehalten. In diesem Fall brachten die Krokodile Fleisch und Krokodilleder.

Unser nächstes Ziel war eine offene Mine, in der Schiefer abgebaut wurde und der Chairman hielt einen Vortrag über die verschiedenen Materialien. Nun, jedenfalls glaube ich das, denn ich war in ein Gespräch mit Talent vertieft.

„Weißt du, meine Kommilitonen sind schüchtern. Fast niemand von uns hat je mit einer Weißen gesprochen. Sie fühlen sich unwohl, mit dir Englisch zu sprechen."

„Aber warum? Englisch ist auch nicht meine Muttersprache. Ich habe es auch in der Schule gelernt", sagte ich.

„Ach so. Eure Landessprache in Deutschland ist nicht Englisch?"

„Nein, nein. Wir sprechen Deutsch."

„Ich möchte auch Deutsch lernen", sagte sie sofort. „Bring mir etwas bei, bitte."

Ich überlegte kurz und sagte dann: „‚Guten Tag‘ bedeutet ‚*Good day*‘. Du siehst, Englisch und Deutsch ähneln einander."

„Guten Tag, guten Tag, guten Tag", übte sie und bat mich um noch ein Wort.

Ich lachte. „‚Danke‘ bedeutet ‚*Thank you*‘."

„Guten Tag, danke", wiederholte sie wieder in fast perfekter Aussprache.

Durch die Verbindung zu Talent, öffneten sich auch ihre Kommilitonen. Am Abend trafen sich alle ohne Lehrkräfte zunächst zu einer Poolparty mit Musik und Tanz und danach heimlich, ohne das Wissen vom Chairman, im Schlafsaal der Jungen. Die sechsunddreißig Jungs schliefen, im Gegensatz zu den Mädchen, in einem großen Schlafsaal auf Feldbetten. Dank Talent durfte ich mitkommen.

Die meisten setzten sich in einen Kreis auf den Boden und spielten Flaschendrehen. Es war eine merkwürdige Situation. Ich war neunundzwanzig und spielte mit etwa zwanzig neunzehnjährigen Studenten aus Simbabwe Flaschendrehen. Mein letztes Flaschendrehen hatte mindestens dreizehn Jahre zurückgelegen.

Ich war nicht erpicht darauf, dass die Flasche auf mich zeigen würde und so versteckte ich mich auf einem Feldbett sitzend hinter zwei Jungs. Das Gespräch in der großen Gruppe verlief ohnehin auf Shona, weshalb ich dem Ganzen nur als Beobachterin folgen konnte. Ich unterhielt mich indes mit zwei Jungs auf Englisch, die gemeinsam mit mir auf dem Feldbett saßen.

Doch schließlich zeigte der Flaschenhals durch die zwanzig Zentimeter breite Lücke zwischen den Jungs, die vor mir saßen, auf mich.

„Wahrheit." Ich hatte mir bereits vorher überlegt, Wahrheit zu wählen.

„Wir haben die Regeln vorhin geändert. Es ist nicht mehr ‚Wahrheit oder Pflicht‘, sondern die Person, auf die die Flasche zeigt, muss jemanden küssen."

Ich wandte mich an Talent: „Das geht nicht. Ich bin verlobt. Ich kann niemanden küssen! Und ich wusste doch nichts von der Regel-Änderung", verteidigte ich mich.

Sie erklärte meine Situation den anderen auf Shona und nach kurzer Zeit wurde beschlossen, meine Pflichtübung in eine einminütige Umarmung umzuwandeln.

„Das ist kein Problem. Das mache ich gerne!", stimmte ich erleichtert zu.

Ein schmächtiger Junge, der mir bis zu meinen Schultern reichte, kam auf mich zu. Er war zurückhaltend und so ergriff ich die Initiative und umarmte ihn. Nach einer halben Minute lösten wir die Umarmung.

Ich genoss die Gespräche mit dem Chairman sehr. Er und seine Frau hatten längere Zeit in Großbritannien gelebt und gearbeitet und sie kannten beide

Welten. Er nahm kein Blatt vor den Mund.

Er erzählte mir von seinem Totem, dem Zebra. Totems sind verschiedene Wildtiere Simbabwes, die die Zugehörigkeit der Familie zeigten.

„Ich möchte auch ein Totem haben", sagte ich.

Die Idee amüsierte den Chairman: „Totems werden von deinem Vater an dich weitergegeben. Eine Art Schutzpatron. Das kann man sich nicht aussuchen."

„Ich hätte gerne den Elefanten." Ich begründete meine Wahl mit meiner Begegnung mit dem Elefanten zu Beginn meiner Reise durch Simbabwe.

Er ließ mir den Spaß und argumentierte nicht dagegen.

Aber mir lag noch eine andere Frage auf dem Herzen.

„Wieso müssen eigentlich immer die Mädchen in der Gruppe mit dir in den Supermarkt gehen und für alle einkaufen? Ist das nicht ungerecht, bei sechsunddreißig Jungs und nur elf Mädchen?" Ich hatte das Gefühl, mit dem Chairman wegen seiner weltoffenen Art mir gegenüber offen sprechen zu können.

Er schmunzelte. „Die Jungs können das nicht. Sie würden die falschen Sachen in den falschen Mengen einkaufen und wir würden alle hungrig bleiben. Sie können auch nicht mit Geld umgehen."

„Es ist also ein Art Kompliment an die Mädchen. Aber wenn das so ist, warum besetzen Männer die wichtigen Jobs in Politik und Wirtschaft und sind die Familienoberhäupter?", hakte ich nach.

„In den Familien sagen die Frauen, was gemacht wird. Sie machen es nur sehr geschickt", korrigierte er mich, ohne auf die Strukturen in Wirtschaft und Politik einzugehen.

Gut, letztendlich war es in Deutschland auch nicht viel besser. Auch dort wurden viele wichtige Stellen in der Wirtschaft noch immer zum größten Teil von Männern besetzt.

„Wie können sich die Studierenden diese Fahrt eigentlich leisten?"

„Die Fahrt ist für sie kostenlos. Ich habe das Geld von Bergbauunternehmen eingesammelt. Ich finde, es ist wichtig, den Studenten etwas außerhalb der Universität und ihren Familien zu zeigen. Die meisten haben außer ihren Heimatdörfern und Harare noch nie etwas von Simbabwe gesehen."

Das gab mir zu denken. Wie konnten sie Ideen entwickeln, Erlerntes infrage stellen und neue Perspektiven gewinnen, wenn sie nur das Bekannte sahen und kaum Berührungen zu anderen Orten und Menschen hatten? Wie sollten sie Neugier entwickeln? Wie sollte sich das Land entwickeln, wenn bei der Jugend kaum Impulse für neue Ideen gesetzt wurden?

Ich war mir immer bewusst gewesen, dass es ein Privileg war, in einem offenen Land mit vielen Möglichkeiten aufgewachsen zu sein, doch so deutlich hatte ich es noch nie gespürt. Das meiste von dem, was mich ausmachte, hatte ich nicht auf der Schule oder der Uni gelernt, sondern in den zehn Jahren, die ich in verschiedenen Ländern gearbeitet oder studiert hatte. Ob ein Jahr Freiwilligendienst in Paraguay, ein sechsmonatiges Praktikum in den USA, das Studium in den Niederlanden, der ERASMUS-Austausch in Frankreich oder die vier Jahre, die ich auf Kreuzfahrtschiffen gearbeitet hatte. All das hatte meinen Horizont erweitert. Diese Erfahrungen hatten mich selbstständiger und mutiger gemacht. Sie hatten mir geholfen, mehr Selbstvertrauen zu entwickeln und hatten die Neugierde auf die Welt noch vergrößert. Und nicht zuletzt konnte ich dank all dieser unterschiedlichen Erfahrungen diese Reise machen.

Der Chairman bat mich am Abend, eine Rede vor den Jugendlichen zu halten. Auch er wusste, wie nützlich die Konfrontation mit anderen Kulturen war und wie einmalig die Chance für viele Anwesende war, neue Impulse zu bekommen. Die allermeisten hatten noch nie mit jemandem aus einem anderen Land geredet. Ich sagte zu.

Es war bereits dunkel. Die gesamte Gruppe saß versammelt auf dem Rasen und hörte mir zu. Niemand redete oder bewegte sich auch nur. Meine Ansprache sollte ihnen Mut machen. Natürlich war eine erfolgreiche Zukunft für sie viel schwieriger zu erreichen als für mich, die aus einem reichen Industrieland kam. Und doch wollte ich sie dazu ermutigen, zu träumen und zu hoffen.

„Danke, dass ihr da seid. Danke, dass ich vier Tage mit euch verbringen durfte. Ihr seid großartig und es war mir eine Ehre. Ich war in einer verzweifelten Lage, als ihr mich gefunden und beschlossen hattet, mich aufzunehmen. Ich habe euer Land bereist und was mich am meisten beeindruckt hat, waren die Menschen! Simbabwer sind so hilfsbereit und geduldig!

Ich habe in Simbabwe oft gehört: Gott wird uns helfen. Irgendwann wird er die Regierung wechseln, mit seiner Hilfe bekommen wir eine Arbeitsstelle und so weiter. Ihr sagt: Egal, wie lang die Nacht ist, die Morgendämmerung wird kommen. Das stimmt und ich bewundere die Geduld und die Ruhe der Simbabwer. Ich werde versuchen, etwas mehr wie ihr zu sein.

Aber ich bitte euch, vergesst nicht die Werkzeuge, die ihr bereits von Gott bekommen habt, um einen Teil des Wandels selbst herbeizuführen. Ihr habt Hände, um Dinge zu erschaffen, Beine, um eure Ziele zu erreichen, und leistungsstarke Gehirne, um Ideen und Träume umzusetzen. Auch eure Intelligenz hat mich die letzten Tage beeindruckt.

Ich hatte mit vier Monaten einen schweren Unfall, der einen bleibenden Schaden an meinem Gehirn hinterlassen hat. Heute muss ich Antiepileptika nehmen. Ich könnte zu Hause sitzen bleiben. Dort wäre es sicherer für mich als auf dieser Reise. Aber diese Reise war mein größter Traum. Ich habe vier Jahre auf Kreuzfahrtschiffen gearbeitet, um hierfür Geld zu verdienen, und um ehrlich zu sein, habe ich häufig darüber nachgedacht, zu kündigen. Mein großer Traum, Afrika zu bereisen, hat mich vorangetrieben.

Ich bitte euch zu träumen. Ohne Träume könnt ihr keine Ziele entwickeln, die ihr erreichen wollt, und ohne Ziele könnt ihr nicht wissen, in welche Richtung ihr gehen müsst, um Erfolg zu haben. Ziele treiben uns an. Stillstand bringt uns nicht dahin, wo wir sein möchten. Rückschläge werden immer ein Teil des Weges sein. Je höher euer Ziel, desto schwieriger ist es zu erreichen, desto mehr Steine werdet ihr aus dem Weg räumen müssen. Habt keine Angst vor dem Scheitern. Habt Angst davor, es nicht zu versuchen."

Viele Studierende kamen im Nachgang zu mir, um mir für die Ermutigung und die Inspiration zu danken. Ich wurde in die interne WhatsApp-Gruppe eingeladen, damit wir weiter in Kontakt bleiben konnten.

Dieser Abend war mein letzter mit ihnen. Zwei Tage vor Ende der Studienreise war es für mich an der Zeit, weiterzureisen. Der Chairman versuchte mich zum Bleiben zu überreden, auch Talent wollte auf unsere nächtlichen Gespräche nicht verzichten, aber ich spürte, dass jetzt der richtige Moment war.

Am nächsten Tag erwies mir Chairman Musiwa einen letzten Freundschaftsdienst. Er fuhr mit der ganzen Gruppe zur Kariba-Talsperre. Sie trennt beziehungsweise verbindet Simbabwe und Sambia. Es ist ein beeindruckender Staudamm, der einen großen Teil des Stroms für Simbabwe und Sambia erzeugt.

Für mich war dieser Ort hauptsächlich das Erreichen eines nächsten Etappenziels: Sambia.

Zum Abschied kam fast jeder meiner siebenundvierzig neuen Freunde zu mir, um Abschiedsfotos zu machen. Es machte den Abschied umso schwerer.

„Wohin gehst du als nächstes?", fragte mich ein Student namens Thabiso. Ich hatte mich viel mit ihm über Träume unterhalten. Er wollte in Indien studieren, doch es fehlten ihm die Gelder, um das zu finanzieren.

„*I don't know*. Ich werde einfach gehen", sagte ich. Ich wusste wirklich nicht, wohin mich die Reise als nächstes bringen würde. Ich hatte mich kaum über Sambia informiert.

„*Hmm … you just go …* ", wiederholte er nachdenklich.

Wir machten noch ein Gruppenbild vor dem Grenzschild nach Sambia und dann trennten sich unsere Wege. Ich winkte ihnen nach, als der Bus auf der Serpentinenstraße nach oben fuhr und irgendwann aus meinem Blickfeld verschwand.

Simbabwe war eine wilde Achterbahn aus Hoffnung und Angst, aus Not und Rettung und aus Glück und Sorgen gewesen. Welche Abenteuer mich wohl in Sambia erwarteten?

Am Ende der
Regenzeit waren
die Victoriafälle
sehr kraftvoll
und ich dadurch
klitschnass.

Geröstete Raupen
oder wie es
in Simbabwe
genannt wurde:
„Simbabwisches
Popcorn"

Ein
Halbtagesausflug
mit
Bindi, Vic und
ihren zwei
Söhnen zu den
„Chinhoyi
Höhlen".

Sambia

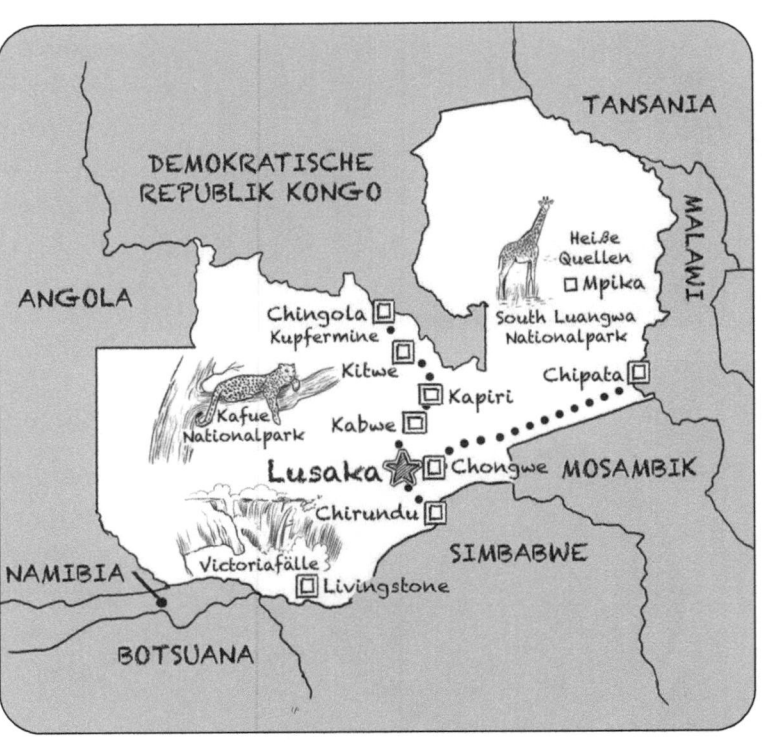

Hauptstadt: Lusaka

Jahr der Unabhängigkeit: 1964 vom Vereinigten Königreich

Bevölkerungsdichte (gerundet): 29 Einwohner pro km²

Religion: 95 % Christen

Sprachen: Englisch (+ 7 weitere)

Währung: Sambischer Kwacha (1 = 0,10 US Dollar, Kurs 2017)

Top Sehenswürdigkeiten: Kafue Nationalpark, Karibasee, Sambesi, South Luangwa Nationalpark, Victoriafälle

Behandle die Tage gut und sie werden dich gut behandeln.

Noch auf dem Damm traf ich auf zwei junge Männer. Sie sprachen mich zuerst an und da ich wieder allein war, nahm ich das Gespräch gerne auf. Einer der Männer hieß Lifunga[6]. Er war Polizist in Chirundu, einer weiteren Grenzstadt zwischen Sambia und Simbabwe. Sein Cousin Beauman besuchte ihn aus der Stadt Kitwe, die im sogenannten „Kupfergürtel" im Norden Sambias lag.

„Fahrt ihr heute zurück nach Chirundu? Könntet ihr mich vielleicht mitnehmen?"

Sie zogen sich kurz zurück, um sich zu besprechen. Der sehr muskulöse Beauman sah mich misstrauisch an. Lifunga schien ihn überreden zu müssen.

„Wir können dich mitnehmen, aber wir fahren erst heute Abend spät zurück nach Chirundu. Wir wollten erst noch die Orte am See erkunden", gab Lifunga bekannt.

Natürlich stimmte ich dem Angebot zu.

Wir fuhren zunächst zu einer Bar, die etwas erhöht gelegen war und einen klaren Ausblick auf den See bot. Alles war sauber und ordentlich. Nach meiner Zeit in Simbabwe war es ein Kulturschock zu erleben, wie organisiert das Nachbarland war. Ich lud die beiden auf Getränke ein und konnte mit meiner Karte bezahlen. Es gab eine große Auswahl und die Getränke wurden mit Strohhalm serviert. All das war in Simbabwe nahezu undenkbar.

Der zweite Ort war noch beeindruckender. Ein langer, mit Laternen beleuchteter Weg führte uns zu einem Restaurant, welches direkt am See lag.

---

6 Lifunga starb 2018 an Malaria. Ich werde ihm ewig dankbar sein. Möge er in Frieden ruhen.

Auf einer Bühne spielte eine Liveband.

Alles wirkte sorgenfrei. Wir saßen mit weiteren Freunden von Beauman und Lifunga am Tisch, lachten und genossen den Abend.

Ich schlief auf dem Weg nach Chirundu im Auto ein und wachte erst auf, als das Auto stehen blieb.

„Komm, steig aus, hier kannst du heute Nacht schlafen", sagte Lifunga.

Ich blickte mich um. „Das ist eine Pension, kann ich nicht vielleicht bei dir zuhause übernachten?" Ich sah die Preise. Ein Zimmer kostete pro Nacht fünfunddreißig US-Dollar. Er hatte meinen Blick bemerkt.

„Ich habe das Zimmer schon für dich bezahlt", sagte Lifunga fröhlich, öffnete die Tür und gab mir den Schlüssel.

Die Gastfreundschaft suchte wieder einmal ihresgleichen. Als ich in das Zimmer eintrat, folgte mir Beauman.

„Gute Nacht ihr beiden", sagte Lifunga und verabschiedete sich.

Das Zimmer mit Beauman zu teilen, überraschte mich und war mir eigentlich nicht recht. Nachdem Lifunga das Zimmer bezahlt hatte, wollte ich nicht unhöflich sein. Trotz Unbehagen widersprach ich also nicht.

„Ich hätte mir seine Polizeimarke zeigen lassen sollen. Es kann ja jeder behaupten, er sei Polizist", dachte ich besorgt.

Das letzte Mal, dass ich mir ein Bett mit einem Afrikaner geteilt hatte, war auch durch einen Trick geschehen und war beinahe böse ausgegangen. Schmerzvoll erinnerte ich mich wieder an das Erlebnis mit Ashah im Camp. Dort war ich von Menschen umgeben gewesen und konnte mich sehr leicht wehren. Hier war ich alleine mit einem Mann, der von seiner Statur Boxer hätte sein können und den ich kaum kannte.

Ich zog mir im Badezimmer meine Jogginghose und ein langes T-Shirt an und legte mich auf meinen Rücken ins Bett. Starr lag ich dort. Ich wollte keine Bewegung riskieren, die Beauman missinterpretieren konnte.

Er drehte sich weg von mir auf seine linke Seite. Das war ein gutes Zeichen.

Ich wartete, bis ich leise Schlafgeräusche von Beauman vernahm, was zum Glück nicht lang dauerte. Dann schlief auch ich beruhigt ein.

Ich wachte auf, als sich Beauman bereits morgens um fünf Uhr aus dem Zimmer schlich. Er musste arbeiten und fuhr daher zurück in seine Heimatstadt Kitwe.

Beauman und Lifunga waren weg und ich war auf mich allein gestellt. Ich hatte etwas über eine Lodge am Sambesi Fluss gehört. Angeblich boten sie dort beeindruckende Flusskreuzfahrten an. Da ich keinen besseren Plan hatte, war diese Lodge mein nächstes Reiseziel. Ich hoffte, dort mit Sambiern in Kontakt zu kommen, um neue Ideen und ein besseres Gefühl für Land und Leute zu bekommen.

Der Versuch scheiterte. Die Lodge war ausgebucht und es gab keine River Cruise. Die Inhaberin der Lodge bot mir an, eine private Tour für mich zu organisieren. Die Tour sollte hundertfünfzig US-Dollar kosten. Das war nicht der richtige Ort für mich. Ich verzichtete auf eine River Cruise und ging zurück.

Ein sambischer Grenzbeamter, der mir den Weg gewiesen hatte, war überrascht, mich so schnell wiederzusehen.

„Die Lodge war ausgebucht und die River Cruise ist viel zu teuer", fasste ich die Enttäuschung zusammen.

„Komm, ich lade dich auf Pommes und Hähnchen ein."

Zunächst glücklich, bereute ich es kurz darauf, als Durchfall einsetzte.

Ich wurde rasant schwächer und wollte in die Hauptstadt Lusaka. Dort gab es sicherlich eine gute medizinische Versorgung.

Wie jedes Mal, wenn ich in ein neues Land kam, musste ich noch die zwei Pflichtübungen bewältigen, bevor ich weiterreiste: eine SIM-Karte mit Guthaben für mein Handy kaufen und Geld wechseln. Ein US-Dollar entsprach zehn sambischen Kwacha.

Ich fragte mich zu der Stelle mit den Minibussen durch.

„*How much to Lusaka?*"

„*Sixty Kwacha.*"

Sechs Dollar erschien mir recht viel für hundertfünfzig Kilometer. Allerdings fehlte mir noch die Erfahrung in Sambia, um Preise gut abzuschätzen.

„Sind fünfzig Kwacha auch in Ordnung?", handelte ich zaghaft.

„Okay, steig ein."

Ich saß mit meinem Rucksack auf dem Schoß am Fenster. In meinen Augen der schönste Platz in einem Minibus. Der Fahrtwind kühlte meine schwitzige Haut.

Der Minibus bewegte sich sehr langsam. Wir holperten teilweise im Schritttempo über einen sandigen und unebenen Weg. Immer wieder hielten wir an unscheinbaren Orten an. Keine Häuser und keine Wege, doch Menschen stiegen aus und ein.

Gegen vier Uhr dreißig morgens erreichten wir endlich die Hauptstadt Lusaka. Der Minibus steuerte zielstrebig den Marktplatz, der zugleich der Busbahnhof war, an.

Es war noch dunkel, doch auf dem Marktplatz blühte das Leben und mit meiner hellen Haut stach ich wieder einmal hervor.

„Mzungu, Mzungu, Mzungu", schallte es aus allen Richtungen.

Wurde ich in Simbabwe noch Murungu genannt, war ich jetzt ein Mzungu. Die Worte ähnelten sich genug, um die Bedeutung zu verstehen.

Während der Busfahrt hatte ich wegen meines gesundheitlichen Zustandes eine Unterkunft über Airbnb gebucht. Ich hatte in diesem Moment keine Kraft mehr für Abenteuer. Der Junge, der auf der Fahrt für das Geldeintreiben verantwortlich gewesen war, stand plötzlich vor mir und sah mir meinen miserablen Zustand an.

„Wohin willst du in Lusaka?"

Ich nannte ihm die Adresse und er trug, ohne dass ich darum gebeten hätte, den Rucksack zu dem Minibus, der mich dorthin bringen würde.

„Sieben Kwacha."

„Die Kassierer sind wirklich keine Freunde großer Worte", dachte ich und gab ihm zehn Kwacha.

„Sieben Kwacha plus fünf Kwacha für deinen Rucksack", sagte er emotionslos und hielt seine Hand weiter auf.

„Mein Rucksack sitzt auf mir. Es nimmt keinen Platz weg. Ich zahle nicht für meinen Rucksack", sagte ich selbstbewusst.

„Ist schon gut."

Er gab mir zwei anstatt der drei Kwacha zurück und mir dämmerte, dass ich den Menschen in Sambia nicht blind vertrauen konnte. In Botsuana und Simbabwe hatte ich nie solche Situationen erlebt. Wegen eines Kwachas ging ich nicht auf die Barrikaden. Die Energie, die mich das gekostet hätte und die ich zu diesem Zeitpunkt nicht aufbringen konnte, war keine zehn Cent wert.

Meine Unterkunft lag hinter einer Mauer mit einem großen Eingangstor. Sie erweckte den Anschein einer Jugendherberge. Die Gäste trafen sich an einer Bar und einem Billardtisch. Doch weder das eine noch das andere interessierte mich. Ich war froh, alleine in meinem Vierbettzimmer zu sein. Ich lag dort in meinem Hochbett und vegetierte vor mich hin.

Durchfall und unvorstellbare Kopfschmerzen plagten mich und raubten mir die Nächte. Ich durchwühlte verzweifelt meine kleine Kosmetiktasche auf der Suche nach einer Schmerztablette. Eine war mir geblieben. Ich wusste mir nicht zu helfen. Die Kopfschmerzen raubten mir buchstäblich den Verstand. Ich brauchte mehr als nur medizinische Versorgung. Ich sehnte mich nach jemandem, der sich um mich kümmern würde. Ich brauchte den Schutz einer Herde beziehungsweise einer Familie. Ich musste Lusaka wieder verlassen. In Großstädten ist es viel schwieriger, Anschluss zu finden als in Kleinstädten oder auf Dörfern.

Die Schmerztablette zeigte nach einer halben Stunde Wirkung und ich wollte die Zeit mit weniger Schmerzen nutzen.

Ich packte meine Sachen und ging zum Marktplatz, um dort einen Minibus zu finden, der mich außerhalb der Stadt bringen würde. Mir war egal wohin, Hauptsache raus.

Als ich dort ankam, setzten die Schmerzen wieder ein. Mit so einer Wucht, dass ich mich nicht auf den Beinen halten konnte. Ich setzte mich in den Sand, unfähig einen klaren Gedanken zu fassen, geschweige denn klug zu handeln.

Ich zwang mich dazu, weiterzugehen. Auf der Suche nach einem Platz, wo ich mich ausruhen könnte, kam ich an einem arabischen Restaurant vorbei.

Ich bestellte mir eine Portion Pommes als Alibi, um dort sitzen zu dürfen und mich auszuruhen, auch wenn mein Magen in diesem Moment unfähig zur Nahrungsaufnahme war. Das Glas Wasser tat mir sehr gut. Ich merkte schnell eine leichte Verbesserung.

Der Kellner kam an meinen Tisch: „Mein Chef möchte deine Nummer haben."

„Dann müsste er kommen und mich danach fragen", wies ich den Kellner harsch zurück. Es war nicht nett gewesen, aber ich war nicht in der körperlichen oder geistigen Verfassung, charmant zu sein. Ich trank mein Wasser aus und verließ das Restaurant, ohne die Pommes angerührt zu haben. Dann schleppte ich mich wieder zu den Bussen.

„Ich möchte aus der Stadt raus bitte", erklärte ich mein Anliegen.

„Wohin genau?"

„Ich weiß es nicht. Ich kenne mich nicht aus. Einfach raus aus Lusaka."

Diese Frage zog eine immer größer werdende Diskussion zwischen zig Fahrern nach sich. Ich verstand kein Wort.

Ich holte mein Handy raus und zeigte auf irgendeinen Ort nördlich von Lusaka.

„Den kennen wir nicht", sagten sie einander zustimmend und wandten sich von mir ab.

„Zehn Minuten oder zehn Kilometer einfach geradeaus aus der Stadt raus. Es ist egal, wohin", versuchte ich ein letztes Mal mein Glück.

„Das geht nicht." Ende der Diskussion.

Ich war einsam, verloren und verzweifelt. „Mein Kopf …", jammerte ich leise. Ich konnte nicht mehr. Ich wollte nicht mehr.

Ich riss mich zusammen, weil ich musste, nahm meine Sachen und ging die Straße entlang, von der ich vermutete, sie würde aus der Stadt führen.

Ich kam nicht weit. An einer Baustelle hielt ein Engländer an, der nach Sambia gekommen war, um hier ein Stück Land zu kaufen. Er nahm mich in seinem Auto bis zur nächsten Tankstelle mit. Tankstellen boten fantastische Ausgangspunkte für Mitfahrgelegenheiten. Menschen hielten dort ohnehin an und waren gezwungen, auszusteigen. So war es ein Leichtes, sie direkt anzusprechen. Es war eine Sache an jemandem, der anonym am Straßenrand durch ein Handzeichen um Hilfe bat, vorbeizufahren. Eine ganz andere Sache war es, jemanden, der persönlich im direkten Gespräch danach fragte, abzuweisen.

Das Glück schien sich mal wieder zu mir zu wenden. Ich war kaum an der Tankstelle angekommen, als mich bereits zwei sambische Soldaten mitnahmen. Auch sie wollten natürlich wissen, wohin ich wollte, und konnten meine Erklärung tatsächlich nachvollziehen. Sie fuhren Richtung Norden nach Kabwe und so fuhr auch ich nach Kabwe.

Wieder war es bei der Ankunft bereits dunkel und wieder riefen Männer: „Mzungu, Mzungu, Mzungu …", als ich das Auto der Soldaten in Kabwe verließ. Das Schauspiel ähnelte meiner Ankunft in Lusaka.

„Mzungu, Taxi?"

„Nein, ich brauche einen Schlafplatz. Es geht mir nicht gut. Ich würde gerne bei einer sambischen Familie übernachten", forderte ich nun offensiv Hilfe ein.

Etwas später kam einer der Taxifahrer zu mir. „Ich habe meine Mutter angerufen. Es ist für sie in Ordnung, wenn du dort übernachtest. Ich bringe dich jetzt zu ihr und meinen Geschwistern."

„Wie heißt du?"

„Mein Name ist Honest."

‚Honest', das bedeutete ‚ehrlich', was für ein wunderschöner vertrauenerweckender Name. Eine Mutter, die ihr Kind ‚ehrlich' nannte, musste eine Frau mit einem tollen Wertesystem sein.

„*Thank you, Honest!* Du bist mein Retter!"

Das Haus lag außerhalb der Stadt. Ein Wohnzimmer und ein Schlafzimmer – das war das Haus von Honests Eltern, die dort mit zwei Schwestern und zwei Brüdern von Honest wohnten. Ich schlief im Wohnzimmer auf einer Matratze und Honests Mutter nahm sich sofort meiner an, als sie mich sah. Sie sprach kaum Englisch, wusste aber beim ersten Blick, dass ich ernsthaft krank war. Als sie meine Wasserflasche sah, kippte sie das Wasser sofort weg.

„Das Wasser ist nicht gut. Es vergiftet dich", übersetzte Honest die Worte seiner Mutter. „Morgen fahren wir in die Stadt und kaufen dir frisches Wasser."

Nach zwei Tagen hatte mich Honests Mama so weit aufgepäppelt, dass ich wieder lachen konnte.

Gastfreundschaft sollte man nicht mit Geld aufwiegen. Das hatte ich inzwischen gelernt. Doch es gab andere Wege, sich erkenntlich zu zeigen.

Ich war wieder fit und spielte den ganzen Tag mit den Kindern. Ich war die „Mzungu Mama". Immer wieder spielte ich Flugzeug mit dem kleinen fünfjährigen David, indem ich mich auf den Rücken legte, meine Füße hob und ihn mit seinem Bauch auf meine Fußsohlen legte, sodass ich ihn hoch und runter, links und rechts fliegen lassen konnte.

Am Abend nahm mich Honest besorgt zur Seite. „Ich muss morgen mit meiner Mutter zum Krankenhaus. Sie hat seit Monaten schlimme Kopfschmerzen und wir machen uns große Sorgen."

Das Schicksal, Gott, eine höhere Fügung, das Universum, der Zufall oder wer auch immer hatte mich zu dieser Familie geführt. Als ich mich in einer medizinischen Notlage befand und unter starken Kopfschmerzen durch eine Vergiftung litt, hatten sie mir geholfen. Es war mir ein Herzensanliegen, sie dorthin zu begleiten; selbst wenn ich nichts an der Situation ändern konnte, wollte ich sie wenigstens mental unterstützen.

„Darf ich bitte mitkommen?", fragte ich.

„Du möchtest mitkommen? Da wird sich meine Mutter sehr freuen. Sie hat schreckliche Angst vor der Diagnose."

Waren junge Frauen in Botsuana und Simbabwe grundsätzlich eher westlich gekleidet und große Fans von Shorts und kurzen Röcken, war es in Sambia obszön, als Frau die nackten Beine zu zeigen. Ich band mir also meinen Chitenge – so wird der typisch afrikanische Wickelrock in Sambia genannt – um, womit ich meinen Respekt für die Kultur zeigte. Zudem wollte ich die Familie nicht beschämen. Am Krankenhaus angekommen, warteten wir zunächst in einer Schlange vor dem Gebäude, bevor wir hineingelassen wurden.

Honest ging mit seiner Mutter in das Behandlungszimmer, während ich auf einem Stuhl im Gang wartete. Ich war schrecklich angespannt. Wie konnte ich mir so große Sorgen um einen Menschen machen, den ich kaum kannte?

Nach einer gefühlten Ewigkeit kamen sie aus dem Zimmer raus. Beide strahlten mich an.

„Meine Mutter braucht nur eine Brille!"

Ich umarmte die Mutter. „Wie wunderbar! Ich freue mich!", und an Honest gerichtet: „Wo können wir eine Brille kaufen?"

„Ich habe gute Freunde hier im Krankenhaus. Ich werde sie bitten, uns Zugang zu den gespendeten Brillen zu geben."

Ein Mann begleitete uns zu einem Raum in einem Gebäudekomplex, welcher sich etwas abseits vom Krankenhaus befand. Als er den Raum aufschloss, traf mich der Schlag. Auf etwa zwölf Quadratmetern stapelten sich Pappkartons bis unter die Decke. Es stand ein Tisch im Raum, der kaum zu sehen war. Auf ihm stapelten sich ebenfalls unzählige Kartons.

„Jetzt müssen wir nur die richtige Brille finden", gab Honest motiviert bekannt und zeigte mir den Zettel mit den angegebenen Dioptrien auf dem linken und dem rechten Auge.

Dann holte er einen Karton für sich und einen Karton für mich von einem der abenteuerlich gestapelten Türme und öffnete beide. In ihnen lagen jeweils ungefähr fünfzig Brillen. An jeder Brille war ein Stück Papier befestigt, auf dem die Dioptrien für beide Augen angegeben waren. Alles unterschiedliche

Modelle, von Kindermodellen über dicke Hornbrillen aus den Fünfzigerjahren bis hin zu Modellen, die einem Zuhälter stehen würden. Es gab auch einige schicke, moderne Brillengestelle. Es herrschte ein reines Durcheinander, ohne jegliche Ordnung. Die Brillen waren weder nach Modellen noch nach Dioptrien-Angaben sortiert. Ich konnte nur schätzen, doch ich vermutete, dass sich in diesem Raum etwa fünfzehntausend Brillen befanden.

Ich hatte als Kind eine Brille getragen. Eine neue Brille zu kaufen, wenn mir mein Modell zu klein geworden war oder ich es beim Spielen verloren oder kaputt gemacht hatte, war zumeist eine Odyssee gewesen. Und das, obwohl wir dafür bei einem Optiker waren, wo alle Modelle nach Farben und Formen sortiert gewesen waren und die Brillengläser angefertigt wurden.

Ich erklärte die Mission „Finde unter fünfzehntausend Gestellen eine Brille, die nicht furchtbar aussieht und bei der die Dioptrien passen" innerlich zur *mission impossible*. Wir machten uns dennoch an die Arbeit.

Wir brachten Stunden in diesem Raum zu, bis wir schlussendlich eine Brille fanden, die zwar nicht zu hundert Prozent den angegebenen Dioptrien entsprach, doch Honests Mutter sah damit ausreichend, und das Gestell sah ebenfalls akzeptabel aus.

Ein perfektes Modell hätte man auf diese Weise wohl kaum finden können.

„Ich wusste, dass wir es schaffen! Niemand sucht hier nach dem perfekten Modell, aber es geht", sagte Honest stolz.

„Wenn ich arbeitslos wäre, dann würde ich dem Krankenhaus anbieten, diese Brillen nach Dioptrien zu sortieren, ohne Gehalt, aber mit der Bedingung, dass ich den Profit behalten dürfte. Bei drei Dollar pro verkaufte Brille liegen hier etwa fünfzigtausend Dollar."

„Du solltest hierbleiben und das machen", schlug Honest vor.

Ich schmunzelte. „Ich? Wieso ich? Ich dachte an einen Sambier, der das machen könnte."

Die Mutter hatte sich eigentlich in ein anderes Brillengestell verliebt, bei dem die angegebene Dioptrien leider nicht zu ihren Augen passte.

„Komm Mama, wir nehmen das Gestell und lassen die Brillengläser machen", schlug Honest vor.

„Das geht? Wer macht das denn?"

„Gleich nebenan gibt es einen Optiker."

Die Brillengläser schleifen und einsetzen zu lassen kostete siebzehn Dollar. Es stimmte, man konnte Gastfreundschaft nicht mit Geld aufwiegen, doch manchmal ergab sich auf natürliche Weise eine Möglichkeit, ein Geschenk als Dankeschön zu machen. Die Frage war nicht: „Wie viel ist mir die Gastfreundschaft wert?", sondern: „Was benötigt mein Gegenüber?" Gern zahlte ich die Rechnung des Optikers.

Dieses Ereignis brachte mich über Spenden ins Grübeln. Die kostenlosen Brillen waren sicherlich von irgendjemandem gespendet worden. Doch anstatt zu helfen, hatten sie das Potenzial, den Optiker nebenan finanziell zu ruinieren. Vermutlich waren sie deshalb nicht offen für jedermann zugänglich. Wie viel sinnvoller wäre eine Geschäftsbeziehung zwischen einem sambischen und einem zum Beispiel deutschen Optiker. Der sambische Optiker könnte aus ausrangierten Brillen auswählen und diese würden dann für einen kleinen Preis verkauft und nach Sambia geschickt. Nun lagen all die Spenden als Schrott in einem Lager, das niemand kannte und besser auch verschlossen blieb.

Mein KAZA-Visum würde in weniger als zwei Wochen ablaufen, daher war ich gezwungen weiterzuziehen. Der kleine David konnte das mit seinen fünf Jahren nicht verstehen. Dicke Krokodilstränen kullerten über seine Wangen. Ich saß mit meinem Gepäck auf einer Mauer an der Hauptstraße. David rannte panisch durch die Gegend und pflückte alle Blumen, die er finden konnte; dann brachte er sie zu mir. Mein Chitenge war mittlerweile von einem Blütenmeer bedeckt. Es zerbrach mir das Herz, ihn so zu sehen. War es unverantwortlich von mir, eine Bindung zu den Kindern aufzubauen, in dem Wissen, ich würde sie kurze Zeit später wieder verlassen? Ich hoffte, er würde die Tage in guter Erinnerung behalten.

Honest unterbrach dieses emotionale Schauspiel: „Wie reist du eigentlich von hier weiter?"

„Ich fahre per Anhalter."

Er war schockiert. „Per Anhalter? Wie bitte? Du hast aber viel Vertrauen in unseren Herrn."

Honests Vater war Pastor und die gesamte Familie war sehr gläubig.

„Ja, ich lasse mich leiten und werde dann irgendwie zu den richtigen Personen geführt."

„Ich werde für dich beten. Viel Glück auf deiner Reise!"

Ich wollte David nicht leiden sehen. Gemeinsam mit mir zu warten, quälte ihn. Ich machte mich daher zu Fuß auf den Weg.

Ich hatte endlich wieder ein Ziel; ich wollte noch weiter in Richtung Norden reisen, in das zweihundert Kilometer entfernte Kitwe. Durch Lifunga und Beauman hatte ich von der Stadt und dem Kupfergürtel erfahren, in dem sie sich befand. Die Studenten der *University of Zimbabwe* hatten mein Interesse für den Bergbau geweckt und ich wollte mehr darüber lernen. Mein klares Ziel war es, eine Kupfermine zu besichtigen.

Ich informierte Beauman, der in Kitwe wohnte, über meinen Plan. Er willigte ein, mich in der Stadt abzuholen, sobald ich dort ankäme.

Das alte Spiel begann. Ich ging einen Schritt nach dem anderen, immer geradeaus. Wenn sich ein Auto näherte, drehte ich mich um, sodass mein flehendes Gesicht zu erkennen war; lief weiter rückwärts und streckte den Daumen raus. Alle fuhren an mir vorbei.

So ging es einige Stunden, bis endlich jemand anhielt. Ironischerweise hielten dann zwei Fahrer gleichzeitig an. Da ich müde war, entschied ich mich für die Option mit dem geringsten Aufwand und wählte das Auto, das dichter war. Ich winkte dem anderen Fahrer zu, um mich zu bedanken, und stieg in das Auto von Herrn Henry Kapata.

Ich kannte seinen Namen schnell, obwohl er sich nicht damit vorgestellt hatte. Bei der ersten Polizeikontrolle blitzte Ehrfurcht in den Augen der Polizisten.

„Herr Kapata. Wie schön, Sie zu sehen. Gute Fahrt!"

Die Reaktion der Polizisten hatte mich überrascht. „Kennen dich alle Polizisten mit vollem Namen?"

„Fast jeder in Sambia kennt mich. Ich bin der Pressesprecher des größten Energieversorgers Sambias. Ich bin viel in den Medien", erklärte mir Herr Kapata bescheiden. Einen gewissen Stolz in seinem Lächeln konnte er jedoch nicht verbergen.

Ich fuhr offensichtlich mit einer Berühmtheit. Ob an der Tankstelle, beim Durchqueren eines Dorfes mit offenem Fenster oder Polizeikontrollen, jeder rief seinen Namen.

Wir hatten eine rege Unterhaltung und tauschten uns über unser Leben aus. Als ich ihm von meiner Arbeit als Übersetzerin auf Kreuzfahrtschiffen erzählte, bot er mir sofort einen Job an. Er könnte jemanden mit Deutsch- und Französischkenntnissen gut im Team gebrauchen. Er könnte mir zweitausend US-Dollar im Monat zahlen.

„Aber ich spreche weder Bemba noch Tonga." Wie in allen afrikanischen Ländern gibt es auch in Sambia eine Vielzahl von Sprachen und Dialekten. Die meisten Sambier beherrschen neben Englisch gleich mehrere dieser Sprachen, von denen Bemba und Tonga am häufigsten verwendet werden.

Wie sollte ich in der Kommunikationsabteilung eines sambischen Großkonzernes arbeiten, ohne wenigstens eine der beiden Hauptsprachen zu sprechen?

„Das ist kein Problem und du würdest es bestimmt schnell lernen."

Mit einem Monatsgehalt von zweitausend US-Dollar ließ es sich in Sambia sicherlich königlich leben. Ich lehnte dankend ab. Eine so lukrative Stelle sollte zweifelsohne von Einheimischen besetzt werden. Jedoch hoffte ich, den Kontakt mit einem einflussreichen Mann wie Herrn Kapata zu behalten. Vielleicht könnte einer der Studenten irgendwann ein Praktikum bei ihm machen.

Herr Kapata verschob für mich seine Termine. Er buchte uns jeweils ein Zimmer in einer Lodge in Ndola, um mich am nächsten Tag persönlich direkt nach Kitwe zu fahren. Sambia hatte sich innerhalb weniger Tage vom Albtraum zum Märchen gewandelt.

Ich freute mich sehr Beauman wiederzusehen, als er mich in einem Pickup voll beladen mit großen Wasserbehältern abholte.

„Ich muss dieses Wasser noch zu meinen Kunden fahren, danach kann ich dich in eine Lodge fahren."

Wieder eine Lodge? Wie sollte ich etwas über Land und Leute lernen, wenn ich immer in Lodges abgeschoben wurde? Beauman bestand aber darauf und er bestand auch darauf, die Lodge für mich zu bezahlen.

„Kann ich nicht bei dir übernachten? Damals in der Lodge in Chirundu hatte ich Angst vor dir und mir war unwohl dabei ein Bett mit dir zu teilen. Aber jetzt habe ich keine Angst mehr und ich möchte nicht alleine sein."

„Du hattest Angst vor mir? Ich hatte Todesangst!", gestand er mir.

„Warum das denn? Du hast Armmuskeln wie ein olympischer Ringkämpfer und bist mindestens zehnmal so stark wie ich", konterte ich.

Beauman lachte und freute sich über das Kompliment, doch er blieb bei seiner Aussage: „Bei mir kannst du leider nicht schlafen. Ich wohne nicht alleine."

Das verstand ich. „Kennst du vielleicht jemanden? Vielleicht eine Familie? Ich möchte gern mehr über das Familienleben in Sambia erfahren."

Er verneinte und schlug vor, dieses Problem auf später zu vertagen und sich zunächst mit zwei seiner Bodybuilding-Freunde zu treffen. Ich durfte ihn begleiten.

Beauman brachte das Thema über die Unterkunft zur Sprache und ich erklärte, warum es mir so wichtig war, bei Familien zu schlafen.

Sein Freund Michael verstand meine Bitte und rief seine Schwester an. Es war ein sehr kurzes Telefonat. Sie stimmte sofort euphorisch zu, ohne mich zu kennen.

Sie wohnte mit ihrer Familie etwas außerhalb von Kitwe. Die Familie bestand aus ihr und ihrem Mann, sowie den vier Kindern Mercy, zwei Jahre, David, zwölf Jahre, Juliette, sechzehn Jahre und dem einundzwanzigjährigen Noah. Sie wohnten in einem wunderschönen Haus. Es gab ein großes Wohnzimmer und die drei älteren Kinder hatten eigene Zimmer. Ich fragte mich, was die Eltern wohl beruflich taten.

Das Schönste an der Unterbringung bei Familien waren die gemeinsamen Essen. Nichts fördert das Gemeinschaftsgefühl so sehr, wie zusammen zu essen. Das Abendessen in dieser Familie war besonders, weil es mit einem Gebet begann, das die Mutter sprach: „Wir danken dir, Gott, dass du unser Haus mit einer Besucherin gesegnet hast."

Ich war gerührt. Das Gebet zog sich mehrere Minuten hin und das Hauptthema war ich und wie dankbar die Familie war, mich als Besuch empfangen zu dürfen.

Besuch als Segen und nicht als Last zu sehen, war für mich ein neues Verständnis. Natürlich freut man sich auch in Deutschland über Besuch, jedoch nicht über jeden. Besuch gilt nicht automatisch als Segen für das Haus. In meiner sozialen Umgebung muss Besuch angemeldet sein und obwohl man sich auch in Deutschland freut, alte Bekannte wiederzusehen, freut man sich wohl fast genauso sehr, wenn sie wieder gehen. Die meisten deutschen Sprichwörter rund um das Thema ‚Gastfreundschaft' beziehen sich auf die Last, die Gäste für den Gastgeber bedeuteten. „Ein Gast ist wie ein Fisch, er bleibt nicht lange frisch" oder „Den ersten Tag ein Gast, den zweiten eine Last, den dritten stinkt er fast."

In Zukunft wollte ich Gäste wie diese Familie betrachten: als Segen.

Es fiel mir schwer zu glauben, womit die Familie einen Großteil ihres Einkommens generierte: Sie backten Samusas. Kleine, mit ein wenig Hackfleisch und Kartoffeln gefüllte Teigtaschen. Diese verkauften sie gemeinsam mit kleinen Snacks und Getränken.

Noch vor Schulbeginn half Juliette ihrer Mutter bei der Zubereitung der Samusas. Sie bereitete den Teig vor und formte kleine Teigkugeln. Ihre Mutter machte dann hauchdünne, kreisförmige Fladen daraus. Sie kochte draußen, denn im nächsten Schritt wurden die Fladen auf einer Eisenplatte getrocknet. Diese wurde von einem Feuer beheizt. Zum Abschluss befüllte die Mutter die Samusas. Der Inhalt war genau berechnet. Jedes Samusa bekam dieselbe Anzahl Kartoffeln und Hackfleisch. Sie zeigte mir, wie sie befüllt wurden und wie ich den runden Teig zu einem Dreieck falten musste. Ich übergab ihr dann die fertigen Dreiecke und sie frittierte sie in einer Pfanne.

„Früher hatten wir nicht viel. Ich habe angefangen Samusas zu machen und fast den gesamten Gewinn gespart. Ich verdiene am Tag zehn bis fünfzehn Dollar und so konnten wir uns irgendwann dieses Haus leisten", erzählte sie mir stolz. Ihre Samusas waren in der Gegend berühmt. Sie verschwendete keine Zeit und Energie damit, auf einen Markt zu gehen. Ihre Kunden kamen zu ihrem Haus. Sie riefen, wenn sie vor dem Haus standen, um ihre Samusas zu kaufen.

Ich war beeindruckt. Sie war der Beweis dafür, dass man es mit einer Idee und Disziplin fast überall schaffen konnte.

Im Leben macht man Fehler. Auf einer Reise durch fremde Kulturen macht man viele Fehler durch Unwissenheit oder Unaufmerksamkeit, aber manchmal sind es Fehler gegen besseres Wissen. Ich hatte die Regel, kein Geld zu verschenken, nicht grundlos aufgestellt. Geld zerstört das Konzept von Gastfreundschaft. Anstatt Geld zu geben, versuchte ich meine Dankbarkeit immer anders auszudrücken. Durch einen gefüllten Kühlschrank, Hilfe im Haushalt oder bei den Hausaufgaben der Kinder, ein Brillengestell für die Mutter oder was die Familie eben benötigte.

Ich spielte gerade mit dem zwölfjährigen David, als ich eine Münze in meiner Tasche fand und sie ihm ohne weiter nachzudenken gab.

Etwas später kam er wieder zu mir. „Ich brauche Geld, um zur Kirche zu fahren."

Ich wusste, dass es gelogen war. Die Familie fuhr immer gemeinsam zur Kirche und die Mutter würde es nie an Geld mangeln lassen, wenn es der Ausübung ihrer Religion diente.

„Lüg mich nicht an. Deine Mutter wollte dir vorhin kein Geld für Süßigkeiten geben und nun versuchst du es bei mir. Das gehört sich nicht."

Ich musste mir selbst an die Nase fassen. Ich hatte den Anschein erweckt, als würde das Geld bei mir sehr locker sitzen.

Ihm war die Situation sichtlich peinlich. Er konnte mir nicht mehr unter die Augen treten und entschied sich dazu, lieber bei seinem Onkel zu übernachten.

Kurze Zeit später fragte mich der älteste Sohn nach zehn Dollar. Er bräuchte neues Handyguthaben. Notfalls gingen auch fünf Dollar. Er versuchte es wieder und wieder.

Seine Schwester Juliette hatte die Situation beobachtet und warnte mich: „Pass bloß auf dein Geld auf. Wenn du es ihm nicht gibst, wird er es stehlen. Er stiehlt häufiger von mir oder Mama. Das ist ein kleines Problem bei uns."

Mein Rucksack verfügte über reichlich versteckte Taschen. So war zum Beispiel der Boden ein kaum sichtbarer Stauraum, in den ich meinen Schlafsack und mein Zelt gestopft hatte. Dankend folgte ich ihrem Rat und presste mein Portemonnaie dazwischen.

Juliette wollte Journalistin werden. „Kannst du bitte mit Mama sprechen? Sie verbietet mir, Journalistin zu werden. Ich soll Lehrerin werden, aber das will ich nicht."

Ich hatte mir eigentlich vorgenommen als Beobachterin durch die Länder zu reisen und mich nicht in die Kulturen einzumischen. Die männliche Besserstellung war leider Teil der Kultur.

Juliette versuchte weiter, mich zu überzeugen, bis sie mich schließlich so weit hatte.

„Na gut. Ich verspreche, mit deiner Mutter zu reden." Wie sollte ich das nur machen?

Etwas später traf ich ihre Mutter im Wohnzimmer und ergriff die Chance.

„Juliette hat mir von ihrem Berufswunsch erzählt."

„Sie will Journalistin werden, ich weiß, aber der Beruf ist in Sambia zu gefährlich."

Das Verbot rührte also aus mütterlicher Sorge.

„Warum ist er gefährlich?", hakte ich nach.

„Journalisten werden verfolgt. Sie können nicht frei sprechen. Juliette ist zu offen und zu ehrlich."

„Vielleicht gefällt es ihr ja gar nicht. Vielleicht hilft es dir, wenn sie ein Praktikum macht und den Berufswunsch von allein aufgibt. Ich kenne Herrn Kapata und ich weiß, dass er morgen für ein Radio-Interview in Kitwe ist. Darf ich ihn anrufen?"

Ich wusste, dass ich hier meine Grenzen überschritt. Wer war ich, mich in die Erziehung einer sambischen Mama einzumischen? Es fiel mir schwer zu akzeptieren, dass ein junges, fleißiges Mädchen ihren Kindheitstraum einfach so aufgeben sollte. Schließlich war diese Reise die Verwirklichung meines eigenen Kindheitstraumes.

„Na gut, ein Praktikum", stimmte die Mutter wenig überzeugt zu.

Ich rief umgehend Herrn Kapata an, der das Praktikum arrangierte.

Leider war Juliette nie beim Radiosender aufgetaucht, wie ich später von Herrn Kapata erfuhr. Vermutlich hatte die mütterliche Angst letztendlich die Entscheidung für Juliette getroffen.

Es tat mir leid. Es tat mir für alle Frauen leid, die ihre Träume aus gesellschaftlichen Gegebenheiten aufgeben mussten. Frauen übernehmen von jungem Alter an viel Verantwortung in Afrika. Sie helfen ihren Müttern im Haushalt, bei der Kinderbetreuung, beim Einkaufen und in diesem Fall noch vor Schulbeginn beim Backen der Samusas. Jungs haben in der Kindheit weniger Verantwortung, bekommen aber später die verantwortungsvollen Positionen in Wirtschaft und Politik, ohne je gelernt zu haben, Verantwortung für sich oder andere zu übernehmen.

Ich konnte den Kupfergürtel nicht verlassen, ohne eine Kupfermine besichtigt zu haben. Wenn ich mir etwas in den Kopf setze, dann gebe ich nicht auf, bis ich mein Ziel erreiche oder ausweglos daran verzweifele.

Beauman hatte versucht, eine Besichtigung für mich zu arrangieren. Sein Bruder arbeitete in einer Kupfermine in Chingola. Nach eineinhalbstündiger Fahrt nach Chingola wurde mir vor Ort gesagt, man könne mir nur die Büros zeigen.

Was für eine Enttäuschung. Unverrichteter Dinge fuhr ich zurück nach Kitwe, wo ich im Dunkeln auf dem Markt ankam.

„*I love you Baby*", „*Ey Mzungu*", „*Come here Baby*". Aus allen Himmelsrichtungen brüllten mir Männer billige Anmachen entgegen. Marktplätze und Dunkelheit sind nirgendwo auf der Welt eine gute Kombination.

Ich suchte Schutz in einem kleinen Laden, wo ich Catherine kennenlernte. Sie verstand meine Angst. Ich sollte kurz auf sie warten und dann wollte sie mich zu sich nach Hause mitnehmen.

„Danke schön! Ich rufe nur kurz meinen Freund Beauman an, damit er sich keine Sorgen macht."

Beauman war von der Idee, zu Catherine zu gehen, nicht so überzeugt wie ich.

„Beauman, ich kenne niemanden von den Menschen, bei denen ich auf meiner Reise übernachte. Ich muss mich auf meine Intuition verlassen und Catherine ist toll. Ich bin mir sicher."

Durch ihre Arbeit auf dem zentralen Marktplatz von Kitwe hatte Catherine viele Kontakte. Sie hatte im Handumdrehen die richtige Person, die mir eine Kupfermine zeigen könnte.

„Morgen wirst du hier um zehn Uhr abgeholt", verkündete sie mir nach nur einem Anruf. „Du kannst dir die Kupfermine Mindola ansehen."

Um sieben Uhr früh klingelte das Telefon.

„Du musst sofort los", gab Catherine die Information an mich weiter und fügte lächelnd hinzu: „T.I.A."

„T.I.A.?"

„*This is Africa.*"

Ja. „This is Africa": unerwartet und wunderbar!

Noch nie hatte ein Tourist die Mindola Mine besichtigt. Der Sicherheitsbeauftragte war dementsprechend skeptisch. Er war beunruhigt darüber, ich könnte eine Journalistin sein und auch mein Geschlecht bereitete ihm sichtlich Sorgen.

„Wir haben hier neunhundert Angestellte, darunter sind nur zehn Frauen. Frauen müssen eine Sondergenehmigung beim zuständigen Ministerium beantragen, um unter Tage gehen zu dürfen."

„Ich bin fit genug. Ich kann das. Ich bin ganz allein durch Südafrika, Botsuana und Simbabwe gereist. Ich bin eine starke Frau."

Das überzeugte ihn.

Ich wurde mit Gummistiefeln, einem grauen Overall mit Reflektoren, einer Atemschutzmaske und einem Helm mit einer Stirnlampe ausgestattet.

Es wurde ernst. Die Gummistiefel waren bereits nach wenigen Metern sehr ungemütlich und meine Füße schmerzten. Ich traute mich nicht, etwas zu sagen. Bei Anzeichen von Schwäche oder Zweifeln würde er es sich womöglich anders überlegen.

Eine Sicherheitsunterweisung gab es nicht, dafür aber an zwei Kontrollpunkten Alkoholtests.

Die Mine bestand aus einem Untertagebau und einem stillgelegten Tagebau, an dem wir vorbeigingen, ohne ihn weiter zu beachten.

„Der Fahrstuhl ist kaputt, wir müssen zu Fuß unter Tage gehen."

Der Weg, der vor uns lag, sollte uns dreihundertfünfundsiebzig Meter unter den Erdboden führen. Ich betrat die Mine, belastet mit Vorurteilen. Jede Reportage, die ich je über Bergbau in Afrika gesehen hatte, hatte blutige Auseinandersetzungen, Kinderarbeit und andere menschenunwürdige Arbeitsbedingungen thematisiert. Meine Begegnung mit den simbabwischen Studenten hatte diese Sicht bereits etwas relativiert, aber vorurteilslos war ich noch nicht.

Umso mehr beeindruckte mich der gut gesicherte und beleuchtete Eingang, der unter Tage führte. Wir konnten aufrecht gehen, der Boden war eben und der Gang wurde durch einen Holzrahmen gestützt. Die Ventilation schien auch gut zu sein; leicht kühle Luft kam uns entgegen.

Dieser positive erste Eindruck wich wenige Schritte später der Realität.

Sobald wir um die erste Ecke gebogen waren, wurde es finster. Ich konnte nur so weit sehen, wie meine Stirnlampe den Weg beleuchtete. Als der Boden kurze Zeit später uneben wurde und von Steinen übersät war, war sie ein Lebensretter. Zu Beginn boten die Reflektoren auf den Anzügen der anderen Arbeiter mir eine Orientierungshilfe, doch die Hilfe währte nicht lang. Die Westen verschwanden.

„Die Arbeiter rennen ja fast. Mir ist es richtig peinlich, wie langsam ich gehe."

„Sie brauchen etwa zwanzig Minuten, um zum Ziel zu kommen."

Ich würde über eine Stunde brauchen. Es lag zum einen an meiner Kondition und den immer drückenderen Luftverhältnissen. Ich hatte das Gefühl, nicht mehr atmen zu können. Zum anderen lag es aber an dem Geröll auf dem Weg, das wir oft nicht sehen konnten, sondern mit den Gummistiefeln ertasten mussten. Die Pfützen, die fast den ganzen Weg verdeckten, waren nicht selten knietief. Der hohe Wasserpegel im Inneren des Bergwerks bereitete mir Sorgen.

„Habt ihr Notversorgungsräume, in die man flüchten kann, wenn die Gänge überfluten oder einstürzen?"

„Nein, aber wir planen solche einzurichten."

Gerne hätte ich aufgegeben. Doch dann hätte man das wohl einfach damit begründet, dass ich eben eine Frau sei. Das wollte ich nicht. Ich wollte eine Lanze für sambische Frauen brechen, die gerne im Bergbau arbeiten würden, denen es aber durch strenge Gesetze sehr schwer gemacht wurde.

Endlich erreichten wir die Dreihundertfünfundsechzig-Meter-Marke. Noch zehn Meter. Das Ziel war nah. Dieses Wissen half mir dabei, noch eine Weile durchzuhalten. Von meinem linken Fuß ging ein brennender Schmerz aus. Ich versuchte, mir auch das nicht anmerken zu lassen. Die Luft war staubig und der Sicherheitsverantwortliche bat mich, die Atemschutzmaske aufzusetzen. Diese erschwerte das Atmen in dieser ohnehin sauerstoffarmen Luft zusätzlich. Ich atmete durch Mund und Nase zugleich. Der Schweiß floss wie ein Bach von meiner Stirn in meinen Mund. Der Sauerstoffmangel wirkte sich auf mein Gehirn aus. Ich konnte keinen klaren Gedanken fassen, außer jenen: „Wie zum Teufel soll ich es wieder nach oben schaffen, wenn ich bergab fast zusammenbreche?"

Am Ziel standen Maschinen, um den Weg durch den Schacht zu ebnen.

Der Abbau selbst war größtenteils Handarbeit. Eine blaue Naht zog sich durch die Gesteinswand.

„Das ist Kupfer."

Den übrigen Erklärungen konnte ich kaum noch folgen. Mein Körper war auf ‚nicht in Ohnmacht fallen' programmiert. Mir gelang es gerade so, eine Frage zu stellen: „Darf ich ein Stück Kupfer mitnehmen?"

Der Sicherheitsoffizier überlegte kurz. „Ja, das geht, glaube ich, in Ordnung."

Stolz hielt ich den gold-blau glänzenden Stein in meiner Hand.

„Möchtest du noch tiefer in den Berg? In einer Tiefe von fünfhundertzwanzig Metern bauen wir auch Kupfer ab."

Ich fürchtete, wenn ich noch weiter hinabging, würde ich das nicht überleben. „Das ist lieb, aber ich glaube, das Wichtigste habe ich gesehen." Keinen Schritt weiter wollte ich gehen.

Zum Glück wurden auf dem Weg nach oben andere Stellen meiner Füße belastet und so wurden die Schmerzen zunächst weniger. Bergauf lag die Reibung nicht mehr auf den Fußballen, sondern an den Hacken. Jeweils nach etwa hundertzwanzig Metern gönnte mir der Sicherheitsoffizier eine fünfminütige Pause. Die Entfernungen waren markiert und ich schleppte mich von Markierung zu Markierung, während mich die teilweise alten Bergarbeiter eilenden Schrittes überholten.

Die Anstrengung, der Wasserverlust durch das starke Schwitzen und der geringe Sauerstoffgehalt schlugen nun mit voller Kraft durch. Mein Kopf pochte und mein Magen knurrte. Es war dreizehn Uhr und ich hatte an diesem Tag, wegen des spontanen Aufbruchs, wieder einmal noch nichts gegessen. Ich war gereizt. Alles irritierte mich. Der Helm rutschte auf meinem Kopf hin und her, die bescheuerte Lampe, für die ich anfangs so dankbar gewesen war, fiel immer wieder ab und raubte mir den letzten Nerv. Und was war eigentlich falsch mit meinem Gang? Das linke Hosenbein rutschte wieder und wieder aus meinem Gummistiefel und wurde in den Pfützen nass. Warum nur das linke?

Vor uns lag ein Gesteinsbrocken auf dem Weg, der etwa halb so groß war wie ich. Der Rückweg war derselbe wie der Hinweg und dieser Stein war zuvor nicht dagewesen. „Woher kommt der?"

„Der muss von der Decke gefallen sein. Hier müssten wir die Decke wohl stützten", gestand der Sicherheitsoffizier ein.

Ich war erschrocken. Erst jetzt wurde mir klar, wie gefährlich der Abstieg wirklich gewesen war.

Endlich sahen wir Tageslicht. Es war buchstäblich das Licht am Ende des Tunnels. Ich fühlte mich wie eine Heldin. Ja, wir waren langsam gewesen, eine Stunde langsamer als der Sicherheitsoffizier für den Aufstieg eingeplant hatte, aber ich hatte es geschafft.

Ein Minenarbeiter näherte sich von hinten. „Herzlichen Glückwunsch! Du kannst stolz auf dich sein. Viele Kollegen lassen sich im Käfig hochziehen, weil sie den Aufstieg nicht schaffen."

Es gab einen Käfig? Oder meinte er den angeblich kaputten Fahrstuhl? Warum sollte irgendjemand diesen Weg freiwillig gehen? Vielleicht hatte mir der Sicherheitsbeauftragte die Möglichkeit verschwiegen, weil es zu gefährlich war. Eigentlich war es auch gut so. Ich hielt meinen kleinen Kupferstein in der Hand, der durch die Mühen für mich denselben Wert wie Gold hatte.

Wir gingen zurück zu den Bürogebäuden, wo ich meine Minenarbeiter-Kleidung auszog. Meine Haare waren vom Schweiß durchnässt, ebenso wie die gesamte Kleidung. Ich hätte meine Hose auswringen können. Als ich die Gummistiefel auszog, erschrak ich. Meine Socken waren nicht mehr weiß. Die Haut an den Fersen war von den Stiefeln aufgerieben worden. Das schmutzige Wasser in den Stiefeln hatte sich mit dem Blut vermischt und meine Socken gefärbt. Das erklärte die furchtbaren Schmerzen. Ich klebte Pflaster darauf. Das Schuhwerk meiner Wahl waren auf der Reise meistens meine Flip-Flops. In diesem Moment schätzte ich sie noch mehr.

Zum Abschied baten mich der Sicherheitsoffizier und ein weiterer leitender Arbeiter um gemeinsame Fotos. Es war wohl für uns alle ein besonderes Erlebnis gewesen.

Zurück in der Stadt traf ich mich noch einmal mit Catherine und lud sie zu Pommes und Hähnchen ein. Mein Hunger übermannte mich und ich schlang das Essen hinunter, ohne zu kauen. Catherine ließ die Hälfte ihres Essens unberührt und so aß ich ihre Reste zusätzlich.

„Du wolltest doch nach Kapiri, oder?"

„Ja und dann morgen weiter Richtung Osten. Aber ich weiß noch nicht, wohin genau." Kapiri liegt südlich von Kitwe und von dort führt eine der Hauptstraßen durch das Landesinnere Richtung Osten direkt nach Tansania oder Malawi. Eine weitere Hauptstraße führt im Süden in der Grenzregion zu Mosambik nach Malawi.

„Du solltest dich beeilen. Der letzte Bus nach Kapiri fährt gleich ab."

Hektisch griff ich nach meinem Rucksack und stopfte mir das letzte Stück Hähnchen in den Mund.

Catherine begleitete mich zum Bus und brachte mich zu meinem Sitzplatz ‚Nummer 11'. Eine Umarmung und sie eilte davon. Der Bus fuhr ab.

„*I am on my way to Kapiri. I am so sorry for not saying goodbye! Thank you for everything*", schrieb ich in einer SMS an Beauman, um mich zu entschuldigen, nicht auf Wiedersehen gesagt zu haben. Das war nicht in Ordnung gewesen.

Eine SMS von Catherine erreichte mich: „*How are you? I told the bus driver to take good care of you*", schrieb sie.

Es ging mir wunderbar. Ich hatte gegessen und saß mit einem Ziel in einem Bus. Die nächsten drei Stunden musste ich mir keine Sorgen machen und konnte mich von den Strapazen des Tages erholen.

Meine Sitznachbarn wechselten an jeder Haltestelle. Kurz vor Ende der Fahrt begleitete der Busfahrer eine Polizistin zu Platz ‚Nummer 12', dem Platz neben mir.

Ihr Kollege saß in der Nähe und hatte zwei Sitzplätze für sich. Der Busfahrer hatte den Schutzauftrag, den er von Catherine bekommen hatte, augenscheinlich sehr ernst genommen und an die Polizistin weitergegeben.

Wir kamen in ein nettes Gespräch und ihre Geschichte rundete mein Abenteuer in der Kupfermine ab. Ihr Kollege und sie hatten einem Kupfertransport Geleitschutz auf seinem Weg zum Nachbarland Tansania gegeben. Ich hatte die Kupfergewinnung vom Abbau bis zum Export in gewisser Weise erlebt.

Der Bus hielt. „Wir müssen hier aussteigen", sagte die Polizistin plötzlich.

„Jetzt sofort?" Diese Ankündigungen kamen für mich jedes Mal aus dem Nichts. Die Einheimischen kannten die Strecken und Haltestellen. Für mich war es fast unmöglich, mich zu orientieren. Durchsagen wurden in den Bussen nicht gemacht und Anzeigen gab es keine. Auch draußen waren keine Schilder zu erkennen, die einen Hinweis auf den Ort hätten geben können. Hastig packte ich meine Siebensachen zusammen und verließ gemeinsam mit meinem Begleitschutz den Bus.

Die Polizistin und der Polizist organisierten uns ein Taxi. Es sollte uns zu der günstigsten Lodge bringen. Die erste war bereits voll, doch bei der zweiten hatten wir Glück.

„Das macht drei Dollar", sagte der Taxifahrer emotionslos.

„Kein Problem. Ich bezahle für uns drei." Eine verzweifelte Suche nach meinem Portemonnaie begann.

„Scheiße! Mein Portemonnaie ist weg!"

„Such noch mal in Ruhe", bat mich die Polizistin in sanftem Ton.

„Es ist weg." Ich konnte nicht ruhig bleiben. Panisch wühlte ich in meinen Sachen. „Ich hatte den Busfahrer bezahlt. Es muss hier sein."

Es war zwecklos. Das Portemonnaie war weg. Ich musste es im Bus verloren haben, als ich hastig meine Sachen gepackt hatte. Mir kamen die Tränen. In dem Portemonnaie waren meine Kreditkarten und all mein Bargeld. Ich hatte nichts mehr. Nicht einmal drei Dollar, um den Taxifahrer zu bezahlen.

Ich ärgerte mich maßlos über meine eigene Dummheit. Ich hatte meine Regeln nicht befolgt. Ich hatte immer zwei Portemonnaies. Ein kleines Alltags-Portemonnaie, in dem etwas Bargeld war, und mein großes Portemonnaie, welches ich immer auf dem Boden meines Rucksacks ließ. In ihm bewahrte ich Kreditkarten und größere Mengen Bargeld auf. So war ein Verlust meines Alltags-Portemonnaies nicht weiter tragisch. Leider hob ich inzwischen Bargeld und Karten aus Bequemlichkeit im Alltags-Portemonnaie auf. Ich hatte meinen doppelten Boden selbst demontiert. Doch es gab keine Zeit für Wut oder Lamentieren. Ich musste handeln.

„Schnell, schnell. Wir müssen dem Bus hinterher. Das Portemonnaie muss im Bus sein", forderte ich den Taxifahrer panisch auf.

„Du hast kein Geld. Ich fahre dich nicht." Der Taxifahrer verzog dabei keine Miene. Es gab hier keinen Verhandlungsspielraum.

„Bitte. Ich bin ohne das Portemonnaie verloren. In dem Portemonnaie ist genug Geld. Ich verdopple den Fahrpreis, wenn wir das Portemonnaie finden."

Nein. Er wollte nicht. Die Polizistin schaltete sich ein.

„Fahr mit dem Mädchen dem Bus hinterher. Sie hat Geld. Sie wird dich bezahlen."

Ich hatte in vielen Ländern Afrikas gesehen, wie viel Autorität Polizisten hatten. Man legte sich nicht mit Polizisten an, denn man saß immer am kürzeren Hebel. So stimmte der Taxifahrer, wenn auch widerwillig, zu, mich zu fahren.

Er fuhr im Schneckentempo. Ich wäre mit einem Fahrrad schneller gewesen.

„Bitte fahren Sie schneller. Wir müssen den Bus einholen, sonst kann ich Sie nicht bezahlen", wimmerte ich unter Tränen.

„Du wirst mich bezahlen." Er schielte auf mein Telefon.

Mir wurde bewusst, dass der Fahrer keineswegs die Intention hatte, den Bus einzuholen. Er wollte mein Handy.

Lkws überholten uns. Ich versuchte es noch einmal.

„Bitte, bitte, fahren Sie doch schneller. Sogar Lkws überholen uns."

„Die Straßenverhältnisse sind schlecht und im Dunkeln ist es gefährlich, schnell zu fahren."

So ein Schwachsinn. Dieses war eine der besten Straßen, die ich seit Langem gesehen hatte. Sie war sogar zweispurig.

„Wir müssen tanken. Du bezahlst."

„So ein Bastard", dachte ich. Ich gab ihm mein allerletztes Geld. Dreiundzwanzig Kwacha, umgerechnet ein Euro.

Es war dunkel. Ich wusste nicht, wo wir waren. Ich war mittellos und diesem Idioten hilflos ausgeliefert. Ich weinte bitterlich.

„Hör auf damit. Hör auf zu weinen", griff er mich in strengem Ton an.

Ich weinte leiser und betete. Erstaunlich, wie gläubig man in Notsituationen werden konnte. „Bitte, lieber Gott, hilf mir. Irgendwie. Ich brauche ein Wunder."

Er fuhr weiter sehr langsam.

„Nun fahren Sie doch bitte etwas schneller", flehte ich ihn an.

Nun setzte er den rechten Blinker, um anderen Autofahrern zu verstehen zu geben, sie mögen uns nicht überholen. Doch wir fuhren so langsam, dass der Hinweis missachtet wurde. Wieder und wieder rasten Lkws an uns vorbei.

Zu allem Überfluss wurden wir nun von einem Polizisten angehalten. Dieser schien aufgebracht, fast verrückt. Leider verstand ich nicht, was er sagte, denn sie unterhielten sich in Pemba.

Ich versuchte Stimme, Tonlage, Körpersprache zu deuten. Sie stritten, dessen war ich mir sicher. Das Wort ‚Mzungu' fiel. Das war ich. Die Weiße. Ich mischte mich ein.

„Was ist los?", wollte ich von dem Polizisten wissen.

„Ich rede nicht mit Ihnen", sagte er, ohne mich eines Blickes zu würdigen.

„Sie haben ‚Mzungu' gesagt. Das bin ja wohl ich. Also, was ist los?", beharrte ich forsch auf eine Antwort.

Er ignorierte mich.

„Lieber Gott, wenn das die Hilfe oder das Wunder sein sollte, dann hast du den falschen Polizisten geschickt", dachte ich in meiner Hilflosigkeit mürrisch.

Der Polizist fragte nach Papieren, vermutlich die Fahrzeugpapiere und den Führerschein, die der Fahrer nicht hatte. Jetzt wurde die Situation ernst. Wir mussten an die Seite fahren. Polizeikontrollen dieser Art konnten Stunden dauern, insbesondere, wenn man kein Bestechungsgeld hatte.

Fahrer und Polizist entfernten sich von dem Auto. Ich verabschiedete mich innerlich von meinem Portemonnaie und brach erneut in Tränen aus.

„*I don't lie. Ask her*", rief der Fahrer und zeigte auf mich.

Nun sprach der Polizist endlich mit mir und wollte wissen, was es mit dieser Fahrt auf sich hatte. Unter Tränen erzählte ich ihm die Geschichte.

„Ihr dürft weiterfahren, aber auf dem Rückweg habt ihr ein großes Problem mit mir", drohte er uns zum Abschied.

Endlich erreichten wir Kabwe. Dieses musste die nächste Station des gelben Busses gewesen sein. An den Haltestellen gab es immer viele Verkäufer, die versuchten, Getränke oder Selbstgekochtes an die Reisenden zu verkaufen.

Ich ging zu ihnen. „Haben Sie einen gelben Bus gesehen?"

Alle redeten gleichzeitig und stellten tausend Fragen, was denn geschehen sei. Nicht um zu helfen, sondern um ihre Neugier zu stillen. Keiner hatte so einen Bus gesehen, doch die Geschichte von der weinenden Mzungu wollten alle hören. Sie fragten nach immer mehr Details. Ich konnte die Neugier verstehen, doch ich verschwendete wertvolle Zeit.

„Gibt es eine weitere Station in der Nähe?", fragte ich den Fahrer.

„Ja", antwortete er einsilbig.

Ich fragte die Kellnerin einer kleinen Raststätte. Auch sie wusste nichts über diesen Bus.

„Endstation. Ich fahre zurück. Bezahle mich jetzt", befahl der Taxifahrer.

„Ich kann dich nicht bezahlen. Du bist so langsam gefahren und deshalb haben wir den Bus nicht eingeholt und deshalb habe ich mein Portemonnaie nicht zurückbekommen. Du wusstest das", erklärte ich verzweifelt. „Gib mir deinen Namen und deine Handynummer. Sobald ich mein Portemonnaie habe, bezahle ich dich doppelt", versprach ich.

„Nein", er riss mir mein Telefon aus der Hand und begutachtete es. Ich hatte die ganze Zeit das Gefühl gehabt, dass er nie die Absicht gehabt hatte, mein Portemonnaie zu finden. Er wollte mein Handy, ein Sony Experia Z3, behalten. Es war viel weniger wert, als er dachte. Das Monitorglas hatte einen Schaden. Ich hatte es schon mehrmals reparieren lassen und es zerbrach bei der kleinsten Erschütterung. Zudem war die kleine Verschlussklappe vor dem USB-Anschluss abgebrochen und das Hörstück war auch kaputt. Doch für mich war das Handy unbezahlbar. Ohne mein Handy hatte ich überhaupt keine Möglichkeit mehr, um Hilfe zu fragen. Zu Beginn dieser verrückten Taxifahrt hatte ich Catherines Bruder eine WhatsApp geschickt, da sie derzeit kein eigenes Handy besaß. Sie wusste, welcher Bus es genau war und sie kannte auch den Fahrer. Ich wartete noch auf ihre Antwort. Sie war der Schlüssel zum Erfolg.

Ich konnte es mir in dieser Situation nicht leisten, es abzugeben.

Hinter dem Tresen stand eine junge Frau mit Haarnetz. Sie verkaufte das Essen und hatte die Situation beobachtet und meine Notlage erkannt.

Ohne Fragen zu stellen, zückte sie dreißig Dollar und gab sie dem Taxifahrer. „Gib dem Mädchen ihr Handy zurück und verschwinde."

Ich traute meinen Augen kaum. Das monatliche Durchschnittseinkommen lag zu dieser Zeit in Sambia bei ungefähr hundert US-Dollar. Und viel mehr verdiente diese Frau sicherlich nicht. Ein Drittel des Einkommens. Das war in etwa so, als hätte jemand in Deutschland einem gänzlich Unbekannten mit achthundert Euro aus der Patsche geholfen. Ohne zu zögern, ohne Fragen zu stellen.

Der Taxifahrer ging.

Ich lief hinterher, denn mein Rucksack und mein Fünf-Liter-Wasserkanister waren noch in seinem Wagen.

Jetzt zeigte er seinen üblen Charakter ungeschminkt: „Danke sehr."

„Leider habe ich keinen Grund, mich bei dir zu bedanken."

Er zeigte mir die dreißig Dollar und wiederholte „Danke", mit einem schmutzigen Lächeln.

Er war sich seines Triumphs sicher. Dabei hatte er sich eines größeren Profits beraubt. Ich hätte ihm hundert US-Dollar gegeben, hätten wir mein Portemonnaie gefunden. Stattdessen wünschte ich ihm nun von Herzen, der Polizist, der uns auf der Hinfahrt angehalten hatte, würde ihm große Probleme bereiten.

Zweiundzwanzig Uhr. Catherine hatte sich immer noch nicht gemeldet. Wie sollte ich weiterreisen? Am liebsten hätte ich mich gleich auf der Straße schlafen gelegt. Die Besichtigung der Kupfermine und das Drama mit dem Taxifahrer hatten mich erschöpft.

Ich ging zurück zu meiner Retterin. Ihr Name war Liz, wie sie mir jetzt erzählte.

„Danke Liz. Du hast mich gerettet. Sobald ich mein Geld zurückhabe, werde ich dir das Doppelte überweisen. Ich verspreche es!"

„Und was wirst du jetzt tun?"

„Ich werde weiter versuchen, mein Portemonnaie zu finden. Heute Nacht habe ich noch eine Chance."

Der Bus, der als Endstation Lusaka hatte, würde am nächsten Morgen von dort wieder abfahren. Neue Fahrgäste, ein neuer Fahrer, ein neues Reiseziel. Dann wäre mein Portemonnaie verloren.

„Ruh dich doch aus. Du siehst müde aus. Bleib in Kabwe. Du kannst gerne bei mir schlafen und morgen sehen wir weiter", bot mir Liz an.

Ein verlockendes Angebot, das ich ablehnte: „Das geht nicht. Ich habe nur jetzt die Chance es wiederzufinden."

„Es gibt um diese Uhrzeit aber keine Möglichkeit, Kabwe zu verlassen. Um vor Überfällen zu schützen, dürfen Busse nach einundzwanzig Uhr nicht mehr fahren. Die einzige Ausnahme besteht, wenn sich die Busse weniger als fünfzig Kilometer vom Ziel entfernt befinden."

„Das sind doch gute Nachrichten! Das heißt, der Bus steht über Nacht irgendwo. Dann kann ich ihn noch einholen. Ich werde trampen."

Liz fand die Idee nicht gut. Auch mir war unwohl dabei. Eine meiner Regeln war es schließlich, nicht im Dunkeln per Anhalter zu fahren. Doch außergewöhnliche Situationen erfordern außergewöhnliche Maßnahmen.

Ich stellte mich nicht an, sondern *auf* die Straße, damit mich entgegenkommende Autofahrer trotz Dunkelheit rechtzeitig sahen.

Es hielten nur Taxis an. Eine weitere Taxifahrt stand natürlich nicht zur Debatte. Die Zeit verging. Ich begann wieder zu weinen. Was tat ich hier? Ich begab mich in große Gefahr. Kein Auto hielt an. Ich konnte es niemandem verdenken. Eine verheulte Europäerin nachts alleine, die auf der Straße stand – das war ein skurriler Anblick, der sicher Skepsis erzeugte.

Liz kam zu mir auf die Straße.

„Ich bleibe bei dir, bis ich ein Auto für dich gefunden habe. Hier nimm, das wird dir helfen." Sie hielt mir Geld hin.

Das konnte ich natürlich nicht annehmen. Sie hatte schon genug getan.

Sie sprach mit einigen Taxifahrern und bat sie um Hilfe. Ein Taxifahrer gab uns einen Tipp. Etwas weiter die Straße rauf sollten angeblich Minibusse stehen. Private Fahrer, die Gestrandete nach Lusaka fuhren.

Liz verlor keine Zeit und eilte zu einem der Busse. Sie erklärte dem Fahrer meine Situation.

Er sah mich an. „Setz' dich neben mich. Ich passe auf dich auf und bringe dich sicher zum Busterminal nach Lusaka. Dort kannst du auf den Bus warten, in dem du deine Geldbörse verloren hast."

Der Fahrer namens Isaac strahlte Sänfte und Gutmütigkeit aus. Ich fasste sofort Vertrauen zu ihm.

„Ich habe aber kein Geld. Ich werde dich nicht bezahlen können."

„Kein Problem. Ich fahre ohnehin nach Lusaka. Ich nehme dich gerne mit."

Ich hörte endlich auf, zu weinen. Das Blatt schien sich zum Guten zu wenden. Liz war wieder einer dieser Engel gewesen, die meinen Weg kreuzten. Wie gern hätte ich mehr Zeit mit ihr verbracht.

Isaac hätte auch als Psychologe arbeiten können. Er fragte mich nach meiner Lebensgeschichte und meiner Reise und hörte aufmerksam zu. Die Unterhaltung lenkte mich von meinen Sorgen ab und ich beruhigte mich.

„Mach dir keine Sorgen. Gott ist immer bei dir. Er begleitet und beschützt dich."

In seinem Bus hingen unzählige Bibelverse an den Fenstern und als Anhänger vor der Windschutzscheibe.

Viele der Sambier sind sehr christlich. Ich hatte viele kennengelernt, die die auch in Deutschland immer propagierte christliche Nächstenliebe auf beispiellose und beeindruckende Weise in ihr Leben integriert hatten.

Endlich erreichte mich eine Nachricht von Catherines Bruder. Er bestätigte, dass Lusaka die Endstation war und nannte mir den Namen des Busunternehmens, sowie Name und Telefonnummer des Fahrers und des Fahrkartenkontrolleurs, um zu erfahren, wo sich der Bus aktuell befand. Ich versuchte sofort anzurufen.

Ich schrieb ihrem Bruder zurück: „Vielen Dank! Leider sind beide Telefone ausgeschaltet. Was jetzt?"

Trotzdem war es bereits ein kleiner Erfolg, denn bisher war Lusaka als Endstation nur meine Vermutung gewesen. Jetzt wusste ich es mit Sicherheit. Meine Hoffnung war allerdings, den Bus vor seinem Erreichen von Lusaka abzufangen.

„Catherine kennt einen Passagier. Sie ruft ihn an", kam als nächste, hoffnungsvolle Nachricht vom Bruder.

Die nächste Nachricht versetzte mich in große Aufregung. Der Bus war von der Polizei angehalten und zu einer Übernachtung auf einem Parkplatz gezwungen worden.

Wir erreichten diesen gegen Mitternacht. Ein gruseliger Ort. Betrunkene Männer torkelten aus einer Kneipe, aus der laute Musik drang. In nächster Nähe boten sich Prostituierte an. Die Kleidung der Mädchen ähnelte der von Sexarbeiterinnen im Hamburger Rotlichtviertel. Röcke, die nur kurz über den Po reichten, bauchfreie Tops und High Heels.

Ich wurde sofort von Betrunkenen belagert, als ich über den Parkplatz ging. Ein Soldat kam mir zu Hilfe.

„Haben Sie einen gelben Bus nach Lusaka gesehen? Der soll hier Rast machen."

„Nein. So ein Bus ist hier nicht."

Ich war maßlos enttäuscht. Wir fuhren weiter.

Kurze Zeit später wurden wir von einem Polizisten angehalten. Er interessierte sich nur für mich. Ich sollte meinen Pass vorzeigen. Die anderen Fahrgäste wurden nicht gefragt. Ich glaubte Opfer von ‚*Racial Profiling*' geworden zu sein, also nur wegen meiner Hautfarbe von der Polizei kontrolliert zu werden. Ein furchtbares Gefühl. Es war so ungerecht und ich konnte nichts dagegen tun. Ich war der Situation ausgeliefert.

Ich gab ihm bereitwillig meinen Pass und erklärte ihm die Situation. Isaac versuchte mir mit Erklärungen zu helfen. Doch der Polizist wollte nicht verstehen.

„Aussteigen. Mitkommen."

Mir war nicht wohl bei der Sache. Ich sollte allein mit ihm mitgehen. Niemand durfte mich begleiten. Etwas abgeschieden stand ein Häuschen, in dem ich verhört werden sollte.

Das Verhör fing bereits schwierig an.

„Aufenthaltsort?"

„Weiß ich nicht."

„Wie? Du weißt das nicht? Wo schläfst du?"

Ich versuchte ihm die Situation zu erklären und erntete Unverständnis.

„Name?"

„Hjördis"

„Buchstabieren"

„H-J-O-E-R-D-I-S"

Er wiederholte „J-O-R-D-E-S"

„Nicht ganz." Ich wiederholte es erneut und zeigte, als auch dieser Versuch scheiterte, auf meinen Pass.

„Wie viel Geld war in dem Portemonnaie?"

„Etwa hundertdreißig Euro, aber es geht mir hauptsächlich um meine Kreditkarten."

„Hundertdreißig Euro?"

„Ja, aber wie gesagt, die Kreditkarten sind wichtiger."

„Wo ist der Bus abgefahren, wo fährt er hin."

Ich musste nun die gesamte Geschichte erzählen. Ich spürte, dass ich keine Hilfe zu erwarten hatte. Er spielte sich auf, ohne wirklich helfen zu wollen. Er stellte mir immer wieder dieselben Fragen. Ich gab ihm immer wieder dieselben Antworten. Ich war keine Schwerverbrecherin, sondern jemand, der Hilfe brauchte. Die anderen Mitfahrer mussten zum Flughafen. Ich hatte keine Zeit für seine Spielchen. Ich begann wieder zu weinen.

Eine Polizistin kam dazu. „Geh Mädchen. Viel Glück."

„Wie ist unser neuer Plan?", fragte der Fahrer.

„Ich werde wohl in Lusaka an der Bushaltestelle warten müssen", antwortete ich resigniert.

Ich erhielt eine SMS von einer unbekannten Nummer. Catherine hatte sich ein Handy ausgeliehen!

„Hast du dein Portemonnaie gefunden?"

„Nein, leider nicht."

„Gib mir die Nummer von deinem Fahrer. Ich rufe ihn an." Mich konnte sie nicht anrufen, da meine Hörmuschel ja leider kaputt war.

Sie telefonierten miteinander in Pemba.

„Der Bus, den du suchst, ist nicht gelb, sondern weiß und auf ihm steht ‚Ziong Tong'. Er ist auf dem Parkplatz, auf dem wir waren. Ich kann die Entscheidung, ob wir zurückfahren, nicht treffen."

Er überließ die Entscheidung seinen anderen vier Fahrgästen. Sie hatten alles ohne Beanstandung mitgemacht und stimmten auch jetzt sofort einstimmig zu. Wir sollten zurückfahren.

Wir fanden den Bus. Die Tür war offen und ich ging, ohne zu zögern, hinein. Auf allen Plätzen lagen schlafende Reisende. Auch auf den Plätzen ‚Nummer 11 und 12' lag ein zwei Meter großer Mann und schlief.

Ich hielt inne. Männer dieser Größe, die noch dazu muskelbepackt sind, wie dieser es war, sind angsteinflößend. Es half nichts. Ich musste ihn wecken.

„*Sorry, Sir …*" Nichts. Er war im Tiefschlaf. „*Sorry, Sir?*", wiederholte ich etwas lauter. War er tot? Ich wollte nicht schreien und alle anderen aufwecken. Ich nahm all meinen Mut zusammen und rüttelte an seiner Schulter. Auch das brauchte mehrere Anläufe, bis er sich endlich regte.

„*Oui?*"

Oh Französisch. Er musste aus dem Kongo sein. Der Kongo war das einzige Land in der Nähe, in dem Französisch Amtssprache war. Ein Hoch darauf, dass meine Wahl in der siebten Klasse auf Französisch als Fremdsprache gefallen war.

„*Excusez-moi, est-ce que vous avez trouvé un portemonnaie sur cette place?*", erkundigte ich mich danach, ob er eventuell mein Portemonnaie auf dem Platz gefunden hätte.

„*Non.*"

Nach all den Mühen konnte ich ein ‚Nein‘ nicht ohne Weiteres akzeptieren.
„Est-ce que ça vous dérange si je cherche un peu?"
Der Herr erhob sich, damit ich mich auf die Suche machen konnte.

Als Kind war der beste Fundort für Münzen immer die Ritze zwischen den
Sofakissen gewesen. Denn, wenn mein Vater abends auf dem Sofa lag, war ihm
oft das Kleingeld aus den Hosentaschen gerutscht und hatte sich dann dort
angesammelt. Einmal die Woche erntete ich das ‚Fallobst‘.

So nahm ich mir als Erstes die Ritze zwischen ‚Sitzplatz 11 und 12‘ vor.
Ich konnte in der Dunkelheit kaum etwas erkennen und tastete akribisch nach
meinem schwarzen Lederportemonnaie mit der Aufschrift ‚Panama‘, das nicht
viel größer als eine Kreditkarte war. Nichts. Rein gar nichts. Die einzige andere
Möglichkeit war der Fußboden. Ich begab mich auf die Knie und tastete unter
beiden Stühlen. Wieder nichts. Ich vergrößerte den Radius und endlich spürte
ich das Leder meines Portemonnaies in meinen Händen! Es war tatsächlich
heruntergefallen und lag unter dem Sitz vor mir.

„Merci, merci, merci beaucoup, Monsieur!" Ich wäre dem Herrn beinahe um
den Hals gefallen.

Ich stürmte aus dem Bus und rannte lachend auf Isaac zu, der durch meine
überschwängliche Umarmung fast seinen Stand verlor.

„I found it. I found it!"

Der gesamte Bus klatschte und freute sich fast genauso sehr wie ich, nur
Isaac war in einer Schockstarre verharrt.

„Das war das erste Mal, dass ich von einer Weißen umarmt wurde."

Aus Freude und Dankbarkeit und von Glückshormonen überrollt, bezahlte
ich die Fahrt für alle Fahrgäste und legte noch fünf Dollar Trinkgeld drauf. Ich
war immer darauf bedacht, nicht mit Geld um mich zu werfen, nicht nur, weil
ich natürlich auf meine Finanzen schauen musste, sondern auch, um das Bild
der reichen Europäerin nicht zu verfestigen. Ich wollte ja schließlich das nor-
male afrikanische Leben kennenlernen und Geld hätte eine Mauer zu diesem
Wunsch errichtet. Doch in diesem Moment war mir das egal, und ich glaube,
die Passagiere des Busses konnten meine Spendierlaune gut einordnen.

Isaac rief eine Freundin an, die mir bei unserer Ankunft um drei Uhr nachts
die Türen öffnete und sich mit mir ihr Bett teilte. Während ich alsbald schlief,
büffelte sie noch für anstehende Examen an der Universität, die sie besuchte.

Beauman hatte mir von den heißen Quellen im Landesinneren, nahe der Stadt Mpika, erzählt. Von Kapiri wäre ich auf der Straße nach Malawi daran vorbeigefahren.

Ich wollte es nicht erzwingen. Vielleicht hatte es einen Grund gegeben, warum mich das Schicksal zurück nach Lusaka geführt hatte. Ich beschloss, die Route im Süden Sambias, entlang der mosambikanischen Grenzen, nach Malawi zu nehmen. Zudem sollten die Straßenverhältnisse dort besser sein und vielleicht war es dadurch einfacher, Malawi per Anhalter zu erreichen.

Aller Anfang war schwer. Wie gewohnt war es auch jetzt die große Herausforderung, eine Mitfahrgelegenheit aus der Stadt heraus zu finden.

Ich hatte gute Erfahrungen damit gemacht, Autofahrer direkt anzusprechen. Also ging ich wieder zu einer Tankstelle.

Eine nette Familie mit zwei Kindern nahm mich mit. Sie wohnten in Chongwe, das etwa vierzig Kilometer östlich von Lusaka lag und mich somit schon mal in die richtige Himmelsrichtung brachte. Die Familie war nur zum Einkaufen in Lusaka gewesen. Anscheinend waren bestimmte Lebensmittel im Zentrum der Hauptstadt deutlich günstiger, wodurch sich die Fahrt lohnte.

Nun stand ich am Straßenrand in Chongwe und mein täglicher Feind, die Dunkelheit, nahte bereits. Und wie immer zog ich mit meinem Aussehen zu viel Aufmerksamkeit auf mich. Die Marktfrauen sprachen über mich. Auch durch die laute Musik, die aus den Bars schallte, war das Wort ‚Mzungu‘ unüberhörbar. Mein Gehör war inzwischen selektiv darauf trainiert. Doch das Gerede der Marktfrauen war nicht das Schlimmste. Wieder einmal lockte die Dämmerung Betrunkene auf die Straße. Die Atmosphäre wurde ungemütlich.

Immer, wenn es gefährlich wurde, kam von irgendwo Hilfe.

Auch dieses Mal sollte es so sein. Ein Auto hielt neben mir an.

Am Steuer saß der Schwede Thomas und auf dem Beifahrersitz saß seine Frau Emma, die zur Hälfte Simbabwerin und zur Hälfte Sambierin war.

„Wohin willst du?", fragte Thomas.

„Nach Äthiopien", scherzte ich und erläuterte kurz meinen Reiseplan.

„Na dann. Steig ein!"

Wir verstanden uns sofort. Sie erzählten mir von ihrer Farm.

„Darf man auf eurem Gelände auch ein Zelt stellen?", wollte ich halb im Scherz, halb im Ernst, wissen.

„Aber natürlich! Übernachte bei uns."

Als wir ankamen, verschlug es mir den Atem. Die Behauptung, eine Farm zu haben, war eine ungeheure Untertreibung gewesen. Sie waren dabei, sich eine Lodge mit mehreren traditionellen Hütten in runder Form und mit Reetdächern aufzubauen.

Allerdings besaßen diese Hütten einen gewissen Luxus: Sie hatten große Betten, Warmwasser, ein Moskitonetz und waren afrikanisch elegant eingerichtet.

Ich bekam eine Hütte, die noch nicht ganz fertiggestellt war. Es fehlte noch der Warmwasseranschluss. Thomas und Emma boten mir aber an, in ihrem schicken Bad im Haupthaus zu duschen. Die Handtücher, die weich wie Wolken waren, setzten der Dusche die Krone auf.

Die beiden waren beeindruckend! Sie waren vor drei Jahren nach Sambia gezogen und hatten dann diese Farm gekauft. Das schien besonders Thomas' Entscheidung gewesen zu sein. Lusaka sei keine Option gewesen. Viel zu hektisch. Das konnte ich gut nachvollziehen.

„Afrika steckt voller Möglichkeiten!" Thomas' Augen funkelten, als er von seinen Plänen erzählte. „Es fehlt noch so vieles. Und Sambia ist für Investitionen ideal, weil die Bevölkerung so friedlich ist."

Ich hatte noch nie Menschen mit so vielen Plänen, Ambitionen und verschiedenen Unternehmen kennengelernt. Gerade heute hatten sie eine benachbarte Farm dazu gekauft und besaßen nun vierzig Hektar Land. Neben der Farm und ihrer Lodge bewirtschafteten sie zwei Wälder, besaßen eine Bar, eine Schreinerei und bauten derzeit Wohnungen. Thomas war vom Fach, denn er hatte in Schweden als Bauleiter gearbeitet. Emma wollte in naher Zukunft außerdem einen Laden eröffnen. Die Ideen schienen ihnen nicht auszugehen. Woher nahmen sie den Mut, die Energie und das Kapital für all das?

Am Abend kochte Emma für uns. Brokkoli, Mini-Zucchini mit Olivenöl und ein Filetsteak ohne Knochen.

„Möchtest du es medium?"

Ungefiltert wurden meine Gedanken zu Worten: „Du kochst aber nicht sehr afrikanisch. Wo ist Nshima[7], wo sind die Knochen am Fleisch und Brokkoli

---

7   Nshima ist der typische Maisbrei, wie auch in den anderen Ländern unter anderen Namen.

habe ich bei keiner afrikanischen Familie gegessen."

„Ich habe drei Jahre in Italien gelebt. Meine italienische Schwiegermutter hat mir das Kochen beigebracht."

Das erklärte auch den herrlichen Rotwein, den es zum Essen gab. Was für ein Abend! Ich hatte lange keinen Alkohol getrunken. Ein Glas Wein führte somit bereits zu losgelöstem Lachen.

Thomas und Emma baten mich, noch einen Tag zu bleiben. Ich ließ mich nicht lange bitten.

Wir ließen den Tag gemütlich gemeinsam auf der Couch bei einem Stummfilm ausklingen. Ich könnte nicht sagen, worum es in dem Stummfilm ging. Wir unterhielten uns so angeregt, dass keiner den Film beachtete.

„Möchtest du morgen mit mir zu den heißen Quellen fahren?", wollte Emma wissen.

Ich wusste nichts von heißen Quellen in der Nähe. Der Vorschlag begeisterte mich natürlich. Es sollten nicht die Quellen von Mpika sein, sondern die heißen Quellen Chinyunyu.

Wir mussten Eintritt für die Quellen bezahlen.

„Acht Kwacha für dich und für sie", der Kassierer nickte in meine Richtung, „hundertfünfzig Kwacha."

Das waren umgerechnet achtzig Cent für Emma und fünfzehn Dollar für mich. Für den Eintritt der Victoriafälle hatte ich zwanzig Dollar bezahlt. Ich erwartete bei diesem Preis also ein vergleichbar beeindruckendes Spektakel. Ich fühlte mich durch den Preisunterschied diskriminiert. Einen kleinen Preisaufschlag für Touristen konnte ich verstehen und akzeptieren, aber das fast Neunzehnfache des Preises war unverschämt. Emma sah das ähnlich: „Du bist doch mein Bruder und willst jetzt hundertfünfzig Kwacha von mir haben? Sie kann diesen Preis nicht bezahlen. Sie ist eine Studentin zu Besuch und hat kein Geld."

Das war zwar gelogen, aber ich mischte mich nicht ein. Emma bekämpfte Unrecht mit Unrecht.

So leicht ließ sich der Kassierer nicht beeindrucken. „Doch, doch. Sie ist weiß. Sie hat Geld", sagte er trocken.

Ich wollte keinen Streit und beschloss schon, den Preis zu bezahlen, als

Emma eine Idee kam. „Wir tragen unsere Namen nicht in dein Besucherbuch ein. Du verkaufst uns keine offiziellen Tickets. Wir zahlen dir drei Dollar, die du in deine Tasche stecken kannst."

Das überzeugte ihn: „Willkommen bei den heißen Quellen", sagte er strahlend und ließ uns passieren.

Der Plural war nicht gerechtfertigt. Es gab eine heiße Quelle, aus der heißes Wasser in die Landschaft brodelte wie aus einem kleinen Kochtopf. Besonders Emma war von dem unspektakulären Anblick enttäuscht. Das Wasser war tatsächlich kochend heiß. Es lief in einem kleinen Bach bergab und wir folgten ihm.

Neben dem Bach wuchs das Gras hoch und je weiter wir uns von der Quelle entfernten, desto angenehmer wurde die Wassertemperatur. Eine perfekte Badetemperatur. Das Wasser dieser Quelle wurde als heiliges Wasser in Flaschen verkauft, doch am Rand des Baches fanden wir Seifenreste und Verpackungen. Es erschrak uns beide. Wie konnte das sein? Gerade erst hatten wir erlebt, wie streng der Kassierer war.

Wir hatten die heiße Quelle und den Bachlauf für uns, dachten wir, bis ein Mann vor unseren Augen auftauchte.

Als er uns erblickte, zögerte er nicht lange und begann, sich die Kleider auszuziehen.

„Er hätte wirklich noch zwei Minuten warten können …", dachte ich.

Emma bat ihn genau darum. Er solle doch warten, bis wir weg wären.

„Ihr könnt ruhig sehen, was ich habe. Nur anfassen dürft ihr es nicht", entgegnete er.

Schnell richtete ich meinen Blick auf den Boden, bevor er sich seiner Unterhose entledigt hatte.

Emma berichtete mir dann empört von seinem großen, erregten Glied.

Sie ging sofort zu unserem korrupten Freund an der Kasse, um den Vorfall zu melden. Er kam seiner Pflicht nach und suchte den Mann auf.

„Ey Mann, ich bin nackt, warte, bis ich mich angezogen habe", schallte es bis zu uns rüber.

„Das hat ihn bei uns nicht gestört", kommentierte ich die Situation.

Der Kassierer kam zu uns zurück. „Macht euch keine Sorgen. Wir kennen diesen Mann. Er ist ein Problemkind. Wenn er betrunken ist, belästigt er die Mädchen im Dorf. Ich glaube, er hat HIV."

Ich war fassungslos.

Emma und ich gingen beide geschockt zurück zum Auto. Der Ausflug war nicht so gelaufen, wie wir ihn uns vorgestellt hatten. Emma war immer aktiv und produktiv, also führte uns der Heimweg noch auf einen Markt, wo sie einige Besorgungen machen wollte.

„Kannst du kurz allein über den Markt gehen? Ich gehe auch immer ohne Thomas. Wenn die eine weiße Person sehen, verdoppeln sich die Preise", bat sie mich.

Ich schlenderte also allein über den Markt. Das machte mir nichts aus, denn ich liebe das Gewusel auf afrikanischen Märkten. Ich erinnere mich gut an meinen ersten Marktbesuch in Mosambik fünf Jahre vor dieser Reise. Damals war ich von den vielen Eindrücken überwältigt worden und ängstlich gewesen. Mittlerweile genoss ich die Atmosphäre; sofern es am Tage war.

In der ersten Reihe saßen Frauen auf dem Boden. Vor sich hatten sie fein säuberlich Bananen und Tomaten in Pyramidenform gestapelt.

Hinter ihnen begannen die Marktstände, durch die ein verflochtenes, unüberschaubares Netzwerk aus engen Gängen führte. In den kleinen Bretterbuden wurde geschreinert und gehämmert, gekocht und gehandelt. Auf solchen Märkten gibt es nichts, was es nicht gibt. Möbel wurden neben getrocknetem Fisch, Second-Hand-Kleidung und gebrauchten Handys verkauft. Ein Durcheinander aus Geräuschen und Gerüchen. Insbesondere in der Nähe des getrockneten Fisches dominierten die Gerüche alle anderen Sinne.

Thomas brachte mich am nächsten Morgen zum Abschied zur Hauptstraße. Mein Visum würde am Folgetag ablaufen. Ich wollte noch an diesem Tag unbedingt Chipata, eine Grenzstadt zu Malawi, erreichen.

Der Tag begann vielversprechend, als nach gerade einmal einer Minute ein sympathischer Herr anhielt, der einen Großteil des Weges bis nach Chipata fahren wollte. Mit ihm im Auto saßen zwei weitere Männer. Ich begutachtete alle drei kritisch.

„Mein Arbeitgeber verbietet mir eigentlich Anhalter mitzunehmen, aber ich helfe gerne", erläuterte mir der Fahrer.

„Aha", dachte ich, „die beiden sind wohl auch per Anhalter unterwegs." Der Fahrer war mir sympathisch und so stieg ich hinten ein.

Mitfahrer kamen und gingen. Wir sahen viele Menschen, die am Straßenrand entlangliefen und sofern das Auto in dem Moment nicht besetzt war, hielten wir an und nahmen jemanden mit.

Als wir gerade allein im Auto saßen, entdeckte der Fahrer zwei junge Männer am Straßenrand und stampfte regelrecht auf die Bremse.

„Du bist wirklich außergewöhnlich nett", kommentierte ich seine selbstlose Art. Er hatte noch niemanden um Geld gebeten.

„Ich hatte es als Kind nicht leicht. Ich weiß, wie es ist zu leiden", erklärte er sein Handeln, ohne genauer auf seine Kindheit einzugehen. Ich wollte keine Wunden aufreißen und beließ es bei seiner Aussage.

Die beiden Männer stiegen in das Auto. Einer setzte sich auf den Beifahrersitz, der andere neben mich auf die Rückbank.

Er setzte sich dicht neben mich. „Warum kann er den mittleren Platz nicht freilassen?", dachte ich.

Eine halbe Stunde verging, in der irgendwie eine komische Stimmung im Auto herrschte. Nun kam es auch dem Fahrer merkwürdig vor, dass der Mann sich so dicht an mich drängte.

„Setz dich ans Fenster. Lass das Mädchen in Ruhe", befahl er ihm.

Gleich fühlte ich mich deutlich wohler. Kurz darauf begann der Mann auf dem Beifahrersitz komisch zu werden. Irgendetwas stimmte mit ihm nicht.

Sein Blick wurde gläsern. Er bat um eine Zigarette, die er dann nicht rauchte. Er fingerte am Handschuhfach herum. Der Fahrer wies ihn streng in seine Schranken. Wir fuhren gerade hundert Stundenkilometer, als er versuchte, die Tür zu öffnen.

„Was hat dein Freund eingenommen?", wollte der Fahrer von dem Mann neben mir wissen.

„Alkohol."

Das war eine Lüge, dessen war ich mir sicher. Das musste irgendein anderer Scheiß gewesen sein, schließlich war der Mann beim Einsteigen noch relativ normal gewesen. Bei Alkohol setzt die Wirkung nicht so viel später ein.

Nun schnallte sich der Fahrer an. Vermutlich hatte er Angst, die Kontrolle über das Fahrzeug zu verlieren, sollte es dem Beifahrer gelingen, die Tür zu öffnen. Dieser ließ nun von der Tür ab, denn er hatte eine neue Beschäftigung gefunden. Er wollte sich wohl ein Beispiel am Fahrer nehmen und versuchte sich ebenfalls anzuschnallen. Er war so vollgedröhnt, dass dieses Vorhaben zu einer Herkulesaufgabe wurde. Trotz mangelnder Klarheit im Kopf kam ihm eine Lösung für sein Problem: Er wickelte sich den Anschnallgurt kurzerhand mehrmals um den Hals. Ohne das immense Gefahrenpotenzial wäre die Situation fast lustig gewesen.

„Schmeiß sie doch endlich raus", dachte ich.

Da er das Problem mit dem Gurt ‚gelöst‘ hatte, wandte er sich nun wieder dem noch gefährlicheren Vorhaben zu, die Beifahrertür zu öffnen. Der Fahrer musste immer wieder eingreifen und ihn davon abhalten. Dadurch konnte er sich nicht gebührend auf die Straße konzentrieren. Ich hatte furchtbare Angst. Die Straße war kurvig und etwa alle fünfzig Kilometer ermahnte das Wrack eines Autos oder Lkws die Fahrer zur Vorsicht. Ich verstand nun die Firmenpolitik, keine Anhalter mitzunehmen. Es konnte verdammt gefährlich sein.

Irgendwann kamen wir wie durch ein Wunder wohlbehalten am Zielort des Fahrers an.

Ich hatte noch ein Stück vor mir und nach sechs weiteren Mitfahrgelegenheiten erreichte ich endlich Chipata und die Grenze zu Malawi.

Sambia hatte meinen Körper in Anspruch genommen.

Ich freute mich nun sehr auf Malawi. Die Sambier hatten mir große Hoffnungen gemacht. Sie sagten, Malawi sei „*The warm heart of Africa*". Ich hatte schon so viel Herzenswärme in Afrika erlebt und konnte mir kaum vorstellen, was davon die Steigerung sein sollte.

Fladen für die Zubereitung von Samusas. Im Anschluss
werden die Teigtaschen mit Kartoffeln gefüllt und frittiert.

Der Sambesi Fluss teilt Sambia und Simbabwe. Diese Brücke
an den Victoriafällen verbindet sie.

*Der Abstieg in die Kupfermine von Mindola hat mich
körperlich herausgefordert.*

Diebische Paviane bei den Victoriafällen, die mir mein Frühstück stahlen.

Malawi

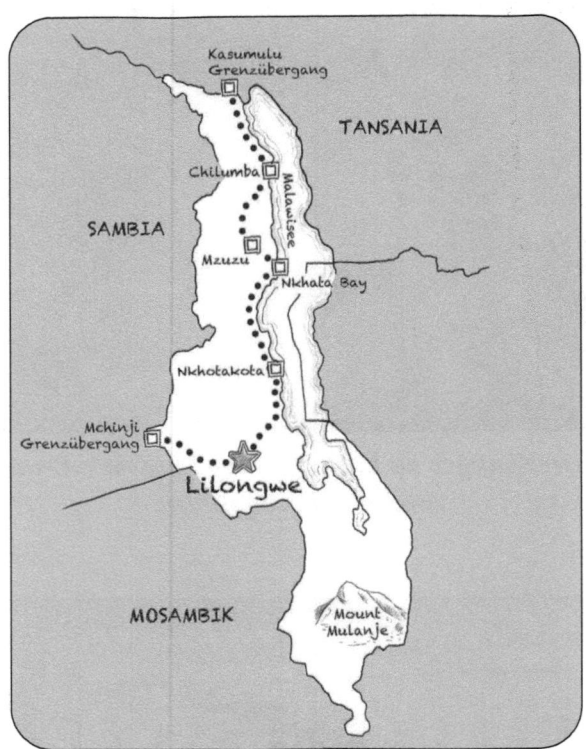

Hauptstadt: Lilongwe

Jahr der Unabhängigkeit: 1964 vom Vereinigten Königreich

Bevölkerungsdichte (gerundet): 236 Einwohner pro km²

Religionen: 82 % Christen, 14 % Muslime

Sprachen: Englisch, Chewa, Tumbuka, Yao (+ 5 weitere)

Währung: Malawischer Kwacha (1 = 0,0014 US Dollar, Kurs 2017)

Top Sehenswürdigkeiten: Malawisee, Mount Mulanje

Gold ist eine Schuld, die wir zurückzahlen können, aber Freundlichkeit bis an unser Lebensende nicht.

Afrikanische Grenzen! Sie brachten mich zur Verzweiflung, sie raubten mir den letzten Nerv. Zugleich war das organisierte Chaos faszinierend. Sie waren wie eine große Überraschungskiste. Von Mal zu Mal wurde ich glücklicherweise besser darin, die Ruhe zu bewahren, wenn es mal wieder nicht so lief, wie ich es wollte.

Es gab unterschiedliche Visa für Malawi. Auch die Preise unterschieden sich deutlich. Das günstigste war das Transitvisum. Dafür hatte ich mich entschieden. Das Problem: Mit diesem Visum blieben mir nur sieben Tage, um das halbe Land bis nach Tansania zu durchqueren. Ich hatte bisher etwas getrödelt und lag hinter meinem Zeitplan. Doch mein Ziel stand fest: Ich wollte es ohne Flugzeug rechtzeitig nach Addis Abeba in Äthiopien schaffen. Meine beste Freundin in Deutschland wollte am Wochenende nach meiner Rückkehr heiraten. Ich musste auf jeden Fall bei ihrer Hochzeit und dem Junggesellinnenabschied am Wochenende vor der Trauung dabei sein. Das zu verpassen, stand nicht zur Diskussion.

So musste ich ein kleines Opfer bringen und Malawi im Sprint durchqueren.

Selbstbewusst trat ich an den Schalter: „Das Transitvisum, bitte."

Das Gesicht meines Gegenübers ließ nichts Gutes hoffen. „Das gibt es nur für Reisende am Flughafen, die sich im Transit befinden und durch Anschlussflüge nur einen kurzen Aufenthalt in Malawi haben. Haben Sie ein Rückflugticket aus Malawi?"

Ich hatte mir die Konditionen vorher gut durchgelesen, schließlich hatte ich bereits in Botsuana Probleme gehabt, weil ich schlecht informiert gewesen war.

Das sollte mir nicht noch einmal passieren. Dort hatte nichts von Flugtickets oder Ähnlichem gestanden.

„Ich bin mir sicher, dass es nicht so auf der Seite der Malawischen Botschaft steht", konterte ich.

„Es wurde viel Missbrauch mit dem Visum betrieben. Touristen in Malawi haben das Transitvisum beantragt, um Geld zu sparen."

Ich saß am kürzeren Hebel. Ich wollte etwas von ihm. Er benötigte nichts von mir. Ein schlechter Ausgangspunkt für Verhandlungen. Ich überlegte mir schnell eine Strategie und entschied mich für eine Mischung aus rationalen Argumenten und emotionalem Nationalstolz.

„Ich durchquere Afrika." Als Beweis zeigte ich ihm die Stempel aus den verschiedenen Ländern, die ich bereits durchquert hatte. „Sehen Sie, ich befinde mich durchgehend im Transit."

„Wenn Sie sich etwas in Malawi ansehen, dann sind Sie eine Touristin und nicht im Transit."

„Ich werde hier in das Land einreisen und im Norden wieder ausreisen. Das ist doch genau das, was das Wort ‚Transit' bedeutet. Ich habe so viel Gutes über Malawi gehört. Ich möchte allen Menschen von der Schönheit und der Liebenswürdigkeit der Menschen berichten. Es wäre sehr schade, wenn mir der Zugang zum ‚*Warm Heart of Africa*' verwehrt bliebe."

Der Appell an den Nationalstolz war der richtige Ansatz. Er bat mich Platz zu nehmen und zu warten. Das war noch keine Zusage, aber eine Absage war es auch nicht. Ich beobachtete all die Menschen, die ihre Stempel bekamen, an mir vorbeizogen und einreisten, während man mich schier endlos lange warten ließ.

Spekulierte der Grenzbeamte darauf, ich würde weich werden und ihn bestechen, so wie Emma es an den heißen Quellen mit dem Kassierer getan hatte oder musste er tatsächlich mit seinen Vorgesetzten sprechen?

Letzten Endes war der Grund für mich irrelevant. Nach vier Stunden des sturen und regungslosen Dasitzens hielt ich mein Transitvisum in den Händen. Die Reise trug Früchte. Meine Souvenirs waren Lektionen. Simbabwe beispielsweise hatte mich Geduld gelehrt. Eine Tugend, die hier zum Einsatz gekommen war.

Neues Land, neue Währung! Im letzten Moment fiel mir ein, auch danach zu fragen: „Entschuldigung, wissen Sie eventuell, wo ich Geld wechseln kann?"

„Versuch es draußen auf dem Schwarzmarkt."

Schwarzmarkt? Es war befremdlich, von Staatsbeamten auf einen Schwarzmarkt verwiesen zu werden. Natürlich fürchtete ich, dort übers Ohr gehauen zu werden.

„Kennen Sie den Wechselkurs von sambischen und malawischen Kwacha?"

„Ungefähr eins zu dreißig", gab mir der Beamte zurück.

Draußen herrschte ein heilloses Durcheinander. Wie konnte ich einen ehrlichen Geldwechsler finden? Mein Blick fiel auf eine Polizeibeamtin, die Tiertransporte kontrollierte. Wie ich kurz zuvor gelernt hatte, war der Schwarzmarkt eine Normalität für die Beamten, also fragte ich sie: „Könnten Sie mir jemanden holen, bei dem ich meine sambischen Kwacha tauschen kann?"

Sie rief ohne zu zögern einen Geldwechsler herbei.

„Folge mir", forderte dieser mich auf.

Wir entfernten uns von den Gebäuden und dem Gedränge.

„Wohin gehen wir?"

„Vor den Gebäuden ist es nicht gestattet, Geld zu wechseln."

Die Vereinbarung zwischen Polizei und Geldwechslern beruhte wohl auf dem Motto „Was ich nicht weiß, macht mich nicht heiß."

Er gab mir einen Kurs von eins zu fünfzig. Entweder hatte sich der andere Beamte gehörig verschätzt, oder ich war ein riesiger Glückspilz!

Mit hundertfünfunddreißigtausend Malawischen Kwacha, umgerechnet etwa hundertfünfzig Euro in der Tasche, war ich gut versorgt.

Ich war überrascht, wie ähnlich sich Sambia und Malawi waren. Jedenfalls ähnelte sich das Vokabular. Die Währung hieß in beiden Ländern Kwacha, der für Afrika typische Wickelrock hieß Chitenge, der allgegenwärtige Maisbrei hieß Nshima und ich hieß weiterhin Mzungu, wie auch schon in Sambia.

„Gut", dachte ich, „dann muss ich dieses Mal nicht ganz bei null anfangen."

Ich brauchte einen Plan, wie es jetzt weitergehen würde. Die Hauptstadt Lilongwe lag in erreichbarer Nähe. So wurde sie mein erstes Ziel in Malawi. Ich fragte jemanden nach dem Weg zur zentralen Busstation. Zu meinem großen Glück war diese auch sein Ziel. Ich konnte ihm hinterher trotten, ohne nachdenken zu müssen.

Der Bus nach Lilongwe stand bereit und war fast voll. Busse fuhren hier erst ab, wenn auch der letzte Platz belegt war. Ich setzte mich auf einen Fensterplatz in der hintersten Reihe, um den Fahrtwind zu genießen. Es dauerte nicht lange, bis wir losfuhren und meine Qual begann.

Neben mir saß ein stark alkoholisierter Mann.

„Möchtest du Erdnüsse?", lallte er und hielt mir die Tüte aufdringlich unter meine Nase.

Ich drehte meinen Kopf ablehnend zum Fenster hin. „Nein."

Er nahm einen Schluck Schnaps, von dem er mir glücklicherweise nichts anbot.

Wieder und wieder wollte er mich zwingen, Erdnüsse zu essen. Da mein Kopf zur Seite gedreht war, kletterte er geradezu auf mich. Sein Atem stank nach Schnaps. Er drehte seine Musik auf dem Handy so laut, dass die Lautsprecher surrten. Er legte seinen Arm um meine Hüfte. Die Situation war unerträglich.

Ich nahm seine Hand und legte sie zurück auf seine Beine.

„*Don't touch me!*", rief ich laut, damit die anderen Fahrgäste von der Belästigung mitbekamen.

„*I like you*", sagte er und kam mir wieder unheimlich nah.

Ich bekam Angst. Niemand griff ein. Sie ignorierten die Situation. Ich schien diesem Mann schutzlos ausgeliefert zu sein. Das war sicherlich nicht mit ‚*Warm heart of Africa*' gemeint. Ich versuchte, so gut es in dem beschränkten Bewegungsraum ging, mich zur Seite zu drehen, sodass ich ihm meine Schulter zeigte.

Er bedrängte mich weiterhin. Kam näher an mein Gesicht und streifte mit seiner Hand über meine Brust.

„*DON'T TOUCH ME!*", brüllte ich nun so laut, dass es jeder hören musste.

Es schreckte ihn nicht ab. Seine Hand packte mich an den Haaren am Hinterkopf.

„*DON'T TOUCH ME!* Lass deine Hände bei dir." Die Gefahr war real. Was würde passieren, wenn ich in Lilongwe ausstieg und er mich verfolgte?

„*STOP THE BUS!*", rief ich. „Ich möchte sofort aussteigen." Ich wollte den nächsten Bus nach Lilongwe nehmen. Ich wusste nicht, ob an diesem Tag noch ein Bus kommen würde, doch das Risiko war ich bereit einzugehen.

Der Bus wurde langsamer und fuhr an die Seite. Ich stand auf und drängte mich an meinem Sitznachbarn vorbei. Das nutzte der Mann, um mich abermals anzufassen. Endlich griff ein Fahrgast ein.

„Warte, Mädchen. Du kannst meinen Platz haben. Ich setze mich neben den Mann."

Ich war erleichtert und zugleich enttäuscht. Ich hatte mich sehr auf Malawi gefreut. Jetzt wollte ich nur noch raus aus dem Land.

Eingeschüchtert von den Erlebnissen wollte ich in Zukunft vorsichtiger sein. Zudem hatte ich zum Abschied in Sambia einen Burger gegessen und mir wieder den Magen verstimmt. Magenkrämpfe plagten mich. Ich wollte die Woche in Malawi nutzen, um mich körperlich und mental zu stärken und auf die nächste Etappe meiner Reise vorzubereiten. Daher buchte ich eine Unterkunft über Airbnb, die in Nkhotakota direkt am Malawisee lag.

In Lilongwe angekommen, brachte mich der Busfahrer zu dem Bus, der nach Nkhotakota fahren sollte.

Wir warteten vier Stunden, bis der Bus endlich voll besetzt war und wir nach Nkhotakota aufbrachen.

Um einundzwanzig Uhr erreichten wir die Stadt ohne weitere Zwischenfälle.

Die Herbergsmutter hatte einen jungen Mann für mich engagiert, der mich auf seinem Motorrad abholte, um mich zum Haus am Strand zu bringen. Eine für mich vorab organisierte Fahrt war der größte Luxus, den ich mir gerade hätte vorstellen können.

Ich fühlte mich schlagartig federleicht und glücklich. Der leichte Fahrtwind war eine Wohltat. Im Schneckentempo ging es auf der vier Kilometer langen Schotterpiste entlang. Der Fahrer war ein wahrer Künstler. Ich dachte kurz an meine Mutter und die Warnungen, die sie jetzt an mich richten würde: „Bist du verrückt, mit einem wildfremden Mann, ohne Helm auf einem Motorrad irgendwo in der Walachei und im Finsteren zu fahren?"

Ich schob den Gedanken beiseite, um den Moment zu genießen. Die Stille, der Fahrtwind und das Gefühl der Sicherheit, weil ich eine Unterkunft hatte, waren ein Genuss.

Bei meiner Ankunft am Haus konnte ich in der Dunkelheit so gut wie nichts erkennen. Erst am nächsten Morgen offenbarte sich das Paradies.

Vor meinem Zimmer lag ein kleiner Privatstrand am Malawisee. Ein Ort zum

Innehalten. Die Ruhe, die Aussicht und der Frieden ließen alle Strapazen vergessen. Diese Stille war genau das, was ich nach den turbulenten letzten Tagen brauchte. Ich gab mich dem Tagtraum hin, ein Häuschen hier zu besitzen. Den wollte ich nicht so schnell ziehen lassen, also blieb ich anstatt einer doch zwei Nächte.

Die Unterkunft war ein Bungalow mit drei Schlafzimmern und einer Wohnküche. Alles war einfach gehalten, aber nichts fehlte. Ich war der einzige Gast und musste mir mein Essen selbst kochen. In der Nähe gab es keine Einkaufsmöglichkeiten und so machte ich mich frühmorgens auf den Weg, Gemüse für eine Suppe zu besorgen.

Anstatt den Motorradfahrer zu kontaktieren, ging ich zu Fuß. Der Weg auf der Schotterpiste zog sich in die Länge. Kinder liefen mir hinterher, um mich per Handschlag zu begrüßen. Mit ihrem herzlichen Lachen waren sie fantastische Botschafter Malawis. Kein Kind, kein Erwachsener, den ich auf dem Weg traf, der mir nicht ‚guten Tag‘ sagte. Malawi war für mich das Land des Grußes.

An der Hauptstraße angekommen, hielt ich einen Minibus an, der in die Stadt fuhr.

„Fünfzehnhundert Kwacha“, forderte der Fahrer.

Ich war über den hohen Preis verwundert. Drei Euro. Das musste ein Fehler sein.

„Entschuldigung, wie viel sagten Sie?“

„Fünfzehnhundert Kwacha.“

Ich bezahlte.

Die anderen Fahrgäste begannen aufgeregt zu diskutieren. Hier war etwas faul, doch leider konnte ich der Diskussion nicht folgen, da in Chichewa gesprochen wurde.

„Warum reden alle so laut?“, wollte ich von einer Frau wissen.

„Der Fahrer hat dich bestohlen. Die Fahrt kostet fünfhundert Kwacha“, entgegnete sie mir aufgebracht und richtete sich dann auf Englisch an den Fahrer: „Du bist ein Sünder, ein wahrer Sünder“, wetterte sie empört.

Wie überall auf der Welt gab es auch hier Menschen, die einen enttäuschten. Wie der alkoholisierte Fahrgast im Bus nach Lilongwe oder in diesem Moment der Busfahrer. Doch die Reaktion aller Fahrgäste zeigte mir, dass solche Menschen nicht repräsentativ für Malawi waren. Ich hatte einfach zwei faule Äpfel getroffen.

Auf Drängen der anderen Fahrgäste bekam ich tausend Kwacha zurück.

Der Bus hielt direkt am zentralen Markt der Stadt, wo ich Tomaten, Karotten, Zwiebeln, Kartoffeln und Paprika für eine Suppe kaufte.

Meine Augen waren größer als mein Magen gewesen und ich bereitete eine Suppe zu, die für zehn Personen gereicht hätte. Ich lud das Ehepaar, das sich für die Besitzerin um das Haus kümmerte, zum Essen ein. Die Frau teilte sich im Gegenzug einen frisch gefangenen und gegrillten Fisch mit mir. Beim Essen kamen wir ins Gespräch.

Sie erzählten mir von einer Lodge in der Nähe, die von einem Deutschen geführt wurde.

Als ich später dorthin ging, lernte ich Anton kennen. Er kam aus Berlin und verbrachte ein Freiwilligenjahr in der Lodge.

„Weißt du, was der Unterschied zwischen Deutschland und Afrika ist?", fragte er mich in hochnäsigem Tonfall, ohne eine Antwort zu erwarten. „Deutsche arbeiten effizient."

Ich assoziierte mit Afrika Eigenschaften wie Hilfsbereitschaft, Erfindertum, Geduld, Genügsamkeit, um nur einige zu nennen. Ich hatte keine Lust auf ein längeres Gespräch mit Anton, also behielt ich meine Gedanken für mich.

Er war mir vom ersten Moment an unsympathisch und dieser Eindruck sollte sich noch verfestigen.

Ein Mann in weiten Freizeithosen, der zwei Kisten Coca-Cola von der Lodge gekauft hatte, wollte das Grundstück verlassen, als Anton zwei der Arbeiter in der Lodge anschrie. „Durchsucht ihn!"

Die Arbeiter zögerten.

„Meine Arbeiter tragen auch solche weiten Hosen, in denen sie gestohlene Sachen verstecken", brüllte Anton den Mann an. „Durchsucht ihn!", wiederholte er dann an die Arbeiter gerichtet.

‚Meine Arbeiter' – ich war erschrocken über die Wortwahl und den Tonfall. Erstens war Anton selbst nur eine Art Praktikant und zweitens war die Formulierung sehr besitzergreifend. Als Weißer in Afrika einen Afrikaner praktisch als Eigentum zu bezeichnen war an Respektlosigkeit und Dummheit kaum zu überbieten. Und afrikanischen Menschen pauschal zu unterstellen, sie würden Dinge stehlen, das war blanker Rassismus.

Auch der Mann wiederholte ungläubig die Worte: „*My workers?*". Er und die Arbeiter waren zutiefst getroffen.

Letztendlich ließ Anton von ihm ab und ich sah zu, dass ich von dort verschwand. Ich hatte kein Interesse daran, mich weiter mit diesem jungen Mann auszutauschen.

Später, als weder Anton noch der Besitzer zu sehen waren, kam ich zurück, um mich mit einem der Arbeiter zu unterhalten. Ich wollte wissen, wie es ihnen in der Lodge erginge.

„Keiner von uns wird lange hier arbeiten. Wir verdienen kaum Geld, arbeiten sehr viel und werden schlecht behandelt. Für sie sind wir offenbar immer noch Sklaven", erzählte er mir mit trauriger Miene.

Ich schämte mich für meine Landsleute.

Mein nächstes Ziel hieß Nhkata Bay. Per Anhalter zu reisen, erfordert Geduld und Zeit. Insbesondere in Malawi. In den anderen Ländern hatte ich regelmäßig private Autos auf den Straßen gesehen. Nicht so in Malawi. Malawi war bitterarm. Anstelle von Autos sah ich hier Fahrräder. Geduld hatte ich erlernt, doch Zeit hatte ich in Malawi nicht. Schließlich blieben mir nur noch fünf Tage, um die tansanische Grenze zu erreichen. Ich nahm also erneut einen Bus.

Der Bus war wie gewohnt voll und stickig. Wir saßen eng an eng und schwitzten um die Wette. Auf dem Beifahrersitz saß ein Mädchen aus den Niederlanden, das ihre Tasche neben sich gestellt hatte. Ein Sitzplatz, der dringend gebraucht wurde. Wie konnte man seelenruhig zwei Plätze vorn besetzen, während hinter einem Menschen kaum Luft bekamen?

Vermutlich traute sich niemand, sie darauf hinzuweisen, also tat ich es. Sie nahm genervt ihre Tasche auf den Schoß. Eine Frau kletterte nach vorn und setzte sich neben die Niederländerin. Es brachte keine große Verbesserung, aber zumindest ging es nun etwas gerechter zu.

Ich musste mich dringend erholen. Eine luxuriöse Lodge kam nicht infrage. Ich hatte mich in meinem Tourismusstudium auf Nachhaltigkeit spezialisiert und war gespannt darauf zu sehen, wie es in einer nahe gelegenen Eco Lodge umgesetzt wurde. Sie befand sich etwa fünfzehn Minuten zu Fuß vom Zentrum entfernt. Ich plante dort drei Nächte zu verbringen. Nachhaltiger Tourismus soll umweltfreundlich und sozial verantwortlich sein. Die Einheimischen sollen vom Tourismus profitieren und nicht unter den Folgen leiden. Ich war beeindruckt davon, wie umfänglich dieses Konzept umgesetzt wurde. Gäste wurden dazu angehalten, zum Urinieren in die Büsche zu gehen und nur für das große Geschäft die Komposttoilette zu nutzen. Sie war im Prinzip ein tiefes Loch, über das eine Kloschüssel gebaut worden war. Man bedeckte sein Geschäft mit Asche und Blättern, sodass es kompostiert wurde und nicht stank. Tatsächlich blieb die Toilette auf diese Weise geruchsneutral.

Auf dem hügeligen Grundstück, das sich vom See den grünen Hang nach oben erstreckte, waren kleine Chalets entlang des Sandweges gebaut. Kleine Holzhütten mit Reetdächern. In ihnen hausten neben den Touristen auch unter anderem Eidechsen, Mücken und Spinnen. Es gab nur zwei Duschen, die durch spärlich fließendes und dazu kaltes Wasser nicht zur Wasserverschwendung einluden.

Die gesamte Lodge fügte sich in die Natur ein. Die Wäsche wurde mit Seife aus natürlichen Materialien im See gewaschen und zum Trocknen auf die Steine gelegt. Die Lodge bildete nicht nur eine Einheit mit der Natur, die Inhaber versuchten auch Teil der Gemeinschaft zu sein. Volontäre, die in der Lodge übernachteten, halfen in umliegenden Schulen oder boten Kurse für beispielsweise Videobearbeitung und Computerkurse an.

Ich saß auf der kleinen Veranda meines Chalets und aß einen Apfel zum Frühstück. Vor mir tobten Äffchen, um genauer zu sein, Grüne Meerkatzen in den Bäumen. Sie stritten sich lautstark um Guaven.

Ich schloss die Augen und lauschte. Ich lauschte den streitenden Grünen Meerkatzen und den flachen Wellen des Sees, die sanft gegen die Felsen schlugen. Die Abwesenheit von Autolärm, lauten Stimmen und sogar die Abwesenheit von Musik waren eine Wohltat. Nichts, was mich von mir und meinen Gedanken ablenkte. Ich dachte wieder einmal an die Jahre auf Kreuzfahrtschiffen zurück. Ich hatte das Leben und die Arbeit auf hoher See hinter mir gelassen, da mich das tägliche Stresslevel und die Vierzehn-Stunden-Tage mürbe gemacht hatten. In meinem letzten Vertragsjahr hatte ich regelmäßig Panikattacken mit Herzrasen und Schweißausbrüchen bekommen, dazu waren Schlafprobleme gekommen. Dann hatte ich die Notbremse gezogen. Es war eine oberflächliche Welt mit strengen Regeln gewesen, die langsam meine Persönlichkeit verändert hatte. Die Haare durften nie die Ohren bedecken. Frauen mussten immer mit dezentem Make-up geschminkt sein; Lippenstift war dabei ein Muss. Auch an langen Einschiffungstagen, an denen wir vierzehn oder mehr Stunden auf den Beinen waren, mussten wir auf High Heels gehen, nur um ‚gut' auszusehen. Gefühle durfte man vor Gästen nicht zeigen. Wenn man nicht lächelte, dann wurde man darauf hingewiesen. Wir sollten für die Gäste eine Traumwelt ohne Sorgen erschaffen. Ich war glücklich, dieses Leben hinter mir gelassen zu haben. Als Beweis entsorgte ich das bisschen Make-up, das ich dabei hatte: einen kleinen Mascara und eine kleine Dose Make-up.

Am Anfang meiner Reise in Südafrika hatte mir eine Europäerin erzählt, sie wolle durch Afrika reisen, um sich selbst zu finden. Damals hatte ich innerlich darüber gelacht. Jetzt verstand ich sie. Die Ablenkungen aus dem Alltag in Europa waren fast vollständig verschwunden und so besann ich mich auf das Wesentliche – die Sicherung meiner Grundbedürfnisse: Schlafen, Essen, Trinken und Sicherheit.

Ich vermisste meinen Freund. In diesem Moment beschloss ich mein Vagabundenleben nach meiner Rückkehr endgültig aufzugeben und eines Tages eine Familie mit ihm zu gründen. In dieser Nacht begann ich damit, die Erlebnisse meiner Reise aufzuschreiben.

Vor meiner Weiterreise ließ ich es mir nicht nehmen, die Unterwasserwelt des Malawisees zu erleben. Ich buchte einen halbtägigen Kanuausflug.

Wir blieben in Ufernähe und dennoch hatten wir mit erstaunlichem Wellengang zu kämpfen. Die Kanutour entpuppte sich als körperlich herausforderndes Erlebnis. Doch die Anstrengungen wurden reich belohnt. Am Ufer entlang tauchte ich mit einem Schnorchel unter. Das Wasser war kristallklar und die Fische tanzten um mich herum.

Ich kenne mich nicht gut mit Fischen aus und kannte ihre Namen nicht, doch einige von ihnen kamen mir bekannt vor. Es war, als würde ich im Aquarium meines Vaters schnorcheln.

Auf dem Weg zu unserem Ziel, einem verlassenen Strand, stoppte der Guide das Kanu und hielt einen toten Fisch in die Luft, den er für den Ausflug mitgebracht hatte.

„Dieses ist ein Seeadlergebiet. Manchmal kann ich sie anlocken."

Und tatsächlich. Ein Seeadler kam im Sinkflug auf uns zu. Der Guide warf den Fisch in die Luft und der Seeadler griff ihn knapp über der Wasseroberfläche mit seinen Krallen.

Schließlich erreichten wir den kleinen Strand. Einbäume, das sind einfache Boote, die in Handarbeit aus den Stämmen von Mangobäumen geschnitzt werden, lagen verlassen im Sand, wo sich nur unsere Fußspuren fanden. Ein ungeschminkter, ehrlicher Ort, der mit seiner Einfachheit berührte.

Nach den Tagen der Ruhe fühlte ich mich wieder fit und erfüllt von Zuversicht. Motiviert ging ich zur Straße, um mein Glück erneut per Anhalter zu versuchen. Ich hatte noch zu wenig Kontakt mit den Einwohnern Malawis gehabt.

Ich brauchte eine Menge Geduld. Auf den Straßen waren fast ausschließlich Minibusse und umgebaute Fahrräder unterwegs. Die Gepäckträger waren durch einen zweiten Sattel ersetzt, sodass sich zwei Personen leicht ein Fahrrad teilen konnten. Private Autos gab es kaum.

Schließlich hielt ein Biologieprofessor an und nahm mich nach Mzuzu mit.

„Weißt du, es ist möglich, Malaria komplett auszurotten. In meiner Forschungsregion habe ich es schon geschafft. Wieso will der Westen nicht, dass Malaria ausgerottet wird?"

Ich war überfragt und so einer Diskussion fachlich nicht gewachsen. Ich konnte mir jedoch nicht vorstellen, dass der Westen die Ausrottung von Malaria verhinderte. Vielleicht hatte es nur keine Priorität für westliche Länder und somit fehlten die Gelder.

Ich antwortete ihm mit einem schlichten: „Ich weiß es nicht."

Er hielt für zwei Frauen an, die zu Fuß die Straße entlangliefen, aber nicht um eine Mitfahrgelegenheit gebeten hatten. Die Frauen betrachteten uns skeptisch.

„Danke, aber so ein Auto passt nicht in unsere Welt", lehnten sie das Angebot ab.

Da ich der Begründung nicht sofort folgen konnte, versuchte ich, mich in sie hineinzuversetzen. Hatten sie Angst? Und wenn ja, wovor hatten sie Angst? Vor ihm oder vor mir? Vor der Autofahrt? Wie groß musste die Angst sein, dass sie es bevorzugten, zu Fuß zu gehen?

Der Professor überzeugte sie schließlich davon, mitzufahren. Zu gerne hätte ich seine Argumentation verfolgt. Ihr Inhalt blieb mir allerdings verborgen, da sie sich in Chichewa unterhalten hatten. Sie sagten die ganze Fahrt über kein Wort.

Die Autofahrt durch Malawi war wunderschön. Rechts von uns funkelte die ruhige Wasseroberfläche des Sees. Auf der linken Seite erstrahlte die Hügellandschaft in sattem Grün. Nur selten wurde sie von kleinen Ortschaften, die aus kaum mehr als ein paar Hütten aus Ziegelsteinen bestanden, unterbrochen.

Ich wünschte, ich hätte mehr Zeit gehabt, um in einem dieser Dörfer Rast zu machen. Doch schon am nächsten Tag lief mein Visum ab.

Nach einigen weiteren Mitfahrgelegenheiten strandete ich in der kleinen Ortschaft Chilumba. Ich beobachtete die Straße und sah für mehrere Stunden nichts. Kein Auto, keinen Lkw, keine Möglichkeit wegzukommen. Das Schicksal hatte über meinen Aufenthaltsort entschieden. Chilumba liegt etwas über hundert Kilometer von der tansanischen Grenze entfernt. Ich musste es am nächsten Tag zum Grenzübergang schaffen, was ein ehrgeiziges Vorhaben war. Jetzt blieb mir nur, die Lage so zu akzeptieren, wie sie war. Ich setzte mich an den Straßenrand und wartete auf eine Lösung.

Die Menschen hatten Berührungsängste. Seit etwa zwei Stunden hatte ich dort gesessen und niemand hatte mich angesprochen. Es war ungewohnt, kein ‚Mzungu‘ und kein *I love you* von Betrunkenen zu hören. Ein Pickup fuhr mit lauter Musik langsam an mir vorbei. Auf der Ladefläche tanzten und sangen Menschen. Hinter dem Wagen lief eine Menschentraube, die ebenfalls sang, sprang und tanzte. Eine Feier. Vielleicht eine Hochzeit? Aber wo war die Braut? Die Fröhlichkeit wirkte ansteckend. Innerlich tanzte und sang ich mit.

„Was machst du hier? *Do you need help?*“, riss mich ein Teenager aus meinen Überlegungen, der feiernden Gesellschaft zu folgen. Sein Name war Jonathan.

„Ich weiß nicht. Ich fahre per Anhalter durch Afrika und bin hier gestrandet.“

„Heute wird kein Auto mehr kommen“, wischte er jede Hoffnung weg. „Du kannst bei uns schlafen. Mein Vater ist Pastor in Chilumbu und würde sich freuen.“

„Meinst du wirklich? Willst du deinen Vater nicht zuerst anrufen und fragen?“

Jonathan folgte meinem Rat. Es war ein kurzes Gespräch. Natürlich sollte ich bei ihnen schlafen. Ich hätte mich inzwischen an die afrikanische

Gastfreundlichkeit gewöhnen können, doch sie brachte mich jedes Mal wieder zum Staunen. Sein Vater hatte mich nicht gesehen, mich nicht kennengelernt und hatte doch keine Zweifel. Wir sollten uns auf halbem Weg zum Haus treffen.

„Jonathan, was ist das für eine Party?" Ich zeigte auf den Pickup, der von der Menschenmenge begleitet wurde und wieder an uns vorbeifuhr.

„Das ist eine Beerdigung."

„Eine Beerdigung?" Ich traute meinen Ohren nicht. Niemand trug schwarze Kleidung, wie ich es von Beerdigungen kannte. Es gab keinerlei Hinweise auf Trauer.

„Aber sie tanzen doch und niemand weint. Sind die Menschen nicht traurig?"

„Doch natürlich sind sie traurig. Wir feiern das Leben des Verstorbenen und freuen uns für ihn. Er ist jetzt im Paradies."

Wirkte es zunächst befremdlich, fand ich die Erklärung wunderschön. Worum trauern wir auf Beerdigungen in schwarzer Kleidung? Wir trauern eigentlich darum, jetzt ohne den Menschen leben zu müssen. Wenn man an Gott und einen Himmel glaubt, dann ergibt es Sinn, den Menschen, die Zeit, die man mit ihm hatte, sein Leben und nun seine Zeit im Himmel zu zelebrieren.

Wir ließen die Gesellschaft hinter uns und machten uns auf den Weg zu Jonathans Familie.

„Gehst du noch zur Schule?", wollte ich von Jonathan wissen.

„Ja, das ist mein letztes Jahr. Eigentlich wollte ich Arzt werden, aber jetzt möchte ich lieber zum Militär und Soldat werden."

Mit der Antwort hatte ich bei einem Pastorenkind nicht gerechnet: „Soldat? Und dein Vater ist damit einverstanden?"

„Ja, mein Vater unterstützt es", behauptete er und sah dabei auf den Boden.

Die Art, wie er es sagte, ließen mich an der Glaubwürdigkeit zweifeln. Ich war sehr auf seinen Vater gespannt.

Das Haus lag weit abgelegen. Es führten keine Straßen auf direktem Weg dahin und so durchquerten wir Felder, die mit Ziegenkot übersät waren. Ziegen und Kühe prägten das Bild der Gemeinden in Malawi und so war auch deren Mist Teil der Landschaft.

Jonathans Vater begegnete uns, wie besprochen, auf halbem Wege.

Er gab mir die Hand und strahlte: „Herzlich willkommen!"

Das Haus mit seinen drei Zimmern war voller Leben! Neben Jonathan lebten dort seine sieben Geschwister, seine Eltern und seine Tante.

Sein Vater überraschte mich mit seiner Offenheit: „Früher habe ich viel Alkohol getrunken. Ich war ständig betrunken. Tag und Nacht", offenbarte er mir ohne Scham. „1994 habe ich zu Gott gefunden, mit dem Trinken aufgehört und mich dazu entschieden, mein Leben Gott zu widmen."

Er war zu Recht stolz auf seine Geschichte. Es ist eine große Leistung, sich aus einem Tal zu kämpfen, zumal in seinem Tal die Geister des Alkohols gehaust hatten.

„Dann lernte ich Englisch, ging drei Jahre zur Bibelschule, holte meinen Schulabschluss nach und jetzt bin ich Pastor."

In seiner Lebensgeschichte steckte so viel. Ein hoher Alkoholkonsum, den ich oft in Afrika beobachtet hatte, insbesondere bei Menschen, die keinen Ausweg aus ihrer Lage sahen. In Malawi war mir aufgefallen, wie schwer sich viele damit taten, Englisch zu sprechen. Das hinderte sie daran, aufzusteigen und besser bezahlte Arbeit zu bekommen. Gerade auf dem Land mangelte es an Bildungschancen. Er konnte tatsächlich stolz auf sich sein.

„Das ist beeindruckend. Wie hast du das geschafft?"

„Mit der Hilfe Gottes. Komm ich zeige dir unsere Hühner." Wir gingen um das Haus. Als hätte ich es geahnt, wollte er mit mir über Jonathans Zukunft sprechen: „Ich mache mir Sorgen um Jonathan. Er ist bald mit der Schule fertig und möchte Soldat werden. Soldat. Früher wollte er immer Arzt werden. Ich verstehe das nicht. Aber ich kann nichts dagegen machen, wenn es Gottes Wille ist", erklärte er mir mit bedrückter Stimme.

„Möchtest du, dass ich mit Jonathan rede? Vielleicht erzählt er mir, warum er auf einmal lieber Soldat werden möchte", bot ich an.

„Das wäre toll. Ich komme bei ihm nicht weiter."

Natürlich nicht. Welches Kind in der Pubertät spricht gerne mit den Eltern über seine Gedanken und Gefühle?

Als wir zurückkamen, hatte sich eine Traube von Besuchern im Wohnzimmer eingefunden. „Ich habe meinen Kirchenfreunden erzählt, dass wir Besuch aus Deutschland haben. Sie wollten dich unbedingt kennenlernen", klärte mich

Jonathans Vater auf.

Meine Müdigkeit musste ich zurückstellen, denn der Gesprächs- und Diskussionsbedarf war groß. Was ich von Alkohol, Zigaretten und Polygamie hielte, wollten sie wissen und sahen mich erwartungsvoll an.

Ich fand es schwierig, solche Fragen zu beantworten. Natürlich hatte ich eine eindeutige Meinung. Insbesondere die Frage über Polygamie fand ich heikel. Sie zu stellen ließ mich vermuten, dass es ein kritisches Thema in Malawi war und ich wusste nichts über die traditionellen und kulturellen Hintergründe. Ich wollte ihnen meine Meinung nicht aufzwingen und sie nicht vor den Kopf stoßen, doch wurde eine Antwort von mir verlangt. Ich befand mich in einer Zwickmühle.

„Alkohol und Zigaretten sind ungesund und besonders Alkohol kann Familien zerstören. Das habe ich auf meiner Reise oft gesehen. Anstatt Geld für Alkohol auszugeben, wäre es doch besser, damit die Schulgebühren für die Kinder zu zahlen", sagte ich selbstbewusst. Ich kannte ja schon die Geschichte meines Gastgebers und war mir seiner Zustimmung sicher. „Polygamie … in Deutschland ist Polygamie illegal", begann ich vorsichtig.

„Hier auch", warf ein Kirchenmitglied ein, „aber bei traditionellen Hochzeiten wird es noch praktiziert."

Jetzt hatte ich etwas mehr Information und lehnte mich weiter aus dem Fenster: „Ich glaube, weder aus religiöser noch aus menschlicher Sicht ist eine polygame Beziehung richtig."

Der Pastor wirkte erleichtert über meine Antwort. „Gott möchte, dass wir unserem Partner treu sind."

Ich konnte mir ein Gähnen nicht verkneifen, was dem Hausherrn nicht verborgen blieb.

„Unser Gast ist müde. Wir sehen uns morgen in der Kirche", rief der Pastor aus.

Stimmt. Am nächsten Tag war Sonntag. Ich achtete nicht auf die Wochentage, sie waren für mich auf der Reise kaum von Bedeutung. „Wenn du willst, komme ich morgen mit in den Gottesdienst", schlug ich vor. Er war so stolz auf seinen Beruf, dass ich ihm dafür Anerkennung schenken wollte. Zeitdruck hin oder her. Ich würde schon eine Lösung finden, wie ich rechtzeitig an die Grenze käme. Es gibt immer eine Lösung.

Er freute sich ehrlich über die Idee. „Das wäre großartig!"

Das Bett der Tante wurde im Wohnzimmer aufgestellt und in dieser Nacht sollte es mein Bett werden.

„Ich kann auch auf dem Boden schlafen, bitte. Ich habe meine Isomatte." Ich hob sie hoch, um meinem Vorschlag Nachdruck zu verleihen.

Doch das wurde einfach ignoriert. Zu allem Überfluss liehen sie sich ein Moskitonetz von den Nachbarn, um das Bett damit auszustatten. Niemand aus der Familie schlief mit einem Moskitonetz.

Die Tante legte sich auf den Boden neben das Bett, damit ich nicht allein war.

„Bitte, wirklich. Das ist nicht nötig." Mir war so viel Gastfreundschaft unangenehm. „Wir können uns das Bett auch teilen."

„Der Gast diskutiert nicht mit dem Gastgeber", sprach der Pastor ein bestimmtes, wenn auch herzliches, Machtwort.

Kurz vor meiner Abreise offenbarte Malawi nun, warum es das ‚*Warm heart of Africa*' war.

Es war Sonntag und mein letzter Tag in Malawi. Die Grenze wartete auf mich. Doch zuerst musste ich meine zwei Versprechen einlösen: Mit Jonathan reden und den Gottesdienst seines Vaters besuchen.

„*Good morning, Jonathan.* Hast du Zeit? Sollen wir spazieren gehen?"

Jonathan stimmte zu. Ich hatte mir in der Nacht Gedanken darüber gemacht, wie ich das Gespräch führen wollte. Es sollte ehrlich, direkt und auf Augenhöhe sein.

„Ich habe mich mit deinem Vater unterhalten. Er macht sich Sorgen, weil du Soldat werden möchtest. Er sagte, Arzt zu werden, war dein ganzes Leben dein Traum. Er versteht nicht, warum du dich jetzt anders entschieden hast."

„Ich habe mich informiert. Es ist unmöglich, Arzt zu werden. Es gibt zu viele Hindernisse", antwortete Jonathan.

Es war also immer noch sein Traum. Er hatte schlicht Angst, zu versagen. Wie oft zerstört Angst die Träume von Jugendlichen?

Ich hakte nach: „Welche Hindernisse meinst du?"

„So viele. Die Aufnahmebedingungen an der Universität. Sie nehmen nur Schüler von ausgezeichneten Schulen. Und die Studiengebühren können wir uns auch nicht leisten."

„Aber die finanziellen Fragen muss dein Vater klären. Er wünscht sich sehr, dass du ein Medizinstudium machst. Soll ich mit ihm sprechen?"

Er zuckte mit den Schultern. Die Unterhaltung war ihm unangenehm. „Ja, kannst du machen."

„Woher hast du eigentlich die Idee, zum Militär zu gehen?"

„Ein Klassenkamerad hat mir erzählt, dass es einfach ist, dort angenommen zu werden und sie bezahlen gut."

Nach dem Gespräch mit Jonathan suchte ich seinen Vater auf, um seine Aussagen zu übermitteln: „Jonathan möchte immer noch Arzt werden. Er hat Angst, nicht angenommen zu werden und denkt, ihr könnt euch die Studiengebühren nicht leisten. Wenn du keinen Soldaten als Sohn möchtest, dann musst du ihm deine Unterstützung zeigen."

„Das sind gute Nachrichten. Ich habe von früher einen Freund in England. Vielleicht kann er helfen."

„Du kennst doch bestimmt sehr viele Leute. Hast du einen Freund, der Arzt ist und in einem Krankenhaus arbeitet?"

„Ja, ich kenne einige Ärzte."

„Dann frag die doch mal, ob Jonathan dort für einen Monat ein unbezahltes Praktikum machen kann. Vielleicht haben die Ärzte noch weitere Tipps oder Kontakte zur Universität. Dann ist das Problem mit der Aufnahme und Jonathans Angst vor Ablehnung schon mal kleiner."

Der Vater war glücklich. Er holte Jonathan dazu und legte seinen Arm auf Jonathans Schulter: „Mach dir keine Sorgen. Wir schaffen das", munterte er ihn auf. „Ich gehe mit dir gemeinsam zum Krankenhaus", versprach er seinem Sohn.

Jonathan stimmte dem Plan zu und machte seinen Vater damit sehr glücklich.

Wir mussten uns beeilen, um es noch rechtzeitig zum Gottesdienst, der bereits um acht Uhr anfangen sollte, zu schaffen.

Der Pastor, immer noch glückselig über das Vater-Sohn-Gespräch am Morgen, machte mich zum Hauptthema des Gottesdienstes. Ich wurde als Ehrengast in die erste Reihe gesetzt. Er wiederholte wieder und wieder, was für eine Ehre mein Besuch sei und bat ein Gemeindemitglied, den gesamten Gottesdienst für mich ins Englische zu übersetzen. Die Übersetzung zog den Gottesdienst in die Länge und er sollte am Ende vier Stunden dauern. Damit hatte ich nicht gerechnet. Ich kannte Gottesdienste, die maximal zwei Stunden dauerten. Die Sorge um meine nötige Ausreise wuchs rasant.

„And now, our friend from Germany will preach", erklang die Stimme des Übersetzers und der Pastor strahlte mich mit einer einladenden Handbewegung ein.

Was? Ich sollte predigen? Ich war nicht besonders religiös und schon gar nicht bibelfest. Die Gemeinde sah mich erwartungsvoll an und begann zu applaudieren. Ich musste predigen. Es führte kein Weg daran vorbei. Zögernd erhob ich mich von meinem Stuhl.

„Halleluja, Halleluja, Halleluja", rief ich laut in den Raum und öffnete dabei weit meine Arme. Das hatte ich mir während des Gottesdienstes beim Pastor abgeschaut. Die Gemeinde antwortete mit einem enthusiastischen dreimaligen „Halleluja". Ich wiederholte das Spiel noch einmal, dieses Mal noch etwas lauter und mit dem Zusatz *„Praise the Lord!"* Ich musste Zeit gewinnen.

„Ich werde über Träume und Ziele erzählen", kam mir ein Blitzgedanke. Geplatzte Träume hatten mich durch alle Länder bei kurzen und längeren Begegnungen begleitet. Ob es der geplatzte Traum, Journalistin zu werden, in Sambia war oder der unerfüllte Wunsch von einem der simbabwischen Studenten ein Auslandsjahr in Indien zu machen, obwohl er an der Universität dort akzeptiert worden war oder der Kindheitstraum von Jonathan Arzt zu werden, den er aufgeben wollte, bevor er es versucht hatte. Immer wieder durch wirtschaftliche oder kulturelle Gründe ausgebremst zu werden, macht etwas mit den Menschen. Wie sollte man unter diesen Umständen die Hoffnung behalten und Ambitionen entwickeln?

„Je größer eure Träume, desto steiniger wird der Weg sein, aber Gott wird euch begleiten", sagte ich jetzt in einem pastoralen Tonfall und machte eine Pause für den Übersetzer. Dieser verlieh meinem Satz den afrikanischen Kick. Seine Stimme donnerte durch den Raum, enthusiastisch, wild gestikulierend und deutlich länger als mein ursprünglicher Satz.

„Ich hatte einen Traum. Ich wollte Afrika bereisen und ich hatte Angst."

Wieder folgte, wie nach jedem meiner Sätze, eine lange, enthusiastische

Übersetzung, die das Publikum mitriss.

Ich erzählte von meiner bisherigen Reise durch Afrika, von den Schwierigkeiten und den vielen Hilfen, die ich bekommen hatte. Ich berichtete von der schützenden Hand Gottes, auf die ich mich verlassen konnte, während ich meinen Traum verfolgte.

Am Ende meiner Predigt folgten wieder viele Hallelujas. Der weitere Gottesdienst feierte das Leben mit Gesang und Tanz. Unter Gesang verließ schlussendlich die Gemeinde das Kirchengebäude. Gebäude ist etwas übertrieben. Es handelte sich um einen überdachten Platz. Mir gebührte die Ehre, den Platz gemeinsam mit dem Pastor als Letzte zu verlassen.

Vor der Kirche stand die Gemeinde klatschend in einem Kreis und der Pastor und ich schüttelten jedem die Hand.

Wir gingen nach Hause, wo ich die Einladung zum Mittagessen leider ausschlagen musste. Es war bereits zwölf Uhr dreißig und der Grenzübergang würde um achtzehn Uhr schließen.

Eigentlich wollte ich Gastfreundschaft nicht mit Geld bezahlen und die Familie hätte das ohnehin nicht angenommen. Allerdings wusste ich um die finanziellen Probleme und legte unbemerkt eine beachtliche Summe Kwacha in die Bibel. Ich behielt etwas über hunderttausend[8] Kwacha für etwaige Notfälle.

Jonathan, sein Vater und ein Freund begleiteten mich zur Hauptstraße und ich verabschiedete mich schweren Herzens. Die Straße war leer. Von Autos war weit und breit keine Spur. Es war natürlich unmöglich, bis achtzehn Uhr hundert Kilometer zu Fuß zurückzulegen, aber ich wollte nicht untätig dasitzen. Also ging ich los.

Nach über einer Stunde in der sengenden Hitze hielt ein Lkw an und ich warf wieder einmal meine Tramper-Regeln über Bord.

Der Norden Malawis ist sehr hügelig und so schlich der Lkw im Schneckentempo unter stöhnenden Motorengeräuschen die Straße empor.

Zu allem Überfluss hielten die Fahrer plötzlich ohne ersichtlichen Grund an und ich konnte nicht fragen, warum sie es taten, denn keiner der beiden

---

8   Zum Zeitpunkt der Reise umgerechnet etwa zweihundert US-Dollar.

Fahrer sprach Englisch. Ich bekam Angst. Dann griff einer der beiden zu einem Handtuch und einem Wasserkanister. Er wollte sich baden. Dankbar über ihre Hilfe, verzweifelt über ihre Gelassenheit und unter meinem eigenen Zeitdruck leidend, fiel ich in mich zusammen. „Das wird nie was", dachte ich resignierend. Eine halbe Stunde später ging es weiter. Langsam, aber es ging weiter. Zudem kamen etwa alle fünf Minuten kurze Zwangspausen bei einer Militär- beziehungsweise Polizeikontrolle. Der Lkw sollte auf Drogen oder Schmuggelware durchsucht werden. Die Durchsuchungen fanden nie statt, denn jedes Mal drückte der Fahrer dem Polizisten oder Soldaten Geld in die Hand, sodass die Fahrt sofort weiterging. Die Kontrolleure hatten ihre Arbeit optimiert. Sie saßen im Schatten und hatten an der Schranke ein Seil befestigt. Sobald das Bestechungsgeld geflossen war, zogen sie an dem Seil und die Schranke öffnete sich.

Etwa vierzig Minuten von der tansanischen Grenze entfernt, begann der Motor zu qualmen und wir waren endgültig gestrandet. Nichts ging mehr. Die Grenze war so nah und doch so fern. Mir blieben etwas über zwei Stunden, um mein Ziel zu erreichen. Ich musste die Lkw-Fahrer verlassen und einsehen, dass ich mein Ziel per Anhalter nicht mehr erreichen konnte.

Zum Glück war der Lkw an einem der Kontrollposten liegen geblieben und einer der Polizisten sprach Englisch. Er wollte mir helfen. Mit seiner Autorität hielt er einen Minibus an, in dem sich Menschen dicht an dicht drängten. Der Bus war voll. Und zwar nicht so, wie man in Europa einen voll besetzten Bus definieren würde, sprich ohne freien Sitzplatz, sondern nach der afrikanischen Definition: Es war kaum noch Luft zum Atmen in dem Bus.

Der Polizist zwang den Fahrer, mich zur nächsten Station für Sammeltaxis mitzunehmen. Ich streckte mich, damit es möglich war, die Tür zu schließen. Zum Glück war es nur ein sehr kurzes Stück zum Treffpunkt für Sammeltaxis.

Das Taxi zur Grenze war ein Sinnbild für die Vielfalt Afrikas.

Es gab acht Sitzplätze in dem Sprinter, die von zwölf Erwachsenen und zwei Hühnern besetzt wurden. Freie Räume waren mit Gepäck vollgestopft. Wir mussten mit offenen Fenstern fahren, denn sonst wäre uns wohl der Sauerstoff ausgegangen. Der Platzmangel machte die ohnehin nicht vorhandenen Anschnallgurte überflüssig. Selbst, wenn sich das Auto überschlagen hätte, hätten wir uns vermutlich kaum vom Platz bewegt.

Während ich noch über die Überfüllung unseres Gefährtes lächelte, wurden wir von einem Lkw überholt, auf dessen Dach fünf Menschen Platz gefunden hatten.

Ich teilte mir die Rückbank mit drei malawischen Frauen. Sie repräsentierten einen herrlich bunten Querschnitt der Frauen Malawis. Neben der Autotür saß eine adrette Frau in den Dreißigern. Sie trug eine Perücke mit einem modernen Kurzhaarschnitt. Am oberen Ende waren die Haare leicht rot eingefärbt. An ihren Ohren baumelten Creolen aus Gold. Sie trug ein langes Kleid mit Schulterpolstern und einem afrikanischen Muster in Grün, hellem Braun und Schwarz. Auf ihrem Schoß saß ganz ruhig ein Huhn.

Neben ihr saß eine ältere Dame. Ihr Gesichtsausdruck war grimmig und ihre Haut ledern. Ihr Haar hatte sie unter einem schwarzen Turban verdeckt. Ihren dunkelbraunen Chitenge hatte sie augenscheinlich bereits viele hunderte Male getragen. Zwischen ihr und mir saß eine Dame, etwa Anfang fünfzig. Sie trug eine religiöse Tracht, die von katholischen Frauen in Malawi getragen wurde. Sie bestand aus einem schwarzen Kleid, einem weißen Kopftuch und einer weißen Jacke. Aus ihr sprühte pure Lebensfreude. Sie sang und schunkelte zu den Gospelliedern, die aus den Lautsprechern dröhnten. Zu meinem Erstaunen sprach sie, wenn auch brüchig, Englisch. „*Where do you go?*"

„*I don't know.* Tansania, aber ich weiß noch nicht genau, wohin in Tansania."

Ich genoss die Gesellschaft dieser drei Frauen als Abschied von Malawi. Die junge Frau stand für das moderne, die alte Frau für das traditionelle Malawi. Die Frau mittleren Alters verkörperte die Bedeutung von Religion in Malawi.

Ich bedauerte es, nur so wenig Zeit in Malawi verbracht zu haben, war aber erleichtert, die Grenze noch gerade rechtzeitig erreicht zu haben.

Malawi: Für mich ein Ort der Ruhe und Erholung nach gesundheitlichen Beschwerden.

Schnorcheln im Malawisee war ein unverzichtbares Erlebnis.

Eine Grüne Meerkatze, die ihre Guave zum Frühstück genoss.

Der Seeadler ist der Nationalvolgel von Malawi und fängt hier gerade einen Fisch.

Tansania

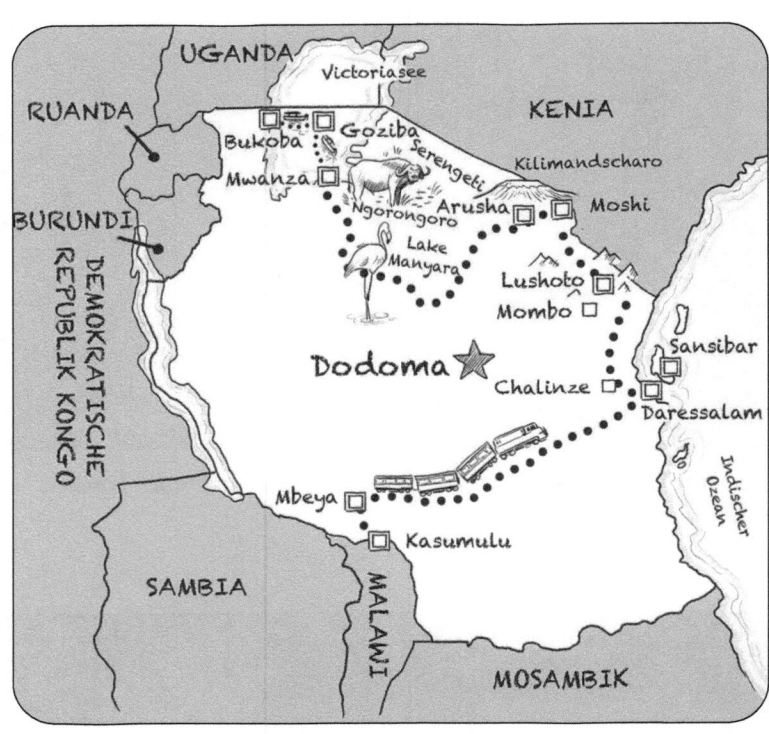

Hauptstadt: Dodoma

Jahr der Unabhängigkeit: Tanganyika 1961 vom Vereinigten Königreich & Sansibar 1963 vom Vereinigten Königreich

Bevölkerungsdichte (gerundet): 80 Einwohner pro km²

Religionen: 63 % Christen, 34% Muslime

Sprachen: Swahili, Englisch (+ 124 weitere)

Währung: Tansanischer Schilling (1 = 0,00045 US Dollar, Kurs 2017)

Top Sehenswürdigkeiten: Kilimandscharo, Lake Manyara Nationalpark, Ngorongoro, Sansibar, Serengeti Nationalpark, Usambara Berge, Victoriasee

Einigkeit bedeutet Stärke. Spaltung führt zu Schwäche.

Der Gottesdienst hatte mir viel kostbare Zeit geraubt. Die Dämmerung hatte bereits eingesetzt und ich sollte eine der Letzten sein, die den Grenzübergang an diesem Tag passierten.

Wie bereits gewohnt, musste ich zwischen den Grenzübergängen ein gutes Stück zu Fuß zurücklegen. Der Weg führte über eine Brücke, auf der Lkws standen, die auf die Genehmigung warteten, um einzureisen. Motorräder fuhren zwischen den Grenzübergängen hin und her. Es roch geradezu nach illegalem Handeln.

Geldwechsler bedrängten mich. Die Situation war unübersichtlich und bedrohlich. In Malawi hatten mich mehrere Personen vor Gewalt und Betrug in Tansania gewarnt. Ich war also alarmiert.

Ein junger Mann verfolgte mich. Er holte mich ein und bot mir seine Hilfe an. Sein Verhalten war mir suspekt. Wer machte sich die Mühe, jemanden im Laufschritt einzuholen, nur um Hilfe anzubieten? Ich versuchte, ihn abzuwimmeln, doch er ließ nicht locker.

„Please leave. Ich brauche keine Hilfe."

Das war gelogen. Natürlich brauchte ich Hilfe, aber nicht von ihm. Die erste Hürde war es, wie jedes Mal, überhaupt in das Land einreisen zu dürfen.

Hinter dem Schalter stand ein Offizier in einer sehr schicken Uniform. Ein edles Dunkelblau mit goldenen Knöpfen und einigen Offiziersstreifen auf dem Schulterblatt.

Ich begrüßte ihn überschwänglich: „Sie sehen klasse aus in Ihrer Uniform. So edel!" Es war ernst gemeint und gleichzeitig hoffte ich auf Sympathiepunkte.

Ein Lächeln breitete sich auf seinem gesamten Gesicht aus und verwandelte sich in ein freudiges Lachen, bei dem auch die Augen Freude ausstrahlten. Es dauerte höchstens eine Minute, bis das Visum für drei Monate in meinen Pass geklebt war. „Herzlich willkommen in Tansania!"

„Vielen Dank! Ich hoffe, ich treffe viele Menschen, die so nett sind wie Sie!" Guten Mutes und gewappnet für jedes Abenteuer wollte ich gehen, als der Offizier mich noch einmal zurückrief: „Hey Mädchen, nimm dich vor den Geldwechslern in Acht. Das sind Betrüger! Gehe lieber in eine offizielle Wechselstube. Und wenn es nicht anders geht, dann tausche nur so viel, wie du unbedingt brauchst. Tausche auf keinen Fall hohe Beträge!", warnte er mich eindringlich.

Mein Prinzip auf Reisen war ‚Locals know best‘ und so war ich für den Hinweis sehr dankbar. „Werde ich machen. Vielen Dank für alles."

Ich suchte vergeblich nach einer offiziellen Wechselstube. Sie hatten bereits alle seit einer halben Stunde geschlossen. Mir blieb keine Wahl, als es bei den Geldwechslern auf der Straße zu versuchen.

Sie hatten mich bereits wie gierige Geier erspäht und ich war schnell von Männern umzingelt, die mich anfassten und in ihre Richtung drehten. Alle schrien auf mich ein. Ich hatte bedrohliche Situationen und Chaos in anderen Ländern erlebt, aber nie war ich so eng von einer Gruppe Männern eingekreist worden, die an mir zerrten. Es waren so viele und sie standen so nah an mir. Wie sollte ich wissen, wem ich vertrauen konnte?

„Tausche keine hohen Beträge", erinnerte ich mich an die Worte des Grenzbeamten. Was war ein hoher Betrag? Ich beschloss, zwanzigtausend Malawische Kwacha einzutauschen.

Mir wurden Wechselkurse zugerufen. Die Geldwechsler überboten einander „2,80!", rief einer, der nächste „2,85!" Ich versuchte, den Durchblick zu behalten. „*Thank you*. Merke ich mir", gab ich jedes Mal zurück in der Hoffnung, jemand anderes würde einen noch besseren Kurs bieten. „2,90!" ertönte es und gleich darauf „2,95!" Das Gebot brachte die anderen zum Schweigen und ich willigte ein.

Holzbaracken reihten sich dicht an dicht. Alles illegale Wechselstuben. Ich folgte dem Mann in seine Baracke, weiterhin verfolgt von der Menschentraube. Mein Stresslevel blieb hoch. In Alarmbereitschaft, außerdem müde und hungrig, bemühte ich mich konzentriert zu bleiben. Zaghaft und voller Angst, jemand würde mir mein Geld entreißen, nahm ich das Geld aus meinem Portemonnaie.

Ich hatte meine Kalkulation abgeschlossen. Ich müsste neunundfünfzigtausend tansanische Schilling bekommen, was etwa siebenundzwanzig US-Dollar entsprach.

Der Mann zählte das Geld und rechnete mit seinem Taschenrechner aus, wie viele tansanische Schilling ich dafür bekäme.

Der Geldwechsler übergab mir die Schilling. Ich zählte nach.

„Das sind nur sechsundvierzigtausend. Ich müsste neunundfünfzigtausend bekommen", bemängelte ich.

„Ich muss doch auch leben. Komm wir wechseln zu diesem Kurs."

„Nein, du hattest mir einen Wechselkurs von 2,95 zugesagt", beharrte ich und war nicht bereit nachzugeben. Nach dem Betrugsversuch erst recht nicht.

Er hielt meine Kwacha bereits in seinen Händen. Ich hatte meine Macht aus der Hand gegeben und konnte meine Verzweiflung nicht verbergen. Im Gegensatz zu mir waren diese Typen abgebrüht. Sie führten dieses Theaterstück vermutlich jeden Tag hunderte Male auf.

Seine Gesichtszüge verkrampften sich und es wirkte, als würde er unter körperlichen Schmerzen dem Kurs zustimmen. Alles an dieser Situation stank. Nichts daran war ehrlich oder aufrichtig. Ich zählte das Geld nach. Ich hätte neunundfünfzigtausend Schilling in meinen Händen halten müssen, doch nach zweimaligem Zählen fehlten noch immer fünftausend Schilling. Das waren etwas über zwei Dollar.

„Es fehlen fünftausend Schilling", reklamierte ich seinen Fehler.

Er weigerte sich hartnäckig, mir die fehlenden Schilling zu zahlen. Keine Chance. Die malawischen Kwacha lagen vor mir auf dem Tresen.

„Gut, vergiss es, gib mir meine zwanzigtausend Kwacha zurück. Ich werde das Geld bei jemand anderem wechseln."

Er protestierte, doch letztendlich bekam ich mein Geld zurück und machte mich entnervt auf die Suche nach einem seriösen Geldwechsler.

„Ich habe gesehen, wie er dich behandelt hat. Ich wechsele dir dein Geld zum Kurs von 2,9", sagte ein weiterer Mann und da ich keine andere Möglichkeit sah, folgte ich ihm.

Wir waren auch dieses Mal innerhalb von Sekunden von vielen Männern umgeben. Mittlerweile war es stockduster und ich wusste weiterhin nicht, wo ich diese Nacht schlafen sollte und wo beziehungsweise, ob ich meinen Hunger noch stillen konnte. Ich wünschte mich zurück nach Malawi, Sambia, Simbabwe oder Botsuana.

Ich holte mein Geld heraus und stellte fest, dass mir viertausend Kwacha fehlten. Umgerechnet also ungefähr fünf Dollar. Die musste dieser Banause in dem Moment gestohlen haben, als er mir mein Geld zurückgab. Ich war diesen Verbrechern nicht gewachsen. Das war mir jetzt klar. Mir kamen Tränen der Verzweiflung. „Er hat mir viertausend Kwacha gestohlen! Ich muss zurück", rief ich erbost.

„Der ist schon über alle Berge, den findest du nicht mehr. Vergiss das Geld", riet mir der neue Geldwechsler.

Ich holte viertausend Kwacha aus meinem Portemonnaie, womit ich wieder auf zwanzigtausend Kwacha kam.

Ich zählte nach und die Summe stimmte. Zum nun vereinbarten Wechselkurs von 2,9 sollte ich achtundfünfzigtausend Schilling in Händen halten und genau so war es. Endlich. Vielleicht hatten meine Krokodilstränen geholfen.

„Möchtest du noch mehr Geld tauschen?", fragte mich ein Mann, der links hinter mir stand.

Ich drehte mich um. „Nein, ich muss jetzt wirklich etwas essen und einen Schlafplatz finden."

Sie verwickelten mich in eine Diskussion. Ich sollte besser hunderttausend Kwacha wechseln. Tansania wäre voller Betrüger. Ich solle die Gelegenheit nutzen.

Ich fühlte mich wie von einem Zug überrollt und suchte das Weite. Was für ein schrecklicher Start und was für ein immenser Kulturschock. Ich hatte geplant, einen Monat in Tansania zu bleiben. In diesem Moment wollte ich das Land sofort verlassen und konnte mir nicht vorstellen, auch nur eine Woche hier zu verbringen.

Ich ging die Straße entlang in der Hoffnung, auf ein Hotel oder einen sicheren Ort zu treffen. Ich bemühte mich, Selbstbewusstsein auszustrahlen, so, als hätte ich ein Ziel, einen Plan. Die Straße ging unerbittlich bergauf und ich brauchte eine Pause. Sofort hielt neben mir ein Auto. Der Fahrer ließ das

Fenster runter und sprach mit mir. Ich hörte nicht hin, da ich keinerlei Interesse an einer Unterhaltung hatte. Ich traute niemandem mehr.

Ich bat ihn schroff: „*Please go away.*"

„*Do you need help?*", fragte er höflich.

Die Antwort war natürlich „ja". Ich brauchte dringend Hilfe. Seine Stimme war ruhig. Ich drehte mich zu ihm um und wurde von einem freundlichen Gesicht angesehen. Ich sah Empathie in seinen Augen. Ein Mann in seinen Vierzigern. Sein Auto war aufgeräumt. Er machte einen seriösen Eindruck.

„Ich suche einen Platz zum Schlafen."

„Steig ein. Ich wohne mit meiner Frau zusammen und wir haben eine kleine Tochter. Du kannst heute Nacht bei uns schlafen."

Welche Wahl hatte ich? Ich stieg ein.

Über sandige, verzweigte Straßen fuhren wir zu seinem kleinen Haus. Er hatte nicht gelogen. Dort warteten Frau und Kind auf uns. Seine Frau kochte für uns. Kein Nshima oder wie der Maisbrei in Tansania hieß ‚Ugali'. Stattdessen eine Wucht aus Kohlenhydraten. Ich bekam einen Teller voll Reis, Kartoffeln und Brot, genau das, was mein Magen jetzt verlangte. Dazu gab es eingekochtes, grünes Gemüse, das bitter schmeckte, frittierte Bananen, Tomaten, Fleisch und Orangen. Wieder einmal konnte ich mein Glück kaum fassen.

Ich berichtete ihm von meiner Erfahrung an der Grenze.

„Ich bin auch Geldwechsler. Ich schäme mich für meine Kollegen."

Das Schicksal spielte Pingpong mit mir. Erst wurde ich von einem Geldwechsler betrogen und dann von einem gerettet. Ich zählte mein Geld.

„Das gibt es nicht. Achtundvierzigtausend Schilling", brach es aus mir heraus. „Wie ist das möglich? Ich hatte das Geld gezählt!" Ich zählte erneut nach. Tatsächlich. Es fehlten zehntausend Schilling. Die üblichen fünf Dollar ‚Provision'. Insgesamt waren mir ungefähr zehn Dollar gestohlen worden. Beim ersten Geldwechsler viertausend Kwacha, als er mir das Geld zurückgab und beim zweiten zehntausend Schilling. Vermutlich war der Mann, der mich aufgefordert hatte, hunderttausend Kwacha zu wechseln, sein Komplize gewesen. Während ich so abgelenkt worden war, hatte man zehntausend Schilling geschickt bei der Geldübergabe entnommen.

„Die haben so viele Tricks." Er blickte mitleidig auf mein Geld.

„Nicht mit mir. Ich hole mir das Geld zurück." Ich war wütend und entschlossen. Ich wusste nicht, wie ich es anstellen sollte, aber ich würde mein Geld zurückbekommen.

Trotz großer Müdigkeit fiel es mir schwer einzuschlafen. Ich brauchte einen Plan. Zur Polizei zu gehen erschien mir zwecklos. Ich hatte keine Beweise und die Betrügereien waren, wie die Warnung des Grenzbeamten vermuten ließ, hinreichend bekannt. Es wurde nichts dagegen unternommen.

„Ich werde sie mit ihren eigenen Waffen bekämpfen", flüsterte ich mir zu, bevor ich endlich in den Schlaf fiel.

„Würdest du mich bitte noch einmal zur Grenze fahren?", bat ich meinen Retter am Frühstückstisch.

„Ja, ich will ohnehin geschäftlich nach Malawi. Warum willst du zur Grenze, musst du wieder Geld wechseln?", scherzte er.

„Nein, aber ich habe mir überlegt, wie ich mein Geld zurückbekomme."

Er zog die Augenbrauen ungläubig hoch. Also erklärte ich ihm den Plan, den ich mir nachts überlegt hatte.

Nach dem Frühstück setzte er mich, wie besprochen, am Grenzübergang ab.

„Viel Glück!", wünschte er mir. „Ich hole dich ab, wenn ich wieder zurück bin."

Ich setzte mich ruhig auf die kleine Mauer neben der Ansammlung von Geldwechslern, die mich sofort wieder belagerten. „Hey, möchtest du Geld wechseln?", prasselte es von allen Seiten auf mich ein.

„Nein, danke. Ich habe Schilling."

„Was möchtest du? Möchtest du etwas kaufen? Wir können dir helfen."

„Nein, danke. Nichts. Ich sitze einfach hier. Ich brauche nichts."

Die Männer wurden nervös. Immer wieder sprachen sie mich an. „Was machst du hier?"

„Das werdet ihr noch sehen", entgegnete ich gelassen, lehnte mich zurück und genoss die Morgensonne.

Ich entdeckte eine Europäerin. Darauf hatte ich gehofft. Selten begegnete ich Weißen auf meiner Reise, aber an Grenzübergängen und touristischen Attraktionen konnte es dazu kommen. Eine alleinreisende Frau aus den Niederlanden. Ich winkte sie zu mir rüber und sagte, so laut ich konnte auf

Englisch, ohne zu schreien: „Hey, wechsle hier bloß kein Geld! Das sind alles Betrüger. Sie haben mich gestern bestohlen!"

„Danke für den Tipp. Werde ich nicht", antwortete sie, lächelte und ging an den Männern vorbei, ohne ihnen Beachtung zu schenken.

Sie wurden nervös und begannen hektisch miteinander zu diskutieren.

„Was hast du getan? Warum sitzt du hier?", fragte mich einer der Männer.

„Ich habe ein Visum für drei Monate. Ihr habt mir gestern zwanzigtausend Schilling gestohlen. Ich werde für drei Monate jeden Tag herkommen und jeden Mzungu vertreiben, der hier Geld wechseln möchte. Kurz gesagt: Ich werde euer Geschäft zerstören!"

Er ging zurück zu den anderen Männern, die ihn umzingelten, und erklärte ihnen meine Mission. Wild gestikulierend, mit lauten Stimmen offenbarten sie ihre Panik.

Der Mann kam zurück. „Und was willst du?"

„Ich will mein Geld zurück."

Wieder verschwand er. Mittlerweile waren alle Geldwechsler um ihn herum versammelt. Keiner ging mehr seiner Arbeit nach.

„Aber wir können dir das Geld nicht bezahlen. Wir wissen nicht, wer dich bestohlen hat", beteuerte er.

Damit hatte ich gerechnet und war vorbereitet: „Ich war gestern Abend die einzige Mzungu. Es standen mindestens zwanzig von euch um mich herum und ich wurde von zwei Männern bestohlen. Ihr kennt euch. Ich habe gesehen, wie ihr mich abgelenkt habt, um bei dem Betrug zu helfen. Ich bin mir sicher, dass ihr die Täter findet."

„Nein, wirklich. Wir wissen nicht, wer es war."

„Dann versucht es herauszubekommen oder nicht. Ich bleibe hier sitzen, bis ich mein Geld habe. In spätestens drei Monaten seid ihr mich dann los." Ich hoffte sehr, meine Drohung nicht in die Tat umsetzen zu müssen. Ich hatte nicht vor, die nächsten drei Monate auf einer Mauer an der Grenze zu sitzen.

„Ich bin der Chef der Gruppe. Ich gebe dir fünftausend Schilling, wenn du gehst", schlug er sichtlich besorgt vor.

Ich hatte kein Mitleid. Niemand hatte mit mir am Abend zuvor Mitleid gehabt. „Dann fehlen noch fünfzehntausend Schilling."

Wieder ging er zu seiner Gruppe von Betrügern. Einige verließen die

Gruppe. Es bewegte sich etwas. Um Ruhe und Bestimmtheit auszustrahlen, schloss ich die Augen und konzentrierte mich auf die Sonne, die mir behutsam das Gesicht streichelte, als wollte sie mich beruhigen.

Mein Plan ging auf. Ein Mann kam auf mich zu. Ich glaubte, ihn zu erkennen. Ich war mir fast sicher, dass es der erste Geldwechsler des Vorabends war.

„Ich habe die Betrüger gefunden. Hier ist das Geld", sagte er stolz und übergab mir zwanzigtausend Schilling. „Bekomme ich ein Dankeschön, ein Trinkgeld?"

„Warst du nicht einer von denen, die mich bestohlen haben?"

„Nein, du verwechselst mich", log er. Ich war mir jetzt sicher.

„Vielen Dank", beendete ich die Unterhaltung emotionslos, nahm mein Geld und winkte der Gruppe freundlich zu. Kurz darauf holte mich mein Retter etwas abseits ab, damit ihn seine ‚Kollegen' nicht mit mir in Verbindung brachten.

Mir war von einem Zug berichtet worden, der von der Stadt Mbeya bis Daressalam fuhr. Ich fühlte mich nach dem holprigen Start in Tansania zu unsicher, um per Anhalter zu fahren und machte mich mit dem Bus auf den Weg nach Mbeya.

Der Bahnhof Mbeyas war ein imposantes Gebäude. Etwas außerhalb des Zentrums thronte er auf einem gigantischen Platz. Eine Steintreppe, die sich über die gesamte Breite der Bahnhofshalle erstreckte, führte zur Halle empor.

Auf dem Vorplatz des Bahnhofes befanden sich einige kleine Essensständen. Die Zugfahrt würde fünfundzwanzig Stunden dauern und so nutzten viele die Gelegenheit, vor Abfahrt Proviant zu kaufen. Eine Frau, die eine warme Ausstrahlung hatte, verkaufte Softdrinks, Kekse, Bananen und etwas, das mir unbekannt war.

„Was ist das?", wollte ich wissen und zeigte auf die kleinen roten Kugeln.

„Das sind ‚Ubuyu'. Sie sind typisch für Sansibar."

Sansibar war ein Sehnsuchtsort für mich und ich hatte mir fest vorgenommen, die Insel zu besuchen. Ich kaufte eine kleine Plastiktüte mit ‚Ubuyu', um einen Vorgeschmack auf Sansibar zu bekommen. Es waren süßsaure Lutschbonbons bestehend aus Kernen des Baobab-Baumes, die von einer Zuckermasse mit Kardamom und Vanille ummantelt wurden. Die Kerne wurden, wenn die Zuckermasse abgelutscht war, wieder ausgespuckt. Eine schmackhafte Süßigkeit, die aber nicht meinen Hunger stillte.

Ich steuerte eine weitere Dame an, die an ihrer kleinen Herdplatte auf dem Vorplatz ein Kunststück vollbrachte. Sie bereitete Sandwiches mit Spiegelei zu, die sie gemeinsam mit Hühnerteilen verkaufte. Auf dem Boden standen Eimer mit Wasser und Schüsseln, in denen sie das genutzte Geschirr wusch. Sie betrieb ohne fließendes Wasser im Prinzip eine kleine Gaststätte. Ich kaufte eine Portion und schlang Sandwich und Hühnchenfleisch hinunter.

In Tansania ist die Landessprache Swahili. War es in Malawi bereits schwierig gewesen, Menschen mit Englischkenntnissen zu finden, war es hier ein Glücksspiel. Dieser Umstand erschwerte es, zuverlässige Informationen über die Ankunft des Zuges zu erhalten. Er sollte, glaubte ich der Auskunft, die ich bekommen hatte, jede Minute ankommen. Ich war also wieder in die Bahnhofshalle gegangen, wo ich nun angespannt wartete.

Aus Angst, den Zug womöglich zu verpassen, traute ich mich nicht einmal auf die Toilette zu gehen.

Ich sah mich in der Halle um. Die Passagiere wirkten gelassen. Solange sie nicht in Panik verfielen, gab es wohl auch für mich keinen Grund dazu. Der Zug würde sicher kommen.

Fünf Stunden des Wartens waren bereits vergangen. Hätte ich das vorher gewusst, hätte ich mir in Ruhe die Stadt angesehen. Ich hielt mein Zugticket für die dritte Klasse, ein kleines Stück rote Pappe, fest in der Hand, um es nicht zu verlieren. Nach so vielen Stunden wurde auch das Beobachten langweilig. Alle Fahrgäste saßen recht gelangweilt auf ihren Stühlen. Ich war die einzige Touristin und jeder Versuch, mich zu unterhalten war kläglich gescheitert, denn ich hatte niemanden gefunden, der Englisch sprach.

Die Langeweile bot Raum zum Nachdenken und somit wurden Sorgen in mir hörbar. Ob die Entscheidung, in der dritten Klasse zu fahren, die richtige war? Ich hatte mich dazu entschieden, weil ich das gewöhnliche Leben nachempfinden und verstehen wollte. Auch hatte ich die Fahrt in der Holzklasse von Kapstadt nach Strand sehr genossen. Nur in dieser Situation, in der ich mich nicht unterhalten konnte, keine Fragen stellen konnte, würden fünfundzwanzig

Stunden sehr lang werden. Vielleicht würde ein gewisser Komfort die Situation etwas erträglicher machen.

Ich ging zum Fahrkartenschalter.

„Ich möchte mein Ticket in eine bessere Klasse umtauschen."

„Die oberen Klassen sind ausgebucht. Kein Tausch möglich."

Na gut. Dann sollte es so sein. Ich ging zurück auf meinen Platz. Erst jetzt fiel mir die Reihe von Gepäckstücken hinter mir auf. Fein säuberlich erstreckte sich die Kofferschlange vom Zugang zu den Bahngleisen bis zum Eingang des Bahnhofs. Die Fahrgäste ließen ihr Gepäck für sich anstehen. Das war clever, denn die Fahrkarten hatten keine Sitzplatznummer. Ich hoffte nun, nicht auf dem Boden sitzen zu müssen. Ich stellte meinen Rucksack ans Ende der Kofferreihe, auch wenn es vermutlich keinen Unterschied mehr machte. Ich war das Schlusslicht. Sorgen, mein Rucksack könnte gestohlen werden, musste ich mir in Tansania nicht machen. Wie schon in Malawi war Stehlen auch hier eine Todsünde.

„Merk dir das Wort ‚Mwizi'", hatte mir mein Retter an der Grenze mit auf den Weg gegeben. „Es bedeutet ‚Dieb'. Wenn dir jemand etwas Böses will, dann sagst du ‚Mwizi'. Die Person wird sofort das Weite suchen, da er sonst nicht zum Abendbrot nach Hause kommen würde."

Er erklärte mir weiter, wie in Malawi und Tansania mit Dieben umgegangen wurde. Sie hatten keinen rechtsstaatlichen Prozess zu erwarten. Mit ihnen wurde kurzer Prozess gemacht. Es wurden Lynchmorde vollzogen.

Die Diebe wurden von Menschengruppen gestellt, verprügelt, mit Steinen beworfen und im schlimmsten Fall kurz vor ihrem Ableben bei lebendigem Leib in Brand gesteckt.

Ich befürworte natürlich keine Selbstjustiz. Ich hatte auch nicht vor, das Wort ‚Mwizi' anzuwenden. Dennoch gab mir das Wissen um die strenge Bestrafung und die Verachtung der Gesellschaft gegenüber Dieben in diesem Moment Sicherheit.

Als ich wieder auf meinem Platz saß, kam ein kleiner Junge zu mir. In seinen Händen hielt er einen Jungvogel, der einen verletzten Flügel hatte. Er hielt ihn mir hin und ich nahm ihn vorsichtig. Als ich von dem Vogel wieder hochsah, war der Junge verschwunden.

„Ach du liebe Güte, was soll ich denn jetzt mit diesem verletzten Vogel machen?", dachte ich. Ich wollte ihn nicht draußen aussetzen, aber ich konnte ihn auch nicht mit in den Zug nehmen. Die Zugfahrt würde sicher auch ohne Vogel eine Herausforderung sein.

Zum Glück kam der Junge gemeinsam mit seiner Mutter zurück und bat mich, den Vogel zurückzugeben. Erleichtert erfüllte ich ihm diese Bitte.

Ein paar Stühle entfernt saßen drei junge Männer Anfang zwanzig. Ich hatte sie seit einer Weile unauffällig beobachtet. Mit ihren Mützen und Baggy Pants sahen sie aus wie Rapper. Ich war noch unentschlossen, ob ich sie lustig oder beängstigend finden sollte. Sie übertönten mit ihren lauten Stimmen alle anderen Reisenden.

Der kleine Junge hatte seinen verletzten Vogel nun diesen drei Jungs anvertraut. Sie ‚spielten‘ mit ihm, indem sie ihn an den Schwanzfedern festhielten, sodass er vergeblich versuchte wegzufliegen. Ich stellte mir vor, was für quälende Schmerzen er spüren musste.

Mein Gehirn war außer Kraft gesetzt. Ich handelte rein impulsiv, als ich aufsprang, zu den Jungs stürmte, und denjenigen, der den Vogel in der Hand hielt, mit voller Kraft und geballter Faust auf seine Schulter schlug.

Erschrocken sah er zu mir auf. Ich nutzte den Überraschungseffekt und nahm den Vogel aus seiner Hand, während ich ihn auf Englisch anbrüllte: „Möchtest du geschlagen werden? Nein, also quäle diesen Vogel nicht!"

Ich eilte zu meinem Platz, wo ich realisierte, was ich gerade getan hatte. Das Stimmengewirr in der Bahnhofshalle war verstummt. Ängstlich starrte ich auf den Vogel, der in meinen Händen auf meinem Schoß ruhte. Was hatte ich getan? Sicher würden sie mir jetzt meine Nase brechen. Sie waren zu dritt und zehnmal so stark wie ich. Mir wurde flau im Magen.

Auf die Stille folgte ein Kichern. Kichern. Was für eine Erleichterung. Die anderen Fahrgäste hatten die kleine Showeinlage der verrückten Mzungu genossen. Ich lauschte weiter, bevor ich es wagte, meinen Blick vom Vogel abzuwenden. Keine bedrohlichen Schritte, die auf mich zukamen. Keine tiefen beängstigenden Männerstimmen, die verärgert auf mich einprasselten. Kein Schmerz von einem Schlag.

Zögernd sah ich vorsichtig zu den drei Jungs rüber. Sie sahen mich immer noch perplex an. Einer der drei lächelte mich an und zwinkerte mir zu.

Was war das denn jetzt? Ich konnte das Verhalten nicht einordnen. Flirtete der jetzt mit mir? Hatte ich nicht glasklar gezeigt, dass ich stinksauer auf sie war? Ich beurteilte das Zwinkern als Friedensangebot und lächelte zurück.

Die drei kamen zu mir und setzten sich in die Sitzreihe hinter mir. Mit der Hilfe von anderen um uns herum, von denen jeder einige Worte Englisch konnte, schafften wir es, uns etwas zu verständigen. Sie waren Hip-Hop Tänzer. So schlecht war meine Einschätzung auf Rapper also nicht gewesen.

Erstaunlich, wie schnell aus Streit Verständnis werden konnte, und das ohne Sprache. Nun saßen wir gemeinsam da, sahen uns YouTube-Videos ihrer Tanzgruppe an und verbanden uns via Facebook. Kurzerhand machten sie ein gemeinsames Foto mit mir und luden es alle als Profilfoto auf ihren Facebook-Konten hoch. Sie hatten beschlossen, das schlagende, sie anbrüllende Mädchen zu ihrer Freundin zu machen. Es war allemal eine skurrile Situation.

Ich besaß keine YouTube-Videos von mir, die ich hätte zeigen können, wollte aber auch irgendetwas zur Unterhaltung beitragen, also sang ich statt-dessen ‚Hakuna Matata‘ auf Englisch aus ‚Der König der Löwen‘. Dass in dem Film einige Swahili Wörter vorkamen, hatte ich inzwischen verstanden. ‚Hakuna Matata‘ bedeutet ‚keine Sorgen‘, wie es auch in dem Lied übersetzt wird. Sie baten mich wieder und wieder, es zu singen, und ich wurde erst von der Ankunft des Zuges erlöst.

Neun Stunden Verspätung. Neun Stunden, in denen alle Fahrgäste ruhig in der Halle gewartet hatten. Keine Beschwerden, keine Nervosität. Ich wollte mir nicht vorstellen, was in Deutschland bei einer Zugverspätung von neun Stunden und ohne jegliche Auskunft über die geschätzte Ankunftszeit losge-wesen wäre.

Doch jetzt war es auch hier mit der Ruhe vorbei. Die Menschenmenge stürmte zu ihren Koffern und drängte dann zum Zug. Ich fragte mich, wozu die Koffer ordentlich in eine Reihe gestellt worden waren, wenn es jetzt ohne-hin im Chaos endete.

Ich wurde in der Menschenmenge fast zerquetscht. Die Panik bedeu-tete nichts Gutes. Vermutlich gab es nicht für jeden einen Sitzplatz und ich würde garantiert keinen bekommen. Mir fehlte es an Erfahrung und Durchsetzungsvermögen. Machtlos landete ich am Ende der Reihe. Als ich es endlich als Letzte in den Zug schaffte, sah ich meine drei neuen Freunde. Sie hatten eine Sitzgruppe vorn im Abteil ergattert und mir einen Platz freigehalten!

Sie strahlten mich stolz an und winkten mir zu. „*Come*", riefen sie mir zu. Ich sollte die Zugfahrt nicht allein, sondern unter Freunden verbringen.

Sie teilten ihr Essen mit mir. Es gab nichts, das sie verspeisten, ohne mir etwas anzubieten. Wir saßen auf Bänken, die leicht gepolstert waren und selbst das Handy konnte aufgeladen werden. Ich war erstaunt über den Komfort der dritten Klasse. Nachts konnten wir uns dabei unterstützen, gemütliche Schlafpositionen zu finden. Mal beugte sich mein Sitznachbar auf den Tisch und ich konnte auf seinem Rücken schlafen; mal wechselten wir und er lehnte sich auf mich. Es machte die Fahrt erträglicher und trotzdem taten mir nach wenigen Stunden Hintern und Rücken weh. Allein und ohne die Hilfe der Jungs, mit einem Sitzplatz auf dem Boden, wäre es sehr viel schlimmer gewesen.

Ich hatte bereits jetzt meine wichtigste Lektion in Tansania gelernt, die mich durch das Land begleiten sollte: Allein war es schwer und ich wurde zum Opfer; die Gemeinschaft bot mir Schutz und erleichterte mir mein Leben. Dazu passt das tansanische Sprichwort: Einigkeit bedeutet Stärke. Spaltung führt zu Schwäche.

Damit erklärten mir die Tansanier auch die Lynchmorde. Diebe nehmen nicht nur das Materielle, sondern sie berauben die Gemeinschaft des Vertrauens zueinander. Vertrauen ist für ein Leben in Gemeinschaft notwendig. Obgleich ich noch immer nicht mit Selbstjustiz einverstanden war, so verstand ich jetzt zumindest die Logik dahinter.

Der Zug bewegte sich langsam vorwärts, sodass ich am nächsten Tag die Landschaft genießen konnte. Grüne Hügel lagen ruhig zu unserer linken und rechten Seite. Die Ruhe, die sie ausstrahlten, wurde gelegentlich von Wasserfällen unterbrochen, die sich ihren Weg durch die Landschaft bahnten. Eine Märchenlandschaft, in der Feen ein schönes Zuhause gefunden hätten.

Darauffolgend durchquerten wir eine Sumpflandschaft. Die Bäume raubten das Licht und in dem braun trüben Wasser war nichts zu erkennen. Was sich wohl in den Gewässern tummelte? In dieser unwirklichen und auf gruselige Weise märchenhaften Landschaft hätten sich jedoch eher Hexen wohlgefühlt.

Wir hatten vielleicht fünf Ortschaften passiert und an der letzten vor der Ankunft in Daressalam hieß es Abschied nehmen von meinen drei Hip Hoppern. Ab jetzt war ich wieder auf mich allein gestellt.

Ich hatte es die gesamte Zugfahrt geschafft, nicht auf Toilette zu gehen.

Wie gerne hätte ich es bis zur Ankunft durchgehalten, denn ich vermutete schlimme Zustände. Doch jetzt musste ich meiner Blase nachgeben, wenn ich mir nicht in die Hose machen wollte.

Wie in Tansania üblich, gab es keine Toilettensitze, sondern anstelle dessen Löcher im Boden. Im Prinzip hygienischer, da ich mich auf keinen Toilettenrand setzen musste. Leider hatten die Benutzer vor mir Probleme gehabt zu zielen. Der Fußboden war mit Urin bedeckt und ich trug wie üblich meine Flip-Flops. Mit vorsichtigen Schritten, wie eine Raubkatze auf der Jagd, betrat ich die Toilette, um nicht in Berührung mit dem Urin zu kommen.

„Verdammte Scheiße", sagte ich laut, als der Zug ruckelte und meine Füße in Urin gebadet wurden. Ich beruhigte mich. Ich würde es überleben.

Es war schon wieder dunkel, als wir endlich in Daressalam einfuhren. Die Stadt bot uns einen romantischen Empfang. Ich konnte kaum etwas erkennen, außer den Öllampen und kleinen Feuerstellen, die die Straßenränder schmückten. In ihrem Schein erahnte ich Verkaufsstände, an denen Frauen Streetfood zubereiteten.

Ein Sambier, mit dem ich mich im Zug unterhalten hatte, hatte mich davor gewarnt, in der Stadt Taxis zu nutzen. Ich sollte mich an die Polizei wenden und sie um Hilfe bitten.

Endlich kam der Zug zum Stehen. Ich stieg aus und befand mich sogleich im Chaos. Hunderte Menschen drängten auf die Straße. Alle schienen ihr Ziel zu kennen, nur ich wieder einmal nicht. Die Straßen standen unter Wasser. Es musste in letzter Zeit stark geregnet haben. Die Straßen, die nicht überschwemmt waren, hatte die Polizei überwiegend abgesperrt. Das verschlimmerte die chaotischen Zustände. Ich sah mich um und entdeckte zwei Polizisten, die ich zielgerichtet ansteuerte.

„Guten Abend. Entschuldigung. Könnten Sie mir dabei helfen, einen vertrauenswürdigen Taxifahrer zu finden?"

Sie sahen erst mich irritiert und dann einander ratlos an. Sie brachten mich dann zu einem Taxistand.

„Nein. Ich suche nicht den Taxistand, sondern wollte wissen, ob sie vielleicht den Kontakt eines Taxifahrers haben, dem sie vertrauen?"

Sie verloren die Geduld mit mir und ließen mich unverrichteter Dinge allein dort stehen. Ein Verkehrspolizist wurde auf mich aufmerksam und kam auf mich zu. „Kann ich dir helfen?"

„Ja, das wäre nett. Ich suche ein Taxi. Ich wurde gewarnt, nicht mit Taxis zu fahren, ohne den Fahrer zu kennen. Haben Sie vielleicht die Telefonnummer eines Taxifahrers, dem Sie vertrauen?"

„Ja. Ich besorge dir einen Taxifahrer und verhandele auch den Preis für dich."

Mittlerweile hatten sich mir ein Niederländer und zwei Südkoreaner angeschlossen, um das Taxi mit mir zu teilen. Sie wollten in eine Jugendherberge und da ich keinen besseren Plan hatte, schloss ich mich ihnen an.

„Warum sind die Straßen abgesperrt?", wollte ich von dem netten Polizisten wissen.

„Ein Staatsbesuch von Präsident Zuma aus Südafrika."

Ich war noch nie ein Fan von Großstädten gewesen und so suchte ich nach nur zwei Tagen das Weite. Die Stadt war mir zu hektisch, was es erheblich erschwerte, Kontakt zu Menschen aufzunehmen.

Ich wollte die Fähre nach Sansibar nehmen. Ich konnte es kaum erwarten, an den weißen Traumstränden spazieren zu gehen.

Ich rannte, so schnell ich in meinem Chitenge und mit meinen zwei Rucksäcken konnte, durch das schwüle Daressalam. Die Fähre fuhr nur einmal am Tag und ich war spät dran.

Ich schaffte es gerade rechtzeitig zum Ticketschalter, wo ein horrender Preis von mir verlangt wurde. Die Fähre würde jeden Moment abfahren und mir blieb keine Zeit zum Diskutieren. Also bezahlte ich widerwillig fünfundsiebzigtausend[9] Schilling.

„Bitte. Ich habe dich mit dem Ticket zum VIP gemacht", teilte mir der Verkäufer mit, als er mir das Ticket aushändigte.

Zum VIP? Das war das Letzte, was ich wollte.

Da kamen auch schon zwei Männer, die mein Gepäck tragen wollten. Hiervor war ich von jemandem gewarnt worden. Zwei deutsche Touristen

---

9   Entspricht in etwa fünfzig US-Dollar.

hatten das Angebot angenommen und dann zwanzig Dollar zahlen müssen. Ich wollte mein Gepäck ohnehin von niemandem tragen lassen.

Ich erreichte das Schiff und suchte mir einen Platz im Inneren des Schiffes zwischen allen anderen Reisenden.

„Entschuldigung. Sie können nicht hier sitzen. Sie sind VIP", sagte ein junger Mann zu mir.

„Nein. Danke. Ich möchte gerne hier sitzen."

„Aber Sie sind VIP", wiederholte er und zeigte auf mein Ticket.

„Kann ich als VIP nicht entscheiden, wo ich gern sitzen möchte?"

Die Unterhaltung führte zu nichts. Ich wollte Informationen einholen, doch niemand sprach Englisch gut genug. Ich war genervt davon, mich nicht verständigen zu können. Genervt, ständig beschissen zu werden. Genervt, immer alles alleine regeln zu müssen.

Ein weiterer Herr kam auf mich zu und wies mich darauf hin, ich könne auch woanders sitzen.

„Ich weiß, aber ich möchte es nicht. Ich wollte kein VIP-Ticket. Ich will mit anderen Menschen sitzen", begründete ich mein Handeln. Er sprach gutes Englisch und so witterte ich meine Chance, Klarheit über den Ticketpreis zu erhalten. „Wissen Sie, wie viel ein Ticket kostet?"

„Fünfundzwanzigtausend Schilling."

„Ich musste fünfundsiebzigtausend Schilling bezahlen", sagte ich bedrückt.

„Das ist nicht richtig. Komm mit. Wir sprechen mit dem Kapitän."

„*Good afternoon, Captain*", grüßte ich ihn förmlich und voller Respekt. Das hierarchische Denken auf Schiffen war in mir verankert und der Kapitän war wie ein König.

Ihm gefiel die Anerkennung sichtlich. Er nahm sich Zeit für mein Anliegen und wies schließlich die Polizistin, die neben mir saß, an, mir zu helfen.

„Bitte gib mir deine Telefonnummer. Ich sorge dafür, dass dir die fünfzigtausend Schilling zurückgegeben werden. Wir rufen dich an, wenn du das Geld abholen kannst", sagte sie engagiert.

Ich war mir nicht sicher, ob sie mich nur ruhigstellen wollte, aber ich hatte nichts zu verlieren und gab ihr dankbar meine Telefonnummer.

Wie immer hatte ich zu wenig ans Essen gedacht. Nun, bei der Ankunft auf Sansibar war mir schlecht vor Hunger. Ich ging in das erstbeste Restaurant.

Eine Art überdachter Kiosk in Hafennähe. Eine Speisekarte gab es nicht. Sie war auch nicht nötig. Es gab Hähnchen, alternativ mit oder ohne Pommes. Ich bestellte es mit Pommes.

Als die Verkäuferin mir das Essen brachte, nutzte ich die Gelegenheit: „Kennen Sie vielleicht eine günstige Unterkunft?"

Hinter mir saß ein Mann mit seiner achtjährigen Tochter. Sein Name war Mohammed und er schaltete sich in das Gespräch ein: „Ich weiß vielleicht etwas. Wenn du möchtest, kann ich dich zur Bushaltestelle bringen."

Sansibar, die Insel meiner Träume, enttäuschte mich nicht. Nach meinem holprigen Start in Tansania schien sich das Blatt zum Guten zu wenden.

Ich setzte mich zu ihnen hinüber und wartete, bis auch sie fertig gegessen hatten.

„Wir kommen gerade vom Arzt. Meine Tochter braucht wohl eine Brille", sagte er und wirkte schockiert darüber. „In meiner Familie hat noch nie jemand eine Brille gebraucht."

„Mach dir keine Sorgen. Ich hatte vom vierten bis zum vierzehnten Lebensjahr eine Brille und irgendwann ist die Sehschwäche herausgewachsen."

„Ach so? Ja, es bleibt uns wohl keine Wahl. Wir werden ihr eine Brille kaufen müssen."

Mohammed war mir auf Anhieb sehr sympathisch. Freundlich, aufgeschlossen und redselig. Es war leicht, ein Gespräch mit ihm zu führen und er sprach fantastisches Englisch.

„Bevor ich dich zur Bushaltestelle fahre, müssen wir zum Krankenhaus. Mein Schwiegervater liegt dort und meine Frau ist bei ihm. Ich habe ihr versprochen, Pommes zu bringen."

„Natürlich. Sehr gerne. Ich habe es nicht eilig."

Mohammed und seine Tochter gingen schnell ins Krankenhaus zu seiner Frau, während ich im Auto wartete. Der Schlüssel steckte noch. Ich war verblüfft über das Vertrauen einer Fremden gegenüber. Nun gut, Sansibar war eine Insel. Wo hätte ich hinfahren sollen?

Sie kamen schnell zurück. „Bei uns ist es leider nicht ordentlich genug, um Besuch zu empfangen. Wir haben drei Kinder, du verstehst."

Ich witterte eine Chance, bei ihm und seiner Familie unterzukommen. „Nicht ordentlich?", lachte ich. „Ich habe auf meiner Reise in meinem Zelt in einem Armenviertel in Victoria Falls geschlafen, habe mir ein Zimmer und ein Bett mit einer Unbekannten in Botsuana geteilt, habe in Zimmern mit Kakerlaken und Mäusen geschlafen. Ich kann überall schlafen und Unordnung stört mich nicht."

„Ach so ..." Er hielt kurz inne. „Dann könntest du auch bei uns unterkommen."

Großartig! Ich war wirklich ein Glückspilz.

Ich hatte immer gedacht, dass der Name der Insel Sansibar war. Tatsächlich handelte es sich dabei allerdings um die Hauptstadt der Insel Unguja. Wir befanden uns in Stone Town, welches die Altstadt von Sansibar ist. Die Insel ist zu fast einhundert Prozent muslimisch und das Stadtbild war somit geprägt von Frauen mit Kopftüchern. Doch sie waren nicht in Schwarz gehüllt, sondern in farbenfrohe, lange, weite Gewänder. Sie erschienen wie bunte Schmetterlinge. Ich wollte mehr über die Kultur und die Menschen erfahren. Das war durch den Verbleib bei einer Familie möglich.

Wir verließen die Innenstadt und bogen in ein Viertel ein, das weit außerhalb lag. Mohammed konnte das Auto gerade so durch die engen, sandigen Gassen manövrieren. Hinzu kam, dass auch auf Sansibar Regenzeit war und viele der Wege überschwemmt waren. Ich verlor in diesem Labyrinth aus Straßen die Orientierung. Die Straßen trennten sich und führten wieder zueinander oder auch nicht und die Häuser sahen sich größtenteils ähnlich: einfache, weiße Bungalows mit vielleicht zwei oder drei Zimmern und kleinen Veranden.

Schließlich erreichten wir Mohammeds Haus, wo ich ein eigenes Zimmer bekam. Es wurde üblicherweise für die Wäsche genutzt, doch jetzt sollte es mein kleines Reich sein. Mohammed legte eine Matratze auf den Fußboden und bezog sie mit einem Laken. Eine Bettdecke war nicht nötig, ich hatte ja meinen geliebten Schlafsack. Er schützte mich vor Kälte, Moskitos und unhygienischen Umständen, wobei das in Mohammeds Haus nicht erforderlich war. Es war weder unordentlich noch unhygienisch.

Seit meiner Zeit in Sambia wurde ich im zweiwöchigen Rhythmus von Durchfall geplagt. Ich hatte mich daran gewöhnt. Doch in dieser Nacht war es anders. Mein Bauch bereitete mir unerträgliche und noch nie da gewesene Schmerzen. Dazu bekam ich Schüttelfrost. Mir fehlte die Kraft, um selbstständig aufzustehen. Doch es blieb mir keine Wahl. Es kam wieder und wieder zur Durchfallepisode und ich quälte mich, um mich irgendwie zur Toilette zu schleppen.

Ansonsten vegetierte ich auf der Matratze dahin und wusste nicht, wie es weitergehen sollte. Stundenlang überlegte ich, was ich tun sollte. Obwohl ich keine Kraft hatte, trieb mich die Sorge, unhöflich meinen Gastgebern gegenüber zu sein, dazu an, mich aufzuhieven und guten Morgen zu sagen.

Mohammeds Frau Shu stand in der Küche. „*Good morning*. Wie geht es dir?"

Ich musste die Wahrheit sagen: „Um ehrlich zu sein, gar nicht gut. Ich habe Bauchschmerzen, Schüttelfrost und Durchfall und ich glaube, ich habe Fieber."

„Mohammed ist in der Nacht auch krank geworden. Ich werde ihn gleich in das öffentliche Krankenhaus fahren."

„Vielleicht haben wir eine Lebensmittelvergiftung von dem Hühnchen", überlegte ich laut. Schließlich hatten wir dasselbe gegessen und Shu hatten wir nur Pommes ins Krankenhaus gebracht. Mohammed hatte zwar weder Durchfall noch Fieber, aber die anderen Symptome plagten auch ihn. Mein Magen war ohnehin von der Reise bereits geschwächt.

Am Krankenhaus angekommen, mussten wir uns registrieren. Es gab keine Registrierung mit einer Versicherungskarte oder Ähnlichem. Die Aufnahme erfolgte über einen Eintrag in einer Art Gesundheitsheft. Ich hatte natürlich kein tansanisches Gesundheitsbuch und so mussten wir eins für mich kaufen. Vor dem Krankenhaus befand sich ein kleiner Kiosk, der solche Hefte anbot. Ein blaues Schulheft in DIN A5. Darin wurde mein Name und meine Telefonnummer notiert.

„Das Heft musst du behalten. Falls du noch einmal krank wirst, dann ist hier deine Krankheitsgeschichte dokumentiert", erläuterte mir Mohammed.

Schon der Empfangsbereich war überfüllt mit Frauen und ihren Kindern, die in Stoffe mit bunten Farben gehüllt waren. Selbst kleine Babys trugen, sofern es Mädchen waren, bereits eine Kopfbedeckung in Form einer Mütze und ab etwa drei Jahren waren die Mädchen durch ein richtiges Kopftuch und ein langes Gewand verhüllt. So etwas hatte ich zuvor noch nie bei Muslimen gesehen. Bisher hatte ich angenommen, Mädchen müssten erst ab dem Einsetzen der Periode Kopftuch tragen.

„Mohammed, wieso tragen schon so kleine Mädchen Kopftuch?", flüsterte ich.

„Vielleicht machen die Familien es, damit es den Mädchen leichter fällt, ein Kopftuch zu tragen. Da sie es nur so kennen."

„Ja, vielleicht", murmelte ich nachdenklich.

Mohammeds Tochter trug keine Kopfbedeckung. Er wirkte auf mich sehr liberal.

Mohammed war noch mit seiner Registrierung beschäftigt, während sich mein Gesundheitszustand praktisch sekündlich verschlechterte. Es war mir unmöglich, weiter zu stehen. Ich entdeckte einen freien Platz und setzte mich zwischen all die Frauen. Gerne hätte ich mich mit ihnen unterhalten, doch erstens kostete es mich bereits viel Kraft, aufrecht zu sitzen und zweitens sprachen sie vermutlich kein Englisch.

Der Anblick all dieser Menschen ließ mich verzweifeln. Ich glaubte nicht daran, noch an diesem Tag Hilfe zu bekommen.

Mohammed kam zurück. „Komm mit. Wir warten woanders."

Im ersten Stock setzten wir uns auf einen Gang, der deutlich leerer war als der überlaufene Empfangsbereich. Ich wusste nicht, warum wir hier und nicht im Erdgeschoss saßen, aber ich war froh darüber. Es dauerte nur fünfzehn Minuten, bis wir nacheinander in das Behandlungszimmer gebeten wurden.

Am Tag darauf gestand mir Mohammed, dass er noch nie in seinem Leben so schnell und so freundlich behandelt worden war, wie in meiner Begleitung. Meinetwegen waren wir in den Genuss dieser Sonderbehandlung gekommen. Da war er wieder, der „positive Rassismus", wie ich ihn nannte. Wenigstens hatte auch Mohammed davon profitiert.

„Könnte es Malaria sein?", fragte mich der Arzt.

„Nein. Ich glaube nicht. Ich hatte keine Mückenstiche in letzter Zeit."

„Dann nehmen wir erst einmal eine Urinprobe."

Mohammed und ich sollten beide eine Urinprobe abgeben. Dafür mussten wir ein Stockwerk höher zum Labor, wo wir wieder auf dem Gang warten mussten.

„Sie müssen in der Reihe stehen, damit Sie Ihren Platz nicht verlieren", wurde ich von einer Krankenschwester freundlich hingewiesen.

Ich konnte nicht stehen, also setzte ich mich in der Schlange auf den Boden.
Es dauerte wieder nicht lange, bis wir unseren Urin abgeben konnten.

„Bitte geh vor, du siehst gar nicht gut aus", bat mich Mohammed.

„Was willst du?", blaffte mich eine Krankenschwester an.

„Ich soll meinen Urin abgeben."

Sie gab mir ein Glasfläschchen, das etwa halb so groß war wie mein kleiner
Finger. Wie sollte ich da denn reinzielen?

„Wo muss ich jetzt hin?", wollte ich wissen, da ich keine Toiletten gesehen
hatte.

„Zur Toilette. Du willst doch deinen Urin abgeben", antwortete die
Krankenschwester sarkastisch.

„Gibt es für das Fläschchen einen Verschluss?"

Die Krankenschwester hatte genug von mir. Ein Krankenpfleger eilte
herbei und reichte mir einen Gummipfropfen.

Ich hatte das Kunststück vollbracht und konnte meine Urinprobe abgeben.

Kaum hatte ich mich hingesetzt, passierte, was passieren musste. Obwohl
ich an diesem Tag noch nichts gegessen hatte, übergab ich mich über den gesamten Gang. Eine riesige Pfütze aus meiner Magensäure bedeckte den Boden.

„*I am so sorry. I am so sorry. Really!*" Mir war die Situation schrecklich
unangenehm.

Mohammed eilte zu mir und legte seine Hand auf meinen Rücken. „*No,
don't be. It is no problem*", beruhigte er mich.

Auch der nette Krankenpfleger kam sofort zu uns und bat Mohammed,
mich in das VIP-Krankenzimmer für Frauen zu begleiten. Ich sollte mich dort
ausruhen.

Natürlich war mir bewusst, dass andere diese VIP-Behandlung vermutlich
nicht bekamen, aber ich war zu krank für Prinzipien und zu dankbar für ein
Bett, auf das ich mich legen konnte.

Ich wurde wieder zum Doktor gerufen. „Deine Urinwerte sehen miserabel
aus", sagte er und gab mir Antibiotika und Ibuprofen.

Ibuprofen. Wieder wurden Erinnerungen an mein altes Leben erweckt.
Ibuprofen war auf Schiffen die einzige Lösung für alle medizinischen Probleme
der Besatzung gewesen. Der Name allein rief böse Erinnerungen hervor.

Eine geplatzte Zyste? Der Arzt sagte, es sei nur der Eisprung und gab mir Ibuprofen. Ein verstauchter Fuß? Weiterarbeiten, aber hier hast du Ibuprofen. Einundvierzig Grad Celsius Fieber? Bleib auf der Krankenstation, wir bringen dir die zu übersetzenden Texte und ach ja: hier, Ibuprofen! Entzündete Rückenmuskulatur? Wir kennen die Lösung: Ibuprofen!

Ich wurde zurück in das VIP-Frauenzimmer gebracht. Vier Betten standen darin. Alle waren mit Moskitonetzen ausgestattet und es gab ein Privatklo. Ich teilte mir das Zimmer mit einer weiteren Frau. Sie war seit sechs Tagen hier und erholte sich von Typhus.

Ich legte mich erschöpft in mein Bett und musste schmunzeln, als ich das Bettlaken von British Airways mit der Aufschrift ‚for crew only‘ sah.

Ich wurde an einen Tropf angeschlossen und döste weg. Nur beim Austausch der Infusion wachte ich kurz auf.

Nach sechs Stunden fühlte ich mich kräftiger und Mohammed holte mich ab. Er hatte nicht behandelt werden müssen. Überraschenderweise wurden mir nur zehn Dollar für die Infusionen berechnet.

Mein Magen weigerte sich, Nahrung aufzunehmen. Meinen Aufenthalt auf Sansibar hatte ich mir anders vorgestellt. Ich hatte keine genauen Vorstellungen gehabt, aber zwei Tage schwitzend auf einer Matratze zu liegen, war definitiv nicht Teil meiner Erwartungen gewesen.

Nach zwei Tagen Krankheit wollte ich endlich die Stadt erkunden, obwohl ich mich immer noch schwach fühlte. Ich schleppte mich ins Wohnzimmer, wo ich Shu antraf.

„Shu, wo kann ich ein traditionelles Gewand kaufen? Ich würde gerne in die Stadt gehen und richtig gekleidet sein.“

Ich liebte die Kleidung der Frauen. Sie versteckten sich nicht, sie bedeckten ihre Haare, aber die leuchtenden, schrillen Farben riefen: „Seht mich an! Ich bin wunderschön!“

Shu strahlte mich an. „Ich gebe dir eines. Du kannst es gerne behalten!“, sagte sie enthusiastisch und holte ein hellblaues Gewand mit dezenten schwarzen Blumenmustern und prägnanten Formen in Leoparden-Farben. Dazu gab sie mir das passende Kopftuch. Es war ihr Lieblingsoutfit.

Ich wollte es sogleich anziehen, doch Shu hielt mich auf.

„Diese Kleidung zieht man nicht einfach so an. Wir Frauen tragen sie mit Stolz und behandeln sie mit Respekt. Du musst es erst bügeln", wies sie mich an.

Shu hätte sich gut mit meiner ehemaligen Vorgesetzten verstanden, deren erste Frage gewesen war, wo ich meine Kleidung auf der Abenteuerreise durch Afrika bügeln könnte. Gehorsam folgte ich der Aufforderung und bügelte zum ersten Mal in Afrika meine Kleidung.

Darin gekleidet fuhr ich mit dem Dala Dala, wie die Minibusse hier genannt wurden, in die Altstadt. Der Chauffeur nannte mich wieder und wieder Mzungu und ließ sich auch von meiner freundlichen Bitte, es zu lassen, nicht davon abbringen.

„Ich trage doch mein Kostüm? Warum nennt er mich denn trotzdem so?", grübelte ich ratlos.

Ich wusste nicht, wo ich aussteigen musste, um in die Stadt zu kommen, also verließ ich das Dala Dala irgendwo. Alle Passagiere hatten mich angestarrt und ich schwitzte in meinem Kostüm. Wie hielten die Frauen auf Sansibar das nur aus? Ich hatte nach dreißig Minuten bereits die Nase voll.

Ich ging und ging und ging. Ich schwitzte und schwitzte und schwitzte. Irgendwann musste die Stadt doch kommen. Immer wieder rückte ich das Kopftuch zurecht. Ich hatte bei jedem Windstoß Angst, es könnte mir wegfliegen.

Shu hatte mir geraten, die beiden Enden des Tuches nur leicht über die Schulter zu werfen. Eine Fixierung mit Nadeln wäre nicht nötig, hatte sie gesagt.

Es gab keine Kopftuchpflicht und ich war auch keine Muslima, somit wäre es nicht schlimm gewesen, wäre das Tuch weggeflogen. Ich trug es nur für mich. Ich hatte mir vorgenommen, einen Tag wie die Frauen auf Sansibar zu verbringen. Ich wollte in ihren Schuhen gehen, um sie besser zu verstehen.

Bis jetzt gelang mir das nur mäßig bis gar nicht. Ich konnte die Frauen hier überhaupt nicht verstehen, ihren Stolz, diese Kleidung zu tragen, nicht nachvollziehen. Ich empfand es als unerträglich und sehr unpraktisch.

Orientierungslos ging ich weiter.

„Hey Baby!", hörte ich einen Mann zu meiner Linken rufen.

Ich traute meinen Ohren nicht. Ich ging in der traditionellen Kleidung durch Stone Town und jemand rief „Hey Baby"? Ich empfand es als noch respektloser als sonst.

„Ich bin kein Baby!", blaffte ich zurück.

Wieso wirkte mein Kostüm nicht gegen solche Sprüche? Gerade dachte ich noch darüber nach, als mir zwei Jungs entgegenkamen. Sie waren vielleicht siebzehn Jahre alt und begrüßten mich ebenfalls mit „Baby".

Was war hier los? Wieder schnauzte ich: „Mein Name ist nicht Baby!"

„*Sorry Baby*", gaben sie mir zur Antwort.

„*Yes, I am sorry too, Mweuzi*", zickte ich wieder zurück. ‚Mweuzi' wurden Schwarze auf Swahili genannt und ich hatte mir sagen lassen, dass es nicht beleidigend war, sofern ich es auf Swahili sagte.

Ich hatte alles verdeckt und es machte keinen Unterschied.

Ein Auto hielt neben mir an. Der Fahrer fragte, wohin ich wollte.

„In die Stadt. Zum Wasser. Vielleicht in ein Restaurant", sagte ich verwirrt.

„Steig ein."

Liebend gern tat ich das. Das Gespräch war wegen der sprachlichen Hürden holprig und dennoch aufschlussreich.

„Warum trägst du diese Kleidung? Bist du hier verheiratet?"

„Nein. Ich komme aus Deutschland. Ich möchte die Kultur verstehen und meinen Respekt zeigen."

Die Antwort gefiel ihm. Er fuhr mich durch die Stadt und ich verstand endlich, warum ich weiter mit „Baby" angesprochen wurde. Ich trug die Kleidung so, wie ich sie bisher gesehen hatte: als Kostüm. Niemand nahm mir meine Aufrichtigkeit ab. Wenn ich diese Kleidung trug, dann musste ich lernen, wie. Ich musste sie mit Würde tragen und nicht leidend dabei wirken.

Ich gönnte mir ein relativ teures Restaurant. Nach der Lebensmittelvergiftung wollte ich für eine Zeit kein Risiko mehr eingehen.

In dem Restaurant direkt am Wasser, gedeckt mit weißen Tischdecken, traf ich unweigerlich auf andere Touristen. An einem Tisch saßen Israelis, die den Blick von mir abwandten, als ich sie grüßte. Lag es an meinem Kopftuch? Ich überlegte, die Situation aufzuklären, entschied mich aber dagegen. Ich ging an das andere Ende des Restaurants, wo ich außer Sichtweite anderer war. Ich wollte sie nicht belästigen und wollte selbst nicht angestarrt werden. Ich bestellte ein Fischcurry. Sansibar war bekannt für seine würzige Küche mit indischen Einflüssen.

Ich hatte das köstliche Fischcurry fast aufgegessen, als sich zwei niederländische Pärchen an den Nachbartisch setzten. Auch sie grüßten mich nicht. Sie ignorierten mich. Sie würdigten mich keines Blickes. Vielleicht hätten sie mich auch ignoriert, hätte ich westliche Kleidung getragen, aber in diesem Moment verband ich jede Reaktion anderer mit meiner Kleidung. Ich fühlte mich diskriminiert.

„Als jullie willen, maak ik graag een groepfoto. Dan hebben jullie en leuke herinnering.“

Sie guckten verdutzt. Natürlich hatten sie nicht damit gerechnet, dass ich ihnen auf Niederländisch anbot, ein Gruppenfoto von ihnen zu machen, damit sie eine schöne Erinnerung hätten. Ich kam rüber zu ihnen, während sie mich weiter verwundert ansahen.

„Ich trage diese Kleidung, um die Menschen hier besser zu verstehen“, fühlte ich mich nun fast genötigt, die Situation aufzuklären.

Ihre Gesichter lösten sich und zum ersten Mal lächelten sie mich an.

Auf dem Heimweg begegnete ich wieder einem weißen Pärchen, das, als ich sie grüßte, schnell auf den Boden sah.

Ich gehörte nirgends dazu. Ich bin weder Muslima noch kann ich Swahili sprechen und so war ich natürlich weit davon entfernt, mich der Gemeinschaft auf Sansibar zugehörig zu fühlen. Nun wurde ich zusätzlich wegen meiner Kleidung von Menschen aus meinem Kulturkreis ignoriert. Ich war ein Alien.

Es hatte sich endlich etwas abgekühlt und ich konnte das Schlendern durch die Gassen Stone Towns schließlich genießen. Entzückende Läden mit Kunst, Schmuck und farbenfroher Bekleidung wechselten sich ab. Ich fühlte mich sicher und dennoch wollte ich mein Glück nicht herausfordern und vor Einbruch der Dunkelheit zu Hause sein. Da gab es nur ein Problem: Welches Dala Dala musste ich nehmen? Die Straße, in der die Familie wohnte, hatte keinen Namen, ebenso wenig wie die Bushaltestelle in der Nähe.

Also wandte ich mich an eine Gruppe Männer. Frauen waren am späten Abend kaum auf den Straßen zu sehen.

„Können Sie mir helfen. Ich weiß nicht, welches Dala Dala ich nehmen muss.“

„Wo wohnst du denn?", fragte der nette Herr verständlicherweise.

Ich konnte es nicht beschreiben und selbst wenn ich Mohammed angerufen hätte, standen die Chancen gut, dass ich Dinge missverstand und ich mein Ziel nicht erreichen würde.

„Ich weiß nicht, wie es dort heißt. Ich wohne bei einer Familie aus Sansibar. Könnten Sie vielleicht dort anrufen? Der Herr des Hauses heißt Mohammed."

„Hast du die Telefonnummer? Dann können wir fragen."

Alle waren sehr hilfsbereit. Sie reichten das Telefon untereinander weiter und sprachen mit Mohammed, um die Anweisungen richtig zu verstehen. Das richtige Dala Dala zu finden, war also keineswegs banal. Ein Herr mit gebrochenem Englisch begleitete mich.

„Woher du?"

„Ich komme aus Deutschland."

„Oh …President Trump!"

„Nein. In Deutschland regiert eine Frau."

„Eine was?", hakte er nach. Er konnte nicht glauben, was ich ihm gerade gesagt hatte.

„*Woman. Lady.*", wiederholte ich.

„*Female?*", vergewisserte er sich nochmals.

„Ja, genau. *Female*", bestätigte ich.

„Eine Frau für ganzes Land?", fragte er ungläubig.

„Ja, und es funktioniert relativ gut", bestätigte ich.

„Aber warum lassen Männer Frau Politik machen?"

„In Deutschland haben Frauen und Männer die gleichen Rechte."

Er sagte nichts mehr. Sein Gesicht sprach Bände. Er musste diese Information erst mal verarbeiten, bis er als einzige Reaktion ein resignierendes Kopfschütteln hervorbrachte und es durch ein „Nein, nein. Hier nicht" verbal unterstrich.

Zurück auf meiner Matratze ließ ich den Tag Revue passieren. Wie ich zunächst ein Kostüm getragen und wenig Respekt erhalten hatte. Wie es sich angefühlt hatte, vermeintlich wegen einer Kleidung diskriminiert zu werden und wie sich die Haltung der Menschen zu mir verändert hatte, als ich die Kleidung nicht mehr als Last getragen hatte.

Am meisten beschäftigte mich noch die Reaktion der anderen Europäer.

Es war für sie von Anfang an unverständlich, warum eine Europäerin sich so kleidete. Aber gerade wir Europäer rufen doch immer, Ausländer sollten sich integrieren oder gar anpassen. Sind wir von dieser Regel ausgenommen, wenn wir in andere Länder reisen?

Ich hatte mit Mohammed abgesprochen, drei Tage in Paje im Norden der Insel zu verbringen. Westliche Touristen machten größtenteils dort Urlaub. Ich hoffte auf Essen, das mein Magen kannte, sodass er sich hoffentlich beruhigen würde. Ich hatte ein kleines Hostel am Strand gebucht. Die Mehrbetthütten waren aus Holz und Bast gebaut. Der Boden war der Sandboden des Strandes. So in etwa hätte Robinson Crusoe wohl ein Hostel gebaut. Ohne Menschen, die diesen Ort instand hielten, würde ihn die Natur ohne Weiteres zurückholen können. Die Nachhaltigkeit dieser Bauweise begeisterte mich. Trotz Starkregens war es paradiesisch und mein Magen erholte sich wie erhofft wunderbar.

Ich konnte nicht zurück aufs Festland, ohne mich von Mohammed und seiner Familie zu verabschieden. Also schrieb ich Mohammed eine Nachricht via WhatsApp: „Hi Mohammed. Ich bin auf meinem Weg zurück nach Stone Town. Ich möchte mich von euch verabschieden."

Ich sollte zum Haus seiner Schwiegereltern kommen.

Shu kam sofort auf mich zu und begrüßte mich, wie es ihre Art war, herzlich mit einer kräftigen Umarmung.

„Wie geht es deinem Vater?", brach es sofort aus mir raus.

„Es geht ihm schon besser", sagte sie. Doch ihr Gesichtsausdruck passte nicht zu diesen Worten. „Geh doch ins Nebenzimmer. Mohammed wartet dort auf dich."

Die kleinste Tochter kam auf mich zugerannt und wollte hochgehoben werden, was ich mit Freuden tat.

Es war so erfrischend zu sehen, wie viel Lebensfreude in diesen Kindern steckte. Shu hatte mich einmal mit zur Schule der Kinder genommen, um sie gemeinsam abzuholen. Dort gehörte das Kopftuch auch für die kleinsten Mädchen zur Schuluniform. Sobald sie sich in das Auto gesetzt hatten, flogen Schuhe, Kopftücher und die Schuluniform durch das Auto. Bei Shu und Mohammed durften sie Kinder sein.

Kurz darauf hörte ich lautes Weinen aus dem Zimmer nebenan. Irgendetwas stimmte hier nicht.

„Shus Vater ist vor einigen Minuten im Krankenhaus verstorben", klärte mich Mohammed auf.

„Aber sie hat mir eben noch gesagt, es ginge ihm besser."

„Die Kinder und Shus Mutter waren bei ihr und sie wissen es bis jetzt nicht. Wir wollen der Mutter ein Beruhigungsmittel geben, bevor wir es ihr mitteilen."

Was sollte ich jetzt nur tun? Einerseits konnte ich jetzt auf keinen Fall zurück aufs Festland reisen. Mir war die Familie ans Herz gewachsen. Es fühlte sich falsch an die Reise fortzusetzen, als wäre nichts geschehen. Hier fühlte ich mich jedoch wie zusätzlicher Ballast für die Familie.

Shu kam in das Nebenzimmer, in dem Mohammed und ich saßen.

Ich zog sie zu mir und gab ihr eine tröstende Umarmung.

„Es tut mir so leid. Mein tiefstes Beileid."

Ihr kamen die Tränen. „Danke."

Trotz der Trauer machten sich alle sofort an die Arbeit.

Ich wusste nicht, was zu tun war, also setzte ich mich auf das Sofa und nahm die achtjährige Tochter in den Arm, um ihr Trost zu spenden. Sie weinte bitterlich.

Ich hatte jedoch das Bedürfnis, mich mehr einzubringen.

„Mohammed, kann ich vielleicht dabei helfen, die Stühle und Tische wegzuräumen?"

„Ja, gerne. Aber es wäre gut, wenn du dein Hijab nun tragen könntest. Heute wird viel religiöser Besuch kommen und wir werden viel beten. Mit deinem Kopftuch fällst du weniger auf."

Wie rücksichtsvoll er war. Er wies mich nicht an, es aus Respekt aufsetzen. Er wollte mich vor den Blicken und Wertungen schützen.

„Ja, natürlich!" Wieso hatte ich nicht selbst daran gedacht?

Kasim, der fünfzehnjährige Sohn, kam auf mich zu.

„Du gehst jetzt besser", fuhr er mich an.

Er wusste nicht, wie er seine Trauer verarbeiten sollte. Er hatte seinem Opa sehr nah gestanden und war wütend darüber, ihn verloren zu haben.

Ich wollte nicht diskutieren, nahm meine Sachen und ging unverzüglich. Beim Verlassen kamen mir bereits die ersten Gäste entgegen. Innerhalb von knapp zwanzig Minuten hatte sich die Nachricht über den Tod verbreitet. Sie kamen. Ich ging. Ich wusste nicht, wohin, also fuhr ich mit dem Dala Dala in mein Zuhause auf Zeit.

„Hjördis? Hjördis, bist du da?", hörte ich Mohammeds Stimme an der Haustür rufen.

Ich ging zu ihm. „Ja, ich bin hier."

„Warum bist du weggegangen?"

„Kasim hat gesagt, ich soll gehen."

„Warum das denn? Egal. Möchtest du mit mir gemeinsam zurückfahren? Es würde die Familie sehr freuen. Ich bin nur nach Hause gefahren, um mich wie ein richtiger Muslim zu kleiden", sagte er und legte sein langes weißes Gewand, das ‚Kanzu', an. Dazu gehörte die traditionelle Kopfbedeckung für Männer. Ein runder, etwas höherer Hut.

Ich tat es ihm gleich und zog mir die Kleidung an, die mir Shu geschenkt hatte.

Auf der Fahrt zurück ergab sich ein tiefgründiges Gespräch. Einmal mehr beeindruckte mich Mohammed mit seiner Weltanschauung. Er lehrte an der Universität von Sansibar, war selbst viel gereist und sehr belesen.

„Weißt du, mein Traum ist es, dass die Gesellschaft sich von all den Zwängen und der Angst löst. Ich wünsche mir, dass die Menschen auf Sansibar sich zu mehr Selbstbestimmung hinbewegen", sagte er.

Meine Reise führte mir fast täglich vor Augen, wie komplex die Welt war. In Simbabwe hatte ich Zeit mit fanatischen Christen, die Frauen unterdrückten und stark mit Zwang und Ängsten operierten, verbracht. Hier auf Sansibar, wo neunundneunzig Prozent der Einwohner Muslime waren, traf ich auf einen Muslim, der mir sein liberales Weltbild erklärte.

„Mohammed, ich bin etwas verunsichert. Wie verhalte ich mich gleich richtig?"

„Es ist ganz einfach. Bekunde dein Mitleid gegenüber Shu und frage, ob du helfen kannst. Aber es geht vor allem darum, einfach da zu sein. Setz dich einfach dazu und beobachte."

Mohammed blieb mit den anderen Männern vor dem Haus stehen. Ich sollte in das Obergeschoss – in die Wohnung des Verstorbenen – gehen.

Vor der Eingangstür lagen etwa fünfzig Paar Sandalen. Ich kopierte, was ich sah, und warf meine Flip-Flops auf den Haufen, in der Hoffnung, sie später dort wiederzufinden.

Als ich die Wohnung betrat, erklärten sich die vielen Schuhe von allein. Mittlerweile waren alle Möbel weggeräumt. Beide Wohnräume waren voller Frauen. Sie saßen in ihren bunten Kleidern auf dem Boden, der mit Bastmatten ausgelegt worden war.

Ich betrat die Wohnung schüchtern und blieb verunsichert im Eingang stehen. Ich wusste nicht recht, wohin mit mir. Unter all den Frauen in ihren schönen Gewändern konnte ich kein bekanntes Gesicht erkennen.

Schließlich erblickte Mohammeds Schwester mich und umarmte mich herzlich. „Schön, dass du da bist! Danke!" Sie trug ein wunderschönes rosafarbenes Gewand mit einem goldenen Muster. „Komm mit", forderte sie mich auf und wir gingen in einen Nebenraum.

Dort saß Shu auf einem Bett. Ihr Gesicht war verweint. Ich tat, wie es mir Mohammed geraten hatte, umarmte sie und drückte nochmals mein Beileid aus.

„Reist du heute ab?", wollte sie wissen.

Mohammed hatte mich glücklicherweise darüber aufgeklärt, wie wichtig es für Muslime sei, bei der Beerdigung anwesend zu sein. Es hatte mit Respekt gegenüber dem Toten und den Familienangehörigen zu tun.

„Nein. Ich bleibe noch einen Tag länger, damit ich bei der Beerdigung dabei sein kann."

Sie war über diese Antwort sichtlich erleichtert. Ein flüchtiges Lächeln huschte über ihr Gesicht.

Ich ging zurück ins Wohnzimmer und setzte mich im Schneidersitz auf den Boden und beobachtete. So, wie es mir Mohammed geraten hatte. Er hatte mich auch gewarnt, es könne langweilig werden. Die meisten Frauen würden dort sitzen und im Koran lesen.

Nun, das tat keine einzige. Sie saßen in Gruppen zusammen und unterhielten sich. Viele lachten gemeinsam. Leider waren die Unterhaltungen auf Swahili, sodass ich nicht folgen konnte. Von Zeit zu Zeit sahen die Frauen auf ihre Smartphones. Nicht um im Koran zu lesen, sondern um zu prüfen, ob Nachrichten eingegangen waren.

Sobald bei einer Frau das Lachen den Tränen wich, war die Gemeinschaft als emotionales Netz zur Stelle. Sie umkreisten die Weinende, nahmen sie in den Arm und trösteten sie, bis die Tränen getrocknet waren.

Der Zusammenhalt beeindruckte mich. Niemand musste sich schämen zu weinen oder Stärke vortäuschen. Bisher fand ich die Trennung von Frauen und Männern befremdlich. Bisher hatte ich gedacht, der Sinn läge darin, dass sich Frauen dann etwas gehen lassen konnten und ihre Kopftücher abnehmen durften. Doch das war nicht der Grund. Alle Frauen behielten ihre Kopftücher an. Sie trugen sie aus Überzeugung, als eine Art Glaubensbekenntnis. Zum ersten Mal konnte ich nachvollziehen, worin der wahre Sinn liegen konnte, Frauen und Männer zu trennen. Die Frauen konnten sich auf emotionaler Ebene gehen lassen und sich gegenseitig unterstützen. Männer hätten diese intime Frauengemeinschaft gestört, da sie häufig einen anderen Umgang mit Gefühlen pflegen.

Alle Altersgruppen waren vertreten. Einige der Trauergäste waren Familienangehörige, andere enge Freunde und auch ferne Bekannte waren gekommen, um gemeinsam zu trauern und zu unterstützen. Sie blieben alle für mehrere Stunden. Sie nahmen sich Zeit.

Wieder bewahrheitete sich das tansanische Sprichwort: „Einigkeit bedeutet Stärke. Spaltung führt zu Schwäche."

Meine Sitznachbarin sprach Englisch und erklärte mir, die Mutter des Verstorbenen sei die Cousine ihrer Großmutter gewesen. Ich war verblüfft. Ich kannte nicht einmal alle Cousins meiner Eltern, geschweige denn meiner Großeltern. Endlich hatte ich jemanden, der mir erklären konnte, was ich sah.

Männer kamen in die Wohnung und schleppten Wasser in Eimern herein. Kurz darauf brachten sie eine Wanne und alle Räumlichkeiten wurden mit Weihrauch ausgeräuchert.

„Die Waschung des Verstorbenen", erklärte mir meine „Dolmetscherin". „Sie wird von den nächsten männlichen Verwandten gemacht. Da sich dabei der letzte Stuhl löst, wird der Geruch mit dem Weihrauch übertüncht."

„Der Tote ist noch im Haus?"

„Er wird die ganze Nacht hierbleiben. Die enge Verwandtschaft übernachtet hier als Totenwache."

Uns wurde Essen gebracht. Die Mahlzeit bestand vor allem aus Brot. Das war meinem Magen sehr recht.

Da ich nicht zum engsten Familienkreis gehörte, wollte ich nach dem Essen nach Hause fahren.

„Bitte warte auf Mohammed. Er wird dich nach Hause bringen. Es ist zu gefährlich, in der Dunkelheit allein mit dem Dala Dala zu fahren", bat mich Mohammeds Schwester.

Ich legte mich wie viele andere Frauen auf den Fußboden und schlief ein, bis Mohammed mich weckte und nach Hause fuhr.

„Die Beerdigung ist morgen um vierzehn Uhr dreißig am Haus. Du kannst kommen, wann du möchtest", erklärte er mir, bevor er wieder zurückfuhr.

Trug ich das Kopftuch normalerweise locker, legte ich es zur Beerdigung strenger an, sodass keine Haare zu sehen waren. Ich wollte gebührend gekleidet sein. Aus Respekt und Anstand.

Viele muslimische Frauen tragen unter dem Kopftuch ein Haarband oder Ähnliches. So ist das Haar auch dann verdeckt, wenn das Kopftuch verrutscht. So etwas besaß ich nicht.

Jedoch befand sich in meinem Gepäck ein rosafarbener Kapuzenpulli, der eng anlag und aus dünnem Stoff war. Die Kapuze konnte ich durch ein eingenähtes Gummiband eng schnüren. Darum wickelte ich ein hellblaues Kopftuch mit ein wenig Glitzer.

„Ist dir das nicht zu warm? Du musst das Kopftuch nicht so streng tragen", sagte Mohammed fürsorglich, als er mich sah.

„Nein. Es ist schon gut. Mir ist es wichtig, meinen Respekt auszudrücken und die angemessene Kleidung gehört dazu", beruhigte ich ihn.

Zurück im Wohnzimmer des Verstorbenen, setzte ich mich wieder zu den anderen Frauen auf den Boden. Es war nicht leicht, einen Platz zu finden. An diesem Tag waren noch mehr Frauen vor Ort als am Vortag.

Eine weiße Plastikplane verlief quer durch den Raum. Wollte man den Platz wechseln, blieb einem nichts anderes übrig, als darüber zu gehen.

Es war Mittagszeit und ich ahnte, wozu die Plastikplane diente. Sie war unser provisorischer Tisch.

Fünf Frauen bildeten jeweils einen Sitzkreis, in dessen Mitte sich ein großer

Teller befand, auf dem Reis mit Ziegenfleisch und Tomaten angerichtet war. Dazu gab es Fladenbrot. Vier Frauen winkten mich mit Handzeichen zu sich, damit ich mich als Fünfte zu ihnen setzte. Da ich wieder einmal ratlos war, nahm ich die Einladung dankbar an.

Eine Frau ging mit einer Wasserkanne und einer Schüssel von Gruppe zu Gruppe. Wir sollten uns die Hände waschen. Die meisten Frauen wuschen sich jedoch nur die rechte Hand. Glücklicherweise hatte ich muslimische Freunde in Deutschland und kannte eine wichtige Benimmregel: Ich durfte nur mit der rechten Hand essen, da die linke Hand bei vielen als unrein gilt. Da wir mit den Händen gemeinsam von einem Teller aßen und mein Magen keine Leichtsinnigkeit duldete, freute ich mich über jede Form von Hygieneregeln.

Wie immer war es eine Herausforderung, ohne Besteck zu essen. Beobachten. Ich hielt mich an Mohammeds Ratschlag vom Vortag: sitzen und beobachten.

Die anderen nahmen etwas Reis in die rechte Hand und formten ihn in der Hand zu einem Klumpen. Dieser Klumpen wurde dann gegessen, soweit so gut. Einige Frauen nahmen mit dem Klumpen rote Soße, in der das Lamm lag, oder Tomatenstücke auf. Ich wollte es versuchen.

„Aua", schrie ich innerlich. Der Reis war verdammt heiß! Wie schafften es die anderen Frauen, ihn gelassen in der Hand zu formen, ohne eine Miene zu verziehen? Es war mir unmöglich, mit dem heißen Reis einen Klumpen zu formen. Ich entwickelte eine neue Methode. Reis in die Hand, Hand kurz verbrennen und dann so schnell wie möglich in den Mund stopfen. Eine peinliche Situation, denn ich war mir darüber bewusst, wie ungeschickt es aussah.

Den anderen Frauen war mein gequältes Essverhalten nicht entgangen. Sie beobachteten mich und wiederholten einen Satz auf Swahili wieder und wieder. Ich verstand sie natürlich nicht und konnte mein Problem auch nicht erklären. Es war frustrierend.

„Einen Löffel. Warte kurz, wir bringen dir einen Löffel", übersetzte schließlich jemand.

„Nein, nein. Danke. Es wird mit den Händen gehen. Ich muss mich nur daran gewöhnen." Ich wollte keine Extrawurst. Der Löffel kam natürlich trotzdem. Ich benutzte ihn nicht und hoffte, meine Ablehnung würde nicht als unfreundlich gewertet werden. Ich fand es tatsächlich hygienischer, den Reis mit gewaschenen Händen zu nehmen, als mit einem abgeleckten Löffel den Reis vom gemeinschaftlichen Teller zu essen.

Ich wurde nicht ganz satt, war aber stolz, überhaupt Essen in meinen Mund befördert zu haben. Nach dem Essen kam erneut eine Frau mit Schüssel und Wasserkanne, sodass wir uns abermals die Hände waschen konnten.

Die Zeit bis zur Beerdigung verbrachten alle Anwesenden mit Beten.

„Shu hat mich gebeten, mit dir nach unten zu gehen", sagte eine mir unbekannte Frau in einem schillernden schwarz-weißen Outfit mit Blumenmustern und Glitzersteinen, die wie Sterne funkelten. „Dort findet der Gottesdienst für die Frauen statt."

Im Innenhof standen inzwischen zwei große Zelte, die mit Plastikstühlen ausgestattet waren. Wie war das alles so schnell möglich? Natürlich gelang es nur durch die Gemeinschaft mit vielen helfenden Händen.

„Es könnte für dich langweilig werden", sagte die Frau in dem schönen Kleid.

Es war rührend, wie sehr sich alle um mich sorgten, obwohl ich doch eigentlich für die Familie da sein wollte.

Jemand verteilte Verse aus dem Koran für das Gebet. Alles war auf Arabisch und somit keine Hilfe für mich. Der Gottesdienst dauerte zwei Stunden, in denen auf Arabisch und Swahili gesungen und gebetet wurde.

Nun wurde der Sarg gebracht. Er war in ein Tuch mit arabischen Schriftzeichen gehüllt und zu groß, um ihn über die schmale Außentreppe in die Wohnung zu tragen.

Mehrere Männer, die zum engsten Familienkreis gehörten, trugen den Leichnam, in weiße Tücher gehüllt, die Treppe hinunter zum Sarg. Sie taten es mit viel Würde.

Insbesondere für die Kinder war es ein schwer zu ertragender Anblick, ihren Opa in weiße Tücher gewickelt zu sehen. Ihr Weinen war herzzerreißend. Doch auch die Erwachsenen, sowohl Frauen als auch Männer, kämpften mit den Tränen, einige ließen ihren Gefühlen freien Lauf.

Hinter den Männern, die den Leichnam trugen, reihten sich die engsten weiblichen Verwandten ein. Sie hatten die ganze Nacht bei ihrem verstorbenen Familienmitglied gewacht und für ihn gebetet.

Die Trauer erfüllte die Luft. Auch ich wurde von ihr ergriffen.

Die Frauen nahmen nun endgültig Abschied. Der Sarg wurde in die Moschee getragen, wo der Gottesdienst für die Männer stattfinden würde. Frauen blieben dem tatsächlichen Begräbnis fern.

Erst jetzt erfuhr ich, wie groß diese Beerdigung angelegt war. Shus Vater war einst Teil der Regierung Sansibars gewesen. Daher würden der Präsident Sansibars, ein ehemaliger Präsident Tansanias und andere politische Weggefährten bei dem Gottesdienst in der Moschee anwesend sein.

Dass sowohl Parteifreunde als auch Oppositionelle an dem Begräbnis teilnahmen, bewies, wie sehr Shus Vater respektiert worden war. Möge er in Frieden ruhen.

Nach der Beerdigung verließ ich Sansibar reich an Erfahrungen und Erkenntnissen.

Die See war auf der Rückfahrt rau. Ich setzte mich auf der Fähre nach draußen, um auf den Horizont sehen zu können. Die ersten Passagiere begannen, sich zu übergeben.

Der Wind entwickelte sich zu einem heftigen Sturm. Wir mussten uns an die Reling klammern, um nicht durch starke Schiffsbewegungen ins Wasser zu fallen. Zudem setzte Starkregen ein. Die großen Tropfen prasselten wie Kugeln auf uns ein und alle flüchteten in den Innenraum.

Schließlich kamen wir unversehrt in Daressalam an. Ich hatte zuvor einen Anruf von der netten Polizistin bekommen, die sich um meinen Betrugsfall beim Erwerb der Fahrkarte nach Sansibar gekümmert hatte.

Ich sollte bei meiner Rückkehr in Daressalam den Fähranbieter kontaktieren und würde das zu viel gezahlte Geld zurückerhalten.

Ich staunte und konnte es kaum glauben, als mir die fünfzigtausend Schilling tatsächlich sofort und ohne Diskussionen ausgehändigt wurden.

Im Hafen wurde ich auch bereits erwartet. In Lusaka hatte mir jemand, mit dem ich mich nur kurz auf der Straße unterhalten hatte, einen Kontakt vermittelt, der in Daressalam wohnte. Sein Name war Jeff und er holte mich persönlich ab. Ich durfte auf seiner Couch übernachten. Couchsurfing ohne die Internet-Plattform funktionierte in meinem Fall deutlich besser.

„Wenn du in Ruanda bist, dann kontaktiere meinen Freund Angelus. Er ist ein enger Freund von mir. Unsere Freundschaft geht viele Jahre zurück. Ich werde ihm Bescheid geben!"

Das waren tolle Nachrichten, denn Ruanda sollte nach Tansania mein nächstes Ziel sein. Sollte etwas schiefgehen, hatte ich nun einen Kontakt und eine Anlaufstelle.

Jeff arbeitete als Food & Beverage Manager in einem teuren Hotel in Daressalam. Gutes Essen war eine Herzensangelegenheit für ihn und er ließ es sich nicht nehmen, mir ein fürstliches Frühstück mit Eiern, Marmelade, Brot und Obst zuzubereiten. Ich hatte geplant, früh aufzubrechen, doch wir unterhielten uns so angeregt, dass ich erst um dreizehn Uhr losging.

Daressalam ist eine riesige Stadt mit über vier Millionen Einwohnern und so dauerte es eine gefühlte Ewigkeit, bis ich endlich die Stadtgrenze erreichte.

Schnell war ich umzingelt von einer Menschentraube, die fest entschlossen war, mir zu helfen.

„Wohin möchtest du? Wir helfen dir, den Bus zu finden!"

„Ich möchte per Anhalter weiterfahren."

Entweder war ihnen das Konzept unbekannt oder es waren die mangelnden Englischkenntnisse, aber sie verstanden mein Anliegen nicht.

Mich kostete die Diskussion zu viel Zeit, die ich nicht hatte, wenn ich nicht wieder bei Dunkelheit irgendwo stranden wollte. Ich verabschiedete mich und ging zu Fuß entlang einer großen, viel befahrenen Straße. Absurderweise dauert es länger, eine Mitfahrgelegenheit zu ergattern, wenn viele Autos unterwegs sind. Ich glaube, es ist das kollektive Denken. Alle denken, dass irgendjemand anhalten wird, sodass letztendlich niemand anhält. Ich schätzte meine Chancen so schlecht ein, dass ich es nicht einmal versuchte und stur geradeaus ging.

Zu meiner Verwunderung hielt ein weißer Mann Anfang dreißig an.

„Do you need help?"

Diese vier Wörter reichten mir, um zu hören, dass er Deutscher war. Ich gesellte mich zu meinem Landsmann. Er arbeitete als Projektmanager für eine deutsche Firma, die hier Solaranlagen installierte, und wohnte seit fünf Jahren in Tansania.

„Möchtest du meine Landkarte von Tansania haben? Ich kenne das Land und brauche die Karte nicht mehr."

„Sehr gern. Das wäre sehr hilfreich! Ich bin immer etwas verloren und muss mich durchfragen."

Zudem handelte es sich um eine Karte für Touristen. Alle Sehenswürdigkeiten des Landes waren dort eingezeichnet: der Kilimandscharo und die großen Nationalparks wie die Serengeti und der Ngorongoro.

„Ich muss weiter geradeaus fahren, aber du kannst hier übernachten", er hielt vor einer Unterkunft. „Eine Übernachtung kostet in diesen Unterkünften überall in Tansania vier Dollar", erklärte er mir und zeigte dann auf die Straße auf unserer rechten Seite. „Morgen früh nimmst du dann diese Straße. Sie führt Richtung Norden."

Für vier Dollar bekam ich ein Zimmer mit Bett und ein Gemeinschaftsbad außerhalb der Unterkunft, wo ich eine Eimerdusche genießen konnte.

Am Abend studierte ich die Karte. Ich nahm mir vor, am nächsten Tag die Usambara-Berge zu erreichen. Ich würde früh aufstehen müssen, denn es lagen zweihundertfünfzig Kilometer bis in die Stadt Lushoto vor mir.

Am nächsten Morgen stand ich früh an der Straße, doch es war weit und breit kein Auto zu sehen. Ich trottete allein die Straße entlang und Fahrräder zogen an mir vorbei. In über zwei Stunden hatten mich vielleicht vier Autos passiert, doch angehalten hatte keines.

Als schließlich ein Gefährt anhielt, guckte ich etwas verdutzt. Es handelte sich um ein Motorrad, an dem ein Anhänger befestigt war. Rote Eisenstangen umrandeten den Hänger, der gelbe Benzinkanister geladen hatte. Offenbar wollte mir der Fahrer anbieten, mitzufahren. Ich wusste nur nicht, wie das gehen sollte. Er zeigte mit seinen Händen auf die Kanister. Es war definitiv besser als zu laufen, allein schon wegen des erfrischenden Fahrtwindes, der mich erwartete. Ich kletterte also auf die Kanister. Bald überholten wir die Fahrräder, die mich passiert hatten. Die Straße war hügelig, umso erleichterter war ich über meine Mitfahrgelegenheit. Der einzige Wermutstropfen waren diese elenden Bremsschwellen, die die Straßen Tansanias verzierten.

Ich flog jedes Mal hoch in die Luft und landete dann hart auf den Kanistern oder, wenn ich noch höher in die Luft geschleudert wurde, zuweilen auf der roten Eisenstange, an die ich mich lehnte.

Aber wenn es läuft, dann läuft es! Nachdem der Motorradfahrer mich abgesetzt hatte, um die Kanister mit Wasser in die abgelegenen Dörfer fernab der Straße zu fahren, hielt bereits das nächste Auto für mich an.

„Where are you going?"

Der Beifahrer sprach Englisch! Mittlerweile reichte dieses Detail, um mich davon zu überzeugen, einzusteigen. „Ich möchte nach Lushoto."

„Wir können dich nach Mombo bringen. Von dort gibt es Busse nach Lushoto."

„Das hört sich super an", freute ich mich und stieg ein.

„Mein Bruder sagt, er hätte dich nicht mitgenommen. Er spricht kein Englisch und hätte sich nicht mit dir unterhalten können", sagte der ältere der beiden und nahm einen großen Schluck aus einem Plastikbecher.

Vielleicht war es anderen Tansaniern, die mich am Straßenrand gesehen hatten, genauso gegangen. Mein Start mit Land und Leuten war in Tansania schwierig gewesen. Doch ich fühlte mich mit jedem Tag verbundener mit ihnen und dem Land.

„Und wieso sprichst du so gut Englisch?"

„Ich habe zehn Jahre im Ausland gelebt. Jetzt bin ich in Rente."

Den beiden Brüdern gefiel es, mich in ihrem Auto zu haben. Ich war eine willkommene Ablenkung vom Alltag. Sie bestanden darauf, mich zum Essen einzuladen. Der ältere Bruder nutzte die Gelegenheit, seine Alkoholbestände aufzufüllen und sich auch gleich ein Glas zu genehmigen. Bier gemischt mit Gin. Na dann Prost!

„Du bist doch Muslim, oder? Ich dachte, es sei Muslimen nicht gestattet, Alkohol zu trinken?"

„Man muss nicht alle Regeln zu ernst nehmen."

Der jüngere Bruder hatte anscheinend den Inhalt des Gespräches verstanden, denn er mischte sich auf Swahili ein und sein älterer Bruder übersetzte für mich: „Mein Bruder glaubt gar nicht an Gott."

Wie schon Mohammed verblüfften mich auch diese beiden Männer. Die Vorurteile purzelten nur so herunter.

Sie waren beide in dieser Gegend aufgewachsen und wollten mir unbedingt mehr von ihrem Leben zeigen.

Wir verließen die Hauptstraße und bogen auf einen Sandweg ab, wo lange Häuserreihen standen.

„Auf dieser Kaffeeplantage wurde mein kleiner Bruder geboren", erklärte mir der ältere Bruder und führte weiter aus: „Unsere Eltern waren hier Farmarbeiter."

Auch jetzt tobten Kinder um die Häuser herum. Sie hatten aus sehr vielen Plastiktüten etwas Rundes geformt und mit viel Band umwickelt. Nun spielten sie damit leidenschaftlich Fußball.

Ich war dankbar für diesen kleinen Einblick in den Alltag. Zum Abschied halfen mir die Brüder in Mombo den richtigen Bus nach Lushoto zu finden.

Der kleine Bus kämpfte sich die schmale Sandpiste nach Lushoto empor. Der Fahrer manövrierte ihn gekonnt um die scharfen Kurven. Es war eine beängstigende Strecke. Wenige Zentimeter trennten uns vom Abgrund und es war keine Einbahnstraße. Vor jeder Kurve hupte der Fahrer warnend.

Ich versuchte die Gefahr auszublenden, indem ich mich auf die Schönheit der Landschaft konzentrierte. Die Berge um uns herum waren in saftiges Grün gekleidet. Wasserfälle und Bäche liefen von den Usambara Bergen herunter in das Tal, um irgendwann in den Indischen Ozean zu münden.

Die Landschaft strotzte von Kraft und Macht. Es war Regenzeit, was die Berge instabil machte. Felsblöcke in der Größe von Kleinwagen lagen am Wegesrand. Sie verkleinerten die schmale Sandpiste zusätzlich.

Die rustikale Landschaft hypnotisierte mich nahezu. Ein Hupkonzert des Fahrers riss mich rabiat aus meiner Welt. Ein Mann stand auf einem Felsbrocken, der auf der Straße lag, und hatte unseren Busfahrer aus der Fassung gebracht. Der Mann jedoch blieb unbeeindruckt und bearbeitete den Felsblock weiter mit seinem kleinen Hammer. Ich vermutete, dass er eine Art Asphalt herstellte, um die Wege zu festigen. Was auch immer es war, es war ihm wichtig genug, um sein Leben zu riskieren. Der erfahrene Busfahrer vollbrachte ein Kunststück, als er ihn passierte und niemand zu Schaden kam.

Ich sah aus dem Fenster und stellte mir vor, wie ich zu Fuß durch diese abgelegene Landschaft streifen würde.

Bei der Ankunft in Lushoto warteten schon einige Guides auf potenzielle Kunden. Die Regenzeit war Nebensaison und es waren kaum Touristen unterwegs, was mir sehr recht war.

Allein durch die Berge zu streifen, war nicht gestattet. Touristen waren dazu verpflichtet, eine Tour zu buchen. Ein Guide namens Constantin war mir auf Anhieb sympathisch. Er war nicht aufdringlich und anstatt sofort ein Ticket verkaufen zu wollen, bot er mir an, gemeinsam etwas trinken zu gehen. Ich buchte eine dreitägige Wanderung mit ihm.

Die Kleinstadt Lushoto begrüßte mich am nächsten Morgen mit Regen.

Ich hatte Constantin erwartet, doch nun holte mich sein Kollege Abu ab. Er begrüßte mich mit Zweifeln. „Möchtest du die Wanderung bei diesem Regen wirklich machen?"

„Ja, natürlich! Es ist ja nicht so kalt."

Obwohl sich Abu mit der Frage als umsichtiger Begleiter vorgestellt hatte, warnte mich mein Bauchgefühl vor ihm. Irgendetwas stimmte nicht. Seine Worte passten nicht zu dem Blick in seinen Augen. Vertrauen war wichtig. Schließlich würde ich allein mit ihm drei Tage durch verlassene Wälder wandern. Ich ignorierte mein Unbehagen und gab Abu eine Chance.

„Du kannst gern einige deiner Sachen im Büro lassen, dann ist dein Gepäck leichter. Ich kaufe in der Zwischenzeit unsere Verpflegung."

Gesagt, getan! Jedes Kilo weniger erleichterte das Leben.

Constantin war im Büro und gab mir seine Regenjacke.

„Ich dachte, du würdest mein Guide sein?"

Constantin strahlte Ehrlichkeit aus und erweckte mein Vertrauen. Ich hätte die Wanderung lieber mit ihm gemacht.

„Es tut mir leid. Wir haben zurzeit nicht viele Gäste und wechseln uns deshalb mit den Touren ab. Abu ist heute dran."

„Oh, wie schade. Ich hatte die Tour eigentlich explizit bei dir gebucht, weil du mir sympathisch warst", entgegnete ich ehrlich.

„Es tut mir leid. Ich habe versucht, meine Kollegen zu überreden, dass ich die Tour mit dir mache, aber Abu braucht das Geld für seine Frau und das Baby."

„Ok. Macht nichts. Es wird bestimmt trotzdem toll", akzeptierte ich die Begründung immer noch ein wenig enttäuscht. Dass Abu verheiratet war und ein Baby hatte, hörte ich gerne. Ich fühlte mich gleich sicherer.

Als Abu zurück war, unterhielten wir uns über das Land und seine Geschichte. Tansania war einst eine deutsche Kolonie gewesen.

„Als der Erste Weltkrieg 1920 beendet war, wurde Tansania britisch", erklärte er mir.

„Aber der Erste Weltkrieg ging von 1914 bis 1918."

„Nein, er ging von 1918 bis 1920", erwiderte er.

Egal. Es lohnte sich nicht, darüber zu streiten.

Er führte mich auf den verwahrlosten deutschen Friedhof aus dem frühen zwanzigsten Jahrhundert. Die Gräber waren zugewachsen und die Gravuren auf den Grabsteinen bis zur Unkenntlichkeit verblasst. Ich erkannte nur das Grab eines Kindes, das mit nur einem Jahr gestorben war.

Das sollte es an Geschichte gewesen sein. Wir verließen die Hauptstraße und damit auch die Stadt Lushoto. Ein Sandweg, der sich die Berge emporschlängelte, markierte den Anfang unserer Wanderung. Das Abenteuer konnte beginnen.

„Wie ist die Beziehung zu Deutschland heute? Wie steht ihr hier zu der Vergangenheit und zu Deutschland als ehemalige Kolonialmacht?"

„Wir mögen Deutschland. Deutschland unterstützt uns sehr und sie haben uns viele gute Dinge hinterlassen, wie die Eisenbahn und Krankenhäuser."

Die Eisenbahn war sicherlich von Tansaniern unter fragwürdigen Arbeitsbedingungen gebaut worden. Ich ließ seine Antwort aber so stehen und fragte nicht weiter kritisch nach. Vielleicht war es ihm unangenehm, mit mir als Deutsche offen darüber zu sprechen.

Die Stadt war in der Ferne kaum noch zu erkennen, das dörfliche Leben lag nun vor uns. Ziegen standen auf dem Weg und die Menschen waren fleißig in ihren kleinen Gärten. Sie bauten Bohnen, Kaffee oder Kartoffeln an.

„Die Gartenkultur wurde auch von den Deutschen in Tansania eingeführt", fügte Abu seinem Loblied auf die deutsche Kolonialmacht hinzu.

Die Wanderung entpuppte sich zu einem Hindernislauf. Die matschigen und somit höllisch rutschigen Böden stellten mich vor eine enorme Herausforderung. Ich setzte jeden Schritt mit äußerster Vorsicht und sah mich schon den gesamten Weg bergab herunterrutschen. Abu bewegte sich locker und leicht. Während ich mich auf meine Füße konzentrierte, die inzwischen nicht mehr in hellen, sondern in braunen Turnschuhen steckten, musterte er aufmerksam die Büsche und entdeckte wohl jedes Chamäleon auf unserem Weg.

„Dort. Sieh mal. Dort ist wieder ein Chamäleon."

Ich guckte. „Ich sehe einen Baum."

Mit der Spitze seines Regenschirmes deutete er auf den Ort, wo es angeblich saß.

„Welche Farbe hat es?"

„Grün."

Ich ging fünf Schritte näher heran. Jetzt hatte auch ich das Chamäleon ,entdeckt'.

Wir hatten den Regenwald erreicht. Leichter Nieselregen bahnte sich seinen Weg durch das Blätterdach in den vernebelten Wald.

Wir bereiteten selbstgemachte Guacamole mit Avocado, Tomatenstückchen, Gurke, Zwiebeln und etwas Zitrone zu. Die Schale der Avocado diente uns als Schüssel und als Besteck. In der einen Hälfte befand sich die Guacamole und die andere nutzten wir als Löffel. Kein Abwasch und kein Plastikmüll. Dazu gab es Chapati Brot, Bananen und Orangen.

Ein fürstliches Regenwald-Picknick!

Die Nebensaison ließ den Wald umso uriger erscheinen. Die Pfade waren wegen der fehlenden Touristen zugewachsen, sodass Abu eine Schneise für uns schlagen musste.

Über unseren Köpfen raschelte und quietschte es in den Bäumen.

„Sieh mal, schwarz-weiße Stummelaffen", sagte Abu.

Ich hatte sie gehört, doch ohne seine Augen wären sie für mich unsichtbar geblieben. In den Usambara-Bergen gibt es die Affenarten Diademmeerkatze, auch „Blue Monkey" genannt, und den schwarz-weißen Stummelaffen. Die Stummelaffen jagten einander durch die Baumwipfel und sprangen zielsicher in schwindelerregender Höhe von Ast zu Ast, von Baum zu Baum oder ließen sich todesmutig in das Blätterwerk unter sich fallen, um dann irgendwie sicher zu landen, ohne jemals abzustürzen. Ich bewunderte dieses waghalsige Spektakel. Tiere in ihrer Umwelt zu sehen, zumal komplett unerwartet, ist beeindruckend.

Wir kürzten die Wanderung leicht ab. Wir wollten im Dorf Magamba einen Bus nach Rangwi nehmen, wo wir in einem Kloster übernachten würden. Als wir die Hauptstraße in Magamba erreichten, überquerte ein Trupp

Diademmeerkatzen die Straße und verschwand in Windeseile in den höchsten Baumwipfeln. Sie waren so weit emporgeklettert, dass selbst Abu sie nicht mehr erspähen konnte.

Im Bus ergatterten wir leider nur zwei Stehplätze. Die Schotterpiste schüttelte uns alle ordentlich durch. Während ich mich darauf konzentrierte, nicht umzufallen, bahnte sich der Fahrkartenverkäufer seinen Weg durch den schwankenden und hüpfenden Bus, um allen Fahrgästen ihre Tickets zu verkaufen und das Geld einzusammeln. Dabei gelang es ihm sogar, handschriftlich Tickets auszustellen. Mit dieser Nummer hätte er in jedem Artistenzirkus auftreten können!

Gerade noch hatte ich ihn fasziniert angesehen, als es nun doch passierte: Er verschrieb sich. Ich traute meinen Augen kaum, als er das Blatt Papier abriss, es sich in den Mund steckte und das verunglückte Ticket kurzerhand aufaß.

„Der Mann hat gerade das Papier gegessen!", flüsterte ich Abu aufgeregt zu, während ich den Verkäufer weiter ungläubig anstarrte.

„Hast du das noch nie gesehen?" Für Abu schien es das Normalste der Welt zu sein.

Am nächsten Tag wartete ein sechzehn Kilometer langer Marsch nach Mtae durch die Berglandschaft auf uns. Wir durchquerten viele kleine Dörfer, die von Kindergeschrei erfüllt wurden, wenn wir uns näherten. Manchmal rannten sie hinter uns her und begrüßten uns fröhlich auf Swahili mit „*Mambo!*", was ‚wie gehts‘ bedeutet.

„*Sijambo*", gab ich fröhlich zurück, womit ich versicherte, dass es mir gut ging. Einige Wörter hatte ich mittlerweile auf Swahili gelernt.

Manchmal liefen sie uns hinterher und sangen enthusiastisch ein Lied, das durch die Berglandschaft schallte und auch in weiter Entfernung noch zu hören war: „*Mzungu so unywe mee. Ngombe zaita Kwa masai.*"

„Ich verstehe nur Mzungu. Was singen die Kinder?"

Abu übersetzte: „Weiße, komm und trinke Milch. Bald kommen die Kühe zu den Massai."

„Das ist aber nett. Sollen wir wirklich Milch trinken gehen?"

Er schmunzelte. „Nein, das ist nur ein Kinderlied."

Der Weg führte uns bergauf und bergab durch ein Meer aus Grün. So sehr mich die Wanderung anstrengte, so leichtfüßig bewegten sich die Kinder. Teilweise waren sie erst fünf Jahre alt. Sie überholten uns und balancierten dabei Türme aus Gras für das Vieh oder Feuerholz auf ihren Köpfen. Ohne Schuhe. Ohne Jammern. Ohne Leiden zu zeigen.

In ihren Augen musste ich erbärmlich aussehen. Immer wieder blickten sie über ihre Schultern, um mich anzusehen. Zum ersten Mal hoffte ich, dass ich wegen meiner Hautfarbe und nicht wegen meiner peinlichen Bergsteigerleistung angestarrt wurde.

Ich war zwischen Bewunderung und Mitleid für die Kinder hin- und hergerissen. Kleine Kinder sollten nicht so hart arbeiten, und schon gar nicht wochentags. Sie gehörten nach meinem Verständnis in die Schule. Ich beschloss durch freudiges Winken meine Bewunderung und nicht mein Mitleid auszudrücken.

Nach meinem Abitur hatte ich für ein Jahr mit Straßenkindern in Paraguay gearbeitet und viel über Perspektiven gelernt. Solange unsere Realität von außen nicht infrage gestellt wird und wir nicht mit vermeintlich oder tatsächlich besseren Lebensrealitäten konfrontiert werden, zweifeln wir unsere vergleichsweise schlechte Lage weniger an. Unkenntnis kann uns vor Unglück schützen. Dies gilt insbesondere für Kinder. Mit meinem Mitleid wäre ihnen nicht geholfen gewesen.

Vor unserer Ankunft in Mtae durchquerten wir nochmals ein Waldstück.

Die Diademmeerkatzen sprangen zu unserer Linken und die schwarz-weißen Stummelaffen zu unserer Rechten durch die Baumwipfel. Ich hätte am liebsten mein Zelt zwischen ihnen aufgeschlagen, doch das ging natürlich nicht und so ging es zur nächsten Unterkunft.

Constantin hatte mir den Preis für die Tour aufgeschlüsselt. Ich wusste, wie viel Geld für die Unterkünfte und das Essen eingeplant war. Die Budgetkontrolle lag bei Abu. An diesem Abend machte er deutlich Abstriche beim Essen. Es bestand im Prinzip nur aus Brot und Reis. Da er eine kleine Tochter hatte, schwieg ich. Für sie zu sorgen, rechtfertigte meiner Meinung nach die Unterschlagung von ein bisschen Geld.

Unser Bus sollte um fünf Uhr zwanzig morgens aus Mtae abfahren. Um fünf Uhr war noch nichts von Abu zu hören oder zu sehen. Ich ging zu seiner Tür und klopfte Sturm. Nichts. Nach fünf Minuten öffnete sich die Tür und mir stand ein sturzbetrunkener Abu gegenüber. Ich war stinksauer!

„Der Bus fährt in fünfzehn Minuten ab", schnauzte ich ihn vorwurfsvoll an.

Nach Alkohol stinkend, packte er seine Sachen und folgte mir lachend und lallend. Ich sprach kein Wort mit ihm. Stattdessen legte ich mir eine Standpauke zurecht, die ich ihm bei unserer Ankunft zurück in Lushoto halten wollte.

„Ich wollte dir Trinkgeld geben, aber das werde ich nicht tun. Ich wollte es dir für deine Tochter geben, aber nicht für Alkohol."

„Aber ich habe kein Geld mehr übrig", wimmerte er.

„Das hättest du dir vorher überlegen sollen. Wie kannst du in deiner Situation dein gesamtes Gehalt versaufen? Du hast eine acht Monate alte Tochter und das hier war dein erster Job seit einem Monat. Wie kannst du dein Geld vertrinken, wenn zu Hause Frau und Kind auf dich warten? Was sind deine Prioritäten?"

„Eben, ich brauche das Geld. Wovon sollen wir jetzt leben?"

Ich blieb hart. Tochter und Frau taten mir leid. Aber ich hoffte inständig, es würde ihm eine Lektion sein, und er würde sich nie wieder so verhalten.

Enttäuscht, böse und traurig machte ich mich wieder auf den Weg zurück nach Mombo. Meine nächste Station war Arusha.

Jeff aus Daressalam hatte mir einen Kontakt in Arusha gegeben. Eine alte Freundin von ihm, Theresia, erwartete mich. Es war beim Trampen hilfreich, ein Ziel nennen zu können.

Als ich an der Straße stand, versuchten Verkäufer mir Bustickets anzudrehen. Ich kann nicht sagen, ob es an der sprachlichen Barriere oder an meinem Vorhaben an sich lag, aber sie ließen nicht locker.

Nach unzähligen Versuchen, mein Vorhaben zu erklären, log ich schließlich: „Ich gehe zu Fuß, danke." Ich untermauerte die Aussage, indem ich bestimmt losmarschierte. Sie sahen mich verwundert an, folgten mir aber nicht. Sie akzeptierten mein Vorhaben, über dreihundert Kilometer nach Arusha zu Fuß zurücklegen zu wollen.

Ich verließ die Stadt, kam jedoch nicht weit. Kaum lagen die letzten Häuser hinter mir, umlagerten mich einige Frauen. Sie versperrten mir den Weg. Ich hatte mich an die tansanische Art und Sprache gewöhnt und glaubte zu verstehen, dass sie mir helfen wollten. Sie wollten mir eine Fahrt organisieren.

Es gelang mir wieder nicht, mein Vorhaben zu erklären. Sie ließen nicht locker. Mit ihren lauten Stimmen zogen sie die Aufmerksamkeit auf sich und auf mich. Es dauerte nicht lange, bis das Interesse eines betrunkenen Mannes geweckt worden war. Er kam immer näher, bedrängte mich, fasste mir in die Haare, in mein Gesicht. Ich versuchte weiterzugehen und mich von der Gruppe zu lösen, doch der Betrunkene ließ nicht von mir ab. Er redete auf mich ein, doch ich verstand nichts.

Ich brauchte eine Mitfahrgelegenheit, und zwar schnell. Angestrengt versuchte ich nicht panisch zu werden.

Ein Lkw hielt an. Meine drei goldenen Regeln hatte ich zu diesem Zeitpunkt längst aufgegeben. Ich sprang durch die Beifahrertür hinein. Der Fahrer empfand die Situation anscheinend ebenfalls bedrohlich und fuhr ohne Umschweife los.

Er sprach, wie zu erwarten war, kein Englisch. Mein Swahili reichte mittlerweile zumindest, um andere zum Lachen zu bringen. *„Mimi Mzungu, wewe Rafiki.“* Sollte heißen: „Ich bin eine Weiße und du bist mein Freund.“

Er lachte und versuchte immer wieder mit Händen und Füßen, sich mit mir zu unterhalten. Er zeigte auf zwei Berge. Ich verstand, dass die zwei Berge irgendetwas mit Deutschland zu tun hatten. Ich glaubte zu verstehen, dass Deutschland sie erschaffen habe. Das konnte er unmöglich gemeint haben.

Er versuchte es in gebrochenem Englisch noch einmal anders zu erklären. Nun glaubte ich zu verstehen, Deutschland sei der Eigentümer der Berge. Auch das hielt ich für höchst unwahrscheinlich. Ich ließ den Bergen ihr Geheimnis und akzeptierte nicht zu erfahren, in welcher Beziehung sie zu Deutschland standen.

Nachts war es zu gefährlich für Lkw-Fahrer zu reisen. Die wertvolle Ladung fiel Dieben in der Dunkelheit leichter in die Hände. Wir waren gezwungen, in der Nähe von Moshi Rast in einem Vier-Dollar-Gästehaus zu machen. Als ich am nächsten Tag aufwachte, waren alle Fahrer bereits verschwunden. Sie waren mit den ersten Sonnenstrahlen aufgebrochen.

„Kein Problem“, dachte ich mir gelassen und stapfte guten Mutes wieder los.

Ein Minivan hielt neben mir. Erfahrungsgemäß handelte es sich dabei um private Taxis. Auf der Rückbank saßen eine Frau und ein Mann in den Vierzigern, doch auf dem Beifahrersitz saß ein kleiner Junge.

„*Family or Taxi?*", wollte ich wissen.

„*Family. This is my son.*", antwortete der Fahrer und deutete auf den Jungen.

Von Familien mitgenommen zu werden war selten und ich freute mich auf die Fahrt.

„Meine Frau ist gestorben. Jetzt fahre ich Taxi als Zweitjob. Beim Taxifahren kann ich meinen Sohn dabeihaben."

Es war mir egal, ob er vorsätzlich gelogen oder mir aus einem Missverständnis heraus verschwiegen hatte, dass es sich um eine Taxifahrt handelte. Die Geschichte rührte mich und ich war froh, ihn und seinen Sohn mit meinem Fahrgeld zu unterstützen.

Ein Polizist winkte unser Auto an die Seite. Der Fahrer sollte aussteigen und mitkommen.

„Sie sagen, ich sei zu schnell gefahren. Fünfzig Stundenkilometer sind erlaubt und ich bin zweiundfünfzig Stundenkilometer gefahren", erklärte er mir, als er zurückkehrte.

Ich war empört. „Wegen zwei Stundenkilometern? Die Maschinen sind doch nicht so präzise. Es muss einen Toleranzbereich geben!"

„Keine Chance. Ich muss mit ihnen ins Gefängnis. Ich kann die dreißig-tausend Schilling nicht bezahlen."

„Und dein Sohn?"

„Ich werde einen Freund aus Arusha anrufen, damit er euch alle abholt."

Ich konnte es nicht glauben. Immer wieder begegnete mir dasselbe Problem in den verschiedenen afrikanischen Ländern. Der Sinn der Polizei, insbesondere der Verkehrspolizei, lag mitnichten darin, die Länder sicherer zu machen. Sie erschienen eher wie Geldeintreiber. Ihre Gehälter waren sehr niedrig und so konnte ich ihr Agieren oft nachvollziehen, doch in diesem Fall fehlte mir jedes Verständnis.

Er verabschiedete sich, um mit dem Polizisten mitzugehen: „Tschüss. Es tut mir leid!"

„Warte! Wie viel Geld hast du?"

Er zählte nach. „Fünfzehntausend Schilling."

„Ich leihe dir die restlichen fünfzehntausend, wenn du möchtest." Ich hoffte auf die tansanische Ehrlichkeit, die mich – außer bei Geldwechslern – beeindruckt hatte.

Nicht nur der Fahrer, sondern alle Fahrgäste waren sichtlich erleichtert. Ich stellte mir vor, wie sie die Situation den Familien zu Hause schildern würden: „Eine reiche Mzungu hat uns geholfen und das Geld bezahlt." Genau das, was ich eigentlich vermeiden wollte. Ich wollte das Bild der reichen und mächtigen Weißen nicht manifestieren. Die wirtschaftliche Kluft sorgte auf verschiedene Weise für ein Fortbestehen des Kolonialismus, wenn auch manchmal nur in den Köpfen der Menschen.

Aus Dankbarkeit gab mir der Fahrer nicht nur mein Geld zurück, das er sich sogleich nach der Ankunft von einem Freund lieh. Er bestand auch darauf, mich bis zum Haus von Theresia in Arusha zu fahren. Sie lebte außerhalb der Stadt, wo wir im Slalom um die Löcher in den Sandwegen herumfuhren. Zudem hatten die Regenfälle die Straßen auch hier größtenteils überflutet.

Bindi aus Simbabwe hatte mir einen Satz mit auf den Weg gegeben, der mich begleitete: „Afrika hört nie auf, dich zu beeindrucken, auf die schlimmsten und auf die schönsten Weisen."

Die Gastfreundschaft und Menschlichkeit waren wohl das Beeindruckendste, das ich in Afrika erlebt habe. Sie zog sich durch alle Länder und auch Theresia in Arusha war ein leuchtendes Beispiel dafür. Ohne mich zu kennen, nahm sie mich bei sich auf. Sie wohnte in einem Raum. Ein Drei-in-Eins mit Wohnzimmer, der Küche, die sich auf einen Gaskocher beschränkte, und ihr Bett war das Schlafzimmer. Die Dusche befand sich draußen. Eine gemauerte Kabine mit einer Holztür, die mit einem kleinen Haken von innen abschließbar war. Ich war sehr dankbar für den Haken, denn wir teilten uns diese Duschkabine mit allen Nachbarn. Es gab kein fließendes Wasser, doch immerhin einen Wasserhahn ganz in der Nähe, weshalb wir es nicht weit schleppen mussten. Das Wasser floss aus der Duschkabine durch ein kleines Loch in der Wand nach draußen.

Theresia sprach ein fantastisches Englisch, das sie im Studium gelernt hatte.

Sie behandelte mich wie eine alte Freundin, die sie ihr gesamtes Leben kannte. Theresia war Ende zwanzig und lebte allein. Ich hatte in Afrika bisher keine so junge, alleinlebende Frau kennengelernt. Entweder hatten die Frauen mit ihren Eltern oder ihren Ehemännern gewohnt.

„Bist du nicht verheiratet?"

„Nein. Ich habe eine vierjährige Tochter, aber der Vater hat mich verlassen."

„Oh, das tut mir leid. Und wo wohnt deine Tochter?"

„Sie lebt bei meiner Mutter in Moshi. Ich kann nicht für sie sorgen, weil ich arbeiten muss und wenig Geld habe."

Zusammenhalt. Da war er wieder. Das typische Merkmal für Tansania. Einerseits fand ich es traurig, wenn die Kinder nicht bei ihren Eltern lebten. Andererseits war es wunderschön zu sehen, wie sich Familien ganz selbstverständlich gegenseitig unterstützten.

„Ich besuche sie jedes zweite Wochenende."

„Hast du Lust, mit mir in die Stadt zu fahren? Ich muss mich um einige Dinge kümmern."

Theresia war ein Energiebündel und ließ sich nicht zweimal bitten. Schon ging es mit dem Dala Dala in die Innenstadt von Arusha. Es war ein Luxus, mit ihr unterwegs zu sein. Sie kannte sich aus, konnte Swahili für mich übersetzen und ich konnte mich entspannt fallen lassen. Ich dackelte ihr wie ein Hund hinterher, ohne selbst zu denken.

Die Innenstadt von Arusha ist ein großer Umschlagplatz von Diamanten.

„Der Diamantenhandel liegt in den Händen der Massai", erklärte mir Theresia.

Sie trugen noch ihre traditionelle Kleidung, die Lebensweise und die Arbeit mit Kühen hatten sie aber für das lukrative Geschäft mit Diamanten eingetauscht.

Wir passierten eine Gruppe junger Massai. Sie sahen mich und nahmen auf Swahili forsch Kontakt zu mir auf.

Ich bat Theresia für mich zu übersetzen und das tat sie unzensiert und schonungslos: „Sucht die Weiße einen Massai-Mann? Gib sie uns!"

Mein Lachen schallte durch die Straße.

„Wehe, du verkaufst mich heimlich!", scherzte ich.

Theresia konnte sich ebenfalls kaum halten vor Lachen.

Sie hatte mir eine zweitägige Safari für die nächsten Tage vermittelt. Sie wollte ihre Tochter besuchen und mich nicht allein zurücklassen.

Doch vor der Abfahrt war es dringend nötig, Wäsche zu waschen. Es hatte tagelang geregnet. Ohne Sonnenschein konnte ich meine Wäsche nicht waschen, beziehungsweise ich konnte sie nicht trocknen. An diesem Tag schien endlich die Sonne.

Sie sah meine mittlerweile stark mitgenommene Kleidung an. „Wenn du das machst, dann wird es nicht sauber", war Theresia überzeugt, „lass mich deine Kleidung waschen und du wäschst deine Turnschuhe."

Sie war bei Weitem nicht die Erste, die die Kompetenz von Europäerinnen in dem Bereich anzweifelte.

Theresia ließ keine Diskussionen zu und baute eine Waschstraße auf.

Ein Eimer zum Einweichen der Kleidung. Von dort ging alles in den nächsten Eimer mit Waschmittel, in dem jedes Kleidungsstück gründlich von allen Seiten kräftig geschrubbt wurde. Im dritten Eimer war klares Wasser, um den größten Teil des Waschmittels auszuspülen. Der vierte und letzte Eimer war ebenfalls mit klarem Wasser gefüllt. Ich staunte über ihre Schnelligkeit und das Resultat und verzweifelte an meinen Schuhen. Theresias Ansprüche waren hoch und ich wusste, dass ich ihnen vermutlich nicht gerecht wurde. Als sie mit meiner Kleidung fertig war, hatte auch ich ein Resultat vorzuweisen. Man konnte die weiße Originalfarbe zumindest wieder erkennen.

Viele, vermutlich die meisten Touristen, reisen nach Afrika, um Wildtiere in den Nationalparks zu sehen. Ich liebe Afrika für seine Menschen und für das, was ich von ihnen lernen durfte. Dennoch konnte ich den Nationalparks Tansanias nicht widerstehen.

Die berühmte Serengeti ließ ich aufgrund horrender Eintrittspreise links liegen. Meine zweitägige Safari würde mich in die Nationalparks Ngorongoro und Lake Manyara bringen.

Die Landschaft des Ngorongoro war beeindruckend – ein Krater von zwanzig Kilometern Durchmesser, der durch einen Vulkanausbruch entstanden war. Jedoch war der Vulkan bei dem Ausbruch in sich zusammengefallen. Die Steppenlandschaft des Kraters wirkt wie eine gigantische Arena für Afrikas Wildtiere. Ein üppiger Wald, der die Vulkanwand emporklimmt, umrandet diese Arena.

Die Regenzeit war in ganz Tansania Nebensaison, wodurch kaum Autos unterwegs waren.

„In der Hauptsaison stehen die Safari-Autos Schlange", erläuterte unser Guide diese außergewöhnliche Leere und Ruhe.

Ein Büffel humpelte nicht weit von uns entfernt.

„In spätestens ein paar Stunden wird er von Löwen gefressen", sagte unser Guide nüchtern.

Mir tat der Büffel leid, auch wenn es der natürliche Lauf der Dinge war. „Wieso ist er allein? Könnte die Herde ihn nicht schützen?"

„Er weiß um sein Schicksal. Er hat sich von der Herde getrennt, um sie nicht in Gefahr zu bringen."

Wie schrecklich es sein musste, darauf zu warten, von einem oder auch mehreren Löwen getötet und gefressen zu werden.

Wir sahen ansonsten recht wenige Tiere und wenn, dann waren sie sehr weit entfernt, sodass ich sie mit bloßem Auge kaum erspähen konnte.

Auch der nächste Tag am Lake Manyara war nicht viel erfolgreicher. Der Park war fast den gesamten Tag in dicken Nebel gehüllt und hellte erst am späten Nachmittag auf. Ein Schwarm Flamingos flog durch die Lüfte und als wir das Ufer des Sees erreichten, sahen wir die Vögel durch das Wasser stolzieren. So beeindruckend der Schwarm Flamingos war, hätte ich doch einen Tag mit Theresia bevorzugt, um mehr über die Kultur und das Leben in Tansania zu lernen.

Ich erreichte Theresias Haus und stellte enttäuscht fest, dass sie abwesend war. Ihr Zimmer gehörte zu einer Häuserreihe. Im Prinzip handelte es sich um ein Reihenhaus, nur einstöckig und jedes Reihenhaus hatte nur ein Zimmer. Eine Mauer schirmte die Reihenhäuser von der Straße ab. Das Tor war abgeschlossen und so kletterte ich über die Mauer.

Ich war in Flip-Flops auf die Safari gegangen und hatte meine Turnschuhe bei Theresia gelassen. Nun standen die Schuhe vor ihrer Haustür. Sie sahen aus, als hätte Theresia ein identisches Paar neu in einem Schuhgeschäft erworben. Wie hatte sie das nur hinbekommen?

Kaputten, veralteten oder abgenutzten Dingen neues Leben einzuhauchen ist eine Kunstform, die, glaube ich, nirgends auf der Welt so beherrscht wird wie in Afrika. Ich war auf meiner Reise oft beeindruckt, wie viel insbesondere die Frauen in Afrika aus wenig herausholten. Theresias Zimmer war ein weiteres Beispiel dafür. Es war klein und einfach. Sie konnte es sich nicht leisten, einen Fußboden zu verlegen oder die Wände zu streichen. Sie hatte auf dem Boden eine dekorative Plastikplane ausgelegt, die sie zweimal täglich fegte. An den Wänden hingen Tücher, die das Zimmer wohnlicher machten und jedes Teil, das sie besaß, hatte seinen Platz.

Sie kam vor Einbruch der Dunkelheit zurück.

„Du bist wieder da! Wie schön", begrüßte sie mich herzlich.

„Ja, und du hast meine Schuhe geputzt! Das ist mir etwas unangenehm", gab ich zu.

„Das habe ich gerne gemacht."

„Wie war es bei deiner Tochter? Geht es ihr gut?", erkundigte ich mich neugierig.

„Es geht allen gut. Es ist immer schön, Zeit mit ihr zu verbringen. Ich liebe sie sehr."

„Du hättest ruhig länger bleiben können. Ich hoffe, dass du nicht meinetwegen zurückgekommen bist."

„Nein. Es ist in Ordnung. Ich genieße deine Gesellschaft."

Wir gingen früh zu Bett, denn am nächsten Tag fuhr ein Bus zu meinem nächsten Reiseziel: Mwanza.

Früh morgens gingen Theresia und ich mit dem Licht unserer Handys vorsichtig durch die unebenen Sandgassen ihres Viertels zur Hauptstraße. Theresia hatte darauf bestanden, mich unbedingt persönlich zum Bus zu bringen. Wie gerne hätte ich sie noch ein wenig länger an meiner Seite gewusst. Wir hatten von Anfang an ein Vertrauensverhältnis gehabt und so fiel der Abschied ein weiteres Mal schwer.

„Es gibt nur noch ein Ticket für den Bus. Der Verkäufer fragt, ob der mittlere Platz in der letzten Reihe für dich in Ordnung ist."

„Ja, klar, warum nicht?" Es war mir sogar sehr recht. Der Mittelplatz in der letzten Reihe würde bedeuten, dass ich meine Beine ausstrecken konnte. Wenn gerade dieser Platz noch frei war, musste die Sache einen Haken haben. Ich verstand nur leider nicht, welchen.

Mein Sitznachbar reichte mir meinen Anschnallgurt. Das war merkwürdig.

Ich hatte auf meiner Reise noch niemanden mit Anschnallgurt gesehen. Außer der Busfahrer, wobei die sich nicht aus Sicherheitsgründen anschnallten, sondern weil sie ansonsten mit empfindlichen Geldstrafen von Verkehrspolizisten zu rechnen hatten. Der Gurt hatte keine Schnalle. Wie sollte ich mich also anschnallen? Ich legte ihn wieder zurück und lächelte meinen Sitznachbar an. Sicher dachte er, er müsse mir eine Mzungu-Sonderbehandlung geben und sich besonders um mich kümmern.

Dabei wollte ich mich doch an den Leitsatz ‚*Locals know best*' halten und auf Einheimische hören!

Es in diesem Fall nicht getan zu haben, rächte sich prompt. Der hintere Mittelplatz wirkte wie ein Katapult. Bei der ersten Bremsschwelle, mit denen Tansanias Straßen voll gepflastert sind, flog ich von meinem Sitz und stieß mir den Kopf an der Decke. Schlimmer als der Stoß an der Decke war jedoch die unsanfte Landung. Zwischen der Rückwand und meinem Sitz ragte ein Metallstück heraus, das schmerzhaft die Haut an meinem unteren Rücken schabte. Mich über mich selbst ärgernd, griff ich nach beiden Gurtenden und verknotete sie vor meinem Bauch, so fest es ging.

Dieses Provisorium half, wenn auch wenig. Alle fünf Minuten überquerten wir eine Bremsschwelle und ich wurde nach oben katapultiert, um dann unsanft auf dem Metallstück zu landen. Ich konnte mir ein erschöpftes Gejammer nicht verkneifen. Ich versuchte irgendwie neben dem Metallstück zu landen und meinen Fall mit meinen Händen abzufedern. Mein Erfolg war überschaubar. Kleidung auf das Metallstück zu legen, funktionierte auch nicht, denn es brauchte zu viel Platz. Ich würde dann nach vorne katapultiert werden und nicht mehr auf meinem Sitz landen. Das Metallstück schürfte etwa hundertzwanzigmal über meinen Rücken. Aushalten oder Aussteigen?

Ich hielt es aus.

Bei der Ankunft in Mwanza war meine Laune allerdings an einem Tiefpunkt. Ich wusste nicht, was am schlimmsten war: der Hunger, die Erschöpfung nach elf Stunden Busfahrt oder die Schmerzen. Vielleicht war es schlichtweg der Umstand, wieder allein, verloren und ohne Plan in anbrechender Dunkelheit an einem bedrohlich wirkenden Ort angelangt zu sein.

Bedingt durch die Schmerzen hatte ich den Bus schnellstmöglich verlassen. Ich hatte Häuser und Lichter gesehen und vermutet, dass ich in Mwanza angekommen war. Das stimmte zwar, es war Mwanza, jedoch nicht das Zentrum. Verzweifelt versuchte ich ein Dala Dala zu finden, das in die Innenstadt fuhr. Niemand konnte mir helfen, denn keiner verstand mich. Ohne Swahili gab es kein Weiterkommen.

„*Do you need help?*“, hörte ich eine junge Stimme hinter mir fragen.

Englisch! Ich drehte mich um und sah einem zwölfjährigen Jungen in die Augen.

Sein Name war Michael. Er und sein jüngerer Bruder wollten mich ins Zentrum begleiten und fragten mich auf dem Weg über meine Reise aus.

„Unsere Eltern sind nicht zu Hause. Wenn du möchtest, kannst du bei uns übernachten.“

Mein Instinkt sagte mir, dass ich ihnen trauen konnte und so ging ich mit ihnen.

Wir liefen kreuz und quer durch Mwanza. Wir überquerten einen geschäftigen Markt, der vermutlich das Stadtzentrum war. Wir gingen jedoch weiter, weiter und weiter. Die Straßen wurden ruhig. Der Trubel, der Lärm, die Menschenmengen und die Lichter verschwanden. Ich lief den Jungs orientierungslos hinterher.

Waren wir überhaupt noch in Mwanza?

„Wann sind wir da?“, wollte ich nun doch wissen.

Michael wählte dieselbe Strategie wie Eltern bei Kleinkindern und antwortete: „Wir sind gleich da.“

Das Wort ‚gleich‘ ist ein sehr dehnbarer Begriff.

Ich fragte immer wieder, auch weil mich Schmerzen von der Busfahrt plagten, und bekam jedes Mal dieselbe Antwort: „Wir sind gleich da.“

Die Wege wurden schmaler. Wir mussten einen im wahrsten Sinne steinigen Weg erklimmen, über den ich eher stolperte, als dass ich ging. Als Nächstes zwängten wir uns zwischen Hauswänden hindurch.

Als ich dachte, ich sei entführt worden, hieß es: „Wir sind da!“

Wir standen in einem kleinen Innenhof, der von schmalen, aber immerhin zweistöckigen Häusern umringt war.

Wir betraten ihr Haus und standen direkt im Wohnzimmer. Durch die Bauweise war es klein, obwohl es das einzige Zimmer im Erdgeschoss war. Erschöpft ließ ich mich auf dem Sofa nieder.

„Ich hole uns schnell etwas zu essen", sagte Michael.

Als er wiederkam, war ich bereits auf dem Sofa eingeschlafen.

Michael weckte mich. „Willst du dich nicht noch duschen? Ich habe Wasser für dich gekocht."

Er verhielt sich erwachsener als so manch ein Erwachsener. Ich war mit zwölf Jahren längst nicht so selbstständig, verantwortungsvoll, aufmerksam und gastfreundlich gewesen. Seine Eltern konnten sehr stolz auf ihn sein. Das Wasser war noch kochend heiß und ich mischte es mit kaltem Wasser und genoss eine wohltuende Eimerdusche, die meine Lebensgeister wieder etwas weckte.

Als ich zurückkam, hatte Michael Essen für mich bereitgestellt. Es gab Hühnchen und Reis.

Mwanza liegt direkt am Victoriasee. Ich hatte mir in den Kopf gesetzt, den Victoriasee in einem Boot zu überqueren, um die Grenzstadt Bukoba im Norden Tansanias zu erreichen. Von dort wollte ich weiter nach Uganda.

Michael wusste nicht, ob das möglich war und wann Schiffe abfahren würden. Also begleitete er mich zum Hafen.

„Es gibt keine Fähren. Nimm einen Bus, das ist sicherer", antworteten mehrere Hafenmitarbeiter bestimmt.

Alle hatten mit dem Zusatz geantwortet, Busse seien ‚sicherer‘. Es musste also eine weniger sichere Alternative geben. Ich hatte von Bussen vorerst genug.

„Bitte, lass uns noch jemanden fragen", bat ich Michael.

Wir fragten jeden Mann, der uns entgegenkam, was schließlich belohnt wurde.

„Heute um vierzehn Uhr fährt ein Boot ab", übersetzte Michael endlich.

Ohne ihn wäre es unmöglich gewesen, diese Information zu erhalten. Es war ein wahrer Glücksfall gewesen, ihn getroffen zu haben!

Ich erschrak. „Also in einer Stunde? Dann muss ich noch Proviant besorgen."

Wir hasteten zum Supermarkt, wo ich ein paar Kekse und Wasser kaufte und von dort eilten wir zu Michaels Haus, um meine Sachen zu holen.

Wir waren beide außer Atem, als wir um Punkt vierzehn Uhr am Hafen ankamen und wenig überraschend doch zwei Stunden auf das Boot warten mussten.

Michael, der in nur zwei Tagen zu einem Freund geworden war, wartete mit mir gemeinsam. Wir standen auf dem Hafengelände zwischen toten Fischen, Marabus, die über das Gelände stolzierten und schreienden Händlern.

„Mein Traum ist es, irgendwann zu studieren. Ich bin der Beste in meiner Klasse", erzählte er mir stolz.

„Und was möchtest du studieren?"

Er zeigte mir ein Bild seiner Schwester. Es war ihr Hochzeitsfoto, das er bei sich trug. Er strahlte Hoffnung und Sorge gleichermaßen aus, als er mir von seinem Traum berichtete: „Sie ist an Aids gestorben. Ihr Mann hat sie betrogen und dann angesteckt."

Ich war fassungslos. Wäre meine Schwester durch ihren Ehemann an Aids gestorben, hätte ich ihn aus allen Fotos geschnitten und die Bilder von ihm verbrannt.

„Deshalb möchte ich in der medizinischen Forschung arbeiten. Ich möchte ein Mittel gegen Aids finden."

„Das ist großartig!"

„Ja, aber jetzt muss ich erst einmal meine Eltern finanziell unterstützen. Ich werde die Schule wohl nicht zu Ende bringen."

Michael war sehr fleißig. Er ging neben der Schule noch zu weiteren Kursen, um sich weiterzubilden. So hatte er Englisch gelernt. Wieder der Traum eines jungen Menschen, der im Keim erstickt wurde.

So viele Ungerechtigkeiten verbargen sich in dieser einen Lebensgeschichte. Seine Schwester, die starb, weil ihr Mann sie betrogen hatte. Er, der mit zwölf Jahren eine viel zu große Last tragen musste. Sein ehrenhafter Traum war fast unerreichbar, obwohl er alles tat, was in seiner Macht stand, um ihn sich zu erfüllen.

„Du bist so intelligent und fleißig. Du wirst bestimmt einen Weg finden", versuchte ich ihm Mut zuzusprechen. Ich glaubte an ihn.

„Meine Familie hat etwas Land. Sie möchten es verkaufen und davon eine Kuh anschaffen, um damit Geld zu machen."

„Und was ist, wenn die Kuh stirbt? Dann ist alles weg", gab ich zu bedenken.

Schließlich kam das Boot. Ich hatte keinen Luxus erwartet und mich auf ein Abenteuer eingestellt. Aber als ich dieses Boot sah, verließ mich der Mut. Es war von der Marke ‚Eigenbau'. Alte Bretter waren irgendwie zusammengezimmert worden. Eine Bretterwand unterteilte das Boot in zwei Bereiche. Die besagte Wand und einige morsche Stützpfeiler entlang der Reling trugen ein Dach, welches zwei Drittel des Bootes Schutz vor Regen und Sonne bot. Dieser Bereich war voll beladen. Eine schwarze Plastikplane überdeckte die Ladung und auf ihr hockten, knieten oder lagen die Passagiere.

Die Passagiere verließen das Boot und die Ware, vor allem Getränke, Säcke mit Mehl und anderen Lebensmitteln, wurde entladen. Nachdem das Boot wieder beladen war und die Plastikplane wieder darüber lag, durften die Passagiere, darunter ich, in das Boot steigen. Es lag nicht direkt am Pier. Wir mussten also zunächst in ein anderes Boot klettern, von dessen Rand eine Holzplanke zum Fährboot führte. Ich fühlte mich wie ein Pirat, der ein Schiff kaperte. Wie ein schlechter Pirat. Mit meinen Rucksäcken fiel mir das Balancieren besonders schwer. Ich geriet ins Wanken und wäre beinahe ins Wasser gefallen. In der letzten Sekunde packte mich ein Mann am Arm und zog mich ins Boot.

„*Welcome Mzungu.*"

Ich konnte das Wort ,*Mzungu*' einfach nicht mehr hören. Innerlich übersetzte ich es jedes Mal mit: „Hallo Alien. Du gehörst nicht zu uns."

Theresia hatte mir gesagt, was ich in dieser Situation antworten konnte.

„Sollen wir uns Mzungu und Mweuzi nennen? Meinetwegen können wir auch unsere Namen benutzen. Ich bin Hjördis."

Der Kapitän konnte etwas Englisch und übersetzte. Alle lachten. Sie hatten verstanden.

Ich blickte in die Runde. Ich zählte fünfundzwanzig Männer und fünf Kinder zwischen fünf und zehn Jahren. Frauen suchte ich vergebens. Den Victoriasee in einem selbst gezimmerten Boot mit fünfundzwanzig unbekannten Männern zu überqueren, war etwas mehr Abenteuer, als ich erwartet hatte. Es gab keine Möglichkeit zu flüchten, sollte einer dieser Männer auf eine böse Idee kommen.

Ich erinnerte mich an die Worte eines Sicherheitsoffiziers vor einigen Jahren während einer Rettungsübung für die Besatzung an Bord. Ich wäre bei einer Evakuierung auf einer Rettungsinsel mit ausschließlich Männern untergekommen. Ich hatte den Sicherheitsoffizier mit meinen Bedenken, als einzige Frau eventuell Tage mit ausschließlich Männern auf einer kleinen Rettungsinsel auf hoher See zu treiben, konfrontiert.

„Glaube mir, in so einer Notsituation denkt kein Mann an Sex. Du bist sicher", war damals seine Antwort gewesen.

Ich hoffte, seine Theorie würde auch hier greifen.

Der Mann, der mir das Ticket verkauft hatte, hielt eine Ansprache auf Swahili. Ich verstand nur ,Mzungu'. Aufgrund seiner Intonation und der Reaktion der Männer, die hauptsächlich aus Kopfnicken bestand, glaubte ich zu verstehen, dass er alle darum bat, sich wegen der ,Mzungu' an Bord besonders gut zu benehmen.

Da ergriff ein anderer Mann das Wort: „Sie heißt Hjördis, nicht Mzungu."

Gerade hatte ich in meinem Kopf noch eine Gefahrenanalyse durchgespielt und meine Sicherheit unter diesen Männern angezweifelt. Jetzt stand einer von ihnen für mich ein, damit ich mich wohlfühlte. Meine Bedenken waren offensichtlich unbegründet. Ich war sicher.

Zumindest ging Gefahr nicht von meinen Mitreisenden aus, sondern wohl eher von dem, was sich unter der Wasseroberfläche tummelte, wie Krokodile und Nilpferde.

Wir Erwachsenen saßen auf Jutesäcken im Kreis. In unserer Mitte fanden die fünf Kinder Platz. Sie waren klein genug, um dort mit ausgestreckten Beinen gemütlich sitzen zu können. Die Kinder waren mir natürlich vom ersten Moment an sympathisch.

Es dauerte nicht lange, bis mir eines der Mädchen ein Bonbon anbot. Es rührte mich, dass sie ihre Süßigkeiten mit mir teilen wollte. Ich holte im Gegenzug meine Kekse hervor und verteilte sie an die Kinder.

Das Eis war gebrochen und das Band schnell geknüpft. Die Beziehung zu den Kindern brachte mir auch schlagartig Sympathien bei den Erwachsenen ein.

Die Atmosphäre in afrikanischen Bussen begeisterte mich jedes Mal. Doch selbst die kam nicht an das heran, was ich auf diesem Boot erlebte.

Es gab auf dem See keine Internetverbindung und keine Musik. Wir saßen in Kreisform und sahen einander an. Diese beiden Umstände führten zu offenen und lebendigen Unterhaltungen unter Fremden. Natürlich verstand ich wieder mal nicht, worüber man sich unterhielt, doch die Stimmung konnte ich beurteilen. Sie war entspannt und fröhlich.

Die Fugen zwischen den Bootsbrettern waren mit Teer abgedichtet. Es dauerte jedoch nicht lange, bis Wasser durch den Boden drang. Außer mir schien niemand davon beeindruckt. Der Kapitän hatte Helfer, die sogleich in aller Ruhe damit begannen, das Wasser mit Eimern abzuschöpfen. Ich sah mich um. Wir hatten das Land hinter uns gelassen. Um uns herum war nur noch Wasser. Es gab kein Zurück und so tat ich es den anderen gleich und lehnte mich sorgenfrei zurück und genoss die Fahrt. Es blieb mir ohnehin nichts weiter übrig.

Die Dunkelheit brach ein. Mit dem Untergang der Sonne kühlte sich auch die Luft schlagartig ab. Das kleine Mädchen mit den Bonbons legte sich neben mich, mit ihrem Kopf auf meiner Schulter und kuschelte sich eng an mich.

Ich deckte uns mit meinem Chitenge zu und streichelte ihr fortwährend über ihren Kopf. Als ich dachte, sie sei eingeschlafen, schloss auch ich meine Augen.

Das war die Gelegenheit, auf die sie gewartet hatte. Sie wiegte sich in Sicherheit. Das kleine Mädchen folgte ihrem natürlichen Forscherdrang und versuchte herauszufinden, was denn nun der Unterschied zwischen Mzungus und Mweuzis war.

Zuerst nahm sie meine Hände unter die Lupe. Sie tastete alle Finger und Fingerkuppen ab, drückte an meiner Handfläche herum und fühlte vorsichtig nach meinen Knochen. Dann nahm sie meine Hand und strich sich selbst damit sanft über ihr Gesicht. Ich schmunzelte und hatte Mühe, mein Lachen zu unterdrücken. Sie musste schon die ganze Zeit vorher furchtbar neugierig gewesen sein. Vermutlich war ich die erste Mzungu, die sie je gesehen hatte, und diese Chance wollte sie sich nicht entgehen lassen. Kindliche Neugier ist etwas so Unschuldiges und Wunderschönes. Es ist die Ehrlichkeit in Reinform.

Nun fehlte ihr noch die Untersuchung meiner Fingernägel. Sie begann vorsichtig in meine Nägel zu beißen.

Ich muss gestehen, dass ich das Thema Handhygiene auf der Reise etwas vernachlässigt hatte. Das wenige Wasser, das ich tragen konnte, diente dazu, den Durst zu stillen und nicht zum Händewaschen. So wälzte ich mich ‚im Schlaf' auf die andere Seite und entzog ihr meine unsauberen Nägel.

Sie ließ sich nicht beirren. Die Fingernägel nicht untersuchen zu können, brachte sie nicht von ihrer Forschung ab, es gab ja noch mehr zu entdecken.

Vielleicht war der faszinierendste Unterschied für sie das Haar. Sie streichelte über mein rötliches Haar und inspizierte jede einzelne Strähne. Es wirkte, als würde sie nach Läusen suchen. Sie suchte jedoch nicht nach Läusen, sondern nach Knoten. Wenn Afrikanerinnen lange und glatte Haare haben, dann handelt es sich zumeist um Kunsthaar, das mit dem Echthaar verknotet wird. Ihre Suche war vergebens. Ungläubig rief sie die anderen Kinder zu sich, damit sie ihr halfen.

Die waren schüchterner und wagten sich nur vorsichtig an mich heran. Doch auch bei ihnen überwog letztendlich die Neugier und so suchten nun zehn Kinderhände nach Knoten in meinem Haar.

Irgendwann gaben alle auf und legten sich schlafen. Nun konnte auch ich in den Schlaf finden.

Kälte legte sich über mich und rüttelte mich wieder wach. Mein Chitenge war verrutscht und ich konnte mich nicht wieder zudecken. In beiden Armen lagen mittlerweile Kinder.

Mein Sitz- beziehungsweise zu diesem Zeitpunkt Liegenachbar bemerkte meinen Kummer. Er nahm seine eigene Decke und legte sie über die Kinder und mich. In der Nacht glitt die Decke immer wieder von meinen Beinen. Jedes Mal bemerkte es einer der Männer und deckte uns sogleich wieder zu.

Für so viel Fürsorge fehlten mir die Worte.

Es war drei Uhr in der Früh, als wir Goziba erreichten. Eine winzige Insel inmitten des Victoriasees, die nur mit diesen Booten erreicht werden konnte. Alles drehte sich dort um den Fischfang.

„Wann fährt das Boot nach Bukoba?"

Niemand verstand mich. Die Männer waren größtenteils schon von ihren Verwandten abgeholt worden. Jemand zeigte vier Finger.

„Um vier Uhr also?"

„Yes", sagte ein anderer.

Ich wusste nicht, wohin. Also nahm ich meinen Rucksack und setzte mich auf ihn. „Gut. Danke. Eine Stunde kann ich hier warten."

Die Menschen auf dem Steg waren in höchster Aufregung. Sie schienen verzweifelt über die Sprachbarriere. Das verband uns. Ich war deshalb auch verzweifelt. Einige lachten auch. Es war ein mir sehr bekanntes Lachen. Kein gehässiges Lachen, sondern ein Lachen der Hilflosigkeit. Wie oft hatte ich selbst dieses Lachen geschmettert, wenn ich an den Sprachbarrieren verzweifelt war.

Ich unternahm einen neuen Versuch. Vier Uhr war offensichtlich nicht die richtige Antwort gewesen. Bei jedem erneuten Versuch kam eine andere Uhrzeit heraus. Ich hatte nun jede Antwort zwischen vier Uhr morgens und zwölf Uhr mittags gehört – oder geglaubt gehört zu haben.

Ich wollte nicht riskieren, das Boot nach Bukoba zu verpassen. Wenn ich es richtig verstanden hatte, kam nur ein Mal pro Woche ein Boot nach Goziba. Die Wahrscheinlichkeit, das falsch verstanden zu haben, lag relativ hoch, aber ich wollte das Risiko nicht eingehen. Lieber verbrachte ich die gesamte Nacht und den gesamten Tag auf diesem Steg.

Der Steg leerte sich. Die Menschen hatten resigniert und verschwanden.

Einer der Männer kam zurück. Er hatte einen Freund im Schlepptau, der eine Wachshose und Gummistiefel trug. Kleidung und Geruch ließen keinen Zweifel zu: Der Freund war Fischer und offensichtlich von seiner Arbeit zu mir gebracht worden.

In perfektem Englisch wurde ich begrüßt: „Hi. *My name is Willy.*"

„Hallo!", schrie ich Willy vor Erleichterung an. „Du sprichst ja Englisch! Mein Name ist Hjördis."

„Ja. Ich komme nicht von der Insel, sondern aus Daressalam. Die anderen haben versucht dir zu sagen, dass du dir eine Unterkunft suchen sollst."

„Ich habe Angst, das Boot nach Bukoba zu verpassen. Weißt du, wann es abfährt?"

Mittlerweile waren einige Männer aus Neugierde zurück zum Steg gekommen. Willy übersetzte meine Frage. Auch das löste Gelächter aus und auch dieses Gelächter war international. Es bedeutete Erleichterung.

„Es fährt heute um zehn Uhr morgens ab", übersetzte Willy.

„Das ist in sechseinhalb Stunden. Weißt du, wo ich schlafen könnte?"

„Ich arbeite zwar noch, aber ich bringe dich schnell zum Gästehaus."

Es gab keine asphaltierten Straßen und ich sah nur winzige Hütten. Die Aussicht auf ein Gästehaus überraschte mich.

„Es ist das einzige solide Haus in unserem Dorf", erklärte mir Willy.

Schließlich klopfte Willy beherzt an die Tür der Rezeption. Schlaftrunken machte uns eine in ein Bettlaken gewickelte Dame auf.

Willy übersetzte: „Die Nacht kostet fünftausend Schilling, allerdings sind alle Betten belegt."

„Es gibt gar keine andere Möglichkeit? Ich bin nicht wählerisch."

Nach einer kurzen Unterhaltung öffnete die Rezeptionistin die Tür weit, als wollte sie sagen: „Tritt ein in mein Reich."

„Du kannst mit ihr gemeinsam in der Rezeption schlafen."

Sie holte ein Bettlaken für mich und legte sich selbst auch wieder hin. Wie ich bereits vermutet hatte, war sie bis auf die Unterhose nackt. Ich hätte mir nie träumen lassen, neben einer halbnackten Rezeptionistin auf einer löchrigen Schaumstoffmatratze zu schlafen und es als großes Glück zu empfinden.

Ich war todmüde und konnte doch nicht schlafen. Schlafen war sonst nie ein Problem, denn normalerweise war ich nachts sorgenfrei. Ich lebte von Tag zu Tag, von Gelegenheit zu Gelegenheit. Der Schlüssel zu gutem Schlaf ist es, loszulassen. Das ging bis dahin ohne Pläne fantastisch. Jetzt hatte ich einen Plan und damit auch Angst, er würde nicht funktionieren. Ich wollte am nächsten Tag nach Bukoba. Ich hatte mich an ein Leben ohne Angst vor dem Scheitern gewöhnt. Jetzt überkam mich diese Angst und raubte mir den Schlaf.

Zum Glück.

Denn plötzlich fiel der Schrank um. Da ich noch nicht geschlafen hatte, konnte ich ihn in letzter Sekunde abfangen und verhindern, dass er auf mich fiel. Ich wurde unter Ordnern, Papieren und Schreibtischutensilien begraben.

Auch meine Schlafnachbarin hatte sich zu Tode erschrocken. Geschwind sprang sie auf, räumte den Berg aus Papier und Stiften von mir herunter und richtete den Schrank wieder auf. Sie tippte mich an und wies mich an, die Bettseite mit ihr zu tauschen.

Nun fand ich den richtigen Gedanken, um schlafen zu können. Ich ließ die Sorgen los.

„Wenn ich das Boot verpasse, dann finde ich eine andere Lösung", dachte ich und schloss die Augen.

Der neue Tag begann mit dem ersten Sonnenstrahl, der seinen Weg nach Goziba fand. Alle Gäste standen auf und kamen zur Rezeption, um zu bezahlen. So blieb auch mir keine andere Wahl, als den Tag zu beginnen.

Willy war die ganze Nacht auf dem Wasser gewesen und stand jetzt wie versprochen pflichtbewusst und in ziviler Kleidung vor mir, um mir diesen verträumten Ort zu zeigen. Ich konnte mir nicht vorstellen, dass jemals ein Tourist in Goziba gewesen war.

Ich trug meine Kamera um den Hals, was ich in einer Großstadt oder in Touristenhochburgen niemals getan hätte. Im Grunde stehe ich dem Fotografieren von Menschen kritisch gegenüber. Oft hatte ich sensationslustige, voyeuristische Touristen beobachtet, die respektlos und ohne zu fragen Menschen fotografierten. Je mehr Elend, desto besser. Die Kamera wurde zu einer Mauer zwischen den Einheimischen und den Touristen. Die, die lebten und die, die es sich ansahen und dokumentierten.

In Goziba hatten die Menschen diese Erfahrung eindeutig noch nicht gemacht. Ich musste immer wieder stehen bleiben, da mich junge und alte Leute darum baten, ein Foto von ihnen zu machen.

Alles drehte sich um die Fischerei. Mit der Fischerei schien jeder im Dorf sein Geld zu verdienen. Entweder mit dem Fischen selbst, der Zubereitung oder dem Handel. Vielerorts saßen Frauen an riesigen Netzen, die alle freien Flächen im Dorf bedeckten, um sie zu flicken. Andernorts wurden Fische getrocknet. Hunderttausende winzig kleine Fische lagen in der Sonne. Einen Kühlschrank besaß hier sicherlich niemand und so war das Trocknen die einzige Methode, die Fische haltbar zu machen. Große Fische sah ich nur wenige. Doch auch sie wurden in der Sonne in großen Salzhaufen haltbar gemacht.

„Gibt es im Victoriasee keine großen Fische mehr?", fragte ich Willy.

„Nur sehr wenige. Früher konnte man gut von der Fischerei leben. Jetzt ist es nur noch ein Überleben. Deshalb suche ich nach einem anderen Job."

Ich brachte Willy in Verbindung mit Jeff, meinem Freund aus Daressalam. Vielleicht würde er Willy eine Stelle im Hotel vermitteln können.

Willy nahm sich den ganzen Vormittag Zeit für mich. Er hatte mir meine Sorgen, das Boot zu verpassen, genommen. Man würde ihn informieren, bevor es ablegte. Wir besichtigten alle Attraktionen der kleinen Insel. Zunächst gingen wir über den Markt, der die einzige Einkaufsmöglichkeit war. Es gab Handyguthaben, Fisch und ein wenig Gemüse und Obst. Das war alles, was man hier zum Leben brauchte.

Der nächste Stopp war eine kleine Erhöhung, auf der eine Antenne stand.

„Diese Antenne ist neu. Endlich haben wir hier Handyempfang", verkündete Willy voller Stolz.

Unweit vom Hügel mit der Antenne befand sich die letzte Attraktion: Eine Kirche und eine Moschee standen direkt nebeneinander. Beide sahen identisch aus. Vier Wände aus Wellblech mit einer Öffnung als Eingang und einem Dach, das ebenfalls aus Wellblech bestand. Auf der Kirche prangte ein Kreuz und auf der Moschee ein Halbmond. Wie friedlich die beiden Religionen koexistieren konnten. Die ganze Welt sollte das kleine Inseldorf Goziba kennen und von ihm lernen.

Wenig verblüffend legte das Boot wieder mit zwei Stunden Verspätung ab. Dieses Mal waren acht Frauen mit an Bord und es wurden sogar Rettungswesten verteilt. Wobei diese uns im Notfall wohl kaum hätten retten können. Sie waren so dünn, dass sie vermutlich einen ähnlichen Wirkungsgrad wie nicht aufgeblasene Schwimmflügel hatten.

Der Wellengang war bereits kurz nach dem Ablegen ziemlich heftig. Die Frauen legten sich hin. Sie taten mir jetzt schon leid, denn die Seekrankheit würde sie garantiert erwischen. Ich ergriff alle Maßnahmen, die ich gegen Seekrankheit kannte. Zum Glück hatte ich noch einen grünen Apfel und Kekse im Rucksack. Beides würde mir helfen. Dann setzte ich mich an den Bootsrand, um Frischluft und einen guten Ausblick auf den Horizont zu haben.

Ich versuchte vergebens, die anderen Frauen davon zu überzeugen, sich aufzusetzen und es mir gleichzutun. Entweder verstanden sie mich nicht oder sie glaubten mir nicht.

Egal, was der Grund war, es rächte sich. Nicht lange und die ersten Frauen übergaben sich zu Beginn der zehnstündigen Bootsfahrt.

Kurz vor achtzehn Uhr hüllte sich der Himmel in ein leuchtendes Orange. Bald würde die Sonne untergehen. Wir befanden uns in der Nähe einer Insel etwa drei Stunden von Bukoba entfernt. Eine Wand aus Mücken schwirrte vor ihr und verdeckte die Sicht auf das Ufer nahezu komplett. Ungefähr die Hälfte der Passagiere verließ das Schiff hier. Es stiegen ebenso neue Fahrgäste ein, die entspannt durch diese Wand gingen, als wären die Mücken für sie unsichtbar. Hatten sie keine Angst? Ich war froh, als wir fünf Minuten später wieder ablegten. Der Victoriasee war Malariagebiet, und an Malaria zu erkranken, war eine Erfahrung, auf die ich sehr gerne verzichtete.

Wir legten wieder ab. Der See hatte sich endlich beruhigt.

Ein Ruderboot unterbrach die friedliche Ruhe. Ein Gast hatte unser Boot verpasst und wurde hektisch zu uns gefahren.

Die Frauen saßen die gesamte Überfahrt im Innenraum. Viele der Männer hatten sich am Bug vereint. Durch den Innenraum gab es kein Durchkommen nach vorn. Wenn ich zum Bug wollte, dann blieb mir keine andere Wahl, als auf dem Bootsrand zu balancieren. Mein Wille war größer als die Angst, ins Wasser zu fallen. Ich hatte die Männer beobachtet und tat es ihnen gleich. Die Schiffsladung diente als eine Art Treppe, um auf den Bootsrand zu kommen. Sie hatten offensichtlich viel Übung im Balancieren. Ich ging vorsichtiger zur Sache. Schritt für Schritt, mich immer am nächstmöglichen Balken festhaltend, gelangte ich zum Bug.

Ich glaube, ich war die erste Frau, die je dieses Wagnis auf sich genommen hatte. Die Männer sprangen sofort zur Seite, um mir Platz zu machen.

„*Asante sana*", bedankte ich mich auf Swahili.

Ich kam gerade rechtzeitig, um die untergehende Sonne mit meiner Kamera einzufangen. Vor dem orangefarbenen Horizont waren die Schatten von drei Fischern in ihren Ruderbooten zu sehen. Ein Bild, das in seiner friedlichen Einfachheit nicht schöner hätte sein können. Aus der Ferne betrachtet war es romantisch. Von Nahem war es sicherlich harter Alltag.

„Möchtest du mit auf das Dach kommen? Der Ausblick ist hier besser."

Ich blickte nach oben, von wo die Stimme kam. Auf dem Dach stand ein drahtiger, etwa sechzig Jahre alter Mann. Die gesamte Fahrt über hatte ich Füße vom Dach baumeln sehen und mich gefragt, was es damit auf sich hatte. Nun wusste ich es. Das Dach war gewissermaßen die Schiffsbrücke und der Mann war der Kapitän.

Das musste ein Scherz sein. Als Fahrgast wurde man nicht einfach so vom Kapitän auf die Brücke eingeladen. Selbst für Besatzungsmitglieder ist der Zugang streng limitiert. So hatte ich es gelernt.

„*Are you serious?*", vergewisserte ich mich vorsichtig.

„*Yes, come up if you like*", wiederholte er seine Einladung.

Ich wollte jetzt unbedingt auf das Dach. Die Frage war nur: wie? Das Dach befand sich etwa zehn Zentimeter über meinem Kopf. Es gab keine Leiter, keine Hilfsmittel, um hochzuklettern. Wie war der Kapitän dort hingelangt?

Dieser schlug eine Räuberleiter vor. Der Auserwählte für diese Aufgabe verzog das Gesicht nur zu offensichtlich. Ich konnte der Idee ebenfalls nichts abgewinnen.

Das Dach wurde von einem schmalen Holzpfeiler getragen. Er war gewissermaßen ein fast vertikaler Schwebebalken aus morschem Holz.

Wenn ich meinen Fuß nun möglichst weit oben auf dem Holzpfeiler platzieren würde und mich am Rand des Daches festhielt, könnte ich mich vielleicht hochziehen.

„Das könnte klappen", dachte ich, „und wenn nicht, dann hoffe ich, dass die Männer meinen Aufprall abfedern."

Ich trug meinen Chetenge, der meine Bewegungsfreiheit stark einschränkte. Ich hatte keine Wahl und musste den Wickelrock ausziehen. Nun stand ich in meinen Shorts da. Es war kulturell eine fragwürdige Handlung und die Männer konnten es sich nicht verkneifen, mit Gelächter und Johlen zu reagieren.

Es war mir egal, denn ich hatte meine Mission erfolgreich bestritten und saß schließlich stolz auf dem Dach und genoss den fantastischen Ausblick auf den funkelnden Sternenhimmel!

Ich hatte das Vorhaben nicht ganz durchdacht. Mit dem Sonnenuntergang kam die Kälte. Außer mir trugen alle ihre Winterjacken. Ich trug ein kurzes, löchriges T-Shirt und meinen dünnen Wickelrock. Das würde ich nicht durchstehen, aber das Dach zu verlassen war keine Option. Der Sternenhimmel war zu faszinierend und ich konnte mich hier ausgestreckt hinlegen.

Mein Zittern blieb dem Kapitän nicht verborgen und er beauftragte einen seiner Männer, mir meinen Rucksack zu bringen. In meinem Schlafsack schlief ich schließlich ein.

Stille kann sehr laut sein, wenn sie plötzlich kommt. Ich wachte auf, als das Motorengeräusch verstummt war. Hatten wir Bukoba erreicht?

Ich richtete mich auf. Alle Fahrgäste schliefen. Keine Lichter. Keine Menschen. Um uns herum nur Wasser. Wir hatten eine Panne.

Es hätte allen Grund gegeben, ängstlich oder auch panisch zu werden. Wir befanden uns auf dem größten See Afrikas, einem See, den Krokodile und

Nilpferde bewohnten und weit entfernt von einem Ufer. Es war Nacht. Wasser drängte fortwährend ein und die Männer schöpften es bereits die gesamte Überfahrt ab, wobei die Frequenz, mit der es entfernt werden musste, gefühlt zunahm. Und nun war der Motor kaputt.

Niemand schien beunruhigt. ‚*Locals know best*' sagte ich mir wieder. In dieser Gewissheit blieb auch ich ruhig. Der Kapitän würde eine Lösung finden.

Diese Gelassenheit würde der ganzen Welt guttun. Ich hatte einmal einen Komplettausfall von vier Schiffsmotoren miterlebt. Das Schiff trieb, ohne jegliche Möglichkeit zu navigieren, auf dem Indischen Ozean. Meine Aufgabe war es gewesen, die Gäste, die bereits nach kurzer Zeit in Panik verfallen waren, mittels beruhigender Durchsagen von einer Meuterei abzuhalten.

In diesem Fall war es ein Fischernetz gewesen, das sich in der Schiffsschraube verfangen hatte. Es wurde entfernt und die Fahrt konnte weitergehen.

Keine großen Fische mehr und Fischernetze, die den See zumüllten. Meine Reise über den Victoriasee ließ mich mit Sorgen um den Zustand des Sees zurück.

Wir erreichten Bukoba spät in der Nacht. Der Kapitän hatte mich zu seinem Schützling erklärt. Er nahm mich zu der Unterkunft mit, in der auch er übernachten würde. Für sechstausend[10] Schilling die Nacht gab es ein Bett und eine Eimerdusche. Kakerlaken und schmutzige Bettwäsche waren inklusive. Mein Schlafsack war wie ein Goldschatz.

Ich hielt mich nicht lange in Bukoba auf. Ich wollte zur ugandischen Grenze, um dann weiter nach Ruanda zu reisen. Ruanda ist zwar ein Nachbarland Tansanias, doch der nächste Grenzübergang war weit weg und so war es praktischer, über Uganda einzureisen. Ich brannte darauf, mehr über Ruanda und seine Geschichte zu lernen. Ruanda war 1994 Schauplatz eines abscheulichen Völkermordes gewesen und hatte sich innerhalb kürzester Zeit wieder zu einem florierenden Land entwickelt. Welches Geheimnis lag dahinter?

---

10   Etwa 2,50 Euro

Wie vor jedem bevorstehenden Grenzübergang stieg mein Stresslevel. Ich stellte mich auf Probleme ein. Ein Schutzmechanismus, der Enttäuschungen eindämmte, sollte etwas schiefgehen, und viel Raum für positive Überraschungen ließ.

Der Tag begann vielversprechend – vielversprechend im negativen Sinn. Es schien, als stünde er unter keinem guten Stern.

Mittlerweile konnte ich Preise in Tansania relativ gut einschätzen. Ich wollte ein Busticket bis nach Masaka in Uganda kaufen. Man hatte mir gesagt, die Busfahrt würde etwa drei Stunden dauern und so schätzte ich den Preis auf zwanzigtausend tansanische Schilling.

„*A ticket to Masaka please.*"

„*One hundred forty-one thousand Schilling*", ließ mich die Verkäuferin wissen, ohne sich zu einem Lächeln hinreißen zu lassen.

„*How much?*" Ich traute meinen Ohren nicht. Sie musste sich versprochen oder wegen fehlender Englisch-Kenntnisse die Zahlen verwechselt haben.

„Einhunderteinundvierzigtausend", wiederholte sie genervt.

„Könnten Sie es aufschreiben?" Ich wollte jeden Zweifel aus dem Weg räumen.

Tatsächlich. Ich hatte es schwarz auf weiß. Sie fragte nach einhunderteinundvierzigtausend Schilling.

„*I don't pay that*", weigerte ich mich. Eher würde ich per Anhalter fahren, auch wenn es in Anbetracht des Grenzüberganges schwierig sein dürfte. Meistens waren die Autos zur Grenze voll besetzt und private Autos wurden für gewöhnlich stärker kontrolliert als Busse. Sprich, es dauerte länger.

„*How much can you pay?*"

Wie viel ich zahlen konnte? Was für eine absurde Frage. Buspreise waren festgelegt. Ich vermutete meine Hautfarbe als Wurzel dieses Übels und entschloss mich zu einem gewagten Manöver.

„Wie viel ich zahlen kann? Ich bin mir sicher, dass die Tickets feste Preise haben. Oder irritiert Sie meine Hautfarbe? Sind Sie eine Rassistin?"

Ich war mir bewusst, wie kühn und skandalös es war, als Europäerin eine Afrikanerin des Rassismus zu bezichtigen. Es war die ultimative Beleidigung.

Sie riss die Augen auf. Ebenso ihr Chef, der die Situation beobachtet hatte und nun eingriff: „*No, no! We are no racists!*" Er war fassungslos, erschrocken über das eigene Handeln. *„The price is fourteen thousand Schilling.“*

Vierzehntausend und hunderteinundvierzigtausend war ein erheblicher Unterschied.

Ich ging nicht weiter auf den Betrugsversuch ein und sagte nüchtern: *„One Ticket to Masaka please.“*

Ich hatte aus meinen Fehlern gelernt und kam mittlerweile informiert zu den Grenzen. Ich wusste, was ich wollte. In diesem Fall war das Objekt meines Verlangens das EAC, das „East African Community Visum“, welches für Uganda, Ruanda und Kenia gültig war. Es war günstiger als an jeder Grenze ein Visum zu erwerben und ich könnte zwischen den Ländern hin- und herreisen, während die single-entry Visa nur ein einmaliges Einreisen ermöglichten.

„No EAC Visa here“, lehnte der Grenzbeamte mein Anliegen ab.

„Why not?“, hakte ich nach.

„You must order online.“

„Das wollte ich ja, aber das Internet in Tansania war zu schlecht. Es ging nicht.“

„Dann musst du das Visum für Uganda nehmen“, beharrte der unfreundliche Offizier.

Ich war nicht bereit, aufzugeben. Noch nicht. „Auf der Internetseite der ugandischen Botschaft stand, man könne es online, an jeder Botschaft oder jeder Grenze bekommen.“

„Das stimmt nicht.“

Mein Gott, war der stur. Vor mir hing ein Informationszettel über das EAC-Visum. Auch dort standen diese drei Möglichkeiten gelistet. Ich nahm den Zettel ab und zeigte ihn dem Beamten.

Er blickte ungläubig auf den Zettel. „Aber ‚online‘ steht an erster Stelle.“

Was für eine lächerliche Ausrede. Jeff aus Daressalam, der ursprünglich aus Uganda kam, hatte mir die Telefonnummer eines hochrangigen ugandischen Grenzbeamten gegeben. „Einen Moment, ich rufe nur eben einen bekannten Grenzbeamten an.“ Ich zeigte ihm Namen und Telefonnummer.

„Nein, warte. Das ist nicht nötig. Ich bin gleich wieder da.“ Sein Tonfall änderte sich. Er wurde freundlicher und es schwang leichte Besorgnis in seiner Stimme mit.

„Du hast Glück. Wir haben hier noch ein Visum liegen."

Ich glaubte ihm kein Wort mehr. Er wollte vermutlich gut dastehen. Ich überreichte ihm die fälligen hundert US-Dollar.

„I don't accept this one."

Mein Geld wurde wegen eines Fünf-Dollar-Scheins abgelehnt, der nicht mehr neu war.

„You only get single-entry", beendete er die Diskussion und gab mir fünfzig Dollar zurück.

„Bitte. Das ist doch noch ein guter Schein", flehte ich ihn an. Ich biss auf Granit. „Dann geben Sie mir die hundert Dollar zurück. Ich werde es bei den Geldwechslern umtauschen."

Er wollte mir mein Geld nicht wiedergeben. „Nein. Die werden es nicht umtauschen."

Unglaublich! Ich war genervt.

„Give me my money!", forderte ich energisch mein Geld zurück.

Die Reise hatte mich gelehrt, für meine Anliegen einzustehen und zu kämpfen. Ich begab mich mit meinen hundert Dollar auf die Suche nach einem barmherzigen Geldwechsler. An der Grenze tummelten sich tansanische Geldwechsler und weckten unangenehme Gefühle in mir. Doch mir blieb keine andere Wahl, als mich ihnen zu stellen.

„Ich muss einen Geldschein austauschen", rief ich einer Gruppe zu.

Sie ignorierten mich.

„Bitte", bettelte ich mit einer Mischung aus Panik und Verzweiflung in der Stimme. Mein gesamtes Gepäck war im Bus, und er konnte ziemlich bald ohne mich losfahren.

Einige der Männer kamen auf mich zu. Ich ließ mich zu einem Lächeln hinreißen. Die Sprachbarriere war groß und es dauerte, bis sie mein Anliegen verstanden hatten. Sie hörten mir geduldig zu, bis sich ein Mann in Turnschuhen näherte und die Männer verscheuchte.

„Nein, nein! Wartet!", rief ich ihnen vergebens nach.

Ich drehte mich zu dem Mann um. „Wer sind Sie? Die Männer wollten mir helfen!"

„Ich bin von Interpol."

Warum interessierte sich ein Polizist von Interpol für diese Sache? Und warum trug er Turnschuhe?

Ich glaubte ihm kein Wort. „Zeigen Sie mir bitte Ihren Ausweis!"

Er ignorierte das und griff nach meinem Geld. „Komm mit in mein Büro."

Ich zog meine Hand mit dem Geld zurück. „Nein. Ich brauche Interpol nicht. Ich muss dieses Geld umtauschen."

Eingeschnappt entfernte er sich und rief mir noch wütend hinterher: „Ich wollte dir helfen! Jetzt findest du niemanden!"

Ich weinte. Diese verdammten Grenzen! Dieses beschissene Geld! Ich ging zu den offiziellen Wechselstuben und kassierte eine Absage nach der anderen.

Ich erreichte die letzte Wechselstube am Straßenrand, erklärte abermals mein Anliegen und bot an, noch zehn Euro dazuzulegen. Euros waren hier keine gängige Währung, aber es war trotzdem Geld. Die Dame akzeptierte das Angebot.

Mit meinen hundert frischen Dollar eilte ich zurück zur Grenze. Dort saß noch immer derselbe Grenzbeamte. „Das Geld ist nicht echt."

In aller Ruhe machte er sich mit meinem Geld auf die Suche nach einem Kollegen, der die Echtheit bescheinigen sollte. Er wollte mich leiden sehen.

Fünf Minuten später war die Echtheit bestätigt. Seelenruhig klebte er das Visum in meinen Pass und so vergingen weitere fünf Minuten, bis ich endlich stolze Besitzerin des EAC-Visums war. Leider war ich keine stolze Besitzerin meiner Sachen mehr. Ich suchte in dem üblichen Grenzchaos nach ‚meinem' Bus. Er war weg. Alles war weg. Alles außer einem leeren Portemonnaie und einem Reisepass inklusive EAC-Visum.

Ich hatte meine Frustrationsgrenze erreicht und musste Dampf ablassen. „Scheiße, Scheiße, Scheiße! So ein verdammter Drecksmist!", fluchte ich und raufte mir die Haare. „*Fuck!*"

Dieser emotionale Gefühlsausbruch erweckte die Aufmerksamkeit der Umherstehenden.

Ein Mann rief: „*Mzungu. Come here.*"

Eine Gruppe Männer winkte mir zu. Diese Männer waren ein Strohhalm, den ich ergreifen musste. Es handelte sich um Busfahrer.

Sie hatten meine Situation mitbekommen. „Wir fahren für dieselbe Busgesellschaft. Du kannst bei uns mitfahren."

„Ich habe kein Geld."

„Kein Problem, du kannst umsonst mitfahren."

„Wirklich?" Ich konnte mein Glück nicht fassen!

„In Kampala wird dir die Busgesellschaft dein Gepäck zurückgeben."

Kampala? Ich hatte nicht vor, in die Hauptstadt Ugandas zu fahren. Ich wollte ja eigentlich erst nach Ruanda.

„Kampala? Mein Ticket ist nur bis Masaka."

„Das ist kein Problem. Wir nehmen dich bis Kampala mit."

Mir blieb jedoch keine Wahl, also stieg ich ein.

Afrika wollte wohl, dass ich trampte. Selbst wenn ich ein Busticket hatte, endete ich doch wieder als Tramperin, wenn auch dieses Mal in einem klimatisierten Reisebus.

Kaum im Bus wurde ich schon von drei jungen Leuten gerufen. Zwei Ugander und eine Tansanierin saßen hintereinander und ein Platz war noch frei. Ich war dankbar, fühlte ich mich ohne meinen ständigen Wegbegleiter, meinem Rucksack, noch einsamer als sonst. Die Einladung hatte mein inneres „Hakuna Matata" wieder geweckt – keine Sorgen, alles wird gut!

„Wir haben den anderen Bus kontaktiert. Der Ticketkontrolleur von dort wird in Masaka mit deinem Rucksack aussteigen und auf uns warten", berichtete mir der Kartenkontrolleur unseres Busses strahlend.

„Das sind ja großartige Neuigkeiten!" Der gute Mann musste eine spontane Umarmung über sich ergehen lassen. Die anderen Passagiere kicherten.

Mein Beziehungsstatus zu Tansania hätte ich auf einer Dating-Plattform mit „es ist kompliziert" angegeben. Uganda flirtete mit mir und ich konnte mir eine Romanze mit dem Land gut vorstellen.

Eine Beschreibung meines Rucksacks war nicht nötig. Backpacker Rucksäcke waren hier eine Seltenheit. Ich hatte auf meiner ganzen Reise jedenfalls keinen bei Afrikanern gesehen.

In Masaka stand tatsächlich ein Mann mit meinem geliebten Rucksack am Wegesrand! Die Isomatte oben aufgeschnallt und noch genauso dreckig, wie ich ihn liebte. Mein guter treuer Freund!

Wie geplant, konnte ich nun also doch von Masaka aus nach Ruanda reisen, wo ich zwei Wochen bleiben wollte, um dann zurück nach Uganda zu fahren.

Das Straßenbild in Uganda war anders als in Tansania. Dort kaufte man fast alles bei Straßenhändlern. In Masaka war der Straßenrand von richtigen Geschäften gesäumt. Und noch etwas fiel mir sofort auf. Die wenigen Straßenverkäufer, die mich ansprachen und die Motorradtaxis, die mir eine Fahrt anboten, akzeptierten ein „*No thanks*" einfach so – ohne Diskussionen. Das war nach fünf Wochen in Tansania ein regelrechter Kulturschock. Ich war es mittlerweile gewöhnt, alle paar Meter eine längere Diskussion zu führen, um mein „Nein" unmissverständlich klarzumachen.

Mit Freude erfuhr ich, dass es eine Busverbindung von Masaka an die ruandische Grenze gab. Die Enttäuschung folgte auf dem Fuße. Der Bus war ausgebucht.

Doch ich wollte die Grenze unbedingt noch vor Einbruch der Dunkelheit erreichen.

Zum Glück fand ich recht schnell eine Mitfahrgelegenheit – ein Engländer mit indischem Akzent, der in Uganda einen Marathon laufen wollte, nahm mich ein Stück mit und brachte mich aus der Stadt.

Das liebe ich am Trampen. In jedem Fahrer und jeder Fahrerin steckt eine Geschichte, ein Leben. Diese Geschichten füllten meine Reise, auch wenn die Begegnungen, wie in diesem Fall, häufig sehr kurz und daher oberflächlich waren.

Bis zur Grenze lagen hundert Kilometer vor mir. Ich wand mich durch ein unübersichtliches System der Motorradtaxis. Jedes brachte mich meinem Ziel ein Stückchen näher. Hinten rauf und los ging es. Helme hielt man in Uganda offensichtlich für ein überflüssiges Accessoire. Ich hatte bereits deutlich Gefährlicheres auf meiner Reise erlebt und die Fahrkünste meiner Chauffeure überzeugten mich. Der Fahrtwind, der durch mein Haar zog, erzeugte das wunderbare Gefühl von Freiheit.

Und wieder stand ich an einem ugandischen Grenzübergang. Das war am Morgen schon richtig gut gelaufen und so hielt sich meine Vorfreude darauf in Grenzen.

Es herrschte das übliche Chaos: Geldwechsler, Verkäufer von SIM-Karten, Getränken oder kleinen Speisen und Taxifahrer – sie alle wollten Geld machen und buhlten um die Gunst der Reisenden. Hinzu kamen wieder lange Warteschlangen vor den Schaltern. Doch dieses Mal lief dank meines hart erkämpften EAC-Visums alles reibungslos. Stempel rauf und weiter zur ruandischen Seite.

*Endlich fit genug, um Sansibar zu erkunden. Die traditionelle
Kleidung war ein Geschenk, das ich gerne getragen habe.*

Diese Position zeugt von tiefem Vertrauen. So haben die Zebras eine 360° Sicht.

Mit diesem abenteuerlichen Boot ging es zwei Tage lang über den größten
See Afrikas: den Victoriasee. Nachts durfte ich zu dem Kapitän aufs Dach.

Ruanda

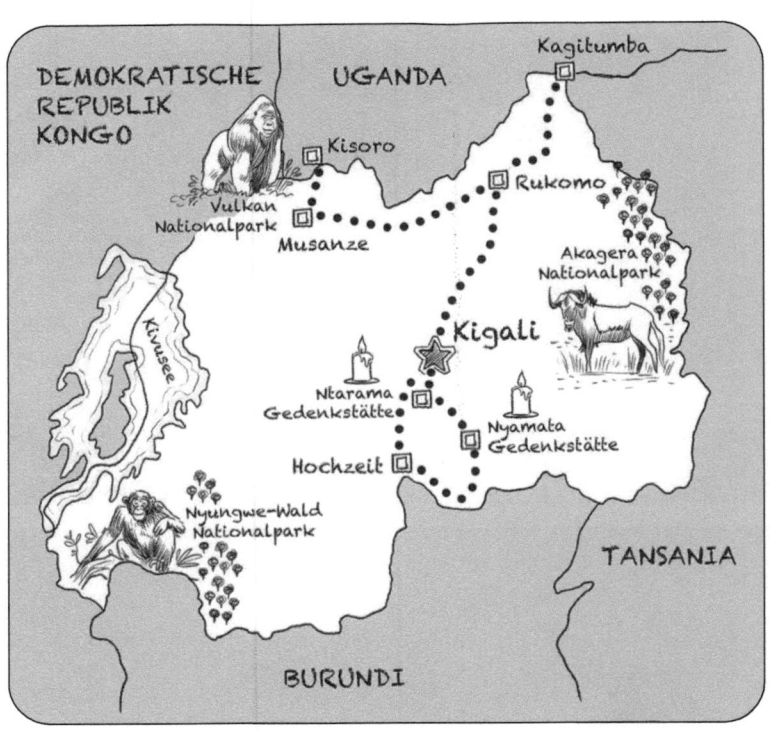

Hauptstadt: Kigali

Jahr der Unabhängigkeit: 1962 von Belgien

Bevölkerungsdichte (gerundet): 591 Einwohner pro km²

Religionen: 94 % Christen, 3 % Atheisten, 2 % Muslime

Sprachen: Kinyarwanda, Englisch, Französisch, Swahili

Währung: Ruandischer Francs (1 = 0,0012 US Dollar, Kurs 2017)

Top Sehenswürdigkeiten: Vulkan-Nationalpark, Nyungwe-Wald Nationalpark, Agagera Nationalpark, Gedenkstätten

Du kannst nicht vergeben, wenn du vergisst.

Kein Chaos. Kein Schreien. Keine fliegenden Händler. Kein Müll. Stattdessen: Ruhe, Ordnung, Sauberkeit und Disziplin.

Ich hatte mich inzwischen so an das Chaos gewöhnt, dass mich diese Ruhe und Gelassenheit verunsicherten.

Langsam pirschte ich mich Richtung Grenzposten.

„Zu welchem Zweck kommen Sie nach Ruanda?", fragte mich der Grenzbeamte entspannt.

„Ich möchte zwei Wochen durch das Land reisen." Ich stellte mich auf eine Diskussion mit langen Erklärungen ein.

„Wie werden Sie das Land bereisen?"

„Jetzt wird garantiert eine Diskussion folgen", dachte ich und erwog, eine Lüge zu erzählen, blieb dann aber doch bei der Wahrheit. „Ich bin in Kapstadt gestartet und trampe die meiste Zeit."

Die Diskussion blieb aus. Wohlwollend stellte der Grenzbeamte die nächste Frage: „Wo werden Sie übernachten?"

„Die ersten Nächte werde ich bei Bekannten übernachten, danach eventuell bei Menschen, die ich auf der Reise kennenlerne oder gegebenenfalls auch in Hostels."

Er stempelte meinen Reisepass und reichte ihn mir. „Viel Spaß auf Ihrer Reise!"

Er hatte mir das Leben nicht schwer gemacht. Er wollte schlicht wissen, was ich machen würde.

Vom Grenzübergang ging es zur Taschenkontrolle. An langen Tischen kontrollierten Polizisten jedes Gepäckstück, jede Handtasche und jeden Stoffbeutel.

Gab es eine terroristische Bedrohung, von der ich nichts wusste?

Ich fragte nicht und tat es den Menschen vor mir gleich. Ich legte meinen

Rucksack auf dem Tisch ab. Die Inspektion konnte beginnen, ich hatte nichts zu verbergen.

Es waren einige Leute vor mir dran, und ich beobachtete das Geschehen. Ein paar Meter vor mir zog eine Polizistin eine Plastiktüte aus einem Koffer und entsorgte sie.

Mir ging ein Licht auf. Darum ging es also! Ich hatte in meiner spärlichen Vorbereitung darüber gelesen. Ruanda duldete keine Plastiktüten. Die Regierung hatte in 2008 ein entsprechendes Gesetz erlassen, um Umweltverschmutzung durch Plastik einzudämmen. Ruanda sollte das sauberste Land in Afrika werden.

„Verflixt", dachte ich. „Mein Stück Seife ist in eine Plastiktüte gewickelt." In einem Umpackmanöver ergriff ich es unbemerkt und schob es in eine versteckte Seitentasche am Rand des Rucksacks.

Ich musste all meine miefigen Klamotten aus dem Rucksack holen. Backpacker riechen nur selten wie eine Blumenwiese.

Der Geruch war mein Glück, denn die Beamtin vernachlässigte ihre Sorgfalt. Ohne Seife wäre mein Eau-de-Tramper zum Leidwesen der Menschen Ruandas noch intensiver geworden.

Ich machte mich zielstrebig auf den Weg, denn ich hatte Jeffs Freund Angelus kontaktiert. Der wiederum hatte mich an seine Schwester Angelique weitervermittelt, die ich nun besuchen sollte.

Angelique empfing mich in ihrem Haus mit offenen Armen. Sie wohnte in einer edlen Gegend in der Stadt Rukomo. Alle Häuser waren solide gebaut und von hohen Mauern mit automatischen Eingangstoren umgeben. Die Bewohner schirmten sich von ihren Nachbarn und der gepflasterten Straße ab. Die Häuser waren auf einem Hügel errichtet worden, der mit Bäumen dicht bewachsen war und undurchdringbar schien. Nur eine enge Straße schlängelte sich in die Stadt nach unten. Dieses Viertel thronte über der Stadt.

Der Fußboden stach mir ins Auge. Er bestand nicht aus einer grauen Betonschicht, sondern aus braunen Fliesen. Im Wohnzimmer standen zwei braune Ledersofas; auf einem davon saß ein Kind und sah fern.

Angelique und ich setzten uns an einen massiven Holztisch, der den Essbereich des Wohnzimmers fast komplett ausfüllte.

„*Bienvenue*. Wir freuen uns sehr, dass du uns besuchst!"

Ihre Worte kamen von Herzen. Das spürte ich. Die Sprache verwunderte mich jedoch. Angelique, ich hätte es mir bei dem Vornamen denken können, sprach Französisch.

„Danke, dass ich hier sein darf!", gab ich auf Französisch zurück. Die Kommunikation mit ihrem Bruder Angelus war auf Englisch verlaufen.

„Wieso spricht Angelus Englisch und du Französisch?", begann ich das Gespräch.

„Angelus ist jünger. Als ich zur Schule ging, wurden wir auf Französisch unterrichtet. Bei ihm fand der Schulunterricht auf Englisch statt. Ich spreche überhaupt kein Englisch."

„Und warum hat Ruanda die Unterrichtssprache geändert?", hakte ich nach.

„In den anderen Ländern Ostafrikas wird auch Englisch gesprochen. Es vereinfacht die Zusammenarbeit."

In ihrer Mimik spürte ich einen Hauch von Unsicherheit. Das Ungesagte ist häufig interessanter als das Gesagte. Sie verbarg etwas, dessen war ich mir sicher. Ich hakte aber nicht weiter nach. Wenn sie etwas nicht gesagt hatte, dann offenbar, weil sie nicht darüber reden wollte. Ich würde die Antwort auf meiner Weiterreise sicherlich finden.

„Komm, ich zeige dir dein Zimmer."

Mein eigenes Zimmer? Das hatte ich nicht erwartet. Sie führte mich durch den Flur, an dessen Ende sich ein kleines Zimmer mit einem Bett, einem Schrank und einem kleinen Fenster befand.

„Hier schläft sonst Angelus, wenn er zu Besuch kommt. Mach es dir gemütlich. Ich werde eben in die Stadt fahren und den Bürgermeister über deinen Besuch informieren."

„Ach, müsst ihr Besucher immer anmelden?"

„Das ist wichtig für die Sicherheit in unserem Land", entgegnete Angelique.

Das erklärte die Gelassenheit des Grenzbeamten. Die Behörden würden immer wissen, wo ich mich aufhielt.

Ich wollte die Zeit für eine Dusche nutzen. Das Badezimmer lag neben meinem Zimmer. Ich staunte. Weiße Fliesen, glänzende Armaturen und eine richtige Duschkabine erstrahlten vor meinen Augen!

Aufgeregt kramte ich alle nötigen Utensilien für mein bevorstehendes Wellnessprogramm zusammen: Zahnbürste und Zahnpasta, mein Stück Seife aus der illegalen Plastiktüte, die kleine Flasche Shampoo, meine Haarbürste und eine saubere Unterhose.

Ich wollte mit dem Zähneputzen beginnen, um die Vorfreude auf meine Dusche noch ein wenig auszukosten. Enthusiastisch drehte ich den Wasserhahn auf. Nichts. Ich drehte weiter. Nichts. Kein einziger Tropfen.

Ich hatte mich mit Eimerduschen und Wassermangel arrangiert, doch was ich jetzt erlebte, fand ich brutal. Diesen Luxus zu sehen und ihn nicht nutzen zu können. Ernüchtert blickte ich mich um. In der Ecke des Badezimmers stand eine blaue Regentonne mit einem bedenklich niedrigen Wasserstand. Es war unmöglich, diesen letzten Rest mit einem Eimer auszuschöpfen. Ich kippte die Tonne leicht nach vorn und goss das Wasser vorsichtig in einen Eimer. Immerhin wurde ich in einem luxuriösen Ambiente sauber.

Am nächsten Morgen wurde ich früh von Geräuschen geweckt. Ein Blick auf mein Handy bestätigte die frühe Stunde. Es war fünf Uhr. Neben Stimmen hörte ich Wasser. Es war eindeutig fließendes Wasser.

Das musste ich sehen. Ich sprang aus dem Bett, rein in die Flip-Flops und schon stand ich hinter dem Haus, inmitten von Eimern und Tonnen. Draußen gab es einen Waschtisch aus Beton und einen Wasserhahn, der auf Hochtouren lief, um all die Gefäße möglichst schnell zu befüllen.

Außerdem war Waschtag. Es hing bereits eine beachtliche Menge Kleidung auf den Wäscheleinen, die quer durch den Hinterhof gespannt waren. Am Waschtisch lag noch viel Kleidung, die gewaschen werden wollte.

„Guten Morgen, Angelique. Es gibt wieder Wasser", freute ich mich.

„Einmal in der Woche, immer donnerstags, läuft das Wasser", sagte sie und wechselte einen vollen Eimer gegen einen leeren aus. „Dann waschen wir die Wäsche und füllen alle Behälter."

„Es gibt in Ruanda nur ein Mal pro Woche Wasser?"

„In unserer Region ist es derzeit stark rationiert, aber das ist von Region zu Region unterschiedlich", erklärte sie weiter.

„Dann werde ich auch meine Wäsche waschen."

So stand dieser Tag im Zeichen des Wassers. Gemeinsam befüllten wir alle

Tonnen, Kanister und Eimer. Ich kippte einen Eimer nach dem anderen in die Regentonne im Badezimmer.

Der gesamte Tag war eine regelrechte Wasserschlacht gewesen, bis alle Behälter befüllt und alle Kleidung gewaschen war.

Die wasserlose Woche konnte beginnen. Doch zunächst setzte ich diesem Tag mit einer erfrischenden Dusche die Krone auf.

Angelus holte mich frühmorgens ab, um mir die Stadt zu zeigen.

Im Stadtzentrum erblickte ich eine Ansammlung von Häusern, die mit einem Zaun und einer Schranke gesichert waren.

Es handelte sich um ein Flüchtlingslager für Menschen aus dem Kongo, wie Angelus mir erklärte.

Zu der Zeit hatte Deutschland viele Flüchtlinge aus Syrien und anderen Ländern aufgenommen. Ich hatte für einige Monate improvisierten Deutsch-Unterricht in einer sogenannten „Ersteinrichtung" erteilt. Ich wollte mehr über die Umstände hier wissen.

„Was für Flüchtlinge? Warum muss es so gesichert sein? Könnten wir uns das ansehen?"

„Ich weiß es nicht. Ich frage eben nach. Warte hier."

Angelus sprach mit der Managerin des Lagers, die meine Bitte höflich ablehnte: „Leider können Sie sich das Lager nicht ansehen, aber Sie können beim Ministerium für Flüchtlinge und Katastrophenschutz in Kigali nach einer Erlaubnis fragen."

Ich hatte ohnehin vor, am nächsten Tag in die Hauptstadt zu reisen und setzte einen Besuch im Ministerium auf meine innere To-do-Liste.

Wir gingen weiter und passierten eine lange Schlange.

„Wofür stehen die Menschen an?", wollte ich nun von Angelus wissen. Wie ein kleines Kind entdeckte ich die Welt um mich herum.

Leider konnte er mir auch diese Frage nicht beantworten. Abermals erkundigte er sich für mich, um meine Neugierde zu stillen.

„Sie stehen an, um sich die staatliche Hilfe auszahlen zu lassen, die ihnen einmal im Monat zusteht."

Ruanda hatte also ein Sozialsystem. Wieder ein Puzzleteil auf dem Weg zu einem Bild von dem Land.

„Die Bevölkerung wird auf Basis ihres Einkommens in vier Kategorien[11] eingeteilt. Nach diesen Kategorien richten sich die staatliche Unterstützung und die Krankenversicherungsbeiträge[12].“

Eine Frau neben uns echauffierte sich: „Hast du gehört? Nächstes Jahr sollen wir acht Dollar für die Krankenversicherung zahlen!“

„Wie hoch sind die Beiträge derzeit?“, wollte ich von Angelus wissen.

„Vier Dollar im Jahr. Der Betrag soll verdoppelt werden.“

Wir erreichten den Marktplatz, der gerade zum Leben erwachte. Die Verkäufer kamen mit Säcken voller Kleidung an ihre Stände und drapierten ihre Ware auf Tischen oder hängten sie an die Balken. Markenkleidung, vor allem Schuhe von Adidas, Puma und Nike, blitzten wie Neuware, obwohl es sich bei genauerem Hinsehen um Secondhand-Artikel handelte. Sie waren vermutlich in großen Containern nach Afrika gekommen. Meine Reise hatte meinen Blick verändert. Ich dachte an Botsuana und erinnerte mich an die Mühe, die es machte, die Kleidung zu den Ständen zu tragen. Und an Theresia in Tansania, die aus meinen ausgelatschten, dreckigen Turnschuhen strahlende, weiße Flitzer gemacht hatte. Ich betrachtete diesen Kleidermarkt mit anderen Augen, als ich es zu Beginn meiner Reise getan hätte.

Dann entdeckte ich etwas abseits vom Markt einen kleinen Jungen und es war, als bohrte sich eine Faust in meinen Magen. Er lag in einer Ecke, in gekrümmter Körperhaltung schlafend. Er war vielleicht acht Jahre alt. Eine beigefarbene Hose verdeckte notdürftig seine dünnen Beinchen. Vielleicht war es auch nur der Dreck, der die Hose beige gefärbt hatte. Ein Riss in der Hose zog sich über sein Gesäß und offenbarte, dass er keine Unterhose trug. Das T-Shirt war kaum als solches auszumachen. Rote Fetzen hingen vom Kragen herab. Seine Haut, vor allem in seinem Gesicht, hatte eine Kruste aus Dreck.

Ich hatte auf meinen Reisen viele Straßenkinder gesehen. Ich hatte sogar ein Jahr mit Straßenkindern in Paraguay gearbeitet. Zu Anfang hatte ich meine Tränen nicht zurückhalten können, doch über die Jahre hatte ich gelernt, die Trauer zu abstrahieren. Ich hatte irgendwann begonnen, die Schicksale dieser

---

11 2021 wurde das Sozialsystem auf fünf Kategorien ausgeweitet und wird stets weiterentwickelt.
12 In 2025 liegen die Beiträge bei fünfzehn Prozent des Grundeinkommens.

Kinder rational mit der politischen Lage zu begründen und hatte aufgehört, die Armut der Kinder und die Ungerechtigkeit an mich heranzulassen. Ich hatte gelernt, dass es kontraproduktiv war, einzelnen Straßenkindern zu helfen. Eine solche Hilfe hatte keinen nachhaltigen Effekt. Die Kinder wurden so in ihrem Leben auf der Straße bestärkt und letzten Endes hielt es sie davon ab, sich an Hilfsorganisationen zu wenden. Straßenkinder brechen häufig sogar aus Unterkünften von Organisationen aus. Sie können sich nicht adaptieren und fühlen sich eingeengt.

Der Anblick dieses kleinen Jungen ergriff mich nun, wie beim ersten Mal, als ich ein Straßenkind getroffen hatte. Vielleicht war es seine Verletzlichkeit im Schlaf. Vielleicht war es der Moment, der mich so unerwartet getroffen hatte. Vielleicht war es die Tatsache, dass er dort fast nackt lag oder dass er ganz allein war, ohne andere Kinder. Was immer es war, es riss mir geradezu den Boden unter den Füßen weg.

Meine Regel bezüglich Straßenkinder ist simpel: Ich gebe nichts.

Aber nun brachte ich es nicht übers Herz, dieser Regel zu folgen.

Also gab ich Angelus Geld und bat ihn: „Bitte geh für mich zum Markt und kauf dem Jungen ein Paar Flip-Flops, eine Unterhose, eine Hose, ein T-Shirt und eine Flasche Wasser." Es war unerträglich heiß an diesem Tag. „Ich kann es nicht kaufen. Wenn ich es tue, dann ist es die reiche Weiße, die denkt, sie müsse die Welt retten. Ach, und bitte kauf dunkelbraune Kleidung, dann sieht man später den Dreck nicht so."

Angelus verstand und tat mir den Gefallen. Er legte die Sachen neben den Jungen. All das hatte mich fünf Euro gekostet. „Fünf Euro", dachte ich, „wie absurd die Welt ist. Wie schnell gibt man in reichen Ländern fünf Euro gedankenlos aus und wie viel können fünf Euro andernorts bedeuten?".

Hatte ich es getan, um mein Gewissen zu beruhigen? Vielleicht. Es hatte nicht funktioniert. Ich würde immer wieder traurig an diesen Jungen zurückdenken. Die Erinnerung an ihn hält die Trauer um all die Straßenkinder, die kaum eine Chance auf eine sichere und glückliche Zukunft bekommen, aufrecht.

Langfristig hatte es diesem Jungen sicherlich nicht geholfen. Ich hoffte darauf, dass die Marktleute ihn weiter unterstützen würden. Eine Hoffnung gegen die Hoffnungslosigkeit.

Ich verabschiedete mich von Angelus und reise weiter nach Kigali. Mein Gepäck hatte ich größtenteils bei Angelique gelassen und nur das Nötigste in meinen kleinen Rucksack gestopft. Ich wollte eine Woche ohne Ballast durch Ruanda reisen.

Ich hatte einige Jahre zuvor ein Buch über den Genozid in Ruanda im Jahr 1994 gelesen. Die Gräueltaten, die in diesem Buch beschrieben wurden, waren unglaublich und selbst in geschriebener Form kaum zu ertragen. Es wurde dort von Frauen berichtet, die vor den Augen der Familie vergewaltigt und dann mit Macheten aufgeschlitzt wurden, von Menschen, die gezwungen wurden, ihre eigenen Familien zu töten, um dann schlussendlich selbst getötet zu werden. Die Bevölkerung Ruandas war einst in vier ethnische Gruppen eingeteilt worden. Die Mehrzahl gehört den Hutu an, gefolgt von den Tutsi und etwa ein Prozent zählt zu den Twa oder Batwa. Die Hutu hatten damals den Völkermord an den Tutsi begangen. Ich wollte mehr über die Hintergründe verstehen. Wie konnte es zu so viel Hass kommen und wie hatte Ruanda diesen Hass überwunden? Das Land machte auf mich einen geordneten und geeinten Eindruck. Was steckte dahinter?

Im ganzen Land befinden sich Gedenkstätten, die sich gegen das Vergessen richten und der Aufarbeitung dienen. Der Eintritt zu allen Gedenkstätten im Land war kostenlos. Die Welt sollte aufgeklärt werden.

In Kigali befindet sich die größte Gedenkstätte, das *Kigali Genocide Memorial*. Hier liegen zweihundertfünfzigtausend Opfer dieses Genozides in einem Massengrab.

Ich verbrachte fünf bedrückende Stunden in der Gedenkstätte. Zu ihr gehörte ein bewegendes und sehr lehrreiches Museum.

Was ich hier sah und erfuhr, erschütterte mich bis ins Mark.

Überlebende des Genozides schilderten in Videobotschaften die erlebten Grausamkeiten. Es waren blutige Kleidungsstücke, Knochen und Fotos ermordeter Ruander zu sehen.

Das Museum tat allerdings mehr, als über den Völkermord[13] und die

---

13 Die geschichtlichen Zusammenhänge sind sehr komplex.

abscheulichen Taten zu berichten. Es informierte über die Hintergründe und ging auf die koloniale Vergangenheit Ruandas ein. Die Kolonialzeit hatte große Mitschuld an den Ereignissen gehabt.

Ruanda war eine deutsche Kolonie gewesen, bevor sie während des Ersten Weltkriegs 1916 belgisch wurde. Beide Kolonialmächte arbeiteten eng mit der von Tutsi dominierten Monarchie zusammen. Die Belgier wollten die Identifizierung der ethnischen Gruppen erleichtern und klassifizierten alle, die mehr als zehn Rinder besaßen oder eine lange, dünne Nase hatten, als Tutsi. Das Kriterium traf auf fünfzehn Prozent der Bevölkerung zu. Der weitaus größere Teil der Bevölkerung waren Hutus. Beide Kolonialmächte gestatteten nur den Tutsi, sich zu bilden oder in die Regierung zu gehen. Sie hatten per Gesetz der Kolonialmächte die Macht. Als Ruanda 1962 unabhängig wurde, gewannen die Hutu, die jahrzehntelang unterdrückt worden waren, die Wahlen. Über Jahrzehnte hatte sich bei ihnen Hass gegen die Tutsi aufgebaut, sodass dann die Hutus die Tutsi teilweise mit Gewalt unterdrückten. Die Tutsi hatten sich wiederum gegen diese Unterdrückung und die Gewalt zur Wehr gesetzt. Die „RPF - Ruandische Patriotische Front" hatte sich aus Tutsi gebildet, die in die Nachbarstaaten geflohen waren, schließlich in Ruanda einmarschierten und die Hutu-Regierung bekämpften. Dabei wurden sie von den USA finanziell unterstützt. Die gegenseitige Bekämpfung führte zu einem Bürgerkrieg, der von 1990 bis 1994 wütete. In diesem Krieg hatte auch die RPF furchtbare Taten begangen. Mit dem Abschuss eines Flugzeuges, in dem sich die Präsidenten Ruandas und Burundis befanden, die beide zu den Hutus zählten, wurde schließlich der Genozid entfacht. Die Hutu-Regierung machte die RPF für den Abschuss verantwortlich und rief zur Vergeltung auf. Der Genozid breitete sich von Kigali ausgehend wie ein Lauffeuer über das Land aus. Es loderte hundert Tage. In diesen hundert Tagen wurden bis zu einer Million Tutsi und gemäßigte Hutus ermordet. Europa hatte zugeschaut und sich nicht gegen die ruandische Regierung positioniert. Insbesondere Frankreich wird eine große Mitschuld gegeben. Die französische Regierung unter François Mitterrand soll die ruandische Regierung nicht nur politisch unterstützt haben, sondern Täter auch bewaffnet und ihnen später zur Flucht verholfen haben.

Fassungslos ging ich durch die Ausstellung. Dass Deutschland und Belgien die Spaltung zwischen Tutsi und Hutu durch ihr Agieren manifestiert hatten, was die Grundlage für den späteren Völkermord war, ergriff mich. Und dass Frankreich, ein Land der EU, eine aktive Rolle in dem Völkermord gespielt haben soll, verstörte mich.

„Wieso ist uns kaum etwas über die koloniale Geschichte Deutschlands im Geschichtsunterricht beigebracht worden?", schoss es mir durch den Kopf.

Die Geschichte Ruandas zeigt, wie fatal und langwierig die Konsequenzen von Besatzungen sind.

Die Änderung der Unterrichtssprache von Französisch zu Englisch erschloss sich mir nach dem Besuch des Museums. Die Entscheidung war vermutlich nicht nur aufgrund wirtschaftlicher Zusammenarbeit mit den Nachbarländern gefällt worden. Vielleicht war die Schuld Frankreichs ein weiterer Faktor gewesen.

Trotz der Gräueltaten, die in dem Museum beschrieben wurden, nahm ich von diesem Ort noch eine versöhnliche Lehre mit. Ruanda zeigte mir, wie Frieden möglich war.

Nach dem Genozid stellte die RFP die Regierung. Sie hatte die Klassifizierung in „Tutsi" und „Hutu" aufgehoben und den Einwohnern befohlen, sich nunmehr ausschließlich als Ruander zu identifizieren. Sie hatte harte Strafen gegen Menschen ausgesprochen, die ihre ermordeten Familien mit Mord rächten. Außerdem hatten sie Tätern, die sich stellten, die Aussicht auf Vergebung und verkürzte Haftstrafen gegeben. Die Haftstrafen wurden halbiert und in Gemeinschaftsdienste umgewandelt. Die Regierung hatte dem Land und seinen Einwohnern mit diesen Gesetzen Verzeihung und Versöhnung angeordnet.

Die Narben der Vergangenheit waren trotz allem noch sichtbar. Sie zeigten sich in einem Sicherheitsaufgebot, wie ich es noch nie gesehen hatte.

Vor dem Betreten von Einkaufszentren kamen Metalldetektoren zum Einsatz und auch sonst war die Polizei im Stadtbild sehr präsent.

Nur Motorräder waren noch präsenter. Sie rasten als Taxis durch Kigali. Ich musste nur die Hand heben und schon war ein Motorrad zur Stelle, um mich zum gewünschten Ziel zu bringen. Die Fahrer stellten den Helm zur Verfügung. Ein Helm? Bisher hatte ich in Afrika keinen einzigen gesehen. In Ruanda gab es eine Helmpflicht.

Die Infrastruktur Ruandas befand sich noch im Aufbau. Alle Straßen führten nach Kigali. Zwischen den Regionen und Städten waren die Verbindungen spärlich. So mussten Reisende zunächst in die Hauptstadt fahren, von wo aus sie den jeweiligen Bus an das gewünschte Ziel nahmen.

Ich kam am Busbahnhof an. Neben den Bussen standen Männer mit elektronischen Geräten. Es waren mobile Ticketverkäufer. Sie tippten Namen, Ticketpreis, Ziel und die Sitzplatznummer in ihre Geräte und druckten die Tickets an Ort und Stelle aus. Ich schmunzelte bei dem Gedanken an den Ticketverkäufer in Tansania, der das Papier gegessen hatte. Was für ein Unterschied!

Kigali befindet sich auf einem Hügel und die Innenstadt markiert den Gipfel. Das Antlitz von Bürotürmen und noblen Hotels glänzte mit ihren Glasfronten im Sonnenlicht. „Das New York Ostafrikas", dachte ich, als ich durch die Straßen Kigalis schlenderte. Vor allem die IT-Geschäfte fielen mir ins Auge. Sie reihten sich in den Seitenstraßen aneinander. Ruanda hatte sich zum Ziel gesetzt, ein führendes Land im Bereich Informationstechnologie zu werden.

Ein Land im Aufbruch!

Nach zwei Tagen in einer Jugendherberge in Kigali verließ ich die Stadt mit großer Neugier auf das übrige Land.

Die Erkundung des Südwestens Ruandas war mein neues Ziel. Im Süden bis an die Grenze Burundis und bis zum Nyungwe Nationalpark im Westen, um dann zurück nach Kigali zu fahren und meine Sachen bei meinen Freunden in Rukomo abzuholen.

Auf meinem Weg an die burundische Landesgrenze kam ich an der Gedenkstätte in Ntarama vorbei. Ich war die einzige Besucherin und so zeigte mir der Verantwortliche in einer Privatführung den Ort.

„Meine Familie sind Tutsi", erzählte er mir offenherzig mit ruhiger Stimme. „Wir waren rechtzeitig nach Burundi geflohen."

Ich schwieg. Er sollte mir das erzählen, was er wollte.

„Alle unsere zurückgebliebenen Verwandten sind umgebracht worden. Wir kamen trotzdem schnellstmöglich nach Ruanda zurück. Heimat bleibt immer Heimat."

Wir betraten die Kirche. „Die Menschen aus dem Ort hatten sich in die

Kirche geflüchtet, als die Mörder in Bussen hergebracht wurden." Er machte eine Pause, bevor er seine Schilderung fortsetzte: „Sie haben zuerst Granaten in die Kirche geworfen. Dann sind sie in die Kirche gegangen und haben Überlebende mit Macheten ermordet und mit Knüppeln erschlagen."

Das Grauen war sichtbar. Die Waffen lagen am Altar und die blutige Kleidung der Opfer hing an den Wänden und von der Decke herunter. Totenköpfe und Knochen lagen gesammelt auf Regalen an der Wand, Särge standen im Raum. In einer offenen Kiste befanden sich Briefe und Ausweisdokumente der Opfer.

Der Tod, die Qualen und das Leid erfüllten den Raum. Ich empfand größten Respekt für diesen Mann. All dieses Grauen hatte sich gegen ihn und seine Liebsten gerichtet. Er war geflohen, doch seine Verwandten hatten diese grausame Zeit nicht überlebt. Trotzdem sprach er nicht mit Hass. Wie schaffte er das? Und wie konnte er jeden Tag den Tod und die Gewalt ansehen? Mich erdrückte der Horror fast. Die Gedenkstätte zeigte die Geschehnisse als das, was sie waren: die Hölle auf Erden.

Er führte mich weiter zur Küche des Kirchenkomplexes. „Die Küche wurde in Brand gesteckt und die Mauern später von den Angreifern eingedrückt, um sie komplett zu zerstören."

Die Schutzsuchenden waren bei lebendigem Leib verbrannt und danach unter den Mauern begraben worden. Die Bilder in meinem Kopf lösten ein emotionales Beben in mir aus.

Er ging weiter. Ich folgte ihm.

„Dort ist die Sonntagsschule."

Die Wände waren größtenteils gesäubert, abgesehen von einem großen Fleck. Dort hatten sie die Wand als Zeugnis und als Mahnung blutig gelassen.

„Sie haben die Köpfe der Kinder gegen diese Wand geschlagen, bis sie tot waren."

Wie war das möglich? Wie konnten Menschen so etwas tun? Wie viel Hass musste in diesem Land geherrscht haben?

Jeder Mensch sollte diesen Ort sehen. Er war ein Appell, dem Hass keinen Raum zu geben.

Unter der Erde lag eine Gruft, die durch eine Glasscheibe im Boden zu sehen war. In ihr waren viele Särge aufgebahrt. In unmittelbarer Nähe hing eine Fotowand mit freundlichen Gesichtern. Die Menschen sahen glücklich aus. Die Menschen, die mich von den Fotos anstrahlten, hatten hier ihren brutalen Tod gefunden.

„Danke, dass Sie sich die Zeit genommen haben. Ich bewundere Sie", sagte ich dem Museumsführer zum Abschied.

„Gerne", erwiderte er sanft lächelnd.

„Ich möchte morgen nach Nyamata", ließ ich ihn noch wissen. Nyamata war eine weitere Gedenkstätte in der Gegend.

„Nyamata wird im Moment renoviert. Du kannst dort nicht viel sehen und es gibt derzeit keine Führungen."

„Das ist in Ordnung. Wie komme ich denn am besten dorthin?"

„Du kannst zu Fuß gehen. Es sind nur elf Kilometer."

Ich nahm seinen Rat an und ging zu Fuß. Da es nicht weit war und es ohne Führung wohl eine kurze Besichtigung sein würde, beschloss ich, noch am selben Tag Nyamata zu besuchen.

Und so war es auch. In Nyamata konnte ich nur in die Kirche. Ich war froh darüber, denn das Grauen war hier noch heftiger dargestellt als in Ntarama. Vor der Kirche waren unzählige menschliche Knochen auf Plastikplanen ausgebreitet, was vielleicht den Renovierungsarbeiten geschuldet war. Doch auch in der Kirche sprang mich das Grauen an. Stapel blutgetränkter Kleidung erdrückten die Sitzbänke. In einer Ecke lag ein Haufen Knochen; die Särge standen nicht geordnet in der Kirche, sondern schief, kreuz und quer verteilt.

Es war dieses Chaos, das die Gedenkstätte brutaler wirken ließ. Es schrie Besucher an: „Schaut hin! Das passiert, wenn Hass gewinnt!" Eine Demonstration von Unmenschlichkeit und Entwürdigung.

Ich ging weiter. Nach den Eindrücken würde mir ein Spaziergang sicher guttun. Ohne Ambitionen mitgenommen zu werden, trottete ich die Straße entlang.

Hinter mir hörte ich ein Auto langsamer werden. Es setzte den rechten Blinker und kam vor mir zum Stehen.

Zwei junge, schlanke Männer saßen vorn: *„Do you need a ride?"*

Chancen sollte man ergreifen, wenn sie sich auftun. „Oh ja, Danke!", antwortete ich.

„Where are you going?"

Ich zückte die Landkarte, die ich in einem Buchladen in Kigali geschenkt bekommen hatte, und zeigte auf eine Hauptstraße in der Nähe der burundi-schen Grenze.

Sie bedienten sich meiner Landkarte und zeigten ebenfalls auf einen Punkt. „Wir können dich hierhin fahren und von dort nimmst du ein Motorrad."

Sie brachten mich an den Beginn einer Sandstraße. Sie war die Querverbindung zu der von mir angepeilten Hauptstraße.

Die Motorradfahrt war eine wackelige Angelegenheit mit vielen Unebenheiten, sodass ich um die strenge Helmpflicht in Ruanda dankbar war.

Wie sich herausstellte, waren in Ruanda die Kartenmacher deutlich schnel-ler als die Bauarbeiter. Die Hauptstraße war zwar breit, aber ebenfalls aus Sand.

Autos fuhren auf ihr, soweit ich es beurteilen konnte, keine. Ich sah jeden-falls keine stehen oder fahren. Vielleicht wäre ich wieder umgekehrt, doch der Motorradfahrer war längst weggedüst. Ich stapfte also durchs Nirgendwo, in der Hoffnung auf ein erneutes Wunder.

Zum ersten Mal in Ruanda hörte ich, wie die Menschen „Mzungu" sagten, als ich an ihnen vorbeikam. Ich schloss daraus, hier im Notfall keine Unterkünfte zu finden. Hierhin verliefen sich wohl nur selten oder vielleicht nie Touristen.

Neugierige Menschen näherten sich vorsichtig und folgten mir. Mit der Zeit schlossen sich immer mehr an.

Ich wandte mich an die Menge: „*Do you speak English?*" Keine Antwort. „*Quelqu'un parle français?*" Stille im Walde beziehungsweise Stille auf der brei-ten Landstraße im Nirgendwo. Ich wiederholte meine Frage langsamer und lauter.

Ich blieb stehen, um nachzudenken und auf meine Landkarte zu sehen, die, wie ich bereits wusste, keine Hilfe sein würde. Nun, da ich stand, kamen die Menschen noch näher und zingelten mich ein. Alle Augen waren auf mich gerichtet.

Was erwarteten sie von mir? Ich fühlte mich wie ein Tier im Zoo. Als sich endlich ein Auto, das erste seit meiner Ankunft, näherte, trat ich entschlossen aus dem Kreis heraus und streckte energisch meinen Arm aus. Die Dämmerung würde nicht mehr lange auf sich warten lassen. Das war meine Chance – viel-leicht meine einzige.

Im Auto saßen ein älterer Herr, den ich auf siebzig Jahre schätzte, und ein junger Mann, der vielleicht Anfang zwanzig war.

„*I do not know where to go or where to sleep*", brachte ich meine Not zum Ausdruck. Der Schlafplatz war meine größte Sorge.

„*We can take you*", bot mir der jüngere an, ohne den älteren Herrn, der das Auto fuhr, zu fragen.

Ich warf ihm einen fragenden Blick zu. Da kein Einspruch kam, warf ich meinen kleinen Rucksack auf die Rückbank und floh in das Auto.

„Das ist mein Opa", wurde ich fröhlich in die Familienverhältnisse eingeführt. „Er spricht kein Englisch."

„Er spricht sicherlich Französisch, oder?"

„Ja, aber ich nicht."

Und so entstand eine komplizierte Dreiecks-Kommunikation. Sie sprachen miteinander Kinyarwanda und übersetzten sich gegenseitig, was ich dem einen oder dem anderen gesagt hatte.

Der Opa enttäuschte meine Hoffnung auf einen Schlafplatz. „*Je ne peux pas vous accueillir madame.* Meine Tochter Sophie heiratet morgen und das Haus ist voll mit Gästen."

Selbst ohne die Begründung eines vollen Hauses hätte ich es verstanden, dass man keine wildfremde Person auf die Hochzeit der Tochter einlud.

„Herzlichen Glückwunsch!", gratulierte ich dem stolzen Brautvater. „Ich verstehe das und werde etwas anderes finden. Ich habe ja auch ein Zelt dabei."

Auf unserer Fahrt blieben wir immer wieder an Häusern stehen und baten um Geld.

„Wofür geben euch die Menschen Geld?"

„Das ist für die Hochzeit. Alle Nachbarn geben etwas dazu."

Ich fand es kurios, gezielt zu den Nachbarn zu fahren und Geld einzusammeln.

Ich horchte bei dem Wort ‚Nachbarn' auf. Wir mussten uns in der Nähe des Hauses befinden. Es war inzwischen dunkel geworden. Panik stieg in mir auf. Wo würde ich hier einen Schlafplatz finden? Die Sandstraße war inzwischen nicht mehr als ein schmaler Weg.

Der Großvater hatte denselben Gedanken. „Es ist schon dunkel. Da bist du nicht sicher. Schlaf besser doch bei uns. Wir werden einen Platz finden."

„Wirklich? Aber morgen ist die Hochzeit. Ich möchte nicht stören."

„Du bist zur Hochzeit eingeladen."

Ich wäre ihm am liebsten um den Hals gefallen.

Ich teilte mir das Zimmer mit der Braut, ihren Schwestern und der Trauzeugin.

Die Schwestern wollten gemeinsam im Bett schlafen, die Trauzeugin und ich sollten es uns auf dem Fußboden bequem machen.

Doch war vorerst nicht an Schlaf zu denken. Es wurde laut!

Die Hochzeitsgesellschaft hatte sich im Hinterhof versammelt und die Musik bis zur Leistungsgrenze der Lautsprecher aufgedreht. Es wurde bis in den Morgen getanzt. Die Älteren und ich, die junge, erschöpfte Touristin aus Deutschland, gaben zuerst auf. Gegen Mitternacht fiel ich ins Bett. Etwas später gesellten sich meine Zimmergenossinnen dazu.

Um sechs Uhr standen alle wieder auf. Ich auch. Die Musik lief immer noch. Einige junge Männer hatten durchgehalten, doch die Müdigkeit war ihnen ins Gesicht geschrieben.

Sophie wirkte nervös.

„Wie lange bist du mit deinem Verlobten schon zusammen?", erkundigte ich mich.

„Seit zwei Jahren." Ein Lächeln huschte über ihr Gesicht.

„Und lebt ihr zusammen?"

Sie erschrak bei der Frage. „Nein! Nicht vor der Hochzeit. Das ist nicht erlaubt."

„Und dann zieht ihr gleich zusammen?"

„Nach der Hochzeit fahren wir zu ihm."

„Das ist ja spannend. Bist du nervös?"

Sie sah mich besorgt an. „Ja."

Nachdem die Jungs die Überbleibsel der Partynacht weggeräumt hatten, begann der Aufbau für die Hochzeit. Eine professionelle Eventagentur baute in Windeseile die Metallgerüste für eine Art Zirkuszelt und zwei daran anschließende Partyzelte auf, die alle kunstvoll in weißen Stoff gehüllt wurden.

Die Fachleute der Agentur brachten an den Ecken der Zelte Steckwürfel an. Ich stand als einzige herum, ohne eine Aufgabe zu haben. Nun begannen die Dekorateure damit, die Steckwürfel mit Hunderten von Plastikrosen zu bestücken. Ich sah eine Chance, etwas Nützliches zu tun!

„Darf ich helfen?"

Ich wurde in die Kunst der Plastikblumendekoration eingeführt. Kurz zusammengefasst war das Konzept: Viel hilft viel.

Weiße Hussen verliehen den dreihundert Plastikstühlen einen eleganten Glanz. Der Hinterhof hatte sich in ein romantisches, exklusives Hochzeitsvenue verwandelt.

Die Gäste trudelten langsam ein. Die Kernfamilie wartete im Wohnzimmer auf den Anfang der Zeremonie. Ich war urplötzlich Teil dieser Familie und nahm einen Platz auf dem Sofa ein. Mein Camcorder weckte das Interesse der Jungs und sie filmten fleißig und interviewten mich.

„Wie gefällt es dir in Ruanda?"

„Sehr, sehr gut!", antwortete ich wahrheitsgemäß.

„Und wie gefallen dir die Ruander?"

„Die sind unglaublich freundlich! Ich wurde auf eine Hochzeit eingeladen!"

Die Jungs lachten stolz und machten die Kamera aus. „Die Zeremonie beginnt."

Es war neun Uhr und alles war bereit.

Die Familien der Braut und des Bräutigams saßen jeweils in einem der Partyzelte. Das Hauptzelt zwischen ihnen bot eine große Freifläche.

Vier Jungen und drei Mädchen in Kleidung mit Zebramuster, aber mit modernen Sneakern betraten diesen Freiraum. Sie sangen im Wechsel. Die Gesänge hatten etwas zu bedeuten, sie erzählten eine Geschichte, die ich leider nicht verstand. Ich vermutete, dass es etwas mit der Liebe des Brautpaares zu tun hatte.

Darauf folgte ein wirkliches Highlight für mich. Eine traditionelle Tanzgruppe. Sie wurden von Trommeln begleitet und musizierten dazu mit Rasseln an den Füßen. So tanzten sie die Musik. Sie tanzten das Leben und die Liebe. Die Mädchen kamen in ihren hellgrünen, wehenden Kleidern wie Feen und die Männer in ihren weißen Gewändern wie Gentlemen daher.

Sie tanzten, sprangen, hüpften und stampften mit einer beeindruckenden Ausdauer. Auch sie erzählten eine Geschichte. Eine Geschichte des rauf und runter in einer Liebesbeziehung. So jedenfalls hatte ich den Tanz verstanden.

Nach dieser Darbietung wurde die Zeremonie wunderlich. Zwei Männer saßen sich gegenüber und diskutierten hitzig. Beide polterten in ihre

Mikrofone und die Menge grölte. Zwischendurch tranken die Herren ausgiebig Champagner. Bizarr. Ich brauchte unbedingt eine Erklärung.

„Entschuldigung. Ich verstehe kein Kinyarwanda. Können Sie mir erklären, was gerade passiert?", sprach ich eine junge Frau neben mir an.

„Der Brautvater und der Bräutigamvater verhandeln symbolisch den Brautpreis. Der Vater des Bräutigams muss den Brautvater davon überzeugen, seine Tochter freizugeben."

Die beiden machten ein Spektakel aus ihrer theaterreifen Verhandlung. Später erfuhr ich, dass professionelle Schauspieler für Hochzeiten engagiert werden konnten, um die Väter zu spielen. Die Ruander pflegten ihre Kultur und schmückten sie mit Fröhlichkeit aus.

Während das Spektakel lief, gingen enge Familienmitglieder durch die Reihen, um Brause und Wasser zu verteilen. Die Gäste sollten rundum glücklich sein. Es war nicht nur der Tag des Brautpaares. Es war auch der Tag der Gäste.

Die symbolische Brautpreisverhandlung kam zu einem glücklichen Ende. Die Familie der Braut wurde mit allerlei Haushaltsgegenständen wie Töpfen und einem Wasserkocher beschenkt.

Das Brautpaar war bis hierhin nicht anwesend gewesen. Schließlich hatten sich ihre Familien bislang nicht offiziell auf den Brautpreis geeinigt.

Nun durften sie endlich dazu stoßen und auf einem Podest im Hauptzelt Platz nehmen.

Zwei Kuhhirten betraten die „Bühne". Knapp bekleidet tanzten sie und spielten dabei auf ihren Flöten.

„Sie stellen mit ihrer Musik dar, wie viele Kühe gezahlt wurden", erklärte mir meine Sitznachbarin.

Ich genoss das Schauspiel und war fasziniert davon, wie die ruandische Geschichte und Kultur über Musik und Tanz ihren Platz in einem modernen Land im Aufbruch fanden.

Ich hatte während der Feier nicht viel verstanden, doch für den emotionalen Höhepunkt am Ende der Zeremonie war keine Übersetzung nötig: Die Braut verabschiedete sich von ihrer Mutter. Die Tränen der Mama bezeugten, wie schwer es ihr fiel, ihre geliebte Tochter ziehen zu lassen.

Vor dem Haus war inzwischen ein reichhaltiges Buffet aufgebaut worden:

Huhn, Rind, Schwein in verschiedenen Soßen, mit Kartoffeln, Spinat und Tomaten vermischt, hausgemachte Pommes, Salate und ein Paradies aus frischem Obst, von Avocado über Bananen bis zu Mango und Ananas.

Die Hochzeitsgäste strömten zum Buffet und reihten sich in eine Schlange ein. Ich tat es ihnen gleich. Ich hatte solchen Hunger!

Essen ist überall auf der Welt etwas Geselliges. Endlich kam ich mit einigen Hochzeitsgästen ins Gespräch und so kam es zu einer Planänderung. Ich hatte eigentlich vorgehabt, weiter Richtung Westen in den Nyungwe Wald zu reisen.

„Fahr doch mit uns im Bus zurück nach Kigali", lud mich eine Cousine der Braut ein.

Es fiel mir schwer, ihr zu glauben. Wir befanden uns gefühlt am Ende der Welt. „Hier fahren Busse?"

„Wir sind alle gemeinsam in einem gemieteten Bus aus Kigali gekommen und fahren gleich wieder zurück."

Drei Buchstaben reichten, um mein bisheriges Vorhaben über den Haufen zu werfen: „*Yes!*"

Als wir uns auf den Weg zum Bus machten, passierten wir eine lange Schlange. Die Dorfbewohner waren gekommen, um das köstliche Buffet zu genießen. Nun verstand ich auch, warum am Vortag Geld gesammelt worden war.

Die Busfahrt war sehr ausgelassen. Der ganze Bus sang, lachte und klatschte. Es erinnerte mich an einen Klassenausflug.

In Kigali fand die kirchliche Trauung statt, doch die Kirche bot nur für einen kleinen Teil der Hochzeitsgesellschaft Platz. Ich blieb mit vielen Gästen vor der Tür. Es wurde Zeit, Abschied zu nehmen. Dankbar über die Gastfreundschaft und darüber, einen Einblick in die reiche Kultur Ruandas bekommen zu haben, zog ich weiter.

Am folgenden Tag fuhr ich zurück nach Rukomo.

„Du bist zurück!", empfing mich Angelique freudestrahlend und herzte mich. „Deine Sachen sind in deinem Zimmer. Danke, dass du uns vertraut hast!"

Sie bedankte sich, dass ich meine Sachen bei ihnen gelassen hatte? Vertrauen ist ein hohes Gut. Der Genozid hatte viel davon zerstört. Diese

schmerzhafte Vergangenheit hatte unsichtbare gesellschaftliche Narben hinterlassen, und Misstrauen war vielleicht eine davon. Es äußerte sich über die vielen
Sicherheitskontrollen in Kigali und anderswo. Die Heilung dieser Wunden
wird wahrscheinlich noch Jahrzehnte dauern. Vielleicht war mein Vertrauen in
Angelique wie eine Salbe für diese Wunde gewesen.

„Ich werde leider nicht bleiben", enttäuschte ich Angelique und trübte ihre
Freude über meine Wiederkehr.

„Du willst schon wieder gehen?"

„Ich wünschte, ich hätte mehr Zeit, aber mein Visum zwingt mich weiterzuziehen." Und so machte ich mich auf den Weg. Ein weiteres Mal verließ ich
schweren Herzens liebe Menschen.

Mein Ziel war Musanze. Es ist eine Provinz, deren Hauptstadt Ruhengeri heißt.
Jedoch bezogen sich alle mit „Musanze" auf die Hauptstadt.

Ich spielte mit dem Gedanken, eine Gorilla-Tracking-Tour zu buchen. Jeff
aus Daressalam hatte diese Idee in meinen Kopf gepflanzt. Er hatte mir von
einem Freund erzählt, der solche Touren in Uganda anbot. Diese Idee war mittlerweile zu einem Wunsch herangewachsen.

Das Gebiet der Gorillas erstreckt sich über die Demokratische Republik
Kongo, Uganda und Ruanda. Nun, da ich schon in Ruanda war, wollte ich
mein Glück hier versuchen. Zudem lag Musanze im Grenzgebiet mit Uganda,
sodass ich von dort aus leicht weiterreisen konnte.

Angelique hatte mir geraten, wieder nach Kigali zu fahren und von dort
den Bus nach Musanze zu nehmen.

Wieder nach Kigali? Auf keinen Fall. Auf meiner Landkarte hatte ich eine
Landstraße entdeckt, die direkt nach Musanze führte.

Die Landschaft verschlug mir den Atem! Der Bus schlängelte sich
durch eine Hügellandschaft. Die Hügel spiegelten sich in den sogenannten
„Zwillingsseen", die ruhig dalagen. Die Aussicht war wie gemalt.

Am Straßenrand liefen häufig Kinder, zehn Jahre und jünger, die Ziegen
und Kühe trieben. Es war ein Montag und ich fragte mich, ob diese Kinder zur
Schule gingen.

Ruanda befand sich in einem Spagat. Das Begehren nach wirtschaftli-
chem Aufschwung und das Bestreben, ein führendes Technologieland Afrikas

zu werden, stand nach meinem Gefühl im Kontrast zur einfachen, ländlichen Lebensweise vieler Ruander.

Es war bereits dunkel, als ich Musanze erreichte. Wieder einmal hatte ich zwei Aufgaben: Einen Schlafplatz suchen und etwas zu essen finden. Ich wollte Pizza. Ich war mir relativ sicher, dass mein Magen Pizza am besten vertragen würde. Seit Sambia litt ich immer häufiger unter Magenkrämpfen und Durchfall.

„Können Sie mich zu einem Restaurant fahren, in dem es Pizza gibt?", bat ich einen Motorradtaxi-Fahrer.

„Fünfhundert Francs."

Das waren etwa fünfzig Cent, und ich willigte ein.

„Das ist zu viel." Neben mir stand eine Jugendliche, die sich in die Preisverhandlungen einmischte: „Es kostet höchstens dreihundert Francs und eigentlich kannst du zu Fuß gehen."

„Danke schön, möchtest du mit mir zusammengehen? Ich lade dich ein. Als Dankeschön." Ehrlicherweise hoffte ich insgeheim auf ein Schlafplatzangebot.

Bescheiden bestellte sich das Mädchen, das auch Angelique hieß, was offenbar ein sehr beliebter Name in Ruanda war, zwei Sandwiches. Ich musste nach einer halben Thunfischpizza aufgeben. Mein Magen schien auf der Reise geschrumpft zu sein. Vor meiner Reise hätte ich so eine Pizza mühelos verputzt.

Doch ich wollte die Pizza auf keinen Fall wegwerfen. Lebensmittelverschwendung ist immer bedenklich. Doch hier, wo sich viele einen Restaurantbesuch nicht leisten konnten, wäre es beschämend gewesen. Angelique rief zwei Freundinnen an, die die zweite Hälfte genüsslich verspeisten.

„Wenn du möchtest, kannst du bei uns schlafen", bot mir Angelique an.

„Willst du nicht erst einmal deine Eltern fragen?"

„Nicht nötig. Die freuen sich über Besuch."

Angelique behielt Recht. Ihre Eltern freuten sich wirklich über meinen Besuch. Sofort wurde das Haus auf den Kopf gestellt. Angeliques Zimmer, das so groß war wie ihr Bett, wurde meines. Sie musste auf dem Fußboden schlafen. Meine Bitten, mich auf dem Fußboden schlafen zu lassen, wurden rigoros abgelehnt. Eine Diskussion über Gastfreundschaft ist in Ruanda wie so oft auf der Reise zum Scheitern verurteilt, und so ergab ich mich meinem „Schicksal", in einem himmlischen Bett zu schlafen.

Am nächsten Morgen hatte ich die Gelegenheit, Angeliques Vater etwas näher kennenzulernen. Jean-Baptiste hatte ein Jahr zuvor seinen Beruf als Pastor verloren und führte nun einen kleinen Kiosk vor dem Haus. Hier verkaufte er Dinge des alltäglichen Bedarfs: Tomaten, Kartoffeln, Gewürze, Toilettenpapier, Seife. Alles, was man so brauchte.

Ich stellte mich mit in den Laden und verkaufte drei Tomaten, eine Handvoll Kartoffeln und ein Päckchen Gewürze, das einer Maggi-Mischung ähnelte.

„Eine niederländische Freundin hat mir geschrieben", erzählte ich ihm, „sie hat zwei Freundinnen in Musanze, die eine Reiseagentur haben. Ich möchte vielleicht ein Gorilla-Tracking machen."

„Wenn du möchtest, begleite ich dich. Ich muss später noch zur Schule von Emmanuel."

Emmanuel war der zwölfjährige Sohn. „Hat er Probleme an der Schule?"

„Wir haben die Schulgebühr nicht bezahlt. Ich werde ihn abmelden."

„Ist Schule in Ruanda nicht kostenfrei?"

„Es gibt öffentliche Schulen, aber die Qualität ist nicht gut. Emmanuel und Angelique sind auf einer Privatschule."

Ich fand es toll, dass Bildung so ein hohes Gut für ihn war.

Wir schlossen den Einkaufsladen, der aus einem Fenster bestand, und machten uns auf den Weg in die Stadt.

Das Haus lag am Ende einer langen Sandstraße abseits vom Stadtzentrum. Bei meinem schwachen Orientierungssinn war ich froh über Jean-Baptistes Begleitung.

Die kleine Reiseagentur, ausgestattet mit einem Schreibtisch und einem Computer, bot verschiedene Touren in den Volcano Nationalpark an. Zwischen ihnen lagen erhebliche Preisunterschiede! Der Dian Fossey Tomb Trail hörte sich mit fünfundsiebzig Dollar akzeptabel an. Es handelte sich um eine Wanderung zum Grab der amerikanischen Zoologin Dian Fossey, die mit den Gorillas gelebt hatte, um sie zu studieren und sich für ihren Schutz einzusetzen. Sie wurde vermutlich von Wilderern getötet.

„Mit viel Glück kann man auf der Tour Gorillas und Schimpansen sehen, aber du darfst dann keine Fotos machen", erklärte mir die Reiseagentin.

Die Alternative wäre das offizielle „Gorilla-Tracking". Dabei könnte ich garantiert eine Stunde bei den Gorillas sein. Diese privilegierte Tour hatte mit fünfzehnhundert Dollar einen stolzen Preis. Ich war hin- und hergerissen. Vermutlich würde ich nie wieder die Chance haben, Gorillas zu sehen, und genau für solche besonderen Gelegenheiten hatte ich über Jahre gespart. Auf der anderen Seite hatte mir Jean-Baptiste, der immer noch bei mir war, gerade von seiner prekären Finanzsituation erzählt. Es reichte bei ihm nicht einmal für achtzig Dollar Schulgebühr. Was für ein krasser Gegensatz: Fünfzehnhundert Dollar für eine Stunde Tourismus gegenüber achtzig Dollar für ein ganzes Schuljahr.

Die Agentin sah mir meinen Konflikt an: „Wir haben noch einige Lizenzen aus dem letzten Jahr für siebenhundertfünfzig Dollar."

„Das ist immer noch sehr viel Geld." Es ging mir nicht darum, den Preis runterzuhandeln, ich hatte ernsthafte Gewissensbisse. „Kann ich es mir noch überlegen?"

„Ja, kein Problem."

„Durften Sie als Reiseagentin gratis auf eine Tour?", erkundigte ich mich.

„Ich hatte Glück. Ein Gast ist einmal nicht gekommen und dann konnte ich seinen Platz einnehmen", antwortete sie und zeigte mir auf ihrem Computer die Fotos der Tour. Gorillas in ihrem Wald. Es machte die Entscheidung nicht leichter.

Wir verließen die Agentur vorerst. Jean-Baptiste sagte, er habe etwas vergessen und müsse noch einmal nach Hause. Ich trottete währenddessen durch die Stadt, um meine Gedanken zu sortieren.

Ich schrieb einer Freundin in Deutschland und schilderte mein Dilemma und bat um Rat: „Was denkst du? Soll ich das machen?"

Die Antwort ließ nicht lange auf sich warten: „Du wirst mit achtzig Jahren in deinem Schaukelstuhl sitzen und dich ärgern, wenn du es nicht tust. Am Ende bereut man die Dinge, die man nicht getan hat."

Da hatte sie recht und ihr Ratschlag entsprach im Prinzip meiner Lebensphilosophie. Dieses Mal jedoch war es nicht so eindeutig für mich.

In einer Woche würde ich dreißig werden, ohne große Party und vermutlich ganz allein. Ich beschloss, mir diese Tour zu meinem dreißigsten Geburtstag zu schenken. Jean-Baptiste würde ich beim Schulgeld unterstützen. Das war ein Kompromiss, mit dem ich leben konnte. Zudem wurde mein Geld zum großen Teil in den Schutz der Gorillas investiert.

Nach einer Stunde Selbstüberzeugung kehrte ich in die Agentur zurück, um mein Ticket zu buchen. Die Tour sollte schon am nächsten Tag stattfinden. Nun, da ich die Entscheidung getroffen hatte und mit meinem Gewissen im Reinen war, freute ich mich unbändig.

Ich machte mich in Windeseile auf den Heimweg, um Jean-Baptiste abzufangen, bevor er sich zur Schule aufmachte.

„Ich habe die Tour gebucht!", verkündete ich.

Ihm war weder Gram noch Neid anzusehen: „Das ist toll! Ich freue mich für dich!"

„Jean-Baptiste, ich möchte gern etwas zur Schulgebühr dazugeben", sagte ich und zückte siebzig Dollar. Ich hatte mich bewusst dazu entschieden, nicht den ganzen Betrag zu geben, um nicht den Stolz zu verletzen.

„Das kann ich nicht annehmen!"

„Doch bitte. Du hast doch recht, Bildung ist so wichtig!"

„Wenn ich das Geld nehme, wird meine Frau wütend."

„Sieh es nicht als Geschenk, sondern als Leihgabe. Als ich in Simbabwe in einer schwierigen Situation und ohne Geld war, hat mir ein Ehepaar das Geld für einen Notfall gegeben. Und sie sagten, wenn ich es nicht bräuchte, sollte ich es auf meiner Reise weitergeben", erzählte ich ihm. „Ich habe es nicht gebraucht. Die beiden sind Lehrer und es ist bestimmt in ihrem Sinne, dass es für eine Schulgebühr verwendet wird. Wenn du irgendwann in einer besseren finanziellen Situation bist, dann kannst du es wieder weitergeben."

Er griff zaghaft nach dem Geld. „Danke. Das werde ich tun."

Am nächsten Morgen wurde ich um sechs Uhr vor einem nahe gelegenen Hotel erwartet. Ich war der einzige Fahrgast und als erste erreichten wir pünktlich zum Sonnenaufgang das Camp.

Während Kaffee und Tee zubereitet wurden, trudelten die Guides langsam ein.

Eine professionelle Tanzgruppe führte traditionelle Tänze auf. Sie erinnerten mich an die Hochzeit, bei der ich die Wichtigkeit von Tanz und Musik in der ruandischen Kultur erlebt hatte. Ich hoffte vergebens auf eine Erklärung über die Herkunft und die Bedeutung der aufgeführten Tänze. Die Tänze waren hier nur Folklore als Teil der touristischen Attraktion.

Ich unterhielt mich mit einigen der anderen Touristen. Ich wollte wissen, was für Menschen für diese Tour fünfzehnhundert Dollar bezahlt hatten.

Ein amerikanisches Pärchen hatte gleich für zwei aufeinander folgende Tage dieselbe Tour gebucht. Sechstausend Dollar nur für Gorilla-Tracking. Wow.

Die Gorillagruppen haben verschiedene Namen. Die bekannteste unter ihnen ist die Susa-Gruppe. Sie befand sich am weitesten vom Ausgangspunkt entfernt und wurde an diesem Tag nicht besucht. Die Gorillas bekamen Ruhetage von Touristen.

Wir wurden in Gruppen eingeteilt, damit immer nur eine geringe Personenzahl zu den jeweiligen Gorillafamilien ging. In einer Gruppe waren maximal acht Personen. Ein junger Tscheche, ein chilenisches Pärchen in den Flitterwochen, eine Australierin, die sich die Reise zum fünfzigsten Geburtstag geschenkt hatte, ein Ehepaar aus den USA, das sich eine Auszeit nahm, um gemeinsam durch die Welt zu reisen, eine alleinreisende Amerikanerin und ich sollten gemeinsam zur „Pablo"-Gruppe wandern. Sie war bis vor Kurzem mit über vierzig Familienmitgliedern noch die größte Gorillagruppe gewesen.

Nun waren es nur noch dreiundzwanzig Gorillas. Zwei Monate zuvor war der Anführer, der Silverback, verstorben. Vor seinem Ableben hatte er einen seiner Söhne zu seinem Nachfolger ernannt. Einer der anderen Söhne hatte diese Entscheidung nicht akzeptiert und hatte sich daraufhin ein paar Weibchen geschnappt, um seine eigene Familie aufzubauen. Ein sehr zivilisierter Vorgang. Ich hätte vermutet, dass die jungen Gorillas nach dem Tod des Anführers um die Vormachtstellung kämpften.

Mein persönlicher Kampf mit oder besser gegen meinen Körper hatte kurz nach unserem Aufbruch wieder einmal begonnen. Die Magenkrämpfe waren zurück. Vom oberen Rippenansatz bis in den Magen hinab verkrampfte alles. Mir wurde schlecht. Unser Weg ging steil bergauf. Zu meinem Glück hatten das amerikanische Paar und die allein reisende US-Amerikanerin ebenfalls mit der Kondition zu kämpfen. Ich wollte keine Schwäche zeigen und überließ es den anderen, um Pausen zu bitten. Wenn wir stehen blieben, ließ ich mich sofort erleichtert auf meinen Po fallen. Im Sitzen lösten sich die Krämpfe, und der Schmerz war auszuhalten.

Wir mussten bis auf dreitausendzweihundert Meter Höhe steigen. Die Berggorillas leben oberhalb der Baumgrenze, die sich hier auf zweitausendsiebenhundert Metern befand.

Als wir diese Höhe erreichten, konnte ich nicht mehr.

„Ich brauche eine Pause. Geht ruhig schon weiter. Ich muss nur kurz sitzen und komme nach." Mir war es so unangenehm, als eine der Jüngeren so viel Schwäche zu zeigen. Mir blieb jedoch keine andere Wahl. Der Schmerz zwang mich in die Knie. Ich setzte mich hin und genoss fünf Minuten der Ruhe.

„Wenn du nicht mehr kannst, können wir dich auch tragen", erinnerte mich der Guide, dem meine Schmerzen nicht entgangen waren. Diese Trekkingtouren wurden mit der Garantie verkauft, Gorillas zu sehen. Notfalls würde man die Touristen auf ihrer „Expedition" sogar tragen. Das stand natürlich außer Frage! „Nein, nein. Ich schaffe das", versicherte ich.

Kaum waren wir im Bambuswald angekommen, kreuzten Goldmeerkatzen unseren Weg. Uns war nur ein kurzer Augenblick vergönnt. Sie verschwanden in Windeseile in die Baumwipfel und außer Sichtweite. Ich war glücklich, wenigstens einen kurzen Blick auf ihre Gesichter erhascht zu haben. Sie verdanken ihren Namen der Gesichtsbehaarung, die den Anschein erweckt, mit Goldstaub bedeckt zu sein.

Schließlich stießen wir auf die Tracker, die vorausgeschickt worden waren, um die Gorillagruppen ausfindig zu machen. „Ein Glück", dachte ich. „Die Qualen werden bald ein Ende haben!"

Endlich ging es nicht mehr steil bergauf und meine Magenkrämpfe schwächten sich ab.

Im Gänsemarsch manövrierten wir durch den dicht bewachsenen Urwald. Der Fahrer vorweg.

„Weiter! Wir müssen zusammenbleiben!", rief er, als er bemerkte, dass die Australierin und das chilenische Pärchen stehen geblieben waren.

Als wir uns umdrehten, verstanden wir, warum sie sich nicht bewegten.

Ein junges Gorillapaar hatte uns eingeholt; von den Trackenden wurden wir zu den Getrackten. Die beiden Gorillas versuchten, an ihnen vorbeizukommen.

Vor Beginn der Tour war uns eingebläut worden, dass wir Besucher im

Zuhause der Gorillas waren. Respekt war das A und O. So drängten wir uns demütig an die Seiten. Nicht gehetzt, nicht ängstlich, aber auch nicht besonders an uns interessiert, passierte uns das junge Paar.

Es ist immer ein Erlebnis, Tiere in ihrer natürlichen Umgebung zu sehen, egal, ob es ein heimischer Hirsch, ein Adler oder auch nur ein Mistkäfer ist. Doch Gorillas in den Bergen Ruandas zu sehen, übertraf alles. Sicherlich kommt diese Faszination auch durch ihre Ähnlichkeit zu uns Menschen. Ich fühlte mich ihnen nahe, obgleich sie durch ihre Ruhe, ihre Größe und ihre Stärke eine natürliche Überlegenheit ausstrahlten.

Kurz darauf trafen wir auf das Familienoberhaupt: der Silverback.

Ich hatte mir einen Silverback autoritär, machomäßig und eher aggressiv vorgestellt. Er jedoch saß dort und wirkte gelassen wie ein Opa im Schaukelstuhl. Er schlemmte genüsslich sein Mittagessen und ließ uns Fotos und Videos machen.

Während der Boss fast gelangweilt mit Schlafzimmerblick dasaß, kletterten und schwangen seine Familienmitglieder in den Bäumen oder liefen umher.

Die Gelassenheit der Gorillas überraschte mich. Einige von ihnen hatten die Zeit der Wilderei noch selbst miterlebt. Gorillas können vierzig Jahre alt werden und der letzte Fall von Wilderei gegen sie hatte sich vor damals fünfzehn Jahren, also 2002[14], zugetragen. 2010 gab es in Ruanda nur noch zweihundertvierundfünfzig dieser majestätischen Tiere. Inzwischen gibt es wieder sechshundert[15] von ihnen.

„Warum haben die Gorillas keine Angst vor uns? Die Wilderei ist ja noch nicht so lange her."

„Sie können zwischen Menschen mit Gewehren und Menschen mit Fotokameras unterscheiden. Die mit den Kameras sind die guten Menschen."

Eine so reflektierte Weltanschauung würde einigen Homo sapiens guttun.

Die Gorillafamilie bewegte sich kontinuierlich. Stück für Stück gingen sie voran und wir liefen ihnen vorsichtig hinterher. Ein Großteil der Familie hatte

---

14   Die Reise fand 2017 statt. Leider kam es im Jahr 2020 zu einem Vorfall in Uganda, bei dem ein Gorilla von Wilderern getötet wurde.
15   Weltweit beträgt die Anzahl der Berggorillas wieder über tausend Tiere. Sie sind aber weiter vom Aussterben bedroht.

das Oberhaupt mittlerweile deutlich überholt und er musste ihnen folgen. Er stand uns nicht weiter als Model zur Verfügung.

„Seid vorsichtig! Ihr lauft auf ihrem Essen", ermahnte uns der Guide.

Es war gut, jemanden dabei zu haben, der uns immer wieder an unseren Besucherstatus erinnerte.

Die Stunde bei den Gorillas verging wie im Flug. Eines Tages werde ich wohl im Schaukelstuhl sitzen und mit einem Lächeln an sie zurückdenken.

Auf dem Abstieg sahen wir einige Frauen bei der Feldarbeit. Eine bearbeitete den Boden mit einer Hacke und trug dabei ihr Baby auf dem Rücken. Ich bewunderte diese Frauen und wies meine Mitreisenden auf ihre Leistung hin. Sie gingen sofort zu ihr und baten darum, sie fotografieren zu dürfen. Immerhin hatten sie zuvor gefragt. Ich versuchte mich in die Lage dieser Frau zu versetzen. Ich hätte es verletzend gefunden, von Touristen mit teuren Spiegelreflexkameras, die gerade von einer Fünfzehnhundert-Dollar-Tour zurückkamen, fotografiert zu werden, wie ich bei schwerer Feldarbeit schuftete und dabei mein Baby trug.

Ich ärgerte mich über das Verhalten meiner Mitreisenden und darüber, sie auf die Frau aufmerksam gemacht zu haben.

Meine Schmerzen waren kaum zu ertragen, und ich wollte nur noch ins Bett und schlafen. Als ich zu Hause ankam, erwartete mich Jean-Baptiste, damit ich ihm meine Fotos von der Tour zeigte. So viel Zeit musste trotz Schmerzen sein. Er war begeistert und freute sich ohne Neid mit mir.

Gerne hätte ich an dem Abend noch mehr Zeit mit der Familie verbracht, aber das war unmöglich. Ich hatte keine Kraft mehr.

Dank einer Schmerztablette fand ich in den Schlaf.

Den nächsten Tag verbrachte ich mit Angelique. Stolz nahm sie mich mit zu ihrem Stand in einer Markthalle, wo sie nachmittags Kleidung verkaufte. Wir verbrachten dort einige Stunden, verkauften aber leider nichts.

Es war mein letzter Tag mit der Familie und somit unser letztes gemeinsames Abendessen. Esther, wie die Mama von Angelique hieß, hatte für uns alle gekocht.

„Wie habt ihr euch eigentlich kennengelernt, du und Esther?", wollte ich von Jean-Baptiste wissen.

„Meine Familie war bereits in den Sechzigerjahren aus Ruanda in den Kongo geflüchtet", antwortete Esther. „Schon damals gab es in Ruanda Hass und Unterdrückung gegen die Tutsi, zu denen meine Familie gehört. Ich wurde also im Kongo geboren."

„Und ich bin während des Genozides in den Kongo geflohen. Es war hier, als hätte sich das Tor zur Hölle aufgetan", berichtete Jean-Baptiste. „Wir Hutus wurden gezwungen, uns am Genozid zu beteiligen, sonst wurden auch wir getötet. Ich kenne Väter, die Hutu waren und ihre eigenen Ehefrauen und Kinder töteten, wenn die Frau eine Tutsi war. Deshalb bin ich geflohen. Ich wollte mich nicht daran beteiligen."

„Das heißt also, Esther ist Tutsi und du bist Hutu?", hakte ich nach.

„Ja, wir haben uns ein Jahr nach dem Genozid in Ruanda kennengelernt und ineinander verliebt. Wir waren Anfang zwanzig, vielleicht fällt es jungen Menschen einfacher zu vergeben. Wir waren von der Landesgeschichte nicht so vorbelastet."

„Meine Familie ist nach dem Genozid sofort nach Ruanda zurückgekehrt", fügte Esther hinzu. „Trotz allem war Ruanda unsere Heimat."

„Und deine Familie hat einer Hochzeit mit einem Hutu zugestimmt?"

Ich hatte eine ruandische Hochzeit miterlebt und gesehen, wie die Väter um die Herausgabe ihrer Töchter rangen.

„Sie waren natürlich nicht begeistert", gestand Esther. „Aber nach viel Überzeugung haben sie schließlich eingewilligt."

Sie lächelten einander an.

Diese Liebesgeschichte stand für das Wunder der Vergebung, auf dem Ruanda gebaut wurde.

Die Zwillingsseen Burera und Ruhondo im Norden von Ruanda.

Der König des Waldes ließ sich von uns nicht aus der Ruhe bringen. Das Gebiet der Berggorillas erstreckt sich über Ruanda, Uganda und den Kongo. Ich hatte mich zu einer Trekking-Tour in Ruanda entschlossen und durfte sie für eine Stunde in ihrer Welt besuchen.

Ntarama Gedenkstätte: Der Genozid an den Tutsi kostete 1994 etwa eine Million Menschen in Ruanda das Leben.

Eine Tanzgruppe führt traditionelle Tänze im Rahmen einer Hochzeit auf.

Uganda

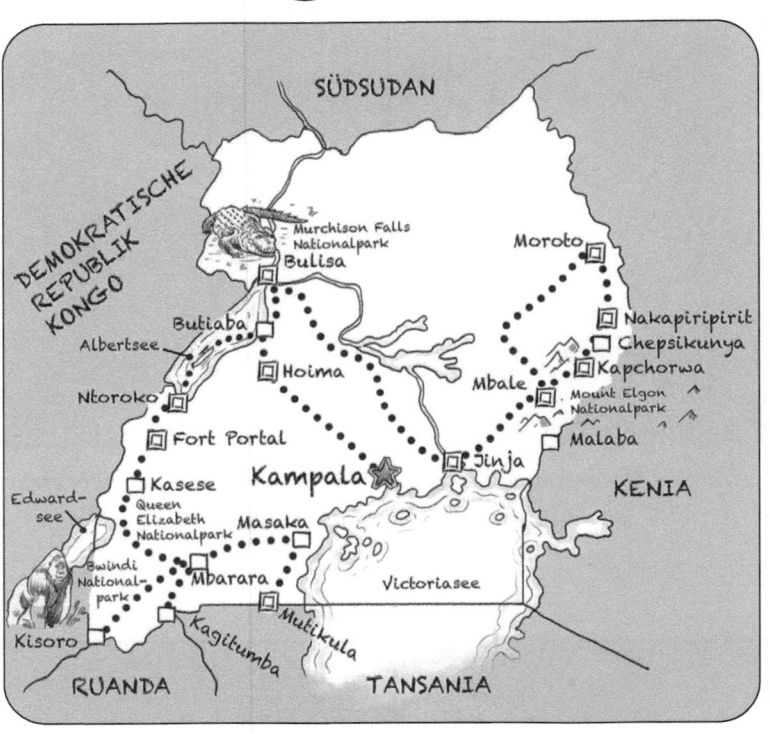

Hauptstadt: Kampala

Jahr der Unabhängigkeit: 1962 vom Vereinigten Königreich

Bevölkerungsdichte (gerundet): 257 Einwohner pro km²

Religionen: 84 % Christen, 14 % Muslime

Sprachen: Swahili, Englisch (+ 70 weitere, davon 5 anerkannt)

Währung: Ugandischer Schilling (1 = 0,00028 US Dollar, Kurs 2017)

Top Sehenswürdigkeiten: Bwindi Nationalpark, Mount Elgon, Murchison Falls Nationalpark, Queen Elizabeth Nationalpark

Ein kleines Geschenk stärkt die Freundschaft.

Der Grenzübergang nach Uganda lief dieses Mal wie am Schnürchen. „Was möchtest du in Uganda machen?"

Eine legitime Frage für einen Grenzbeamten. „Ich möchte das Land bereisen."

„Wo wirst du schlafen?"

Die Schreckensfrage! Ich hatte dieses Mal keine Adresse, die ich hätte angeben können. „Meistens übernachte ich in günstigen Gästehäusern, die man nicht vorab buchen kann", log ich. „Und manchmal werde ich von Menschen spontan in ihre Häuser eingeladen", ergänzte ich, um dem Ganzen mehr Wahrheitsgehalt zu verschaffen.

Er blickte mich misstrauisch an und stempelte dann kommentarlos meinen Reisepass! Das EAC-Visum machte sich bezahlt.

Meine körperliche Verfassung hatte Auswirkungen auf meine Mentalität. Ich hatte keinen Plan, was ich in Uganda wollte. Die Luft war raus. Ich hatte den Spaß an der Reise verloren. Die vielen Abschiede ließen mich nicht kalt. Einzig der Wille, es rechtzeitig nach Äthiopien zu schaffen, trieb mich an.

Kisoro, die nächstgelegene Stadt, lag neun Kilometer von der Grenze entfernt. Ich wollte mit einem Motorrad dorthin fahren. Die beste Strategie, um nicht übers Ohr gehauen zu werden, ist es, sich bei jemandem zu erkundigen, der kein wirtschaftliches Interesse verfolgt.

Ich entdeckte eine junge Frau.

„Entschuldigen Sie. Wie viel kostet ein Motorradtaxi nach Kisoro?", bat ich sie um Auskunft.

„Dreitausend[16] Ugandische Schilling."

Der erste Fahrer wollte zehntausend. Als ich wegging, rief er mir hinterher: „Ok, siebentausend, ich fahre dich für siebentausend."

„Du wolltest mich betrügen, dann fühle ich mich nicht sicher."

Der nächste Fahrer bot die Fahrt für fünftausend Schilling an. Es ging in die richtige Richtung, aber zufrieden war ich noch nicht. Es war mehr als die Suche nach dem günstigsten Fahrpreis. Ich wollte die ehrlichen Fahrer unterstützen. Ich suchte weiter.

„Wie viel kostet die Fahrt nach Kisoro?"

„Dreitausend Schilling."

„Danke für deine Ehrlichkeit. Dein Kollege wollte zehntausend Schilling."

Schallendes Gelächter ertönte von allen Seiten. Zwei Jungs riefen dem Fahrer etwas auf Swahili zu. „Wir haben ihn gerade einen Affen genannt. Was für eine Schande für unser Land."

Glücklich über die Unterstützung der Ugander stieg ich auf.

Kaum war ich in Kisoro angekommen, sprach mich ein Herr in den Vierzigern an.

„*Hello.* Brauchst du Hilfe?"

„*Thank you.* Wissen Sie vielleicht, wo ich eine Karte von Uganda kaufen kann?"

Er hatte ebenfalls ein Motorrad und nahm sich zwei Stunden Zeit, um mich durch die Stadt zu fahren. Zunächst fuhren wir für die Landkarte in einen Buchladen, dann in ein kleines Café, um etwas zu essen und zum Schluss zum Busbahnhof. Das Luxusgut „Zeit" wurde immer knapper. Ich war gezwungen, häufiger auf Busse zurückzugreifen.

Ich stieg in den Bus nach Mbarara, wo ich um zweiundzwanzig Uhr eintraf. Auch wenn ich keine Freundin des nächtlichen Reisens bin, entschloss ich mich, einen Nachtbus nach Kasese zu buchen. Bei planmäßiger Abfahrt um Mitternacht würde ich in den Morgenstunden gegen drei oder vier Uhr dort ankommen.

---

16 Ein Euro entsprach damals etwa viertausend Schilling.

Der Bus fuhr nicht planmäßig ab. Zu allem Überfluss war der Treffpunkt eine Tankstelle, an der sich zu solch später Stunde Betrunkene tummelten.

Es roch nach Gefahr. Sie war greifbar.

Ich schrieb meinem Freund: „Ich bin in Mbarara in Uganda. Um mich herum sind viele betrunkene Männer, aber ich lebe."

Mein Freund war nicht online. Er war immer noch auf einem Schiff am anderen Ende der Welt und Internet ist für Besatzungsmitglieder ein teurer Spaß. Ich schrieb ihm nicht in der Erwartung, Hilfe zu bekommen. Es gab mir schlicht ein beruhigendes Gefühl, meine Angst mitzuteilen. Dreißig Minuten später schrieb ich die nächste Nachricht: „Der Bus ist noch nicht da, aber ich lebe immer noch."

„*We really like you*", lallten zwei Männer und näherten sich mir.

Ich starrte auf den kalten Betonboden, auf dem ich mit ausgestreckten Beinen saß. Keine gemütliche Sitzposition, aber ich versteckte mein Handy unter den Beinen. Das Erlebnis in Sambia mit dem gemeinen Taxifahrer, der mein Handy haben wollte, hatte ich nicht vergessen.

„*And I like my boyfriend.*"

"*Give me your number*", forderte mich ein Mann harsch auf.

Ich blickte auf. Ein Sicherheitsmann stand vor mir. Sein Handy war gezückt, bereit, meine Nummer einzuspeichern.

„Ich habe keine ugandische Telefonnummer", log ich. Ich hatte mir in Kisoro sofort eine SIM-Karte besorgt. Eine Handynummer und Datenvolumen waren mein Sicherheitsnetz.

Der Sicherheitsmann ließ sich damit nicht abspeisen. „Okay. *Give me your Facebook name.*"

Ich wollte nicht weiter lügen. „Ich habe nur echte Freunde bei Facebook und bis der Bus kommt, reicht die Zeit nicht, um eine Freundschaft mit dir aufzubauen."

„Ich lebe immer noch", schrieb ich eine weitere Nachricht an meinen Freund. Dabei hielt ich mein Telefon so versteckt wie möglich.

So ging es nicht weiter. Ich musste jemanden finden, der mir Sicherheit geben konnte und nicht tausende Kilometer entfernt unerreichbar auf einem Kreuzfahrtschiff schipperte. Neben mir stand eine Gruppe, unter der auch einige Frauen waren.

„*Hello*. Warten Sie auch auf den Bus nach Kasese?"

"*Yes*. Wir können zusammen weiterreisen", boten mir die Frauen ohne Umschweife an. Ihnen war meine Situation nicht entgangen.

Ich hatte meine Reisegruppe gefunden. Sie waren Flüchtlinge aus Burundi und schützten mich vor weiteren Belästigungen – fast. Um halb vier traf der Bus endlich ein. Leider konnte ich nicht einsteigen. Ein Mann griff nach mir und zerquetschte fast meinen Arm: „Der Bus fährt nicht nach Fort Portal. Der fährt nach Kasese."

„Ich will nach Kasese."

Er zerrte und quetschte.

„Aua! Du tust mir weh! Lass los!", schrie ich.

Umherstehende Männer eilten zu Hilfe. Einer packte ihn im Klammergriff, ein zweiter kümmerte sich um den rechten und ein dritter um den linken Arm.

Ich stieg ein und sank entnervt auf meinen Sitzplatz nieder. Nachts reisen ist Mist.

Schlafentzug ist eine Foltermethode. Mein Magen war mein Folterknecht.

Am Anfang meiner Reise waren Euphorie, Geduld, Wissbegierde und Abenteuerlust meine treuen Wegbegleiter gewesen. Doch nach fast fünf Monaten hatten sie sich versteckt. Ich wollte nicht mehr.

Eines meiner schönsten Erlebnisse auf dieser Reise war die Überquerung des Victoriasees in dem nahezu sinkenden Boot gewesen. In der Hoffnung, meine Reisefreude wiederzubeleben, machte ich mich auf die Suche nach einem ähnlichen Erlebnis.

In Kasese angekommen, nahm ich nun doch den nächsten Bus nach Fort Portal. Dort wollte ich einen Minibus in die kleine Ortschaft Ntoroko am Albertsee finden. Ich hoffte auf Boote, um über den See zu fahren.

In Fort Portal war der Minibus schnell gefunden.

„Wir müssen noch einige Dinge aufladen. Ich habe einen Umzugsauftrag bekommen. Sie zahlen vierzigtausend[17] Schilling. Allerdings stehen die Sachen an unterschiedlichen Orten", warnte mich der Fahrer des Minibusses vor.

Ich wollte diesem Geldsegen nicht im Wege stehen und begleitete ihn auf

---

17 Umgerechnet etwa zehn Euro.

seiner dreistündigen Schnitzeljagd durch Fort Portal. Überall sammelten wir Möbelstücke ein.

Als wir aufbrachen, rumpelten zwei Sofas, ein Sessel und ein Glastisch auf unserem Dach. Tüten, Koffer und Kisten pressten sich im Innenraum eng aneinander. Es passte kein Blatt Papier mehr zwischen sie.

Auch ich wurde beladen. Ich bekam einen kleinen, schlafenden Jungen in meine Arme. Der sollte wohl auch umziehen.

Die Straße nach Ntoroko war nicht asphaltiert und mit Schlaglöchern übersäht. Es glich einem Wunder, dass alle Möbelstücke heil ankamen. Der Ort war noch kleiner, als ich gedacht hatte. Es gab im Prinzip nur eine „Hauptstraße" in der Nähe des Sees, von der aus einige Wege zu den Häusern führten. Für Touristen gab es dennoch Übernachtungsmöglichkeiten, einige mit und einige ohne Elektrizität. Ich entschied mich für die günstigste, die natürlich keinen Strom zu bieten hatte.

Die Herbergsmutter nahm eine dünne, weiße Kerze und träufelte etwas Wachs auf den hölzernen Nachttisch, um sie zu befestigen. Daneben legte sie ein paar Streichhölzer.

Gerade war „Eid", auch „Zuckerfest" genannt. Das Fest zum Ende des Ramadans – dem Fastenmonat für Muslime. Entlang der Hauptstraße säumten kleine Stände, an denen Fleisch gebraten und Fladenbrot gebacken wurde, den Weg.

Etwa fünfzehn Prozent der ugandischen Bevölkerung sind muslimisch. Die Namen geben Aufschluss über die Religion. Ein Mohammed ist höchstwahrscheinlich Muslim, während ein David mit großer Wahrscheinlichkeit Christ ist. Mir sah man an, dass ich wahrscheinlich keine Muslimin war.

„Gratuliere, wenn du mit einem Muslim sprichst! Heute ist ein wichtiger Tag für sie", ermahnte mich eine mir fremde Frau. In ihrer Stimme lag Dringlichkeit.

„Ich verspreche es."

Dieses Gespräch wiederholte sich mehrmals mit unterschiedlichen Personen. Was war hier los?

Endlich konnte ich mein Versprechen einlösen.

„*Congratulations*", beglückwünschte ich eine Dame mit Hijab.

Sie lächelte mich an. „Danke schön. Brauchen Sie noch eine Unterkunft?"

„Ich habe schon eine. Ich werde in dem Gästehaus übernachten", antwortete ich, auf das unscheinbare Häuschen zeigend.

„Das ist nicht gut. Es gibt ein besseres Gästehaus dort drüben."

„Aber dieses ist in Ordnung. Meine Sachen sind schon dort", wehrte ich das Angebot ab. Meine Unterkunft kostete zehntausend Schilling und ich war nicht bereit, dreißigtausend Schilling für eine bessere Unterkunft zu zahlen. Aber das Gespräch wollte ich gern fortsetzen.

„Sagen Sie, mich haben viele Christen hier darauf hingewiesen, zum Eid zu gratulieren. Gratulieren Sie auch zu Weihnachten?"

Sie schien überrascht. „Natürlich! Wir sind alle Schwestern und Brüder und es ist doch schön, mehr als nur die eigenen Feste zu feiern."

So hatte ich es noch nie gesehen. Und es stimmt ja. Es ist schön, viele Feste zu haben.

Mein Magen bereitete mir mittlerweile ernsthafte Sorgen. Am liebsten hätte ich gar nichts mehr gegessen. Da das keine nachhaltige Lösung war, aß ich schlicht vorsichtiger. Ich ging zu einem der kleinen Stände und aß etwas Reis, ehe ich zu meinem Zimmer zurückkehrte, die Kerze anzündete, mich umzog und sie dann mit einem erschöpften Atemzug wieder ausblies.

Erholt und bereit für ein neues Abenteuer machte ich mich am nächsten Tag auf zur Anlegestelle. Es war ein kleiner Steg, umwuchert von grünen Wasserpflanzen.

„Wann fährt das nächste Boot?"

Wie nicht anders zu erwarten, war man hier verblüfft über meine Anwesenheit. In einen so kleinen Ort fernab von den Attraktionen Ugandas verliefen sich wohl selten westliche Touristen.

Der Mann, den ich um Auskunft gebeten hatte, gab mir eine erstaunliche Antwort: „Hier fahren keine Boote."

„Aber hier ist doch ein Steg und es steht viel Ware herum."

„Ja, aber die Boote fahren in kleine Orte auf der anderen Seite."

Er hatte wohl gemeint: „Hier fahren keine Passagierboote für Mzungus."

„Dafür hätte ich gerne ein Ticket."

„Wohin willst du denn?"

„Einfach so weit wie möglich den See hinauf." Ich hatte mir den Murchison

Falls Nationalpark als neues Ziel gesetzt. Er lag nördlich, am anderen Ende des Sees.

„Um zehn Uhr." Er schien von meinem Vorhaben nicht viel zu halten.

Ich hatte Aufmerksamkeit erregt.

Ein weiterer Mann näherte sich mir. „Deinen Ausweis bitte."

„Wer sind Sie?", wollte ich wissen, denn er trug Zivil.

„Ich bin hier Polizist."

„Haben Sie einen Polizeiausweis?"

„Der ist zu Hause. Hier kennt mich jeder. Ich brauche keinen Ausweis."

„Ich möchte Ihnen meinen Ausweis nicht zeigen, ohne sicher zu sein, dass Sie Polizist sind. Das verstehen Sie sicher", entgegnete ich bockig. Ich war es leid, wegen meiner Hautfarbe anders behandelt zu werden.

Es dauerte keine fünf Minuten, bis zwei Männer auf mich zukamen, die Dienstmarken in ihren Händen hielten.

„Bitte folge uns aufs Revier."

„Aber was habe ich denn getan?"

„Hier in der Nähe zum Kongo müssen wir Fremde kontrollieren. Hier gibt es viele kongolesische Flüchtlinge."

Ich sah ganz sicher nicht wie eine illegale Einwanderin aus dem Kongo aus und ich hatte keine Ahnung, warum das alles geschah. Es war absurd. Ich folgte den zwei Männern und zeigte nun auch meinen Reisepass.

Nach einer langen Überprüfung meines Ausweises durfte ich endlich weiterziehen. Das Boot lag bereits dort. Am Steg stand ein weiterer Polizist, der abermals meinen Ausweis überprüfen wollte.

Nun grenzte das Gebaren wirklich an Schikane. Auch er fand keine Unregelmäßigkeiten und so durfte ich endlich zum Boot.

Wegen der vielen Wasserpflanzen konnte es nicht am Steg anlegen. Wir wateten durch das Wasser, um das Boot zu erreichen. Durch Wasser in afrikanischen Seen zu waten war nichts, was ich gerne tat. Mit einer Hand hielt ich meinen Kitenge hoch, während ich mit der anderen nach dem Bootsrand langte. Ein Mann hinter mir packte ohne Vorwarnung meinen Rucksack von unten, um mich hochzuhieven. Fast hätte ich das Gleichgewicht verloren. Ich schrie auf: *„No, no, ahhhh!"*

Es hatte nicht viel gefehlt und ich wäre geradewegs in den See gefallen.

„Ich kann selbst in das Boot klettern, danke", raunte ich und unterdrückte meinen Unmut.

Er ließ los und ich stemmte mich hoch, um ein Bein mit großem Schwung in das Boot zu werfen. Der Wickelrock und die Rucksäcke hatten den Schwierigkeitsgrad deutlich erhöht. Angesichts dieser Umstände fand ich meine Turnübung noch ganz elegant, doch sie wurde von schallendem Gelächter begleitet. Ich konnte es ihnen nicht verübeln. Ich wirkte wohl wie ein bunt bemalter Elefant, der auf einem Seil balancierte.

„*Mzungu, Mzungu, Mzungu*", klang es aus allen Richtungen und Ecken auf dem kleinen Boot.

„Entschuldigt bitte", bat ich um Aufmerksamkeit. „Ich mag das Wort ,*Mzungu*' nicht."

„Warum?", wollte eine Frau Anfang zwanzig wissen.

„Ich fände es besser, wenn wir uns bei den Namen nennen. Wir sind doch alle mehr als unsere Hautfarbe."

Sie hatte meinen Einwand verstanden und stellte sich sogleich vor. „Ich bin Pamela."

„Ich bin Hjördis", sagte ich und strahlte sie an. Sie hatte meine Begründung verstanden. Es ist so schön, verstanden zu werden.

Wie sich herausstellte, war sie die Einzige an Bord, die Englisch sprach. Sie übersetzte für die anderen meine Bitte. Daraufhin entbrannte eine Diskussion, bei der einige Dutzend Male dieses von mir verpönte Wort fiel.

Die Sonne spiegelte sich auf dem Wasser und war an diesem Tag erbarmungslos. Wir waren ihrer sengenden Hitze ohne Schatten ausgeliefert.

Im Gegensatz zur Bootsfahrt über den Victoriasee waren hier viele Frauen mit Babys an Bord. Sie hatten sie entkleidet und waren fortwährend damit beschäftigt, sie zur Abkühlung mit Wasser zu beträufeln.

Insbesondere die Männer löschten ihren Durst mit dem Seewasser.

Für mich war das keine Option, auch wenn mein Wasservorrat mit einem halben Liter bedenklich niedrig war.

Ein kleiner Junge begann bitterlich zu weinen. Ich schätzte ihn auf etwa vier Jahre. Seine Mama schaukelte und küsste ihn, doch sie konnte ihn nicht beruhigen.

„Er hat Durst", übersetzte mir meine neue Freundin Pamela sein Flehen.

Sein Schreien stach mitten ins Herz.

„Bitte. Nehmen Sie mein Wasser!"

Erleichtert nahm die Mutter meine Flasche.

„*Asante Sana*", bedankte sie sich und ihr Sohn löschte zügig seinen Durst.

Wir kamen zu einer kleinen Insel, wo Pamela und ich ausstiegen, um uns neue Getränke zu besorgen. Bevor ich in das Wasser sprang, gab ich Pamela mein Handy. Ich hatte keine Tasche und Angst, es beim Sprung zu verlieren.

Ein Stück weiter sammelte das Boot uns wieder ein.

„*Oh no!*", hörte ich Pamela ausrufen. Bestürzt zeigte sie mir mein Handy, das sie ununterbrochen bei sich getragen hatte.

Der Bildschirm war zerbrochen, als sie eingestiegen war.

„Nicht so schlimm", log ich. Ich hatte meiner Mutter versprochen, immer erreichbar zu sein. Ich wusste nicht einmal genau, wohin dieses Boot fuhr, und ich zweifelte daran, das Handy dort in Reparatur geben zu können. Wir kamen in einem kleinen Dorf an und es war schnell klar, dass meine Zweifel berechtigt waren. Hier gab es keine Möglichkeit, es zu reparieren. Anstatt mein Abenteuer durch die abgeschiedenen Dörfer Ugandas fortzusetzen, stieg ich in einen Bus nach Kampala, der Hauptstadt Ugandas. Dort würde ich das Telefon reparieren lassen.

Mein ganzer Ausflug nach Ntoroko, den ich ursprünglich gar nicht machen wollte, hatte am Ende so gut wie gar nichts gebracht und war im totalen Chaos geendet. Ich hatte versucht, ein aufregendes Abenteuer zu erzwingen, um meine Reiselust wiederzubeleben. Doch so funktionieren Abenteuerreisen nicht. Abenteuer gab es nicht mit Zwang und unter Druck. Abenteuer passieren einfach.

Im Bus nach Kampala lernte ich Thomas kennen. Er war Franzose und machte seinen Doktor der Philosophie in Uganda.

„Wenn du möchtest, kannst du bei mir übernachten. Ich wohne in einer WG mit ugandischen Männern."

Eine leichte Entscheidung. Natürlich kam ich mit.

In Kampala angekommen, folgte ich Thomas durch die Gassen außerhalb des Zentrums, bis wir in ein unscheinbares Haus eintraten, wo ein junger Mann gemütlich auf dem Sofa lag und fernsah.

„Hi Dan", begrüßte ihn Thomas.

„*Hi. You are back!*" Er drehte sich um, um seinen Freund zu begrüßen und erschrak leicht, als er mich sah. Zügig setzte er sich auf.

Ehe er fragen konnte, erklärte Thomas meine Anwesenheit. „Sie wollte eigentlich in den Murchison Falls Nationalpark, aber ihr Handy ist kaputtgegangen. Ich habe sie zu uns eingeladen."

„Wenn du möchtest, können wir gemeinsam in die Stadt gehen, um es reparieren zu lassen", bot mir Dan ohne Umschweife an.

„Das wäre großartig. Danke!" Ich hatte nicht vor, mich lange in Kampala aufzuhalten.

„Wohnt deine Familie nicht in der Nähe vom Nationalpark?", erkundigte sich Thomas.

„Ja, meine Mutter und meine Schwester. Ich war aber lange nicht mehr dort. Vor sechs Monaten ist meine einjährige Nichte an Malaria gestorben und ich bin nicht einmal zur Beerdigung hingefahren."

Ich vermutete Geld als Grund dafür.

Das Handy war innerhalb einer Stunde repariert und so stand meiner Weiterreise nichts mehr im Wege.

Wir saßen mit einigen Freunden von Thomas und Dan vor dem Haus und genossen den Abend. Ich erzählte ihnen von den merkwürdigen Polizeikontrollen in Ntoroko.

„Sie haben behauptet, ich könne eine Illegale aus dem Kongo sein." Ich lachte noch immer darüber.

Doch Thomas war nicht zum Lachen zumute. „Die haben Angst vor der internationalen Presse."

„Wieso das?"

„Es gibt in dieser Gegend, auch im Nationalpark, gigantische Ölreserven", erklärte mir Thomas. „Es sollen Pipelines durch den Nationalpark gelegt werden. Und meiner Regierung ist es egal, weil der Konzern ‚Total' Frankreich hohe Staatseinnahmen garantiert." Er war sichtlich wütend über die Politik seines Heimatlandes.

„Ich habe nach meinem Studium in der Ölindustrie gearbeitet; die zahlen sehr gut", schaltete sich Dan in das Gespräch ein, „aber ich kann das meinem Land nicht länger antun. Also helfe ich Thomas bei seiner Recherche. Hoffentlich berichtet irgendwann eine französische Zeitung darüber."

„Das glaube ich nicht." Thomas war sichtlich frustriert. „Aber wir sammeln weiter Beweise und dann versuchen wir es."

„Die Regierung scheint ja sehr nervös zu sein, wenn sie Touristen so kontrollieren lässt wie mich."

„Ja, die Recherche ist sehr gefährlich. Die ugandische Regierung will auf gar keinen Fall, dass Negatives berichtet wird und ich glaube nicht, dass es in Frankreich irgendjemanden interessiert, solange wir einen wirtschaftlichen Vorteil davon haben."

Wir saßen bis spät in die Nacht zusammen und tauschten uns aus. Vielleicht war es Schicksal gewesen, Thomas getroffen zu haben und hier gemeinsam zu sitzen. Ich wollte in den Nationalpark und Dan wollte seine Familie wiedersehen. Die Wünsche ließen sich wunderbar miteinander kombinieren.

„Dan, hast du Lust, mich morgen zu begleiten? Wir können gemeinsam zu deiner Familie in Bulisa fahren. Ich lade dich ein."

„Wirklich?" Seine Augen leuchteten.

„Wirklich. Du würdest mir eine Freude machen."

In den nächsten Tagen würde ich dreißig werden. Die Aussicht, meinen Geburtstag nicht alleine feiern zu müssen, gefiel mir gut.

Nach einer erholsamen Nacht – Thomas hatte mir sein Bett überlassen und selbst auf dem Sofa geschlafen – brachen Dan und ich zu seiner Familie auf.

Der erste Bus brachte uns in die Stadt Hoima, die etwa hundert Kilometer vor unserem Ziel Bulisa lag. An diesem Tag sollte kein Bus mehr weiterfahren und so blieben wir für eine Nacht in Hoima, wo Dan zur Schule gegangen war.

„Komm, lass uns zum Markt gehen", schlug er vor, „viele meiner Freunde verkaufen dort ihre Waren."

Gesagt, getan. Im „Hoima Central Market" schlug der Puls der Stadt. Eine imposante Markthalle mit hohen Mauern umschloss das bunte Markttreiben. Kaffeesorten nahmen viel Platz auf dem Markt ein.

Ich wollte Dan nicht mit Bitten für eine Übersetzung belästigen. Er sprudelte über vor Freude, seine Leute zu sehen. Ich grüßte sie und hielt mich im

Hintergrund; wusste ich doch nur zu gut, wie es sich anfühlt, Freunde nach langer Zeit wiederzusehen.

Weit vor Sonnenaufgang stiegen wir am nächsten Morgen in einen Minibus, der uns nach Bulisa brachte.

Während der mehrstündigen und holprigen Fahrt hörte ich oft das Wort ‚Mzungu‘, doch ich wollte Dan im Bus nicht um Übersetzungen bitten. Ich wartete bis zu unserer Ankunft, bevor ich ihn fragte, worum es in den Diskussionen ging.

„Die anderen haben über die Beziehungen zwischen Schwarzen und Weißen philosophiert", erklärte mir Dan nun. „Sie fanden es wohl merkwürdig, dass wir zusammen reisen."

Mit dieser Erklärung gab ich mich nicht zufrieden. „Wieso? Warum sollten wir nicht gemeinsam reisen?"

„Sie meinten, weiße Frauen würden keine Beziehungen mit schwarzen Männern haben. Nur weiße Männer würden etwas mit Afrikanerinnen anfangen."

„Das ist doch Unsinn!" Ich war erbost. „Warum hast du mir das nicht sofort erzählt? Ich hatte schon mal einen afrikanischen Freund!", erklärte ich und bat ihn: „Bitte stell das noch klar."

Er hatte einen besorgten Gesichtsausdruck. „Lass es gut sein. Ist doch egal."

„Nein, ist es nicht. Ich möchte nicht, dass mir Rassismus unterstellt wird. Man sucht sich einen Partner doch nicht nach der Hautfarbe, sondern nach dem Charakter aus."

Kulturell gab es viele Gründe, die eine Beziehung zwischen einer westlichen Frau und einem afrikanischen Mann erschweren konnten.

Ich dachte an einige Begegnungen meiner Reise: Stanza, der Guide aus dem Chobe Nationalpark in Botsuana, der für seine Frau das Geld verwaltete. Der Herr auf Sansibar, der sich nicht hatte vorstellen können, eine kompetente Regierungschefin zu haben. Die Frauen im religiösen Camp in Simbabwe, die Männern auf Knien das Essen servierten. Die Familie in Sambia, die der Tochter nicht dieselben Möglichkeiten gegeben hatte wie ihrem Bruder. Viele westliche Frauen hätten mit diesen Rollenbildern vermutlich Probleme. Doch es gab auch Gegenbeispiele wie Jean-Baptiste in Ruanda, der seinen Sohn von der Schule abmelden wollte, damit wenigstens die Tochter ihre Schule zu Ende bringen konnte.

„Ich darf hier keine Aufmerksamkeit erregen", unterbrach Dan mein inneres Selbstgespräch. „Ich komme auch hierher, um mehr über die Vorhaben von ‚Total' herauszubekommen. Wir müssen uns unauffällig verhalten."

Ich ergab mich meinem Schicksal und ließ die Sache auf sich beruhen, auch wenn es mich ärgerte. Seine Recherche bedeutete mehr als meine Befindlichkeiten.

Auf dem Weg zum Haus seiner Mutter erzählte er mir mehr von ihrer Lebenssituation. Sein Vater hatte zwei Frauen.

„Ich habe gehört, dass das nicht mehr legal ist."

„Ja, stimmt. Staatlich ist es nicht mehr erlaubt, aber das ist die ugandische Tradition. In traditionellen Zeremonien heiraten Männer immer noch mehrere Frauen. Insgesamt habe ich neun Geschwister von meiner Mutter und der Zweitfrau. Mein Vater ist schon mehrere Jahre tot. Ich bin nach Kampala gezogen, um zu studieren. Meine Mutter kann mich nicht unterstützen, deshalb bin ich so selten hier."

Kaum hatte er die Kurzfassung seiner Lebensgeschichte erzählt, kam schon eine Frau mit ausgestreckten Armen auf uns zugelaufen. Sie fiel Dan um den Hals und übersäte ihn mit Küssen. Sie war zweifelsohne seine Mutter.

„Das ist eine Freundin aus Deutschland. Sie wollte Bulisa sehen."

Sie umschloss meine Hand mit beiden Händen und schüttelte sie enthusiastisch. *„Karibu! Ninaandaa chakula."*

„Karibu habe ich verstanden. Das heißt ‚Willkommen'. Aber was hat deine Mutter noch gesagt?"

„Sie bereitet gerade Essen für uns zu."

‚Essen' war für mich in diesen Tagen ein Reizwort. Seit nunmehr zwei Wochen litt ich an Durchfall und manchmal gesellte sich Erbrechen dazu.

Obwohl sie in einem Haus wohnten, kochte die Mama auf einer Feuerstelle davor, auf der gerade zwei Fische brieten.

„Ich liebe Fisch", rief ich wahrheitsgemäß und verschwieg der Mutter meine heftigen Magenbeschwerden. Das Essen dieser umwerfenden, freundlichen Frau auszuschlagen, kam nicht infrage. Der Fisch mit den Röstaromen des Grills zerschmolz in meinem Mund. Ein Festmahl, das mir unverzüglich Qualen bereitete.

Dan wusste um meinen Gesundheitszustand. Er erklärte seiner Mutter, warum ich nicht mehr essen konnte, denn sie verstand kein Englisch.

Sie sah mich mitleidig an und nickte verständnisvoll.

Ich schluckte die Schmerzen runter, um mich etwas mit ihr zu unterhalten. Dan übersetzte meine Fragen und ihre Antworten.

„Warum wohnst du so weit draußen?"

„Ich wohne lieber hier als in der Stadt, auch wenn das Haus noch nicht fertig ist."

Ich blickte mich um und verstand sie. Ziegen, Hühner und Kühe liefen durch die Gegend. Es war friedlich.

„Immer, wenn Geld da ist, bauen wir ein Stück weiter." Dann schlug sie sich auf die Knie und wies ihren Sohn energisch und doch liebevoll an: „Los Dan, mach die Dusche fertig, damit sich deine Freundin nicht im Freien waschen muss."

Die Dusche fertig machen? Einfach so eine Dusche bauen, wie sollte das gehen?

Der Raum bestand bereits, wie wir feststellten. Es fehlte jedoch ein Abfluss. Wir schlugen abwechselnd mit Meißel und Hammer ein Loch in die Wand, in das wir einen Schlauch steckten und ihn mit Mörtel befestigten. Dann gruben wir eine Art Kanal, in den wir den Schlauch legten, etwas weiter entfernt vom Haus gruben wir ein Loch, in dem der Schlauch endete. Dann schlossen wir alles wieder mit Erde. Nun würde das Wasser fernab vom Haus versickern. Wir hatten eine, wenn auch recht abenteuerliche und rudimentäre Kanalisation gebaut.

Die Mama hatte in der Zwischenzeit eine Waschschüssel geholt.

Dan richtete sich empört an seine Mutter: „Wir wollen baden. Dafür können wir nicht so eine dreckige Schüssel benutzen!"

Die Plastikschüssel hatte einige Kratzer, die über die Jahre verfärbt waren. Der Zustand hätte mich nicht gestört.

Dan gab zwei Hände voll Sand in die Schüssel und fügte etwas Wasser hinzu. Ich beobachtete ihn verwirrt. Nun griff er nach einem Stück Papier und begann zu schrubben.

Schmirgelpapier! Unfassbar. Bei so viel Kreativität braucht es keinen Baumarkt.

Kurze Zeit später hätten wir die Schüssel als Neuware deklarieren können.

Zur selben Zeit düsten zwei Jungs im Kindergartenalter über die Wiese. Einer der beiden hockte in einem halbierten Plastikkanister und der andere zog ihn so schnell er konnte über die Fläche. Dann wurde getauscht. Und Spielzeugläden brauchte es bei so viel Kreativität auch nicht.

Nachdem wir beide wieder sauber waren, machten wir uns auf den Weg in die Stadt. Dan wollte mir seine Freundinnen Barbara und Shiva vorstellen – zwei quirlige Schwestern. Barbara war eine kleine Frau mit vielen Kurven und Shiva war groß und schlank gewachsen. Beide plapperten ohne Luft zu holen.

„Morgen ist dein Geburtstag?!", schrien sie, als Dan sie nach Ideen fragte, wie man ihn feiern könnte.

„Du musst zur Lodge fahren!", sagte Barbara. „Weißt du schon, Dan? Die wurde neu gebaut, in der Nähe vom Nationalpark."

„Die soll so schön sein", pflichtete Shiva ihrer Schwester bei.

Es folgte eine Wegbeschreibung, bei der mein schwacher Orientierungssinn sofort kapitulierte. Einige Minuten geradeaus und dann irgendwann links und nach soundsovielen Minuten wieder links. Eine Wegbeschreibung in Minuten? Fuhr hier jeder gleich schnell?

Ich verließ mich auf Dan und gönnte meinem Gehirn eine Auszeit. Er würde es schon verstanden haben.

„Aber abends musst du wieder zu uns kommen. Dann feiern wir gemeinsam", befahl Barbara.

Jedes meiner Kleidungsstücke hatte inzwischen Löcher, Risse oder hartnäckige Flecken. An meinem Geburtstag wollte ich vernünftig aussehen. Dans Tante hatte ein Kleidungsgeschäft, wo ich mir am Vortag ein rotes, knielanges Kleid mit schwarzen Punkten gekauft hatte.

Auf einem geliehenen Motorrad machten Dan und ich den geplanten Geburtstagsausflug. Wir fuhren durch kleine Dörfer zu der angepriesenen Lodge.

Hier war Afrika noch ursprünglich. Kleine Lehmhütten mit Grasdächern und die Kinder liefen nackt oder sehr leicht bekleidet herum.

In der Nähe des Seeufers türmten sich Berge aus kleinsten Muscheln.

„Was passiert mit den Muscheln?"

„Die werden verkauft. Sie sind gute Tiernahrung, zum Beispiel für Hühner."

Die Lodge lag fernab von den Dörfern, direkt am Fluss. Sie war noch nicht für Touristen geöffnet, doch wir konnten dort etwas trinken und in der Hängematte faulenzen. Nichts tun. Keinen Plan. Keine Eile. Kein Druck. Keine Vorbereitungen. Einfach nichts tun. Was für ein herrlicher Geburtstag.

Der Manager freute sich über unseren Besuch und gab uns eine Führung.

„Im Fluss wimmelt es von Krokodilen", warnte er. „Als das Schilf beim Bau der Lodge entfernt wurde, hat ein Krokodil einen Arbeiter angegriffen."

„My God!", entfuhr es mir. Ich blickte auf den friedlich wirkenden Fluss.

„Die Männer waren sehr tapfer", erzählte der Manager weiter. „Sie ließen ihren Kollegen nicht los und schlugen mit Stöcken auf das Krokodil ein. Er konnte gerettet werden, aber sein Bein wurde amputiert."

Die Unterkünfte der Lodge ähnelten Baumhäusern, nur, dass sie auf Stelzen gebaut waren.

Der Manager zeigte mir die Toiletten, die auf chemischer Basis funktionierten. „Wir dürfen keine Kanalisation bauen. Der Mindestabstand vom Nationalpark für eine Kanalisation beträgt hundert Meter."

Ich begriff erst jetzt, dass der Nationalpark genau hier am Fluss begann.

„Nur für Ölkonzerne und ihre Pipelines gibt es Sondergenehmigungen", raunte mir Dan zu.

Ich verstand seine Frustration. Afrika ist mit unendlich vielen Rohstoffen gesegnet, doch sind sie oftmals nicht Afrikas Segen. Sie sind sein Fluch.

In Uganda ging die Ölgewinnung neben der Umweltschädigung auch mit der Vertreibung von vielen Ugandern einher. Sie waren Flüchtlinge im eigenen Land und wurden in Flüchtlingscamps untergebracht. Da sie Einheimische waren, hatten sie jedoch kein Recht auf weitere Flüchtlingshilfen, wie sie etwa Geflüchteten aus dem Kongo zuteilwurden, war mir erklärt worden.

Mit vielen neuen Eindrücken und Erkenntnissen fuhren wir zurück in die Stadt, um uns, wie versprochen, mit Barbara und Shiva zu treffen.

Sie erwarteten uns mit einem liebevoll in glitzerndes Papier eingepackten Geschenk.

Ich war überwältigt. „Ihr habt ein Geschenk für mich?" Gerührt las ich den Zettel, der das Geschenk begleitete. *„May you live to blow 1.000.000* *candles. Happy Birthday. Luv U. Barbara and Shiva.*" Ich packte eine kleine Tafel Schokolade mit Orangenfüllung aus. Es war das kleinste, jedoch eines der tollsten Geschenke meines Lebens. Zehn Jahre war ich überall und nirgends in der Welt gewesen. Mit dem Ende dieser Reise sollte etwas mehr Ernsthaftigkeit in mein Leben treten. Dieser unspektakuläre und zugleich sehr besondere Geburtstag war der perfekte Start in meine Dreißiger.

Dan war verschwunden gewesen und kam nun mit einer schwarzen Plastiktüte zurück, die er allerdings schnell in seinem Rucksack versteckte.

Ich ärgerte mich darüber. Was hatte er da so Geheimnisvolles gekauft? Einige Stunden zuvor hatte er noch behauptet, dass er pleite wäre. Doch ich verkniff mir einen Kommentar.

Zu Hause angekommen griff er nach seiner Gitarre, um ein Geburtstagslied für mich zu schmettern. Dann kramte er die schwarze Tüte aus seinem Rucksack. „Happy Birthday!"

In der Tüte fand ich: einen Apfel, dreihundert Milliliter Mangosaft und ein Schokoladenbonbon. Beschämt über meinen Ärger kurz zuvor, umarmte ich ihn. *„Oh, thank you, Dan!"*

Am nächsten Tag brach ich auf. Ich hatte eigentlich vorgehabt, den wenig entwickelten Norden Ugandas weiter zu bereisen. Meine gesundheitliche Situation verschlechterte sich jedoch zusehends. Trotz verschiedener Medikamente gegen Durchfall trat keine Besserung ein und ich entschied mich weiter nach Jinja zu reisen. Ein touristischer Ort, in dem ich notfalls medizinisch versorgt werden konnte.

„*Thank you*, Dan. Es war großartig, deine Heimat kennenzulernen!"

In Jinja angekommen warf ich einen Blick ins Internet. Ich musste noch eine Unterkunft finden. Es gab eine Vielzahl an Guest Houses, Jugendherbergen, kleineren und größeren Hotels mit Annehmlichkeiten wie Pools, Fitnessstudios und glänzenden Duschen mit Glaswänden, die teils hundert Euro die Nacht kosteten. Sie lagen größtenteils außerhalb der Stadt in der Nähe der Hauptattraktion der Stadt: die Quelle des weißen Nils.

Für mich kamen diese Übernachtungsmöglichkeiten alle nicht infrage. Ich ging ins Stadtzentrum, um dort analog nach einer Unterkunft zu suchen. Ich blieb vor einem Haus stehen, an dem ein altes, kaum lesbares Schild hing: „Guest House".

Ein Herr, der sich als der Eigentümer herausstellte, begrüßte mich und rief dem Mitarbeiter an der Rezeption zu: „Sie bezahlt nicht dreißigtausend, sondern fünfundzwanzigtausend Schilling."

In dem Zimmer stand ein Bett und aus der Dusche tröpfelte etwas Wasser. Es war Zeit, mich auszuruhen. Die Quelle des weißen Nils würde am nächsten Tag noch an derselben Stelle sein.

Am Morgen ließ ich mich mit einem Motorrad dorthin fahren.

Ein Pförtner kontrollierte die Zufahrt und begrüßte uns mit: „Gesegnet sei Gott."

Ich wunderte mich und antwortete nicht. Dieser Gruß passte nicht zu dem Uganda, das ich bis dahin kennengelernt hatte. Ein Land, in dem Religionen miteinander geteilt wurden und wo Islam und Christentum gemeinsam zelebriert wurden. Gerade das hatte mich an Uganda so begeistert.

„Gesegnet sei Gott", wiederholte der Mann energischer.

Ich schwieg weiter und betrachtete ihn verblüfft.

„Du musst ‚Amen' sagen", erklärte der Mann. „Oder bist du keine Christin?"

Ich fühlte mich angegriffen. Was war mit diesem Mann los?

Ich entgegnete stur: „Mein Glaube ist meine persönliche Angelegenheit." Sturheit gehört zu meinen schwierigen Eigenschaften, aber ohne sie wäre eine solche Reise nicht möglich gewesen.

Es war die Begegnung zweier Dickköpfe. Er ließ uns nicht passieren und zwang mich, seinen Worten zu lauschen. Die Kernaussage seines zehnminütigen Vortrages ließ sich in zwei Sätzen zusammenfassen: „Jesus ist unser Retter. Der christliche Glaube und der Glaube an ihn sind der einzige Weg in den Himmel."

Ich zickte ihn genervt an: „Ich wusste nicht, dass das hier eine Kirche ist." Ich wollte mir meine Erkenntnis über ein friedliches und bereicherndes Leben mit den Religionen in Uganda nicht vermiesen lassen.

„Würden Sie mich jetzt bitte den Eintritt bezahlen lassen?"

„Erst, wenn du ‚Amen' gesagt hast."

Ich bin Christin, doch es würde mir nicht im Traum einfallen, ein ‚Amen‘ auf Befehl aus mir herauspressen zu lassen. „Könnten Sie mir das Ticket verkaufen?", wandte ich mich Hilfe suchend an einen seiner Kollegen.

„Ich verkaufe die Eintrittskarten", unterbrach der Hobby-Missionar meinen Versuch.

„Dann verkaufen Sie mir jetzt bitte das Ticket."

Endlich gab er nach und ich durfte auf das Gelände.

Ein junger Mann fuhr mich auf seinem kleinen Motorboot zur Quelle des weißen Nils. Unspektakulär blubberte dort Wasser an die Oberfläche des Flusses. Streng genommen entspringt der weiße Nil in den Bergen von Ruanda und Burundi. Das Wasser fließt dann in den Victoriasee. Diese blubbernde Quelle lag direkt am Victoriasee und von hier bildete sich der weiße Nil, also konnte ich die Interpretation der Ugander verstehen.

In Tansania heißt der Victoriasee ‚Nyassa See‘", erklärte mein Fahrer.

Das konnte ich nicht so stehen lassen. „Oh, das ist nicht ganz richtig", erwiderte ich. „Ich war vor ein paar Wochen in Tansania und habe den Victoriasee in einem Boot überquert. Der Malawi See wird in Tansania ‚Nyassa See‘ genannt."

Er schenkte meiner Behauptung keinen Glauben.

Es fiel mir nicht leicht, den Drang ihn vom Gegenteil zu überzeugen, zu unterdrücken. Ich befand eine Diskussion allerdings als sinnlos und so hielt ich meinen Mund.

Große Erwartungen lassen viel Raum für Enttäuschungen. Ich hatte mir die Quelle spektakulärer vorgestellt als ein bisschen blubberndes Wasser.

Umso leichter fiel mir der Abschied.

Etwa hundertfünfzig Kilometer nordöstlich von Jinja liegt Mbale. Nach einigen kleineren Mitfahrgelegenheiten endete ich in einem Auto von zwei Männern, die in der Nähe von Mbale arbeiteten.

Sie setzten mein Wohlbefinden an oberste Stelle ihrer Prioritätenliste und klapperten alle Gästehäuser ab, bis sie das günstigste gefunden hatten. Sie verhandelten den Preis, während ich mich im Auto verstecken sollte. Meine Hautfarbe hätte den Preis unnötig in die Höhe getrieben, hatten sie mir erklärt.

Mbale grenzt an den Mount-Elgon-Nationalpark, den sich Uganda und

Kenia miteinander teilen. Ich wollte in den Bergen wandern. Dafür musste ich allerdings zuerst meinen Magen unter Kontrolle bringen.

Nicht weit von meiner Unterkunft gab es eine Jugendherberge. Ich setzte meine Hoffnungen darauf, dort Essen zu finden, das mein Magen vertragen würde.

Doch daraus wurde nichts. Wenige Minuten nachdem ich meine Spaghetti Bolognese verschlungen hatte, lief ich zur Toilette.

Während ich zur Toilette rannte, schossen Spaghetti und Bolognese aus meinem Mund heraus. Mein Magen hatte ihnen den Zutritt verwehrt. Nun klebten sie mit einer Prise Magensäure an den Wänden oder dekorierten den Fußboden. Ich hatte keine Zeit, mich zu schämen oder gar zu putzen. Was auch immer es war, das noch in meinen Gedärmen war, es wollte durch den Hintern hinaus – sofort.

Beschämt kam ich aus der Toilette. Eine junge Frau hatte sich bereits an die Arbeit gemacht.

„*I am so sorry*", wimmerte ich.

„*It's okay. Are you all right?*"

Ich nickte. Doch ich machte mir große Sorgen. Trotz Medikamenten hielt sich der Durchfall hartnäckig. Seit Monaten durchquerte ich Malariagebiete ohne Mückenschutz oder Malaria-Prophylaxe.

Zurück an meinem Platz saß immer noch der Manager der Jugendherberge. Sein Name war Ken. Er war siebenundzwanzig Jahre alt, durchtrainiert, Jura-Absolvent und seit sieben Jahren Guide in den Bergen.

Er war gerade dabei gewesen, mir von einer Tour zum Wanale Ridge zu erzählen, als mir mein Körper den Krieg erklärt hatte.

Sollte ich eine halbtägige Wanderung auf zweitausend Meter Höhe in meiner Verfassung wirklich buchen?

Mein Kopf schrie: WIR MACHEN DAS! Jetzt oder nie.

Mein Körper flehte: Bitte, bitte tu mir das nicht an.

Mein Kopf zog als Sieger vom Platz. „Ich möchte die Tour gerne buchen. Hast du morgen Zeit?"

Er runzelte besorgt die Stirn. „Bist du dir sicher? Du bist krank."

„Morgen geht es mir bestimmt besser. Kann ich spontan absagen, wenn es schlimmer wird?"

„*No problem.* Hier ist meine Nummer."

Ich musste wissen, ob ich Malaria hatte, bevor ich mich auf die Wanderung begeben würde. Ein Motorradtaxi fuhr mich ins Krankenhaus. Für nur dreitausend Schilling, was nicht mal ein Euro war, konnte ich einen Test machen lassen. Nach zwanzig Minuten kam das Resultat: Negativ.

„Verdammt." Ich hatte mir einen positiven Test gewünscht. Dann hätte ich wenigstens gewusst, was es war und hätte es behandeln können.

Ich bat die Frau am Empfang darum, einen Arzt sehen zu können.

„A doctor's appointment is ten thousand Schilling."

Ich musste nicht nachdenken. Bei zwei Euro fünfzig stellte sich die Frage nicht, ob ich einen Arzt sehen wollte.

Der Arzt bat mich, meine Symptome zu schildern. Innerlich zweifelte ich seine Kompetenz an. Keine Blutuntersuchung? Kein Abhorchen oder Abtasten?

Was für eine Wahl hatte ich? Ich begann zu schildern: „Vor etwa drei Wochen hat der Durchfall begonnen. Immer nachdem ich etwas gegessen habe. Außerdem habe ich schlimme Magenkrämpfe. Ich trinke nur noch Fruchtsäfte und esse Reis. Dann geht es. Heute habe ich Spaghetti Bolognese gegessen und zum Durchfall kam noch Erbrechen."

Dem Arzt reichten diese Informationen, um mir ein Medikament zu verschreiben.

Kaum hatte ich die erste Tablette genommen, ging es mir besser. Ich fühlte die Entspannung in meinem Magen. Ich wusste nicht, was ich nahm, es war mir auch egal. Der Wanderung stand nichts mehr im Weg.

In der Nacht plagten mich nicht meine Magenschmerzen. Es war ein Gewitter, das mir den Schlaf raubte.

Draußen tobte ein Sturm. Blitze erleuchteten die Nacht im Minutentakt. Donner und Starkregen machten es unmöglich, weiterzuschlafen. Ich griff nach meinem Handy: Zwei Uhr.

Pünktlich um acht Uhr fünfundvierzig traf ich in der Jugendherberge ein, wo Ken bereits auf mich wartete.

Der Regen hatte die Pfade in Schlammstraßen verwandelt. Es war wie ein Spaziergang auf einer Eisfläche. Angespannt auf den Boden starrend, setzte ich bedacht einen Fuß vor den anderen.

„Was ist das denn?", rief Ken, der vorweg ging, fassungslos.

Aus Angst hinzufallen, traute ich mich kaum, den Blick von meinen Füßen abzuwenden. Ich blieb stehen und sah ganz langsam auf. Ein reißender Fluss strömte vor uns.

„Oh", stieß ich verblüfft hervor.

„Das ist eigentlich ein kleiner Bach", sagte Ken. „So habe ich ihn noch nie gesehen."

Ich krempelte meine Hosenbeine hoch: „Dann mal los!"

Er tat es mir gleich. „Ja, eine andere Lösung gibt es nicht."

Wir zogen unsere Schuhe aus und ich ließ Ken den Vortritt. Die Strömung traf ihn unvorbereitet. Er verlor das Gleichgewicht, schaffte es dann knapp, die Balance wiederzufinden.

„Egal. Nun ist es so. Los gehts", sprach ich mir Mut zu.

Ich watete durch das Wasser, das mir bis zur Hüfte reichte. Die hochgekrempelte Hose war klitschnass, sogar die Unterhose war bei diesem Bad nicht trocken geblieben.

Nach der stürmischen Nacht lachte die Sonne glücklicherweise wieder und die Klamotten trockneten schnell.

Auf glitschigen Pfaden ging es weiter bergauf. Ken störte das nicht. Er sprang nach oben wie eine junge Bergziege. Ich konnte allerhöchstens mit einer sehr, sehr alten Bergziege verglichen werden und verlor zeitweise den Anschluss.

Das nächste Hindernis ließ nicht lange auf sich warten. Ein Wasserfall trennte den Pfad. Wir mussten durch das herabfallende Wasser springen, um auf die andere Seite zu gelangen.

Die Gegend war gering besiedelt, aber es wohnten Menschen entlang dieses abenteuerlichen Wegs. Autos konnten hier unmöglich passieren. Alte und sehr junge Menschen überholten Ken und mich. Dabei trugen sie teils schwere Lasten.

Ein älterer Herr kam zu mir, sagte etwas und reichte mir einen Stock zum Wandern.

Ken übersetzte: „Der Mann sagt, dass du das großartig machst und ich dich besser motivieren soll."

„Oh, es liegt nicht an Ken", schnaufte ich.

Der Stock half. Wir kamen schließlich auf dem Plateau an und ich wurde mit einem atemberaubenden Ausblick belohnt.

Ich setzte mich an die Klippe und bewunderte das Tal, so reich an Vegetation, das sich tief unter uns bis zum Horizont erstreckte.

Auf unserer Tour hatte Ken mich immer wieder mit dem Versprechen motiviert, wir würden auf dem Plateau einen natürlichen Pool vorfinden. Nun lag er vor uns, doch der Sturm hatte auch ihn aufgewirbelt. Anstelle von kristallklarem Wasser lag eine braune Brühe vor uns.

Ein Pool ist ein Pool. Ich war nass geschwitzt und ich würde hier garantiert nie wieder hochkraxeln. Die Einmaligkeit der Gelegenheiten überzeugte mich immer wieder, Dinge zu tun, die wenig verlockend oder gar verrückt erschienen. Also stürzte ich mich in das eiskalte Nass und schrie: „Verdammt, ist das kalt!"

Auf dem Rückweg kam uns eine Gruppe ugandischer Jungs entgegen. Ich schätzte sie im Schnitt auf etwa zwanzig Jahre. Ihre Kleidung war durchgeschwitzt, wie meine es gewesen war.

„Bitte, habt ihr Wasser?", keuchte einer der Jungs, als hätte er die Sahara durchquert.

Ich hatte noch ein wenig in meiner Flasche und gab es ihm als Dankeschön dafür, mein Selbstbewusstsein mit diesem Anblick wieder ein wenig hergestellt zu haben.

„Ist es noch weit?", brachte ein anderer stöhnend hervor.

„Nein. Ihr seid fast da!" Es fühlte sich gut an, dass ich nun andere motivieren konnte.

Nach dieser Tour legte mir Ken ans Herz, auch zu den Sipi Falls im nördlichen Teil des Nationalparks zu reisen. Er wollte seinen Freund Richard informieren, der mir die Gegend zeigen konnte.

Ich folgte Kens Vorschlag, da ich keine bessere Idee hatte. Bereits am nächsten Tag traf ich Richard an den Sipi Falls.

Von einem Bergplateau aus waren die drei schmalen Wasserfälle gut erkennbar. Sie verteilten sich über den Berg und stürzten aus verschiedenen Höhen ins Tal.

Das Plateau war der Inbegriff von Idylle. Das Vieh graste. Kinder tollten umher. Liebende kamen und genossen den Ausblick. Einige ältere Männer ließen den Tag ausklingen.

Unweit des Plateaus etwas außerhalb der Stadt Kapchorwa gab es die Möglichkeit, mein Zelt gegen kleines Geld aufzustellen. Richard und ich würden am nächsten Tag zu unserer Wanderung aufbrechen.

Er holte mich zum Sonnenaufgang ab. Ich konnte unsere Wanderung nicht genießen, denn Richard stank fürchterlich nach Schweiß. Mir wurde nach kurzer Zeit übel und ich fürchtete, mich bald wieder zu übergeben.

„Richard, ich muss bitte vorangehen. Du riechst sehr stark nach Schweiß", bemerkte ich ehrlich.

„Ich weiß. Ich hatte keine Zeit zum Duschen. Ich war gestern auf der Beerdigung der Nachbarskinder", erklärte er mir und zeigte ein Foto, auf dem die toten Kinder mit ihren Organen neben sich zu sehen waren. Sie waren bei einem Lkw-Unglück zu Tode gekommen.

Wie furchtbar. Warum gab es davon Fotos? Angesichts dieser entsetzlichen Umstände tat es mir ein wenig leid, so unsensibel und direkt in meiner Kritik gewesen zu sein. Aber es war nicht nur der Gestank. So gut ich mich mit Ken verstanden hatte, so schlecht war die Chemie zwischen Richard und mir.

Doch er hatte sich meine Kritik zu Herzen genommen. Unter dem ersten der drei Sipi Falls zog er sich bis auf die Unterhose aus und duschte sich in dem eiskalten Wasserfall.

Sechs Stunden wanderten wir schweigend durch dieses grüne Paradies zu jedem der drei Wasserfälle.

Die vergangenen Tage hatten mir körperlich viel abverlangt. Ich verzichtete auf weitere Wanderungen durch den beeindruckenden Mount-Elgon-Nationalpark. Ich konnte nicht mehr.

Ein chilenischer Tourist auf Sansibar hatte mir begeistert von Nakapiripit erzählt. Er hatte mir von freundlichen Menschen und einer interessanten Kultur berichtet. Die Leute hätten dort vernarbte Gesichter gehabt und hätten ihn immer wieder gebeten, sie zu fotografieren. Diese Geschichte kam mir merkwürdig vor und mein Interesse war geweckt.

Auf meiner Karte von Uganda fand ich eine Straße, die in einer Zickzack-Linie von Kapchorwa zurück zur Hauptstraße, der Mbale Moroto Road, führte. Ich musste nur jemanden finden, der mich fahren würde. Zwei Motorradfahrer hatten diese Route wegen schlechter Straßenverhältnisse kategorisch ausgeschlossen. Bei dem Dritten hatte ich Glück. Er wollte mich nach Chepsikunya, der nächstgelegenen Stadt, fahren.

Nach wenigen Sekunden Fahrt verstand ich die Haltung der anderen Fahrer. Es handelte sich nicht um eine Straße, sondern um eine Piste aus Geröll. Der Fahrer manövrierte uns durch eine grüne Hügellandschaft hindurch, geschickt über das Geröll bergauf und bergab. Vereinzelt kamen wir an einsamen Lehmhütten vorbei.

Das Motorrad sprang mehr, als dass es fuhr. Mein Rucksack flog mit den Sprüngen hoch und riss mich beim Herunterkommen nach hinten. Ich war gezwungen, den Fahrer loszulassen und anstelle dessen meinen Rucksack festzuhalten. Die Balance auf dem Motorrad zu halten, forderte meine höchste Konzentration. Leider. Gerne hätte ich die Fahrt durch diese urige Landschaft genossen.

Plötzlich hielt der Fahrer an. Auf der ohnehin unwegsamen Piste lagen Äste. Einige Männer standen daneben.

„Sie lösen die Blockade, wenn wir bezahlen", erklärte mir der junge Fahrer.

Ich sah es nicht ein, jemanden dafür zu bezahlen, mir erst das Leben schwer zu machen und es dann zu bereinigen. Sie hatten die Äste ja offensichtlich selbst auf die Straße gelegt.

„Als Fußgängerin kann ich kostenlos passieren, richtig? Dann müssen sie ja nichts wegräumen."

Ohne die Antwort abzuwarten, stieg ich vom Motorrad ab und kletterte über die Sperre. Die Herren waren in Schockstarre und ehe sie sich erholen konnten, war der Motorradfahrer an der Blockade vorbei herübergerollt. *„Fast. Get on!"*

Ich sprang auf und er düste los. „Du hast recht. Man sollte diese Leute nicht bezahlen, sonst ändert sich das nie."

Wir hoppelten weiter über das unwegsame Gelände bis nach Chepsikunya. Von hier führte die befestigte Straße geradewegs nach Nakapiripirit.

Zu meinem Glück stand bei unserer Ankunft ein offener Lkw mit einer Ladung Bananen dort. Einige Personen saßen bereits auf den Planen, die die Ladung bedeckten.

„Was meinst du? Wie viel sollte ich bis nach Nakapiripirit zahlen?", wollte ich noch von meinem Fahrer wissen.

„Vier- oder fünftausend", schätzte er.

„*How much?*", wandte ich mich also selbstbewusst an den Lkw-Fahrer.

„Fünfzehntausend Schilling."

„*Sorry, what?*"

„Fünfzehntausend Schilling."

Das Publikum auf dem Lkw betrachtete das Spektakel. Ich schaute mir ihre Reaktion genau an. Ihr Lachen bestätigte mir, dass der Preis viel zu hoch war.

„Ich gebe dir viertausend Schilling", erklärte ich.

„*No.* Das ist nicht genug."

Wir spielten Poker und ich hatte das bessere Blatt.

„Du fährst ohnehin dahin. Wenn du mich mitnimmst, verdienst du viertausend Schilling mehr. Wenn du mich nicht mitnimmst, verdienst du die viertausend Schilling nicht. Möchtest du das Geld oder nicht?"

„*Okay. Hop on.*"

Ich machte es mir auf der Plane gemütlich. Gemeinsam mit sechs Männern thronte ich auf Bananen, Kartoffeln, Auberginen und Zuckerrohr.

Die Fahrt zog sich hin. Wir hielten in jedem Dorf. Die Fahrer boten ihre Produkte an, wovon sich Bananen am besten verkauften.

Alle Dörfer waren umzäunt.

„Ist das gegen wilde Tiere?", fragte ich einen Mitfahrer verwundert. Die Zäune waren aus einfachen Holzpfählen.

„*No. Thiefs*", antwortete er kurzsilbig.

Diebe? Die Dörfer lagen einige Kilometer auseinander. Wer sollte denn hier klauen?

Meine Frage hatte für ihn wahrscheinlich dumm geklungen. Doch das Gute an Fragen, auch an dummen, ist, dass sie den Zugang zu einem Gespräch öffnen.

„Bist du verheiratet?", wollte der Mann nun von mir wissen.

„Nein. Aber ich habe einen Freund und den möchte ich auch heiraten."

„Ist dein Freund tot?"

„Pardon?"

„Tot. Ist er tot oder lebt er?"

„Wie soll ich denn einen toten Freund heiraten? Der kann ja gar nicht ‚Ja' sagen."

Meine Antwort sorgte allseits für Gelächter. Ratlos lachte ich mit. War jetzt die Frage oder die Antwort komisch gewesen?

„Wohin fahrt ihr eigentlich?", fragte ich, um ein wenig abzulenken.

„Nach Kenia."

Das traf sich hervorragend. Kenia war mein nächstes Ziel. So konnte ich schon mal Informationen für meine Weiterreise einholen.

„Gibt es hier Posten an der Grenze zu Kenia?"

„Nein. Die Straße führt direkt nach Kenia, ohne Grenzposten."

„Aber ich brauche einen Einreisestempel. Oder kann ich illegal nach Kenia einreisen und den Stempel woanders holen?"

„Als illegale Einwanderin?", grölte ein anderer Mann.

Das war mit Abstand die witzigste Fahrt meiner Reise. Sie bestand aus ununterbrochenem Gelächter, ausgelöst von dummen Fragen und dummen Antworten.

Als wir ankamen, sprangen einige der Jungs vom Lkw, um mir meinen Rucksack noch ein Stück zu tragen. Es war eine liebevolle Art, sich zu verabschieden, bevor sie zurück zum Lastwagen liefen und nach Kenia verschwanden.

Nakapiripirit war nicht so, wie ich es erwartet hatte. Ich weiß zwar auch nicht, was genau ich erwartet hatte, aber das, was ich antraf, jedenfalls nicht.

Der Ort war kaum mehr als eine breite, perfekt asphaltierte Straße, auf der Ziegen saßen.

Außer in Südafrika hatte ich auf meiner gesamten Reise keine so perfekte Straße gesehen. Ich hatte aber auch noch keine Straße gesehen, die komplett von Ziegen besetzt war.

Die Dämmerung hatte eingesetzt.

„Entschuldigen Sie. Gibt es hier ein Guest House?", fragte ich die erstbeste Person, die mir begegnete.

„Es gibt nur ein Hotel. Dort drüben", sagte die Dame und zeigte auf ein Gebäude, das nur einige Meter entfernt war.

Mir blieb nichts anderes übrig, als zum ersten Mal auf meiner Reise in einem Hotel zu schlafen.

Am nächsten Tag stand ich voller Tatendrang auf. Wo waren denn nun die herzlichen Menschen mit den Narben, die von mir fotografiert werden wollten?

Eine Angestellte putzte die Lobby.

Ich ging auf sie zu und sprach sie an: „Darf ich stören? Wissen Sie", ich suchte nach den richtigen Worten, um meine Frage respektvoll zu formulieren, „ähm, also wissen Sie von den Personen mit den vernarbten Gesichtern?"

„Die sind nicht hier, die sind in Moroto."

Moroto lag etwa neunzig Kilometer entfernt und wäre viel leichter zu erreichen gewesen als dieses Dorf im Nirgendwo. Warum hatte der Chilene Nakapiripirit gesagt?

Die Straße war auch tagsüber nicht befahren. Die Ziegen saßen immer noch, wie am Abend zuvor, gemütlich auf ihr.

Ich ging also zu Fuß. Irgendwann würde irgendwer schon irgendwohin fahren und mich vielleicht mitnehmen.

Von Wegen. Ich ging seit über einer Stunde auf einer perfekt asphaltierten Straße, die selbst einige deutsche Autobahnen in den Schatten stellen konnte und bekam kein einziges Auto zu Gesicht. Zudem hatte ich zum ersten Mal auf meiner Reise vergessen, mir Wasser abzufüllen. Die knallende Sonne entfaltete ihre Kraft auf dem Asphalt besonders erbarmungslos. Immer wieder sah ich nach oben. Ich starrte die paar Wölkchen am Himmel an. Ich flehte sie an, sich bitte vor die Sonne zu schieben. Sie ignorierten mein Flehen. Es war mir kein Schatten vergönnt.

Einsamkeit schärft die Sinne. Ich beobachtete die Schmetterlinge, die um die Blüten tanzten und lauschte dem zarten Wind, der in der Luft säuselte. Dazu gesellte sich nun ein Autogeräusch. Es lag noch weit hinter mir. Obwohl ich die ganze Zeit auf ein Auto gehofft hatte, bekam ich nun Angst.

Diese Gegend war auf eine schlechte Art verlassen. Es war wie in einem Endzeitszenario aus einem Blockbuster. Vielleicht hatte ich in meinem Leben auch einfach zu viele Horrorfilme gesehen. Zum ersten Mal auf meiner Reise griff ich nach meinem Taschenmesser, um es aufgeklappt in die Seitentasche meines Rucksacks zu legen. Es war eher eine mentale Unterstützung als ein Mittel zur Selbstverteidigung. Ich hatte weder Kampferfahrung noch wäre ich in der Lage, ein Messer gegen jemanden einzusetzen. Aber es beruhigte.

Das Auto rauschte an mir vorbei. Kurze Zeit später passierte es mich ein zweites Mal aus der anderen Richtung.

Dann entdeckte ich vier junge Männer. Augenscheinlich Hirten beziehungsweise Nomaden. Sie waren in einfache Umhänge gekleidet und hatten lange Stöcke in den Händen.

„*Sorry!*", rief ich aus der Ferne, damit sie stehen blieben und lief dann zu ihnen. „Wisst ihr, wie weit es nach Moroto ist?"

„Nicht mehr weit", antworteten sie.

Nicht mehr weit? Was sollte das bedeuten — ‚Nicht mehr weit'? Ich fürchtete, dass unsere Definitionen von „weit" äußerst unterschiedlich waren.

Sie zogen weiter.

Eine ganze Weile später kam wieder ein Auto. Und dieses Mal hielt es für mich an. Drei Mitarbeiterinnen von ‚Mercy Corps' wollten mich zwanzig Kilometer mitnehmen.

Ich erzählte ihnen von den ulkigen Gesprächen auf dem Lkw am vorangegangenen Tag.

„Hier kann man tatsächlich Tote heiraten", klärte mich eine der Frauen auf. „Es ist möglich, wenn man beispielsweise bereits miteinander gewohnt hat, verlobt war oder gemeinsam Kinder hat. Besonders Männern ist das wichtig. Wenn ihre Partnerin stirbt, ist es eine Frage der Ehre, die rechtmäßige Mitgift an die Familien zu zahlen. Sie besteht meistens aus Kühen. Dann gehört der Leichnam dem Mann und die Kinder, falls das Paar welche hatte, dürfen bei ihm leben."

Eine schaurig schöne Sitte. Einen Tag zuvor hatte ich aus Unwissenheit eine dumme Antwort gegeben. Dass dahinter Verantwortung, insbesondere für die Familie einer Verstorbenen und deren Kinder, steht, fand ich bemerkenswert.

Zwanzig Kilometer waren ein Anfang gewesen, doch es lagen noch weitere fünfzig vor mir. Zu Fuß gehen hatte keinen Zweck, also wartete ich.

Es verging eine weitere Stunde, bis sich das nächste Fahrzeug näherte. Auch das hielt an. Es war ein mobiler Schnapsladen in Form eines Lkw. Eine Box Schnaps kostete zweiundsechzigtausend Schilling, was ungefähr fünfzehn Euro entsprach. Ein stolzer Preis für ugandische Verhältnisse. Wir hielten in jedem Dorf an. Und in jedem Dorf wurden wir von Käufern überrannt. Selbst Holzkohleverkäufer winkten uns auf der Strecke zu, damit wir anhalten mögen.

Ich traute meinen Augen nicht, als ich sah, wie viel manche kauften.

„Ist das immer so?"

„Ja. Eine Kiste Schnaps reicht vielen nicht mal als Wochenvorrat."

Während sich bei einem Stopp in einem etwas größeren Dorf die Männer fast um den Schnaps prügelten, verließ ich den Lkw, um Wasser zu kaufen. Doch eine Schar Frauen und Kinder, die mich um Geld anbettelten, verfolgte mich.

Ich floh zurück in den Lkw, voller Wut, Trauer, Ratlosigkeit und Mitleid für die Kinder. Sie zeigten auf ihre Bäuche. Sie hatten Hunger.

Am Autofenster stand eine Frau, die besonders hartnäckig war. Sie war groß gewachsen, alt und dürr. Ein Schal hing locker über ihrem Kopf. Ihre Hände hielt sie wie eine Schale ans Fenster. Glücklicherweise verstand sie mich nicht, als ich auf Englisch zu ihr sagte: „Frag doch bitte die Männer, die gerade Alkohol kaufen. Sage ihnen, sie sollten lieber Kartoffeln zum Anbauen kaufen." Ein arroganter Satz. Ich war so wütend auf die Männer, die sich dort mit Alkohol eindeckten und die Kinder hungern ließen.

Aus den vielen Begegnungen in den verschiedenen Ländern entstand langsam ein Bild. Die Jugend hatte Großes vor, träumte von Erfolg. Sie wollten Ärzte, Journalisten, Anwälte oder Manager von Minen werden und hatten mir mit Euphorie von ihren Träumen erzählt. Sie strebten gute Bildung an. Sie wussten, dass darin der Schlüssel lag. Die Umstände bremsten sie aus. Mangelnde Unterstützung, ob mental oder finanziell, verwandelten Träume in Enttäuschungen. Politische Verhältnisse erschwerten den Erfolg; Schicksalsschläge und Krankheit trafen arme Menschen viel schwerer, da sie keinen Zugang zu einer guten medizinischen Versorgung hatten. An all dem konnten Menschen zerbrechen. Die Betäubung des psychischen Schmerzes mit Alkohol war eine verführerische Lösung.

Ob es die Arbeiter auf den Farmen in Botsuana waren, der Stiefvater von Philip in Simbabwe, der Mann, der mich in Malawi belästigt hatte, mein Guide in den Usambara Bergen in Tansania oder die Gruppen Betrunkener, die mir mehrmals auf der Reise nach Einbruch der Dunkelheit begegnet waren. Es waren auf meiner Reise immer Männer gewesen, die gescheitert und dem Alkohol verfallen waren.

Vielleicht traf sie dieses Scheitern härter als Frauen, weil sie traditionell die Ernährer der Familie sein sollten, weil sie oft mit großen Ambitionen begonnen hatten. Frauen wurden die Träume oftmals schon im Mädchenalter genommen. Ein Gedankenkarussell drehte sich.

Die alte Frau bewegte sich nicht. Sie durchdrang mich mit ihrem Blick. Ich dachte: „Selbst wenn ich ihr jetzt Geld gebe, werde ich ihr Problem nicht lösen." Ich blieb hart.

„Ich werde einige Zeit hierbleiben", erklärte mir der Lkw-Fahrer. „Der Ansturm ist enorm."

Ich musste allein weiterkommen. Bloß weg von diesem Ort. Ich bedankte mich fürs Mitnehmen und stieg aus.

„Es ist gerade ein Bus angekommen", teilte mir der Fahrer mit. „Für fünftausend Schilling kannst du nach Moroto fahren."

„Das mache ich!"

Der Fahrer brachte mich zum Bus, bevor er weiter seinen Geschäften nachging.

Es waren noch einige Plätze im Bus frei. Sofort fiel mir das Gesicht einer jungen Frau auf, die mich anstrahlte, also setzte ich mich neben sie. Fiona war siebenundzwanzig Jahre alt und arbeitete für das Deutsche Rote Kreuz. Sie kam gerade von einem Lehrgang zurück und war auf dem Weg nach Hause. Innerhalb weniger Minuten hatte sich ein vertrauensvolles Gespräch zwischen uns entwickelt.

„Wenn du möchtest, kannst du bei mir schlafen."

„Geht das? Das wäre ja super!"

„Ich habe einen dreijährigen Sohn, aber der wohnt bei meiner Mutter im Dorf."

„Das tut mir leid. Und sein Papa?"

„Der hat mich nach der Geburt verlassen. Ich weiß nicht, wo er ist."

Wie oft hatte ich solche Geschichten schon gehört. Männer machten sich aus dem Staub und die Verantwortung blieb an den Frauen hängen. Ihre Lebensgeschichte war fast identisch mit der von Theresia aus Arusha in Tansania.

Ich hatte auf meiner Reise viele Nächte in einfachsten Verhältnissen gewohnt, doch dieses Mal war ich wirklich schockiert. Der Wohnkomplex, in den ich Fiona begleitete, bestand erst wenige Jahre und war für Singlefrauen errichtet worden. Es war ein in die Länge gezogener Bau aus einem Holzgerüst, das mit Lehm verkleidet war. Alle drei Meter waren Trennwände aus Lehm eingezogen. Zwischen den Mauern und dem Wellblechdach klaffte eine etwa zwanzig Zentimeter große Lücke.

An die Wände ihres Zimmers hatte Fiona Gardinen gehängt, um die kargen Lehmwände zu verdecken. Eine Plastikfolie in der Optik eines Parkettfußbodens bedeckte den Lehmboden. Ihre Einrichtung erinnerte mich ebenfalls stark an Theresia.

„So kann ich den Boden besser sauber halten", erklärte sie mir.

Im hinteren Bereich des Zimmers war eine Kochnische mit einem Gaskocher und einigen einfachen Nahrungsmitteln wie Maismehl und Reis. Sie war mit einem großen Tuch weitestgehend vom Rest des Raumes abgetrennt.

Rechts neben der Eingangstür stand ein Doppelbett, auch das war mit einem großen Tuch vom Eingangsbereich abgetrennt.

Ich sah mich um, als eine Bewegung in der Küche meine Aufmerksamkeit auf sich zog. Eine Ratte war durch den Spalt zwischen Wand und Decke vom Nachbarzimmer zu uns geklettert und huschte nun die Wand hinunter.

Ich versuchte, meinen Schock zu verbergen, doch Fiona hatte ihn wahrgenommen.

„Vielleicht war es doch keine gute Idee, dich einzuladen."

„Nein, nein! Du hast es dir hier so gemütlich gemacht!", warf ich ein und fragte vorsichtig: „Kommen die Ratten auch ins Bett?"

Das wäre meine Grenze gewesen. Ich hätte kein Auge zubekommen.

„Nein. Die halten sich nur in der Küche auf. Ich kann nichts dagegen tun. Ich habe versucht, Gift zu streuen, aber sie kommen von den Nachbarinnen."

Alle Wohnungen waren ohne sanitäre Anlagen, ohne Kühlschränke oder vernünftige Möglichkeiten, Nahrungsmittel zu lagern. Das war eine Einladung für Ratten und anderes Ungeziefer und ein aussichtsloser Kampf, den Fiona führte.

Außerhalb der Wohnungen befand sich ein Gemeinschaftsbad. Es bestand aus einer Mauer, hinter der neben einem Plumpsklo eine Wasserkanne zum Duschen bereitstand.

„Die teilen wir uns. Aber manchmal ist es so dreckig, dass ich mich lieber in meinem Zimmer wasche."

Ich wollte zeigen, dass ich mich mit solchen Zuständen zurechtfand.

„Ich werde mich kurz waschen, wenn das in Ordnung ist."

„Vielleicht ist es doch besser, du gehst in ein Gästehaus. Es ist wirklich dreckig."

„Nein. Es ist alles in Ordnung. Ich dusche mich und dann lade ich dich zum Essen ein", schlug ich bestimmt vor. Nicht ohne Eigennutz. Mir fiel die Vorstellung schwer, Essen aus einer Küche zuzubereiten, in der es sich Ratten regelmäßig gut gehen ließen.

Im Restaurant gab es Hühnchen. Ein Dauerbrenner auf der gesamten Reise.

„Wie hoch ist die Miete für dein Zimmer?"

„Vierzigtausend Schilling im Monat."

Das war wenig, aber für diese Verhältnisse doch noch zu viel.

„Und haben dich die Mitarbeiter des Deutschen Roten Kreuzes mal dort besucht?"

Sie war äußerst verwundert über meine Frage.

„Aber nein! Die Weißen, die dort arbeiten, sind wichtige Leute. Mit denen unterhält man sich nicht privat!"

„Vielleicht musst du einfach mal versuchen, mit ihnen privat zu sprechen", warf ich ein. Ich konnte mir nicht vorstellen, dass man diese Umstände kannte und nichts für bessere Behausungen der Mitarbeiter tat.

„Als ich in Kampala studiert habe, sind eine Freundin und ich immer zum Flughafen gefahren. Wir dachten, auf diese Weise einen weißen Freund oder eine weiße Freundin zu finden."

„Und? Hat es geklappt?"

„Wir haben nie jemanden angesprochen."

Am nächsten Tag brachen Fiona und ich auf eine Mission auf. Fiona war durch ihre Arbeit gut vernetzt. Sie kannte zwei Frauen, deren Gesichter mit Narben verziert waren und zu denen sie mich begleiten wollte.

Wir wollten ein Huhn kaufen, um uns bei den Frauen für ihre Zeit zu bedanken.

Nach meinen bisherigen Erfahrungen, insbesondere der intensiven Erfahrung mit dem Schnapslastwagen, zweifelte ich Geld als Gegenleistung noch stärker an als zuvor.

Ich erinnerte mich außerdem an meine Begegnung mit Chief Seipone in Botsuana und an ihre Mutter, die mir zum Abschied ein Huhn schenken wollte.

Für siebzehntausend Schilling erstand ich eine gut genährte braune Henne mit ordentlichem Gefieder. Die Verkäuferin band die Beine zusammen, sodass ich sie sicher auf dem Motorrad transportieren konnte.

„Ich nenne sie Eva", erklärte ich und Fiona lachte.

Fiona, Eva und ich passierten Goldminen, um ein kleines Dorf zu erreichen. Die Bewohner hatten einen Holzzaun um das Dorf herum errichtet. Fiona führte mich zu einer Hütte.

Die älteren Damen saßen mir skeptisch gegenüber. Ihre Gesichter waren faltig. Die Lebenserfahrung, die durch ihre Falten sichtbar wurde, ließ die kunstvollen Narben nebensächlich erscheinen. Umso weniger wollte ich die Narben nur als Attraktion betrachten. Ich hatte mir vorgenommen, mit den Frauen über die Vergangenheit, die Gegenwart und ihre Wünsche für die Zukunft zu reden. Fiona wollte übersetzen und so begann ich: „Danke, dass Sie sich Zeit für uns nehmen. Ich bin Hjördis aus Deutschland. Ich reise durch Afrika, um von den Menschen zu lernen. Ich möchte meinen Mitmenschen zu Hause davon erzählen. Können Sie mir von früher erzählen?"

Die Frauen teilten bereitwillig ihre Geschichte mit mir: „Früher haben wir hier viel getanzt und gesungen. Es waren gute Zeiten. Es war immer genug Wasser da und die Ernten waren üppig. Ich war damals richtig pummelig. Ich wollte schlanker und attraktiver sein. Deshalb habe ich mir das Muster ins Gesicht schneiden lassen. Ich hatte gehofft, durch den Blutverlust etwas dünner zu werden", begann die Älteste und lachte.

Ich war überrascht, dass sie über ihre Gesichtsnarben sprach, ohne von mir darauf angesprochen worden zu sein. Das Thema schien ihr nicht unangenehm zu sein. Bei ihrer Nachbarin konnte ich keine Verzierungen erkennen.

„Und Sie? Sie wollten nicht schlanker werden?", wandte ich mich mit einem Zwinkern an sie.

„Ich hatte Angst vor den Schnitten im Gesicht", erklärte sie und entblößte ihren Bauch etwas. Sie hatte dort Narben.

Das zeigte mir, dass diese Körperverzierungen auf Freiwilligkeit beruhten, was mich erleichterte.

„Wie alt waren Sie damals?"

„In der Pubertät. Wir haben das gemacht, um für Männer attraktiv zu sein."

Diese Begründung hätte aus jedem Land der Welt kommen können. Zwar hatte ich noch nie von vernarbten Gesichtern als Schönheitsmerkmal gehört, aber von gepiercten Ohren, Tattoos, größeren Brüsten, vollen Lippen und was es nicht noch alles gibt. Auch das sind ja Modifikationen unserer Körper, die kaum infrage gestellt werden.

„Sie haben erwähnt, dass früher die Ernten üppig waren. Ist das heute nicht mehr so?", hakte ich bei der Frau mit den Gesichtsnarben nach, um in die Gegenwart zu kommen.

„Heute ist es schlecht. Der Regen fehlt. Alles ist trocken. Man hat uns das gegeben." Sie zeigte auf eine Gießkanne.

„Aber das hilft nicht?"

„Nein. So viel können wir gar nicht gießen."

„Und was sind ihre Träume für die Zukunft?"

„Dass die Kinder zur Schule gehen und mit ihrer Bildung später im Dorf helfen können."

Welche Mutter wünscht sich so etwas nicht?

„Haben Sie keine Angst, dass die Kinder ihre Kultur vergessen und nicht mehr zurück ins Dorf kommen, wenn sie gut ausgebildet sind?"

Gelassen und überzeugt sagte sie: „Nein. Sie kommen zurück. Hier sind ihre Wurzeln und das wissen sie! Die Welt ändert sich immer. Heute werden kaum noch Gesichter verziert. Die Wunden entzünden sich schneller als früher und im Krankenhaus werden sie nicht behandelt."

„Man behandelt die Wunden nicht, wenn sie sich entzünden?", fragte ich ungläubig nach.

„Die sagen, dass man sich das ja selbst ausgesucht hätte", entgegnete sie wieder.

Nach einer lehrreichen Stunde bedankte ich mich bei den Frauen und überreichte ihnen zum Abschied das Huhn Eva, das die ganze Zeit ruhig auf meinem Schoß gesessen hatte.

„Die Eier könnt ihr miteinander teilen und wenn Eva Küken bekommt, dann können Sie die an die anderen Frauen geben", erklärte Fiona die Idee unseres Geschenkes.

In den Gesichtern der beiden Frauen leuchtete echte Freude.

Beide Frauen hatten mich beeindruckt. Ihre Ehrlichkeit und Fortschrittlichkeit hatten mich überrascht und ich wollte unbedingt mehr über die Karamojong, wie sich das Volk nannte, erfahren.

„Fiona, kennst du noch andere Karamojong? Ich würde mich noch gerne weiter mit ihnen unterhalten."

Die Karamojong sind ein Nomadenvolk, wobei die Frauen mit den Kindern niedergelassen leben und auch die Männer kehren in der Regenzeit in die Siedlung zurück. Den Rest des Jahres ziehen die auserwählten Männer als Hirten mit Kühen, Schafen und Ziegen dem Regen und somit den grünen Landschaften folgend durch das Land.

Fiona war großartig und organisierte alles. Sie war mit den Inhabern einer lokalen Reiseagentur[18] befreundet, die sich auf nachhaltigen Tourismus spezialisiert hatten. Ich durfte eine Nacht mit dem Oberhaupt einer Karamojong-Familie im Busch übernachten. Es war die Regenzeit, sodass sie ihre Tiere in der Nähe ihrer Siedlung, wo Frauen und Kinder wohnten, halten konnten.

Peter, der Übersetzer, holte mich mit dem Motorrad ab und wir fuhren weit hinaus. Wir erreichten unser Ziel zum Einbruch der Dämmerung.

Herr Zacharias, das Oberhaupt der Familie, war ein schmächtiger, aber sehr charismatischer Mann, Ende siebzig. Er beschützte sein Vieh gemeinsam mit drei seiner Söhne.

Er besaß hundertfünfzig Kühe, einige Ziegen und Schafe. Sie machten ihn zu einem wohlhabenden Mann.

Wir kamen pünktlich zum Abendessen an, beziehungsweise zur Zubereitung dessen. Sie ernährten sich von dem, was sie hatten: den Kühen.

Das bedeutete konkret: von einem Blut-Milch-Mischgetränk.

Das Blut wurde aus einer Kuh gewonnen. Man fing sie, legte ihr einen Strick um und stach eine Speerspitze in den Hals, um es abzuzapfen. Danach wurde die Blutung gestillt. Bei hundertfünfzig Kühen musste jede Kuh diese Prozedur im Schnitt also zweimal im Jahr über sich ergehen lassen.

Die Kühe standen in einem runden Gehege dicht an dicht. Der Boden

---

18 Kara-Tunga Adventures

bestand ausschließlich aus Kuhdung, durch den ich in meinen Flip-Flops watete und meine Füße komplett besudelte.

Mit Flip-Flops durch Kuhdung zu gehen, ist eine instabile und glitschige Angelegenheit. Ich bewegte mich sehr langsam und bedacht, denn ein Güllebad wäre ausgesprochen ungelegen gekommen. Es gab kein Wasser, um mich zu waschen.

Den sechsjährigen Sohn von Zacharias störte es nicht. Er flitzte barfuß durch das Gehege, um die richtige Kuh zu finden. Es war wichtig, eine Kuh auszuwählen, die in Bestform war und den Blutverlust ohne Probleme überstehen würde. Die Kühe waren das Kapital der Familie.

Er hatte eine Kuh gefunden. Sechs Männer und zwei Jungs versuchten sie nun mit vereinten Kräften in die Knie zu zwingen. Sie hatten keine Chance. Kaum hatten sie die Kuh nach unten gezogen, stand sie auch schon wieder auf den Beinen. Zacharias brach den Versuch ab. Er respektierte seine Tiere, das wurde deutlich.

Die zweite Kuh blieb relativ ruhig, natürlich wehrte auch sie sich, aber schließlich akzeptierte sie ihr Schicksal. Einer der Männer stach ihr mit dem Speer in den Hals. Das Blut spritzte heraus. Die zwei Jungs waren sofort mit Kanistern zur Stelle, um das Blut aufzufangen.

Ein Sechs- und ein Neunjähriger halfen dabei, Blut einer verletzten Kuh abzuzapfen. Kühe sind kräftige Tiere und können gefährlich werden. Ihr Mut und das Vertrauen ihres Vaters in seine Söhne beeindruckten mich.

Nachdem zwei Kanister voll waren, wurde der Hals mit einem Seil abgebunden. Der Blutstrom versiegte.

Trotz dieses brutal anmutenden Vorgehens war sichtbar, wie sehr die Kühe geliebt wurden. Sie waren Teil der Familie.

„Es ist Liebe auf den ersten Blick", sagte Zacharias, um mir zu erklären, wie er eine Leitkuh auswählte. „Es ist wie bei einer Frau. Du weißt, wenn es die richtige ist. Sie wird gekrönt. Sie ist dein Ein und Alles. Unter all den Wunderbaren hat sie das besondere Etwas. Es entsteht eine tiefe Bindung."

Ich war mir nicht sicher, ob er bei dieser Liebeserklärung mehr an die Kuh oder an die Frau dachte. Eine so poetische Liebeserklärung hatte ich nicht von ihm erwartet.

Der Leitkuh wurde die Ehre zuteil, die Glocke zu tragen.

Die beiden Brüder hatten sich inzwischen niedergesetzt. Sie rührten das warme Blut mit ihren Händen, um es weicher zu machen, wie mir erklärt wurde. Es machte ihnen augenscheinlich viel Spaß. Sie lachten. Kuhdung und Kuhblut – beides gehörte zu ihrem Alltag.

Es war bereits dunkel, als zwei von Zacharias' drei Frauen zum Melken zu uns stießen.

„Wir können die Kühe nur im Dunkeln melken. Tagsüber sind sie wegen der Fliegen zu wild", erklärte mir die Ältere, Zacharias' erste Frau.

Ich hatte schon immer mal selbst melken wollen.

„Darf ich versuchen, die Kuh zu melken?"

Die Frau von Zacharias gab mir ohne zu zögern ein Holzgefäß. Ich ging in die Hocke und klemmte es zwischen meine Schenkel. Dann zog ich an den Zitzen und es kam nichts. Ich versuchte es weiter, doch mit demselben Resultat: nichts, nichts, nichts.

Die Kuh hatte genug von einer Amateurin wie mir und verschwand. Das Kalb erfreute sich an meinem Misserfolg, schnappte sich das Euter und genoss Mamas Milch. Damit war es unmöglich, diese Kuh zu melken. Das Kälbchen würde seine Mama nicht wieder hergeben.

Mich suchten augenblicklich Schuldgefühle heim. Für mich war alles ein Abenteuer, doch Zacharias und seine Familie brauchten die Milch.

Sie nahmen es mir nicht übel. Frau Zacharias besorgte mir eine weitere Kuh.

„Lieber nicht", wehrte ich ab. „Ich kann das nicht und ihr braucht die Milch doch. Nachher hat meinetwegen niemand etwas zu essen."

Das ließ Frau Zacharias nicht durchgehen. Sie bestand auf einen weiteren Versuch.

Wieder schnappte ich mir das Gefäß und ging in die Hocke. Ich zog so fest ich konnte und endlich sah ich einen weißen Strahl.

„Es kommt Milch!", rief ich und freute mich wie ein Kind.

Die Anwesenden und sogar mein Übersetzer feierten meinen Erfolg mit anerkennendem Lachen.

Die zweite Herausforderung war, richtig zu zielen und die Milch in dieses kleine Holztöpfchen zu spritzen. Wäre meine Hose das Auffangbehältnis gewesen, hätte ich großen Erfolg gehabt. So war mir die Sache nur zum Teil geglückt. Es genügte. Ich übergab das Gefäß Frau Zacharias. Die Milch durch meine Ungeschicktheit zu verschwenden war respektlos, auch gegenüber der Kuh und ihrem Kalb. Wie oft hatte ich in meinem Leben schon saure Milch weggeschüttet. Wie ungerecht das den Kühen und ihren Kälbern gegenüber war, wurde mir erst in diesem Moment bewusst.

Wir setzten uns ans Feuer. Zacharias' Söhne trieben indessen den Nachwuchs der Ziegen in einen Stall, der sie vor der Kälte und hungrigen Tieren in der Nacht schützen würde.

Die Milch wurde dem Blut beigemischt und das Abendessen angerichtet. Das Getränk hatte zweifelsohne viel Eisen und Proteine und kam in einem zarten Rosa auch recht attraktiv daher, doch mein Appetit hielt sich in Grenzen.

Ich wollte es dennoch probieren. Ich hatte bei der Produktion mitgeholfen; die Menschen waren herzerwärmend und umbringen würde es mich wohl auch nicht.

Die Familie erwies mir die Ehre und ließ mich direkt nach Zacharias trinken.

Das Getränk war gar nicht so schlecht. Es schmeckte vor allem nach Milch. Erst im zweiten Moment drang der Blutgeschmack durch und die folgenden drei Stunden war mir, als hätte ich mir auf die Zunge gebissen.

Zacharias, seine zwei ältesten Söhne und zwei der jüngeren Söhne saßen mit mir am Feuer und erzählten mir die halbe Nacht von ihrem Leben. Eine Weile gesellten sich noch zwei seiner Frauen dazu, damit ich mich besser fühlte und nicht allein unter Männern war. Etwas später kamen zwei Männer einer anderen Familie, die von meinem Besuch gehört hatten und neugierig waren.

Mein Übersetzer schien die Übersetzungen kreativ auszugestalten. Meine meistens kurz formulierten Fragen streckten sich in seiner Übersetzung über Minuten hin. Wie gerne hätte ich verstanden, was er noch alles sagte.

Eine meiner Fragen lautete: „Herr Zacharias, was halten Sie davon, dass in Uganda Polygamie verboten ist?"

Polygamie war Teil ihrer Tradition und Herr Zacharias war selbst mit drei Frauen verheiratet.

„Ich finde es schlecht. Die Regierung greift zu oft in unsere Kultur ein."

„Aber warum brauchen Sie so viele Frauen? Ist das nicht stressig?"

„Ich bin fünfundsiebzig Jahre alt und ich möchte weiter Kinder zeugen."

Meine jüngste Frau ist fünfunddreißig. Ich liebe meine erste Frau. Ich habe damals neunzig Kühe für sie bezahlt. Für meine anderen Frauen habe ich sechzig beziehungsweise vierzig Kühe bezahlt. Meine erste Frau bleibt für immer meine erste Frau. Sie und ich beschließen gemeinsam, welche Frau zu uns kommt und wie viele Kühe wir bezahlen werden."

„Aber warum möchten Sie noch mehr Kinder? Wie viele haben Sie denn jetzt?"

„Wenn ich die bereits verstorbenen Kinder mitzähle, dann sind es dreiundzwanzig. Mehr Kinder bedeuten mehr Macht für uns. Jede verheiratete Tochter bedeutet für unsere Familie fünfzig, siebzig oder mehr Kühe. Und durch unsere Söhne vergrößert sich unser Clan und damit unser Einfluss."

Ich konnte seine Begründung aus kultureller Sicht verstehen. Er redete respektvoll über seine Frauen. Obwohl ich persönlich gegen Polygamie bin, verstand ich die Sinnhaftigkeit für die Karamojong.

„Welche Maßnahmen der Regierung finden Sie gut und welche nicht?"

„Damals, als die Regierung die Waffen weggenommen hat, das war gut! Früher haben Menschen einander erschossen[19], jetzt ist Frieden. Aber manchmal werden Schulen auf Plätzen gebaut, wo wir unsere Angehörigen beerdigt haben. Die sind uns wichtig und wenn dort eine Schule gebaut wird, dann stört das die Seelen unserer Verwandten."

Schulen auf Grabstätten zu erbauen, klang unglaublich. Was wäre in Deutschland los, wenn so etwas passieren würde?

„Deine Söhne", ich zeigte auf die zwei, die mittlerweile Feierabend hatten, nackt dasaßen und nun das Abendessen zu sich nahmen, „die können nicht zur Schule gehen, oder?"

„Bei dreiundzwanzig Kindern ist es schwer für alle Schulgebühren zu zahlen. Meine Frauen und ich müssen entscheiden, wen wir zur Schule senden und wer mit mir die Tiere hütet."

„Und wie entscheidet ihr das?"

Er war verwundert über meine Frage. Die Antwort lag für ihn auf der Hand. „Wir beobachten die Kinder. Dann sehen wir, welche Talente sie haben

---

19 Die Karamajong waren lange in gegenseitigem Viehraub mit benachbarten Gemeinden und Ländern wie Kenia und dem Südsudan verwickelt.

und wofür sie sich interessieren."

Das war so einfach wie weise. Die eigenen Kinder zu beobachten und sie bei dem zu fördern, worin sie gut waren. Ich sah es zwar kritisch, die Kinder teilweise gar nicht zur Schule zu schicken, aber ich nahm mir fest vor, mein eigenes Kind eines Tages gut zu beobachten und bei dem zu unterstützen, was es können und wollen würde.

Zacharias wirkte in seiner Lebensweise arm. Eine seiner Frauen kam, um ihn um hundert Schilling zu bitten. Sie wollte Salz und Zucker kaufen. Nach einer kurzen Diskussion gab er ihr die hundert Schilling.

Eine Kuh war zwischen eineinhalb und zweieinhalb Millionen Schilling wert, wie ich erfuhr. Zacharias besaß hundertfünfzig Kühe und seine Söhne weitere hundert. Dazu kamen noch Ziegen und Schafe. Also konnte Zacharias kein armer Mann sein. Er und seine Familie lebten lediglich einfach.

„Ihr Leben wirkt beschwerlich."

„Seit vier Jahren ist es viel schwerer. Meine besten Freunde sind der Regen und eine gute Ernte. Sie kommen immer seltener."

„Und wann wollen Sie in Rente gehen?"

Die gesamte Runde lachte und Herr Zacharias antwortete: „Wovon? Von meinem Leben?"

Für ihn gab es keinen Unterschied zwischen Leben und Arbeit. Er liebte seine Arbeit, und seine Arbeit war sein Leben.

Wie viele Menschen konnten das von sich behaupten?

Auch ich musste mich vielen Fragen stellen.

„Wie könnte man die Land- und Kuhwirtschaft verbessern?", wollte Zacharias von mir wissen.

Ich hatte zu ihrer Enttäuschung keine Lösung.

„Wie kann es sein, mit dreißig noch keine Kinder zu haben? Willst du etwa keine Kinder?"

Das musste auf jemanden, für den Kinder eine Existenzfrage waren, und der selbst dreiundzwanzig Kinder hatte, in der Tat komisch sein. Zu ihrer Erleichterung sagte ich, dass ich gern noch drei Kinder hätte.

„Und was, wenn es drei Mädchen werden?"

„Dann bin ich glücklich. Drei Jungen fände ich anstrengender", scherzte ich.

„Dann bring bei deinem nächsten Besuch ein paar willige deutsche

Mädchen mit", sagten die beiden Männer, die uns besuchten.

„Für deutsche Mädchen muss man keine Kühe zahlen, aber ich glaube, ihr würdet mit ihnen nicht glücklich werden. Sie können nicht so gut mit Geld umgehen wie eure Frauen und auch nicht so gut Wäsche waschen wie afrikanische Frauen", sagte ich lachend und brach eine Lanze für die Frauen Afrikas, die mich so beeindruckten.

„Kannst du uns nicht ein Haus bauen?", fragte mich mein Sitznachbar, einer der Besucher.

Herr Zacharias war erbost. „Bettel meine Besucherin nicht an, sonst kannst du gleich verschwinden!"

Die Jungs legten sich hin und deckten ihre nackten Körper mit einem Tuch zu. Da fiel mir noch eine Frage ein.

„Wie haben sich die Erwachsenen gekleidet, als Sie noch ein Kind waren?"

„Gar nicht. Wir waren alle nackt. Nur Frauen hatten ihre Vagina vielleicht mit einem dünnen Lederriemen bedeckt. 1972 wurden viele, die sich nicht an moderne Kleidung anpassen wollten, ermordet. Jetzt tragen wir Kleidung. Aber einfache Kleidung. Enganliegende Kleidung bei Frauen ist für uns unanständig."

Zunächst belustigte mich diese Antwort von jemandem, der mit komplett nackten Frauen aufgewachsen war. Aber dann konnte ich diese Ansicht doch nachvollziehen. Moderne, eng anliegende Kleidung provoziert das Auge mehr als komplette Nacktheit.

Ich war gekommen, um mehr über eine fremde Kultur zu lernen. Dabei wurde mir auch ein Spiegel vorgehalten und ich hatte Absurdes über meine Kultur gelernt: Wir zwingen unsere Kinder, sich eine berufliche Karriere zu erarbeiten, die vor allem Geld und nicht unbedingt Glück bringen soll und warten ein Leben lang darauf, in Rente zu gehen, weil uns unsere Arbeit nicht erfüllt. Wir halten Nacktheit für unanständig und verbieten es im öffentlichen Raum, aber erotisch provozierende Kleidung finden wir in Ordnung. Wir empfinden Körperschmuck wie die Narben der Karamojong als skurril und machen davon Fotos, haben aber nichts gegen Schönheitsoperationen oder Tätowierungen.

Diese Nacht war sehr lang und lehrreich gewesen.

Am nächsten Morgen wurde ich von einem enormen Lärm wach. Bis auf meinen Übersetzer waren alle auf den Beinen. Die Ziegen meckerten in einer betörenden Lautstärke. Sie vermissten ihre Kleinen, die die Nacht im Stall verbracht hatten. Endlich öffneten die Männer die Pforte und die Luft erfüllte sich mich Liebe. Sogleich sammelten die Mamas ihre Kinder ein, als wäre Schulschluss und diese wiederum machten sich augenblicklich an den Zitzen der Mütter zu schaffen.

Zum Abschluss zeigte mir Herr Zacharias noch seine Schnitte am Oberkörper.

„Die habe ich als Teenager machen lassen, um die Mädchen zu beeindrucken. Hiermit", sagte er und zückte eine dicke Nadel, „werden die Schnitte gemacht. Die trage ich immer bei mir, aber jetzt nur noch, um Dornen zu entfernen. Die Jugend heute sollte sich keine Schnitte mehr machen lassen. Das Infektionsrisiko ist zu hoch."

Ich hatte viel über das Leben in diesen wechselnden Zeiten unter dem Klimawandel und der Modernisierung gelernt und darüber, wie die Karamajong versuchten damit umzugehen.

Ich verabschiedete mich von Fiona und trampte mit einem Lkw Richtung Norden, welches die kürzeste Strecke zur kenianischen Grenze war. Er setzte mich an einer Abzweigung ab, von wo eine Straße an die kenianische Grenze in acht Kilometer Entfernung führen sollte. Es war absolutes Niemandsland. Verloren blickte ich die Straße hinunter.

Ein Autofahrer entdeckte mich und hielt an. „Wo willst du denn hin?"

„Nach Kenia. Das hier soll die kürzeste Strecke sein."

„Hier kommst du nicht weiter. Hier fahren kaum Autos", teilte er mir mit, „es gibt dort auch keinen Grenzposten. Die nächste Stadt auf der kenianischen Seite ist sicherlich dreißig Kilometer entfernt. Ich fahre dich nach Mbale. Von dort kommst du leicht nach Kenia."

Ich wollte nicht zurück nach Mbale, folgte aber meinem Leitsatz „*Locals know best*" und ließ mich dorthin an die Grenze fahren.

Der Norden Ugandas ist noch sehr unberührt und traditionell.

Im Mount Elgon Nationalpark im Osten Ugandas. Vom Plateau hatte ich den besten Ausblick auf die Sipi Falls.

Der perfekte dreißigste Geburtstag unter unbekannten Freunden mit dem kleinsten Geschenk, das ich je bekommen habe. Gleichzeitig habe ich wohl kaum ein Geschenk je so wertgeschätzt.

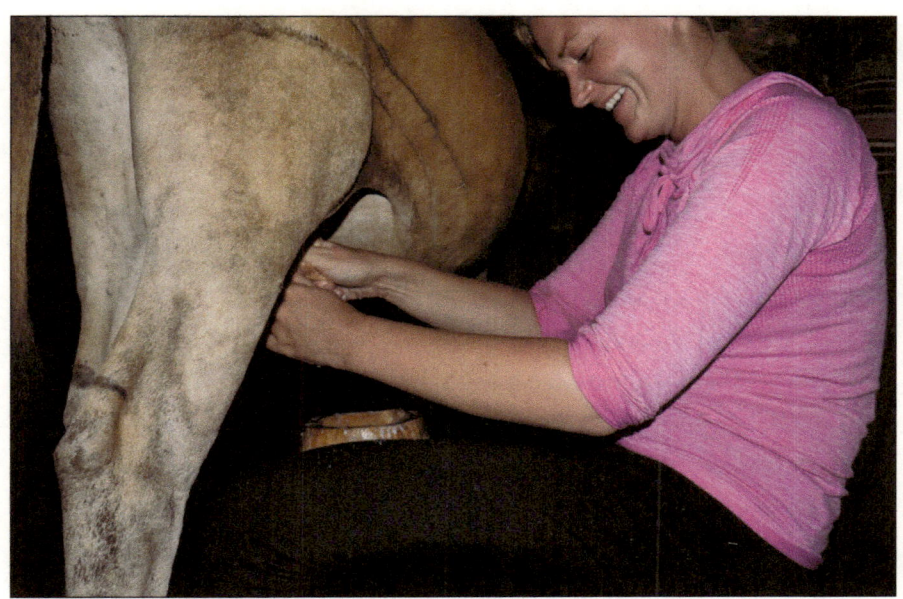

Die Karamajong ließen mich eine sehr geduldige Kuh melken. Meine miserable Leistung wurde wohlwollend anerkannt.

Kenia

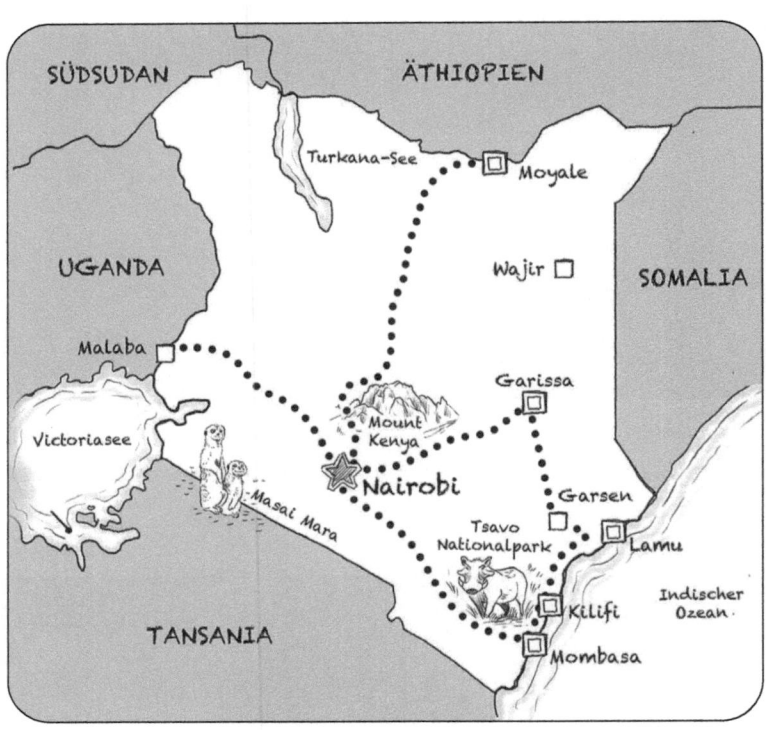

Hauptstadt: Nairobi

Jahr der Unabhängigkeit: 1964 vom Vereinigten Königreich

Bevölkerungsdichte (gerundet): 101 Einwohner pro km²

Religionen: 86 % Christen, 11 % Muslime

Sprachen: Swahili, Englisch (+ 66 weitere)

Währung: Kenianische Schilling (1 = 0,01 US Dollar, Kurs 2017)

Top Sehenswürdigkeiten: Lamu, Masai Mara, Mount Kenya, Tsavo Nationalpark, Turkana-See

Der eine, der nicht um Hilfe rufen wollte, sondern geduldig wartete, starb in der Falle.

Auf ein Neues: Odyssee Grenzübergang!

„Ihr Impfausweis bitte."

Endlich machte sich die Gelbfieberimpfung bezahlt. Bis dahin hatte niemand nach dem Nachweis für diese Pflichtimpfung gefragt.

Der Grenzbeamte nahm seinen Stempel und drückte ihn in meinen Pass. „Herzlich willkommen in Kenia", sagte er und lächelte.

Verdutzt nahm ich meinen Reisepass und meinen Impfausweis zurück.

In der Nähe stand eine Frau, die ich fragte, wo ich Geld wechseln konnte.

Sie zeigte auf einen wuseligen Ort. „Dort sind die Wechselstuben."

Da hieß es: Alarmglocken an und achtsam sein. Mich würde man nicht mehr berauben.

Doch es gab keine Diskussionen und keine Schummelei.

In einer Wechselstube gab ich mein Geld und bekam kenianische Schilling gemäß dem Wechselkurs zurück.

Ich wollte den Bus nach Nairobi nehmen. Die Zeit wurde knapp. Sie schien schneller zu vergehen als zu Beginn der Reise. Den Junggesellinnen-Abschied meiner besten Freundin wollte ich auf keinen Fall verpassen. Zehn Jahre im Ausland hatten Spuren hinterlassen. Viele Freundschaften, selbst die sehr engen, waren porös geworden. Ich hatte bei vielen wichtigen Ereignissen gefehlt. Doch dieses Mal sollte das nicht geschehen. Ich verzichtete daher auf das zeitintensive Trampen und stieg stattdessen in den Bus.

„Bitte. Setzen Sie sich gern nach vorn", bot mir ein Gentleman an.

Ein anderer kam, um mir eine Cola zu schenken und fragte: „Bekomme ich deine E-Mail-Adresse?"

Die Kenianer ließen von der ersten Minute an keinen Zweifel an ihren Flirt-Fähigkeiten.

„Woher kommen Sie?", wollte ein Polizist, der die Passagiere im Bus vor der Abfahrt kontrollierte, von mir wissen.

„Aus Deutschland. Warten Sie, ich suche eben meinen Reisepass."

„Nein, brauchen Sie nicht. Ich war nur interessiert. Wie sollten Sie denn aus Deutschland illegal nach Kenia einreisen können?", bemerkte er, lächelte und ging weiter, um alle anderen zu kontrollieren.

„Wenn er wüsste, dass ich das in Uganda in Erwägung gezogen hatte", dachte ich amüsiert.

Kenia stellte meinen bisherigen Eindruck von afrikanischen Grenzen auf den Kopf.

Es präsentierte sich von der ersten Minute an als Gastgeberland. Die langjährige Erfahrung mit internationalen Touristen war unverkennbar.

Auch Nairobi war anders, als ich es erwartet hatte.

Ich hatte mich auf eine turbulente und gefährliche Hauptstadt eingestellt. Vielleicht lag es daran, dass es ein Sonntagabend war, als ich ankam. Die Stadt präsentierte sich geradezu idyllisch.

Thomas aus Kampala hatte mich mit seinem Freund Ken in Nairobi in Verbindung gebracht. Ich sollte zunächst bei ihm unterkommen.

Ken wohnte in einer Männer-WG. In der Mitte des Wohnzimmers saßen seine beiden Mitbewohner mit ihren Laptops. Sie grüßten mich nicht und schauten nicht auf, als ich in die Wohnung trat.

„Nicht sehr sympathisch", dachte ich.

Die Wohnung war mit einem modernen Badezimmer, einem gigantischen Fernseher und einer exzellenten Internetverbindung ausgestattet. Zu Beginn meiner Reise hätte mich das vermutlich begeistert. Nun vermisste ich die afrikanische Gastfreundschaft und hätte all diesen Luxus dagegen eingetauscht.

Ken wohnte gelegentlich in einer anderen Wohnung am Stadtrand Nairobis, wohin wir dann auch fuhren. Er behauptete, beide Wohnungen würden ihm gehören.

Auch die zweite Wohnung war eine Männer-WG und auch hier schauten die drei Mitbewohner den lieben langen Tag nur auf ihre Laptops. Sie waren zwar etwas redseliger, rauchten aber so viel Marihuana, als wären sie die Nachkommen von Bob Marley gewesen. An die frische Luft ging niemand, was an ihrem Aufenthaltsstatus lag. Sie waren alle illegale Einwanderer aus Nigeria und versteckten sich vor der Polizei.

Bereits bei meiner Ankunft wusste ich, dass ich nur eine Nacht bleiben würde. Ich begründete es gegenüber Ken und seinen Mitbewohnern damit, mehr im Stadtzentrum bleiben zu wollen, da sich dort das Konsulat Äthiopiens befand. Das war nicht komplett gelogen. Tatsächlich war das Visum für Äthiopien der Hauptgrund für meinen Aufenthalt in Nairobi.

Äthiopien war das einzige Land auf meiner Reise, für welches ich das Visum nicht bei der Einreise an der Grenze bekam. Es musste vorab erworben werden.

Dennoch wollte ich mich insbesondere bei Ken für seine Mühen bedanken und kochte für alle Spaghetti Bolognese. Zu meinem Erstaunen luden sie spontan Freunde ein, sodass ich am Ende neun Männer verköstigte, die das Essen, nachdem sie es stark nachgewürzt hatten, verschlangen. Sie selbst kochten nie.

Zwei ganze Tage verbrachte ich im äthiopischen Konsulat. Vom Moment, als es morgens die Türen öffnete, bis zum Feierabend. Das Visum an sich war nicht das Problem, jedoch musste der Botschafter ein Papier, das für das Visum nötig war, persönlich unterschreiben. Leider hielt er sich an einem unbekannten Ort auf.

Als ich meinen Reisepass inklusive Visum schließlich in meinen Händen hielt, konnte ich Nairobi nicht schnell genug verlassen. Um Geld zu sparen war ich in der billigsten Unterkunft der Stadt gelandet. In einem Hostel, das unter einer Bettwanzen-Plage litt, wie ich im Nachhinein leidvoll feststellen musste. Es wäre angenehmer gewesen, von Mücken zerstochen in Brennnesseln zu liegen. Kratzen verschaffte kein bisschen Erleichterung. Ich wünschte mir, meine ganze Haut einfach abstreifen zu können und war heilfroh, als ich diesen Ort endlich verlassen konnte.

Neben mir im Bus nach Mombasa saß Ann. Sie redete die zwölfstündige Busfahrt fast ununterbrochen. Es war mir recht. Nach den wortkargen, kiffenden Nigerianern war Ann sehr erfrischend.

„Wenn du möchtest, kannst du bei meiner Nachbarin übernachten", bot sie mir an.

„Sollten wir deine Nachbarin nicht vorher fragen?"

„Die wird dich gerne aufnehmen! Glaub mir."

Ich lachte. „Dann gerne. Aber vielleicht rufen wir sie vorher doch an?"

Die Gastfreundschaft der Afrikaner und Afrikanerinnen haute mich einmal mehr um. In allen Ländern hatten die Menschen mit einer solchen Selbstverständlichkeit ihre Betten, ihr Essen und ihre Zeit mit mir geteilt, dass es mich fast beschämte. Ich konnte mir beim besten Willen nicht vorstellen, dass ich das Bett meiner Nachbarin einer wildfremden Person anbieten könnte, nicht einmal, wenn ich sie vorher fragte.

Um zwei Uhr morgens erreichten wir Mombasa. Anns Ehemann und ein Freund erwarteten uns. Erst jetzt rief Ann ihre Nachbarin Ruth an.

„Jetzt noch? Es ist zwei Uhr nachts", gab ich zu bedenken.

„Das ist kein Problem. *Don't worry.*"

Ich sollte mir keine Sorgen machen. *„Hakuna Matata?"*, fügte ich lächelnd hinzu.

„Yes. Hakuna Matata."

Ruth hatte natürlich schon geschlafen und machte uns mit kleinen Augen die Tür auf. Ihre fünfjährige Tochter Sarah wachte in diesem Moment ebenfalls auf und sah mich verwirrt an. Sie analysierte wohl die Situation. Träumte sie oder war das Wirklichkeit?

Die kleine Sarah war bereits hellwach, als ich am nächsten Morgen die Augen öffnete. Sie saß mit dem Rücken an die Wand gelehnt und starrte mich ungläubig an.

„Good morning sweetheart", begrüße ich sie.

Die Angst siegte über ihre Neugierde. Sie rannte schnurstracks zur Mama.

Ich lud sie dazu ein, zum Spielen zu mir zu kommen. Nach einem zusätzlichen Stupser von Ruth kam sie schüchtern zu mir. Ich legte sie behutsam mit dem Bauch auf meine Füße und stemmte sie nach oben. Flugzeug zu spielen, finden alle Kinder toll. Es war ein Eisbrecher. Ab diesem Zeitpunkt wich sie mir nicht mehr von der Seite.

Ann kam vorbei. „Hast du gut geschlafen?"

„Ja, und wir spielen schon fleißig", antwortete ich, während Sarah mich durchkitzelte.

„Können wir spezielles Waschmittel gegen Bettwanzen kaufen?", fragte ich Ann. „Ich glaube, es sind alle weg. Aber ich will sichergehen und auch keine hierlassen."

„Das machen wir. Hast du Lust, vorher zum Strand zu gehen?"

Bevor ich etwas sagen konnte, war die kleine Maus schon losgerannt und zog sich ihren mindestens zwei Nummern zu großen Badeanzug über ihre Unterhose.

„Sie war noch nie am Strand", erklärte Ann die Euphorie.

„Wie kann ich da nein sagen?", schmunzelte ich und zwinkerte Sarah zu.

Sie hüpfte aufgeregt durch die Wohnung.

Der Strand lag in der Nähe der Wohnung und es gab weit und breit keine internationalen Touristen.

Anstelle von Sonnenliegen standen weiße Plastikstühle in Reihen hintereinander. Die Menschen saßen auf ihren Stühlen und beobachteten die anderen, als wäre es ein Theaterbesuch.

Ein Aufseher klärte uns über die Preise für die verschiedenen Leistungen auf: „Ein Stuhl kostet sechzig[20] Schilling, ein Getränk auch. Wenn wir auf eure Sachen aufpassen sollen, dann kostet das fünfhundert Schilling."

Übersetzt bedeutete das für mich: Fünfzig Cent für ein Getränk und vier Euro für die Aufbewahrung.

„Fünfhundert Schilling für die Aufbewahrung? *My friend*, das ist viel zu viel! Ich gebe dir fünfhundert, aber für drei Stühle, drei Getränke und die Aufbewahrung."

Zu meiner Verwunderung schlug er ohne weitere Diskussion ein.

Wir konnten uns ins kühle Nass stürzen. Kein Augenpaar, das nicht auf mich gerichtet war.

Sarah war ängstlich. Sie konnte natürlich nicht schwimmen und war noch nie im Meer gewesen. Ich nahm ihre Hand. Die Blicke der anderen schüchterten mich ein, sodass Sarahs Hand mir im Gegenzug ebenfalls ein sicheres Gefühl gab. Wir unterstützen uns gegenseitig.

Sarahs Angst vor dem Meer verstärkte sich zusehends. Ich verstand die

---

20   Hundertzwanzig Kenianische Schilling waren damals einen Euro wert.

Skepsis gegenüber dem Meer, das mit seiner scheinbaren Unendlichkeit unberechenbar und übermächtig wirkte. Ich hob sie auf meine Schultern, von wo sie den besten Blick hatte und sich sicher fühlte. Nun wurden wir vollends zur Attraktion. Jeder und jede um uns herum kam, um uns zu fotografieren. Ich ließ es zu, weil ein Verbot ohnehin nicht funktioniert hätte.

Nach unserer Rückkehr berichtete Sarah ihrer Mama von ihrem Tag.

Sarah konnte kein Englisch und ich kein Swahili, aber dieses Mal brauchte es keinen Übersetzer. Ihre Worte wurden von energischer Pantomime begleitet. Sie war ganz aus dem Häuschen. Am Ende ihrer Erläuterungen belohnte mich Sarah mit einer dicken Umarmung.

Etwas später fragte mich Ruth, ob ich Lust hätte, am Abend mit ihr auszugehen. Natürlich hatte ich große Lust!

Der Abend entpuppte sich als Kulturschock erster Güte.

Ich hatte zwar etwas über den Sextourismus in Kenia gehört. Doch etwas zu wissen und etwas zu sehen, sind zwei Paar Schuhe.

Aufgebrezelte junge Frauen standen an der Bar oder streiften durch das Restaurant. Sie waren auf der Suche nach Beute. Alte Männer aus Europa – ich konnte Deutsch, Italienisch und Niederländisch heraushören – kamen und gingen. Wunderschöne, blutjunge Kenianerinnen begleiteten sie, während sie selbst kaum mit Schönheit gesegnet waren.

„Würdest du auch mit einem dieser Männer ausgehen?", fragte ich Ruth.

„Ich hätte gern so viel Glück, einen weißen Mann zu haben."

„Aber doch nicht so einen alten."

„Die haben viel Geld. Ich könnte meiner Tochter mehr bieten."

Ich empfand höchsten Respekt für diese Mutterliebe und all die Kenianerinnen, die ihren Stolz und ein Stück weit ihr Leben opferten, um ihre Familien zu ernähren.

Ein junger Kenianer hinter uns schickte uns Getränke und zwinkerte mir zu.

Ich übte mich in Ignoranz und fokussierte mich auf mein Glas Weißwein. Er sollte sich nicht ermutigt fühlen.

„Ruth? Verlangt der Mann Sex als Gegenleistung? Den bekommt er von mir nicht."

„Nein. Du hast keine Verpflichtungen. Die Männer spendieren hier oft Drinks. Ich geh kurz auf die Toilette, bin gleich wieder da."

Mir war nicht wohl dabei, alleine dort zu sitzen.

„Du darfst dir bestellen, was du möchtest", hörte ich den Mann von der Seite in mein Ohr säuseln, bevor er sich neben mich setzte. „Es geht alles auf mich."

„Thank you, but I am okay", sagte ich und murmelte: „Verdammt, Ruth, wo bist du?"

Sobald Ruth kam, verschwand der Mann zurück an seinen Tisch.

„Ich würde lieber wieder gehen. Ich bin etwas beschwipst."

Ruth verstand den wahren Grund auch ohne eine Erklärung.

Aus Anstand wandte ich mich an den Herrn: *„Thank you, Sir."*

„Du gehst? Bleib noch ein bisschen."

„Nein, es ist spät."

„Sister", richtete er nun das Wort an Ruth, „kannst du mir die Nummer deiner Freundin geben?"

Ruth hielt zu mir und gab meine Nummer nicht heraus.

Das alltägliche Leben kennenzulernen, hatte mich auf meiner Reise am meisten bewegt. Die Begegnungen hatten mir die schönsten Erlebnisse beschert. Ich fühlte mich jedoch fast dazu verpflichtet, auch Touristin zu sein und mir die Städte anzusehen. Das hatte ich für den nächsten Tag geplant. Doch als ich am Morgen loswollte, hängte sich Sarah an mein Kleid.

„Nein. Du darfst nicht gehen!" Sie zerrte an mir und weinte bitterlich. „Bleib hier!"

„Sie kommt doch zurück. Sie will nur die Stadt ansehen."

Doch Sarah hatte meine Beine fest umschlungen. „Ich verspreche es dir, *sweetheart*. Ich komme in ein paar Stunden zurück und wir spielen wieder."

„Versprichst du es?"

„Ja. Du kannst ruhig zur Schule gehen. Ich komme wieder. Versprochen."

Mombasa ist eine kulturell interessante Stadt. Die Bauwerke zeugten von einer bewegten Vergangenheit. Einst war Mombasa von Arabern und dann von Portugiesen besetzt gewesen. Die Architektur war ein Zeugnis davon.

Es war schön anzusehen, doch so sehr ich mich bemühte, meine Reise war nicht für Sightseeing gemacht. Der Tag mit Sarah am Meer war mehr nach meinem Geschmack gewesen.

Nach einiger Zeit machte ich mich also auf die Rückfahrt zu Ruth und Sarah.

Ich komme aus einem kleinen Dorf und Großstädte überfordern mich. Das wurde mal wieder offensichtlich. Ich war mehrmals in den falschen Minibus eingestiegen und hatte komplett die Orientierung verloren. Als ich schließlich die richtige Haltestelle gefunden hatte, war es bereits dunkel.

Ich stieg aus dem Bus aus und war ratlos. Wie kam ich von dort zu Ruths Wohnung? Bei Tageslicht hätte ich den richtigen Weg wohl gefunden, doch im Dunkeln war ich verloren und mein Handyakku war leer. Ich ging einfach los und irrte umher. Mit jeder Minute stieg meine Verzweiflung. Das Viertel gehörte zu einem der ärmeren von Mombasa. Hier konnte ich nachts definitiv nicht im Freien auf der Straße schlafen.

Eine Gruppe aus zehn Jugendlichen kreuzte meinen Weg.

„Wohin gehst du?"

„Ich weiß es nicht genau. Nach Hause."

„Wo ist das?"

Genau das wusste ich ja nicht.

„Ich wohne bei Ruth und ihrer Tochter Sarah."

Die Jungs sahen einander fragend an. „Die kennen wir nicht."

Ich versuchte es, indem ich mein Zuhause auf Zeit beschrieb: „Das Haus ist weiß, es hat zwei Stockwerke", ich überlegte weiter. „Es gehört eine Garage dazu. Und davor gibt es einen kleinen Laden, wo ich ein Mittel gegen Bettwanzen gekauft habe." Mehr wusste ich nicht.

„Ich kenne das Haus!", rief einer der Jungs trotz meiner miserablen Beschreibung.

Euphorisch setzte sich die Gruppe in Bewegung. Sie hatten es zu ihrer Mission gemacht, mich zu retten.

In Deutschland wäre es mir unheimlich gewesen, mit zehn mir unbekannten Jugendlichen durch die Dunkelheit zu irren. Komischerweise hatte ich in diesem Augenblick keine Angst. Ich freute mich darüber, Hilfe zu bekommen.

Sie hatten es tatsächlich gefunden. Ich stand vor Ruths Haus und seufzte erleichtert. Nach neun geschüttelten Händen grinste mich der zehnte Junge an und sagte: „Ich möchte eine Umarmung."

Die bekam er natürlich.

„Ich möchte auch eine Umarmung!", kam es fast gleichzeitig aus neun Kehlen. Auch sie bekamen alle eine Umarmung, ehe ich endlich nach oben zu Ruth ging. Dort saß Ann, die seit Stunden auf mich gewartet hatte, wie ich nun erfuhr.

Sie sah mich mit verweintem Gesicht an. „Da bist du ja endlich! Ich dachte schon, ich hätte meine Weiße verloren! Dann käme ich ins Gefängnis", rief sie mit einer Mischung aus Verzweiflung und Erleichterung in der Stimme.

„Deine Weiße?", fragte ich. Ich kam mir vor wie ein Hündchen. Mir war nicht bewusst gewesen, wie sehr sich Ann für mich verantwortlich fühlte. Wie realistisch war ihre Angst? Hätte sie wirklich Probleme bekommen, wenn mir etwas passiert gewesen wäre?

„Es tut mir wirklich sehr leid, Ann. Ich wusste nicht …", begann ich.

„Mir tut es leid! Ich hätte mehr Zeit für dich haben müssen!"

Ich wollte Ann nicht länger diese Verantwortung tragen lassen und machte mich auf den Weg nach Kilifi.

Am schwersten war der Abschied von Sarah. Es war einer der schwersten Abschiede auf meiner Reise.

„Wenn ich aus der Schule zurückkomme, dann darfst du mich wieder auf deinen Schultern tragen", rief sie und strahlte mich an.

Es brach mir das Herz zu wissen, dass ich nicht mehr da sein würde, wenn sie zurückkam.

„Dafür muss ich doch nicht warten! Ich kann dich doch jetzt auf meinen Schultern nach unten tragen", schlug ich vor.

Ich konnte es nicht ertragen, ihr kleines Herz leiden zu sehen und verschwieg, dass ich abreisen würde. Ruth und ich hatten miteinander abgesprochen, Sarah zu sagen, dass ich einen wichtigen Anruf von zuhause bekommen hätte und sofort abreisen musste.

Ann fühlte sich immer noch schuldig, nicht mehr Zeit für mich gehabt zu haben. Sie bestand darauf, mich in das siebzig Kilometer entfernte Kilifi zu begleiten. Dort kaufte ich noch ein Überraschungsei für meine kleine Freundin Sarah, das Ann ihr bringen sollte.

Kilifi liegt wie Mombasa am Indischen Ozean, auf dem Weg zur Insel Lamu, die mein nächstes Reiseziel war. Um sie zu erreichen, reiste ich entlang der Küste.

Die Tränen von Ann, die an der gefühlten Verantwortung für mich fast zerbrochen war, noch frisch in Erinnerung, beschloss ich, in Kilifi in einem kleinen Hotel zu übernachten.

Ein traumhaftes Himmelbett stand majestätisch in der Mitte des Zimmers. Ich widerstand der Versuchung, mich hinzulegen. Die Tage rannen mir durch die Finger. Es blieb keine Zeit zu trödeln.

Ich wollte die Tür abschließen, hatte aber vergessen, mir einen Schlüssel geben zu lassen. Ich legte mein Geld unter die Matratze, sodass keine Wertsachen sichtbar waren, machte die Tür zu, ohne sie abzuschließen, holte mir den Schlüssel an der Rezeption und ging los. Ich sah keinen Grund, zurück zu meinem Zimmer zu gehen, um es abzuschließen.

Ich wollte den Tag am Wasser genießen und schlenderte zum Kilifi Boatyard.

Es war eine andere Seite Afrikas, die ich hier zu Gesicht bekam. Weiße Segler, Rentner, die alle über siebzig Jahre alt waren, genossen hier ihr sorgenfreies Leben. Sie waren größtenteils Europäer, von denen manche seit Jahrzehnten in Kenia lebten.

Ich komme zwar von der norddeutschen Küste, war aber noch nie segeln gewesen. Meine Expertise beschränkte sich auf das Wissen, ein Boot und ein Segel zu benötigen.

Ich kam mit Seglern ins Gespräch, wobei ich Lamu als mein nächstes Reiseziel erwähnte.

„Du kannst mit uns nach Lamu segeln", bot mir Nils an.

Nils kam ursprünglich aus Schweden, wohnte aber fast sein gesamtes Leben in Kenia und hatte ein Haus auf Lamu. „In etwa einer Woche segele ich nach Hause."

„Ich kann leider nicht. Ich habe nicht mehr viel Zeit, bis mein Rückflug aus Addis Abeba abhebt", lehnte ich schweren Herzens das Angebot ab. Was für ein Jammer.

„Dann übernachte während deiner Zeit auf Lamu in meinem Haus. Ich sage meinem Butler, er soll alles für dich herrichten."

Ich sollte alleine in seinem Haus wohnen und ein Butler sollte alles für mich herrichten. Das Angebot verschlug mir kurz die Sprache.

„Ist die Route nach Lamu gefährlich? Meint ihr, ich kann über Land fahren?"

Ich hatte von Aktivitäten durch Al-Shabaab, einer islamistischen Terroristengruppe aus Somalia, die Al-Quaida nahestand, gehört.

„Ich fahre die Route immer problemlos", antwortete Nils, „aber es gab diese Woche einen Angriff auf Regierungsbeamte auf der Strecke. Es sind bald Wahlen. Allerdings werden auch Privatautos immer wieder überfallen."

Diese Information lag zwischen beruhigend und aufwühlend. Ich war kein Mitglied der kenianischen Regierung und hoffte so kein Ziel für Anschläge darzustellen. Allerdings wollte ich sicherheitshalber nicht mit Privatautos trampen, sondern den sichereren Bus nehmen. Busse wurden von Polizisten eskortiert.

Am nächsten Tag ging meine Tour entlang der kenianischen Ostküste weiter. Die durch den Terrorismus angespannte Situation zeigte sich überall. Es war eine Sperrstunde eingeführt worden, die um achtzehn Uhr begann. Der Bus fuhr in einem Konvoi. Insgesamt drei Busse, begleitet von einem Polizeiauto mit Polizisten, die militärische Kleidung und mehrere Waffen trugen. Ich fragte mich jedoch, wie ein Polizeiwagen drei voll besetzte Busse schützen konnte.

Wir passierten zwei Checkpoints, an denen alle Passagiere aussteigen und sich ausweisen mussten. Ausländer, also nur ich, wurden zusätzlich manuell in eine Liste eingetragen.

Wir kamen im Dunkeln am Ufer an, von wo aus Boote nach Lamu fuhren. Nils' Haus lag in dem ruhigen Ort Shella Village, in den ich direkt mit einem Boot fahren konnte.

Als ich am Haus ankam, erwartete mich der Butler Stephen bereits. Er hatte das Bett in meinem Zimmer hergerichtet. Sorglos sank ich in einen tiefen Schlaf.

Nils besaß eine Waschmaschine. Ich ergriff die Chancen, um meine gesamte Kleidung nochmals zu waschen, obgleich ich mir sicher war, inzwischen alle Bettwanzen getötet zu haben. Ich war immer noch am ganzen Körper mit roten

Punkten übersät und alleine die Idee, es könnte eventuell irgendwo in meinem Gepäck noch eine Babybettwanze sein, widerte mich an.

Lamu war ein Paradies. Das Leben plätscherte langsam vor sich hin. Die Einwohner waren barfuß unterwegs und die Esel trotteten durch die Gassen.

Wie Sansibar war auch Lamu muslimisch geprägt. Jedoch trugen viele Frauen kein Kopftuch und ich fühlte mich ohne Kopftuch nicht wie eine Außenseiterin.

Die Tourismusattraktionen erwiesen sich als überschaubar. Eine davon ist die bezaubernde Altstadt, die UNESCO-Weltkulturerbe ist und mit ihrer arabischen Vergangenheit wie aus tausendundeiner Nacht entsprungen scheint.

Eine weitere Attraktion war das Eselreiten, das die Inselbewohner anboten. Ich probierte es aus und stieg nach einer Minute wieder ab. Der Esel litt spürbar unter meinem Gewicht. Er wollte nicht vorwärtsgehen und wurde von seinem Besitzer geschlagen.

„It's okay", brach ich das Vorhaben ab, bezahlte und ging zu Fuß.

Das war also nichts.

Vielleicht war eine Fahrt mit einer Dau, einem traditionellen Segelboot, eher etwas für mich.

Ich war der einzige Gast und so ließ mich der junge Mann, der das Boot lenkte, an das Segel.

„Ich segele!", stellte ich erstaunt fest.

„Versuch, die anderen einzuholen."

Viele junge Männer boten Ausflüge mit ihren Daus an und neckten sich gegenseitig. Ich bemühte mich nach Kräften, das Boot vor uns zu erreichen. Sie ließen mich schließlich überholen, um mich dann wieder einzuholen.

„Wir haben dich heute am Strand gesehen", riefen sie flirtend rüber.

Ich war lediglich am Strand spazieren gegangen und spielte das Spiel mit: „Tut mir leid, dass es nichts Spannendes zu sehen gab", alberte ich.

Sie überholten wieder und ließen uns weit hinter sich. So konnte ich mich wieder auf den Anblick der Landschaft konzentrieren.

Die Mangrovenwälder am Ufer wirkten unscheinbar, waren aber ein Schatz an Biodiversität.

Die Sonne verlieh dem Himmel feurige Farben, bevor sie sich in den Feierabend verabschiedete.

„Ein schöner Tag", dachte ich beseelt in meinem gemütlichen Bett unter meiner Daunendecke, als mich plötzlich ein Schreck durchfuhr. „Verdammt. Das Geld!"

Ich hatte das Geld unter der Matratze im Hotel in Kilifi vergessen.

„Hallo Nils. Bitte fahr zum Hotel. Im Zimmer 21 liegt viel Geld unter der Matratze. Kannst du es mir bitte über M-PESA schicken? Meine Bankkarten sind auch dort. Könntest du die per Kurier nach Lamu senden?", schrieb ich ihm augenblicklich via WhatsApp und bekam gleich eine Antwort: „Ich fahre morgen früh sofort zum Hotel!"

Wie auch in vielen anderen afrikanischen Ländern ersetzte der Guthabenversand ans Mobiltelefon die Banküberweisung.

Am nächsten Tag bekam ich frühmorgens eine SMS. Nils hatte mir die gesamten zweihundert US-Dollar geschickt. Erleichtert machte ich mich unverzüglich zum nächsten M-PESA-Geschäft, um das Geld abzuheben.

Ich war gezwungen, noch auf der Insel zu bleiben, bis meine Bankkarten ankämen.

Meine Reise näherte sich dem Ende und die Sorgen über mein Leben in Deutschland krochen in meine Gedankenwelt. Bald würde ich nach Hause fahren und ich hatte keinen Plan, wie es mit meinem Leben nach der Erfüllung meines Traumes Afrika zu bereisen, weitergehen sollte. Mit der Kreuzfahrtindustrie hatte ich endgültig abgeschlossen.

Ich ging in ein Internetcafé, um nach passenden Stellenangeboten zu suchen. Meine Bewerbungsunterlagen befanden sich auf einem USB-Stick, der nicht funktionierte. Ich bat einen Angestellten um Hilfe: „Entschuldigung. Können Sie mir helfen? Der Computer liest meinen USB-Stick nicht."

Mehrere Männer in diesem Café gaben sich vergeblich Mühe. Der Stick war tot.

Zumindest hatte sich so ein Gespräch ergeben.

„Wenn du morgen noch hier bist, dann können wir uns gerne wieder treffen", bot mir ein Mann namens Mark an.

„Ich hoffe, dass mein Paket heute ankommt und ich weiterreisen kann, aber wenn nicht, dann gerne."

Das Paket kam nicht. Weder am Abend noch am nächsten Morgen.

Wie versprochen, nahm sich Mark Zeit, um mir Lamu zu zeigen.

„Ich kann dich mit auf eine Yacht nehmen. Sie gehört einem Schweizer Bänker", schlug Mark vor. „Ich habe den Schlüssel, und wenn er nicht da ist, dann kümmere ich mich um das Boot."

„Und wie oft kommt er?"

„Ein- manchmal zweimal im Jahr."

„Und das Boot bleibt immer hier?"

„Ja."

Verrückt. Es wäre vermutlich günstiger, sich in solchen Fällen ein Boot zu mieten. Die Welt der Reichen – für mich ist sie ein Mysterium.

Wir wateten durch Müll. Der Strand, der zur Yacht führte, konnte nur als Müllwüste beschrieben werden. Es war kein Sandkorn zu entdecken, keine Tiere oder Pflanzen zu sehen. Ich weiß nicht, ob es sich um eine Müllhalde handelte oder ob der Müll angeschwemmt wurde. So oder so war es abscheulich.

Der Müllstrand endete unweit der Yacht. Ich fand die Vorstellung, eine Yacht am anderen Ende der Welt zu haben, die nie genutzt wurde, ohnehin absurd. Die Szenerie setzte dieser Absurdität das Sahnehäubchen auf.

Obwohl wir nicht wegfuhren, sondern schlicht auf dem Deck saßen, fühlte ich mich wie eine Piratin. Eine Piratin, die die Yacht eines in meiner Vorstellung, arroganten Schweizer Bänkers gekapert hatte. Er stellte seinen Reichtum in dieser Gegend zur Schau, was in meinen Augen pietätlos war. Wir hatten seiner Yacht im Gegenzug das Unnahbare und die Exklusivität genommen.

Mark war einst als Soldat beim kenianischen Militär gewesen und hatte als solcher undercover bei der terroristischen Organisation Al-Shabaab gewirkt. Er erzählte mir ein wenig von dieser Zeit.

„Das Problem sind korrupte Polizisten. Ich habe einmal einen Polizisten angeschossen, der von Al-Shabaab Schmiergeld genommen hatte."

Allmählich begann ich mir um meine Weiterreise Sorgen zu machen.

„Ich will weiter nach Norden, um nach Äthiopien zu reisen", offenbarte ich mein Vorhaben. Ich war mir der Gefahr bewusst. Die Grenze zu Somalia lag nicht weit entfernt. Gerade in diesem Grenzgebiet war Al-Shabaab, die ursprünglich aus Somalia stammte, aktiv. Doch wegen des Zeitdrucks, der mich jagte, wollte ich nicht zurück nach Nairobi, um die sicherere Route zu nehmen.

„Das ist gefährlich, aber möglich. Ich helfe dir.“

„Du meinst aber, es ist möglich?“

„Ja, wir besorgen dir ein ,Ninja Outfit‘ und verzieren deine Hände mit Henna“, sagte er und brachte mich zu einer Frau, die mir eine Abbaja und einen Nikab verkaufte. Abbaja wird das alles verdeckende, schwarze Kleid genannt, und der Nikab verdeckt das ganze Gesicht. Er lässt nur die Augen frei.

Sie verkaufte die Ware in ihrer Wohnung, wohin Mark mich begleitete. Als ich die Wohnungstür öffnete, hingen Kleider wie Gardinen vor mir. Ich schob sie vorsichtig zur Seite, um eintreten zu können. Die Wohnung war überfüllt von langen, zumeist schwarzen Kleidern. Sie hingen an Kleiderstangen, lagen auf dem Sofa und hingen von der Decke.

„Warum willst du eine Abbaja?“, wollte die Verkäuferin von mir wissen. Sie selbst trug eine Abbaja und einen Hijab.

„Ich will mit dem Bus zur äthiopischen Grenze reisen und ich finde, mein Kopf sitzt gut auf meinem Hals“, scherzte ich, obwohl mit Al-Shabaab nicht zu spaßen war. Enthauptungen von Christen waren keine Seltenheit.

„Al-Shabaab sind nicht schlimm. Die verteidigen uns, sind aber keine Kriminellen oder Mörder. Die Medien lügen.“

Diese Erklärung überraschte mich. Sie war außerordentlich freundlich zu mir gewesen und wirkte offen gegenüber Fremden. Sie unterstützte Al-Shabaab. Hätte ich nicht ihre Feindin sein müssen?

Ich fand eine passende Abbaja inklusive eines Nikab.

„Und nun bringe ich dich zur besten Hennakünstlerin von Lamu“, versprach mir Mark.

„Wofür brauche ich denn ein Tattoo aus Hennafarben?“

„Muslimische Frauen, die reisen, sollten ein Hennatattoo haben.“

Wieder führte unser Weg zu einem Privathaus.

Es war mein erstes Hennatattoo. Die alte Dame verzierte meine Hände und Unterarme kunstvoll mit Schnörkeln und Kringeln. Ich fühlte mich wie eine Leinwand, auf der sie ihre Kunst platzierte.

Nun war ich vorbereitet und konnte weiterreisen; wäre da nicht das Problem mit meinen Bankkarten gewesen.

Wieder rief ich den Kundendienst des Kurierunternehmens an. Ich hatte schon über zwanzigmal angerufen. Die Zahl an unterschiedlichen Antworten glich der Zahl der Anrufe. Mal hieß es, das Paket sei in einem Auto, das eine Panne hatte, mal hatte es Kilifi noch nicht verlassen und mal war es fast da. Ich wurde fast wahnsinnig.

„Das gibt es doch nicht", fuhr ich Mark an, der am allerwenigsten dafür-konnte. „Wie kann das sein? Wieso wissen die nicht, wo das Paket ist?"

Er erschrak über mein Verhalten. Meine Wut richtete sich im Grunde gegen mich selbst. Zum Glück verstand Mark meine Anspannung und nahm es mir nicht übel.

„Vielleicht kann ich helfen. Ich rufe meine Kollegen bei der Armee an. Sie können das Paket suchen und herbringen."

Wie sollte das funktionieren, wenn der Kurierdienst nicht wusste, wo das Paket war? Ich hatte nichts zu verlieren und willigte ein.

Eine halbe Stunde später bekam Mark einen Anruf.

„Dein Paket ist da", sagte er. „Meine Kameraden bringen es zu uns."

Ich war baff. „Wie? So schnell? Wo war es denn?"

„Der Kurier war auf dem Weg. Sie haben ihn abgefangen."

Es war ein erster Eindruck vom effizienten Sicherheitsapparat Kenias.

Trotz der beeindruckenden Leistung seiner Kameraden war es an diesem Tag zu spät gewesen, um weiter Richtung Äthiopien zu reisen.

Ich nahm den ersten Bus am Morgen. Es lagen sechshundert Kilometer vor mir. Sechshundert Kilometer durch ein Gebiet, in dem Al-Shabaab aktiv war. Ich wollte mit dem Bus nach Garissa, von dort nach Wajir und schließlich an den Grenzübergang in Moyale weiterreisen, so hatte es mir Mark geraten.

Leider gab es keinen direkten Bus nach Garissa. Ich war gezwungen, in Kleinstschritten zu reisen. Der Bus fuhr lediglich in das hundert Kilometer ent-fernte Garsen, wo ich übernachten musste.

Gehüllt in mein Ninja Outfit nahm ich im Bus nach Garsen Platz. Neben mir saß eine ebenfalls komplett verhüllte Frau. Ihre Hände waren, wie die meinen, mit Hennatattoos geschmückt. Sie winkte einem Mann zu, der draußen vor dem Bus stand. Ich fühlte mich wohl in meiner Haut, beziehungs-weise in meiner Kleidung. Ich fühlte mich nicht unterdrückt, wie ich es zuvor befürchtet hatte. Ich fühlte mich in der Abbaja auf eine eigenartige Weise frei. Ich genoss es, abgeschirmt zu sein. Niemand sah mich komisch an. Ich war normal, wie meine Sitznachbarin.

Nach Garsen, wo ich übernachtet hatte, ging es weiter nach Garissa und dann war Schluss. Es fuhr kein Bus mehr an diesem Tag, obwohl es noch früher Nachmittag war. Mein Zeitdruck trieb mich zum Leichtsinn.

Ich war in Kenia bisher noch nicht getrampt. Es war die einzige Möglichkeit, jetzt weiterzukommen.

Ich stellte mich unsicher an die Hauptstraße. Eine verhüllte Tramperin sah merkwürdig aus, dessen war ich mir bewusst.

Es dauerte nicht lange, bis ein Mann anhielt.

Der Mann drehte das Fenster runter und sah mich skeptisch an. „Wohin willst du?"

„Ich will zunächst nach Wajir und dann nach Äthiopien. Es fährt kein Bus und vielleicht ist es in einem Auto sicherer."

„Ich fahre dich zum Checkpoint der Polizei, vielleicht können sie dich mitnehmen."

Ohne Zweifel zu hegen, stieg ich ein.

Der Mann erklärte den Polizisten mein Anliegen und drehte um.

Eine Polizistin, die unter der Polizeimütze einen Hijab trug, und ein Polizist bewachten diesen Checkpoint.

„Wohin willst du?", wollte der Polizist wissen.

„Nach Wajir, ich bin auf dem Weg nach Äthiopien."

„Und wie wolltest du nach Wajir reisen?"

„Eigentlich mit dem Bus, aber ich bin unter Zeitdruck und dachte nun, vielleicht sei es sicherer, mit einem Polizeiauto oder mit Zivilisten weiterzufahren."

„Wir werden versuchen, dir eine sichere Fahrgelegenheit zu suchen", versprach der Polizist, „hier ist es zu gefährlich für dich. Auch in Garissa halten sich Al-Shabaab Kämpfer auf."

Garissa wirkte auf mich nicht gefährlich oder von Al-Shabaab kontrolliert. Ich hatte selbst Frauen in knielangen Röcken gesehen.

„Darf ich deine Sachen durchsuchen?", hakte sich die Polizistin in das Gespräch ein.

„Ja, natürlich", gab ich unverzüglich zur Antwort. Ich wollte auf keinen Fall etwas infrage stellen. Ich brauchte dringend die Hilfe der Polizisten.

Fein säuberlich leerte sie meinen Rucksack, Teil für Teil.

„Was ist das?"

„Das ist meine Isomatte, manchmal schlafe ich darauf."

„Darauf?"

„Ja, dort ist auch noch mein Zelt."

Die Polizistin hatte jedes Teil einmal begutachtet. Sie und ihr Kollege flüsterten und sie machte sich wieder ans Werk und durchsuchte jedes einzelne Stück.

Der Polizist blätterte in meinem Reisepass. „Wo warst du überall?"

Ich erzählte von der bisherigen Reise.

„Warst du auch schon mal in Somalia?"

„Nein, noch nie."

„Hast du Freunde in Somalia?"

„Nein." Mir dämmerte es. Urplötzlich war ich eine mutmaßliche Terroristin. Sie würden mir nicht helfen, weiterzukommen. Sie hielten mich fest.

Die Polizistin war gerade mit meinen Kleidern und kurzen Hosen beschäftigt. Ihre Neugier war geweckt. „Warum bist du verhüllt?"

„Ich möchte meinen Respekt zum Ausdruck bringen, außerdem fühle ich mich sicherer."

„Ich verstehe. Wenn du in Rom bist, dann verhalte dich wie die Römer."

„Genau so", bestätigte ich ihre Aussage.

Seit drei Stunden saß ich mittlerweile dort und wartete. Ich wollte wissen, wie es nun weitergehen würde.

„Kommt noch eine Mitfahrgelegenheit?"

Der Polizist ignorierte meine Frage. „Ein Offizier der Immigrationsbehörde will dich sehen."

Eingeschüchtert trat ich in den Verhörraum ein. Es wurde ernst. Die Stimmung war kälter als bei den beiden Polizisten bisher.

Am Tisch saß ein Mann Mitte dreißig in Zivil. Er blätterte in meinem Pass.

Ich setzte mich auf den Stuhl gegenüber.

„Warst du jemals in Somalia?"

„Nein, noch nie."

„Hast du Freunde in Somalia?"

„Nein."

„Wann warst du in Somalia?"

„Ich war noch nie in Somalia."

So ging es zwei Stunden. Es nervte mich, alles doppelt und dreifach erzählen zu müssen. Unter normalen Umständen wäre ich explodiert. Nichts an dieser Situation war normal. Der Offizielle wollte so überprüfen, ob ich die Wahrheit sagte. Das tat ich. Ich war keine Terroristin. Das dämmerte schließlich auch meinem Gegenüber.

„Du kannst nicht weiterreisen."

„Aber Ihre Kollegen wollten mir vor einigen Stunden noch eine Fahrgelegenheit nach Wajir besorgen", beschwerte ich mich.

„Wenn wir herausfinden, dass du keine Muslima bist, dann können das auch die Anhänger von Al-Shabaab."

Ich hatte Stunden zugebracht, die Polizisten davon zu überzeugen, keine Muslima zu sein. Ich hatte meine kurzen Hosen und Röcke gezeigt und ein Verhör überstanden. Nun wurde es mir zum Vorwurf gemacht, dass sie entdeckt hatten, dass ich keine Muslima war.

Ich widersprach frustriert: „Ich bin komplett verhüllt!"

Wenn Al-Shabaab Busse in der Vergangenheit überfallen hatte, waren Christen ermordet und Muslime verschont worden. Ich hatte aber von einem Fall gehört, bei dem muslimische Frauen bei einem solchen Überfall die Christinnen mit Hijabs ausgestattet und so gerettet hatten. Ich war also davon überzeugt, dass mich meine Kleidung schützen würde.

„Weibliche Kämpfer werden dich zwingen, deine Kleidung auszuziehen und dann sehen sie deine Hautfarbe. Dein Reisepass wäre ihr Lottogewinn. Eine Deutsche als Geisel ist eine Trophäe und ein Geldautomat. Sie würden dich vergewaltigen, foltern und alles filmen. Es würde eine diplomatische Krise auslösen und ich verlöre meinen Job."

Für ihn war der Verlust seines Jobs der wichtigste Punkt. Mir hatte die Information über Vergewaltigung und Folter als Abschreckung gereicht. Mir stieß die Ungleichbehandlung von Einheimischen und Touristen bitter auf. Die Durchreise war für Christen aus Kenia genauso gefährlich, doch mir sollte die Weiterreise verboten werden. Es erinnerte mich an Ann aus Mombasa, die Angst um ihre Zukunft hatte, als ich vermeintlich verschwunden war.

„*Locals know best*", murmelte ich und stellte dann hörbar fest: „Ok, Sie sind der Experte."

„Gut. Du musst heute noch mit meinem Vorgesetzten sprechen."

Es ging für ein weiteres Interview zum Revier, wo ich nochmals beschwören musste, keine Verbindungen nach Somalia zu haben.

„Du musst heute Nacht hierbleiben", beschloss der Vorgesetzte. „Morgen kommen zwei Vorgesetzte, um mit dir zu sprechen."

Wie viele Vorgesetzte gab es denn noch? Stellte ich eine so große Gefahr dar?

„Ich möchte hier nicht übernachten. Kann ich die nicht jetzt sprechen und dann weiterreisen?"

„Das geht nicht. Sie kommen aus Lamu. Morgen früh um zehn Uhr. Es dauert nur zwanzig Minuten. Wir möchten dich kennenlernen."

Das waren Gründe, um nicht zu bleiben. Eine ganze Nacht verschwenden, um dann für ein zwanzigminütiges Interview da zu sein?

„Ich werde den Bus nach Wajir um Mitternacht nehmen."

„Das erlauben wir nicht. Wir haben alle informiert. Niemand wird dir ein Ticket verkaufen und durch die Checkpoints kommst du auch nicht."

Ich zweifelte seine Aussage nicht an. Ich hatte gesehen, wie effektiv der kenianische Sicherheitsapparat sein konnte, als Mark innerhalb von dreißig Minuten meine verschollenen Dokumente aufgetrieben hatte. Widerstand war zwecklos.

„Also gut. Ich werde aber nicht für eine Hotelübernachtung zahlen. Ich bleibe hier auf dem Revier."

Der Polizist hatte augenscheinlich Angst vor einer diplomatischen Krise, wenn er eine deutsche Staatsbürgerin auf dem Revier festhielt.

„Wir werden dir ein Zimmer in einer Pension besorgen. Wir holen dich morgen früh ab. Das Gespräch wird um sieben Uhr stattfinden, damit du einen frühen Bus nach Nairobi nehmen kannst."

Ich wurde zur Pension begleitet. „Ab achtzehn Uhr ist Sperrstunde. Bleibe auf deinem Zimmer."

Am nächsten Morgen um sechs Uhr dreißig klopfte es wie verabredet an meiner Zimmertür. Ich erschrak, als ich nach draußen blickte. An der Tür stand ein mit einem Gewehr bewaffneter Polizist. Hinter ihm sah ich ein Polizeiauto und einen Pickup, auf dessen Ladefläche sechs schwer bewaffnete Polizisten saßen, zu denen ich mich gesellen sollte.

Dieses Aufgebot erweckte nicht den Eindruck, zu einem netten Kennenlerngespräch zu fahren. Ich hatte meine Kleidung vorsichtshalber etwas westlicher gewählt und trug meine schwarze Jogginghose und ein pinkfarbenes, kurzärmliges T-Shirt.

Ich wartete geduldig auf mein Verhör gemeinsam mit einigen bewaffneten Polizisten in dem Büro des Direktors. Dieser stieß um sieben Uhr fünfundvierzig zu uns, nur um mir mitzuteilen: „Du kannst gehen."

Und dafür war ich die ganze Nacht hiergeblieben? Vielleicht verzichteten sie auf ein Verhör, weil ich an diesem Tag ohne Kopftuch unterwegs war.

„Wer bringt dich zum Bus?", fragte mich der Direktor.

„Ich reise alleine, also habe ich niemanden, der mich bringt."

„Wer bringt sie zum Bus?", rief er nun laut in die Runde.

Augenblicklich sprangen zwei schlanke Männer auf.

Auf dem Weg zum Bus erzählten sie mir von dem Spagat zwischen ihren Familien und den Traditionen der Massai einerseits und ihrem Beruf als Polizist andererseits.

„Wir müssen gegen Al-Shabaab kämpfen, wenn wir unsere Traditionen bewahren wollen!", bekräftigte der junge Polizist seine Berufswahl.

Zwei moderne Massai in Polizeiuniform. Ich war froh, sie getroffen zu haben. Sie brachen den Stereotypen eines Massai auf. Natürlich waren auch sie in der Moderne angekommen.

„Wieso bist du nicht mit einer Polizei-Eskorte nach Äthiopien gefahren?"

„Ich hatte danach gefragt, aber sie wollten keine Kompromisse eingehen", klärte ich auf.

„Na ja", munterte mich der junge Massai mit flirtendem Blick auf, „jetzt fährst du im klimatisierten Bus gemütlich nach Nairobi."

Von wegen gemütlich. Auf den kenianischen Straßen sah man, wie schon in Uganda, immer wieder provisorische Straßensperren aus Ästen. Neben ihnen waren eine Art Umgehungsstraßen aus Sand angelegt worden. Ich verstand den Sinn dieser Sperren nicht, denn es stand niemand da, den man hätte bezahlen können, um die Straßensperre zu entfernen, wie ich es in Uganda gesehen hatte.

Der Busfahrer war wieder einmal gezwungen auszuweichen, um an einer Sperre vorbeizufahren. Und dann ging nichts mehr. Es ging weder vor noch zurück. Der Bus war mit dem Heck im Sandboden hängen geblieben.

Wir mussten auf Hilfe warten.

Wie aus dem Nichts sprangen Männer mit Pfeil und Bogen aus dem Gebüsch auf die Straße und liefen aufgeregt umher. Sie trugen nichts außer schmalen Textilstücken, um ihre Genitalien zu verdecken. Sie versuchten offensichtlich, Geld von dem Fahrer zu erpressen. Die Straßensperre war eine Falle gewesen und die Aktion entpuppte sich als eine Geiselnahme.

Ich stand auf, um den Bus zu verlassen und mit den Menschen zu reden.

„Nein. Das ist gefährlich!", warnte mich eine Frau, die in der Reihe vor mir saß.

Die Menschen sahen nicht böse aus. „Es wird schon nichts passieren", wischte ich die Bedenken beiseite.

Ich war nicht die Einzige, die die Chance nutzte, frische Luft zu schnappen. Ich sah mich nach geeigneten Übersetzern um und entdeckte ein Pärchen in meinem Alter. Sie machten einen gebildeten Eindruck, also sprach ich sie an: „Entschuldigung. Könntet ihr für mich übersetzen? Ich möchte fragen, ob sie mir das Schießen mit Pfeil und Bogen zeigen können."

Einer der Angreifer, ich schätzte ihn Mitte vierzig, stand in unserer Nähe und die Frau übersetzte ihm meine Frage.

„Nein." Er sah mich verwirrt an, als sei ich verrückt. „Das ist meine Waffe. Ich gebe dir doch nicht meine Waffe."

Seine Empörung rüttelte mich wach. Meine Frage war absurd gewesen. Ich würde auch keinen Bankräuber fragen, mir das Schießen beizubringen.

„Wann lernt ihr das Bogenschießen?", setzte ich meinen Versuch, Kontakt aufzubauen, unbeirrt fort.

„Die Jungs lernen es von klein auf. Sie müssen jagen und sich verteidigen können", erklärte er und wandte sich ab. Er begab sich zu seinen Kollegen, die energisch auf den Busfahrer einredeten. Er hatte keine Zeit für eine naive Touristin.

Mir wurde klar, dass diese Straßensperren toleriert wurden, als eine Polizeipatrouille passierte und nichts anmerkte.

Schließlich kam ein halb leerer Bus, der uns nach Nairobi brachte. Zu meinem Glück fuhr er direkt dorthin, wo um zwanzig Uhr mein Bus nach Moyale abfahren sollte.

Der Platz war umgeben von äthiopischen Restaurants. Der perfekte Ort, um mich auf mein nächstes und letztes Land dieser Reise einzustimmen.

Ich entschied mich für ein winziges Lokal. In einem Hinterhof standen drei Tische, die von drei Kellnern bedient wurden. Der äthiopische Manager stellte sich mit dem Namen Abraham vor.

„Warum wohnst du in Kenia? Äthiopien ist doch so nahe", fragte ich ihn.

„Ich bin ein politischer Flüchtling."

„Sind hier viele Flüchtlinge?"

„Ja, fast alle Restaurants werden von Flüchtlingen betrieben. Meine Kellner sind auch Flüchtlinge."

„Wie lange lebst du schon hier?"

„Seit zehn Jahren. Wohin willst du in Äthiopien?", wollte er wissen.

„Ich weiß nicht genau. Ich habe nur noch sechzehn Tage, bis mein Flugzeug aus Addis Abeba abhebt."

Er holte eine Serviette und einen Stift und malte eine Landkarte mit einigen Sehenswürdigkeiten auf. Ich sollte nach Arba Minch, Gashena, Mek'ele, Hawassa und Lalibela. Die Karte erwies sich später als komplett falsch und natürlich waren so viele Orte utopisch für sechzehn Tage. Ich genoss aber das Essen ohne Pap, Ugali, Sadza oder wie man die Maispampe sonst nennen wollte sehr. Äthiopien war nie kolonialisiert worden und das zeigte sich bereits in der einheimischen Küche.

Ein überdimensionaler Crêpe füllte meinen ebenfalls überdimensional großen Teller aus. Der Teig schmeckte sauer. In der Mitte und entlang des Crêpe-Randes befanden sich Häufchen verschiedener Gerichte: Fleisch, Tomatensalat, Rote Bete, Kartoffeln, Blumenkohl und andere Gemüsearten. Alles war scharf gewürzt.

„Schmeckt dir das Injera?"

„Es ist köstlich", schmatzte ich vergnügt. Den Namen „Injera" musste ich mir merken. Das wollte ich wieder essen.

„Mein Freund Eyasu ist in Moyale. Er will morgen ohnehin nach Hawassa fahren. Ich gebe dir seine Nummer. Du kannst ihn kontaktieren, wenn du in Äthiopien ankommst", bot mir Abraham an.

Es war eine fantastische Entscheidung gewesen, hier zu essen. Ein gefüll-
ter Magen, Expertise über das Land und ein Kontakt, der mir helfen konnte.
Besser konnte es nicht laufen.

Es war fast zwanzig Uhr, als ich mich auf den Weg zurück zum Busbahnhof
machte. Ich hatte mir bereits bei der Ankunft ein Ticket besorgt. Darauf war
die Sitznummer 26 vermerkt.

„Sie bekommen den Sitzplatz 24", klärte mich nun eine Ticketverkäuferin
vor dem Bus auf und passte mein Ticket an.

Ich wunderte mich, sagte aber nichts. Was machte es für einen Unterschied,
ob ich auf Platz 24 oder auf Platz 26 saß?

Wir hatten alle unsere Sitzplatznummern genannt bekommen. Nun
wurden die Namen im Bus aufgerufen.

„Tom?", rief eine Frau, „Tom?"

Es antwortete kein Tom und der Platz neben mir blieb leer. Das war alles
merkwürdig. Erst wurde mir ein anderer Platz zugewiesen und nun blieb in
dem sonst voll besetzten Bus ausgerechnet mein Nachbarplatz leer.

Kurz nach unserer Abfahrt blieben wir stehen. Ein Soldat bat an einer
Tankstelle darum, mitfahren zu dürfen. Er ließ sich neben mir nieder.

Ich war mir sicher, den langen Arm aus Garissa neben mir zu spüren. Das
kenianische Militär wollte sichergehen, dass ich ausreiste.

Die Giraffe ist das größte Lebewesen an Land und kann bis zu 60 km/h laufen.

Mit Unterstützung einiger Bewohner der Insel Lamu bereitete ich mich auf die Durchquerung des Nordens von Kenia vor. Die militante islamistische Bewegung Al-Shabaab verübt in dem Gebiet immer wieder Anschläge.

Die Insel Lamu im Osten Kenias ist wegen der terroristischen Bedrohung schwer zu erreichen. Sie fasziniert durch ihre Einfachheit, wie hier auf der Fahrt mit einer Dau, einem traditionellen Segelschiff.

Äthiopien

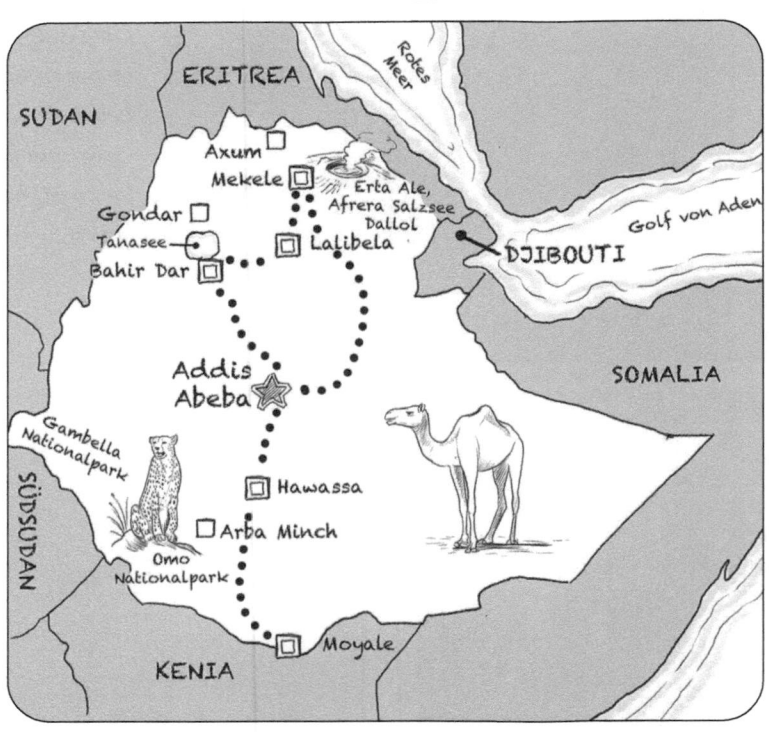

Wer schwach im Aufpassen ist, ist gut im Suchen.

Ich hatte es geschafft. Ich stand überwältigt an der Grenze zu Äthiopien. Der Flughafen in Addis Abeba lag noch etwa achthundert Kilometer nördlich, doch ich fühlte mich wie am Ziel. Ich schloss gedanklich mit der Reise ab. Ich nahm mein Tagebuch aus dem kleinen Rucksack, wo ich es immer gleich zur Hand gehabt hatte. Nun verstaute ich es im Inneren meines großen Rucksacks. Ich wollte nicht weiter Tagebuch schreiben. Ich war fertig. Später würde ich es bereuen, keine Reisenotizen mehr zu haben, aber in diesem Moment fühlte es sich richtig an.

Ich rief Eyasu an. In Äthiopien sprach kaum jemand Englisch, wie ich erfahren hatte. Hinzu kam, dass nicht in lateinischer Schrift geschrieben wurde, sondern im Amharic Alphabet, das ich nicht beherrsche.

Wir trafen uns noch auf der kenianischen Seite. Eyasu war ein dünner, groß gewachsener Mann mit einem Oberlippenbart. Ich hatte auf der gesamten Reise keinen Mann mit Bart gesehen.

Noch an der Grenze hatte sich ein Problem ergeben. Meine Flip-Flops waren kaputtgegangen. Der Zehensteig war gerissen. Ich hatte sie mir in Malawi gekauft, da meine mitgebrachten bereits dort den Geist aufgegeben hatten. Sie waren meistens das Schuhwerk meiner Wahl und hatten mich viele hunderte Kilometer getragen. Ich wollte nicht ohne sie weiter.

Eyasu blieb gelassen: *„No problem.“*

Ich folgte ihm zu einem Mann mit einer dicken Nähnadel und reißfestem Faden. Er flickte den Schuh im Handumdrehen. Wieder einmal hatte ich den afrikanischen Geist für Improvisation unterschätzt.

Um das äthiopische Visum ausgestellt zu bekommen, musste ich eine Unterkunft für die Gesamtdauer meines Aufenthalts im Land vorweisen. Ich hatte daher in Nairobi eine Unterkunft gebucht, ohne jedoch die Absicht gehabt zu haben, dort unterzukommen. Ich wollte wie bisher bei Familien oder in günstigen Unterkünften übernachten. Beides war nicht online buchbar. Am Abend vor meiner Einreise nach Äthiopien hatte ich die letzte Möglichkeit genutzt, das Hotel kostenfrei zu stornieren.

Nun saß ich dem Grenzbeamten gegenüber, der sämtliche Unterlagen gründlich durchsah.

Und er hatte viel Zeit dazu. Es gab einen Stromausfall, wodurch er meinen Antrag nicht bearbeiten konnte.

„Gibst du mir deine Telefonnummer?"

„Ich habe noch keine Telefonnummer. Ich werde jetzt meine kenianische gegen eine äthiopische Telefonnummer austauschen." Das stimmte zwar, aber wir hätten uns natürlich auch so über WhatsApp miteinander verbinden können.

„Und eine E-Mail-Adresse?"

Hier hätte er mir keine Lüge abgenommen und so erhielt er meine Standardantwort: „Ich gebe meine E-Mail nur an gute Freunde. Es tut mir leid. Wir haben nicht genügend Zeit, einander kennenzulernen."

Es war riskant, seine Bitte zu verneinen; schließlich entschied er über meine Einreise.

Nach zwei Stunden des Bangens war der Stromausfall behoben und ich durfte einreisen.

Gemeinsam mit einem Mann zu trampen war unpraktisch. Männliche Reisepartner verringern die Chancen auf Mitfahrgelegenheiten massiv. Eyasu und ich hatten daher entschieden, mit Bussen weiterzureisen.

„*No bus*", sagte Eyasu, nachdem er den Fahrplan geprüft hatte.

Ich glaubte meinen Ohren kaum. „*Sure*? Überhaupt kein Bus?"

„*No bus. Tomorrow.*"

„Und, wenn wir nicht nach Hawassa fahren, sondern in eine Stadt auf dem Weg?"

„*No bus.*"

Ich hatte ihn in dem Glauben kontaktiert, er könnte Englisch sprechen. Seine mangelnden Sprachkenntnisse enttäuschten mich sehr.

„Ich möchte nicht hierbleiben. Komm, wir versuchen es."

„*Wait.*"

Eyasu rief jemanden an und kurz darauf stand ein Lkw vor uns.

„Zweihundert Dollar."

„Was? Wofür? Damit er uns mitnimmt?"

„Exklusiv."

Ich versuchte ihm zu erklären, dass das für mich nicht infrage kam und nach etwa einer halben Stunde hatte ich meinen Punkt klargemacht. Ich bereute es, ihn angerufen zu haben. Er meinte es gut, war aber keine Hilfe, sondern eher ein Klotz an meinem Bein. Ich wusste nicht, wie ich ihn wieder loswerden konnte.

Da sich die Kommunikation als unmöglich herausstellte, ging ich einfach vor. Er dackelte mir hinterher.

Ein Bus rauschte von hinten an und ich brachte ihn dazu, stehenzubleiben und uns mitzunehmen. Der Fahrer konnte kein Englisch, also überließ ich Eyasu die Kommunikation. Schließlich traf er für uns die Entscheidung, mitzufahren. Ich wusste nicht, in welche Stadt oder ob er uns sehr viel näher an Hawassa bringen würde, aber Hauptsache, es ging vorwärts.

Wir passierten Dörfer mit traditionellen Lehmhütten. In jedem Dorf war immer ein Haus mit farbigen Mustern verziert. Leider konnte Eyasu mir nicht erklären, was es damit auf sich hatte. Ich vermutete, dass die dekorierten Häuser den Dorfältesten oder Chiefs gehörten.

Der Fußboden des Busses war mit Zweigen bedeckt. Einige Zweige hatten noch Blätter, andere nicht. Die Männer kauten auf den Blättern herum, schmatzten und spuckten sie schließlich auf den Boden.

„Was ist das?", fragte ich, doch Eyasu konnte es mir nicht erklären. Ihm fehlten die englischen Vokabeln.

Ein Sitznachbar sprang ein. „Das ist Kat. Es hält wach, wie Kaffee."

Besorgt betrachtete ich die Menge an leeren Zweigen neben dem Fahrer. Er saß sicher seit vielen Stunden hinter dem Steuer.

Irgendwann kamen wir in irgendeiner Stadt an. Wegen der starken Regenfälle der vergangenen Tage wateten wir in der Dunkelheit durch tiefe Pfützen. Ich hatte Äthiopien eher mit Trockenheit in Verbindung gebracht. Wir machten in einem kleinen Hotel Rast, wo wir uns das Zimmer teilten, um

Geld zu sparen. Mir graute vor dem nächsten Tag mit Eyasu. Mit ihm zu reisen würde anstrengend werden.

„*Tomorrow. Two.*"

„Zwei Uhr? Was ist um zwei Uhr?"

„*Go.*"

„Um zwei? Um zwei Uhr morgens?"

„*Ethiopia other time.*"

„Nein, es ist doch die gleiche Zeitzone wie Europa?"

„*Six hours.*"

„Sechs Stunden Zeitunterschied?" Ich war müde und mir war die Diskussion zu anstrengend. „Okay. Zwei Uhr", sagte ich und hatte keine Ahnung, was wir gerade vereinbart hatten.

Am nächsten Tag ging es morgens um acht Uhr weiter.

„Jetzt. Zwei Uhr."

„Ach so!" Mir ging ein Licht auf. „Hier ist sechs Uhr morgens null Uhr?"

„*Yes.*"

Ein sehr verwirrender kultureller Unterschied, aber eigentlich war es schlüssig. Die Uhr begann zu ticken, wenn die Sonne aufging und die Menschen aufstanden. Mir war auf der Reise aufgefallen, wie früh die meisten Afrikaner und vor allem Afrikanerinnen aufstanden, unabhängig davon, ob sie einer bezahlten Arbeit nachgingen.

In Hawassa angekommen wurde ich in ein günstiges Zimmer einquartiert, während Eyasu bei Freunden unterkam. Der Hawassa See war die Attraktion der Stadt. Am Nachmittag traf ich mich mit Eyasu und einem seiner Freunde. Sie gaben mir eine Sightseeingtour von Hawassa entlang der Seepromenade. Es war ein schönes Ambiente mit kleinen, einfachen Restaurants und Souvenirständen. Wir schlenderten umher und aßen Fisch.

Nur war es nicht das, was ich wollte. Ich wollte nicht die Attraktionen Äthiopiens ansehen und möglichst viele abhaken, oder zumindest nicht nur. Ich musste mich von Eyasu trennen und alleine weiterreisen. Sein Freund konnte hervorragend Englisch sprechen, was ich nutzte.

„Kannst du Eyasu bitte sagen, dass ich morgen alleine nach Addis Abeba weiterreisen werde?"

Er übersetzte und antwortete dann: „Er möchte wissen, warum."

„Wir können uns schwerlich verständigen."

Meine Begründung war unvollständig. Ich hatte auch gemerkt, dass ich nicht aufmerksam war, wenn ich Eyasu hinterhertrottete. Zudem knüpfte ich so keine neuen Kontakte.

Wieder stieg ich in einen Bus. Ich wollte auf direktem Weg nach Addis Abeba und würde dann schauen, wie ich weitermachte. Mir blieben noch vierzehn Tage bis zum Abflug.

Im Bus fiel mir eine Gruppe junger Menschen ins Auge. Ich schätzte sie alle um die dreißig, also in meinem Alter.

Sie fielen mir nicht nur deswegen auf, sondern wegen ihrer Gelassenheit. Mädchen und Jungen lagen Arm in Arm auf den Sitzplätzen. Sie lachten und tauschten Plätze miteinander. Ich hatte auf der gesamten Reise keine vergleichbare Interaktion in einer Gruppe von Männern und Frauen gesehen.

Ich musste Kontakt herstellen. Vielleicht konnte mir jemand in Addis Abeba helfen.

„Ihr seid ja eine lustige Truppe", sprach ich eine der jungen Frauen an.

„Ja, wir haben immer eine gute Zeit miteinander", antwortete sie lachend.

„Wohin fahrt ihr denn?"

„Wir waren auf einem christlichen Festival in Hawassa und fahren jetzt nach Hause", mischte sich ein junger Mann ein. Sein Name war Jonah. Er sprach perfektes Englisch. Endlich jemand, mit dem ich mich austauschen konnte.

Ich erzählte ihm von meiner Reise und fragte, ob er jemanden in Addis Abeba wüsste, bei dem ich unterkommen könnte.

„*Oh. I don't know.*", sagte er zurückhaltend. Ich hatte mich so daran gewöhnt, immer Schlafmöglichkeiten angeboten zu bekommen, dass ich von der eher skeptischen Haltung überrascht war. Nach einigem Überlegen bot er mir schließlich Hilfe an. „Du könntest wahrscheinlich bei meinem Bruder übernachten."

Genauso kam es. Ich blieb drei Tage bei seinem Bruder Binyam, seiner Frau Mahlet und ihrem einjährigen Sohn Malakali.

Binyam bestand darauf, dass ich drei Tage blieb, damit ich die Hochzeit seiner Schwester miterlebte. Ich ignorierte meinen Zeitdruck und stimmte zu. Die Liebe zu feiern war der beste Grund und gleichzeitig eine Gelegenheit mehr über die äthiopische Kultur zu lernen.

Binyams Haus war klein, aber es mangelte ihnen an nichts. Es gab eine kleine Küche, ein Wohnzimmer mit einer recht bequemen Couch und ein Schlafzimmer.

Die Schwester von Mahlet lebte bei ihnen und half im Haushalt. Normalerweise schlief sie auf dem Sofa, doch nun sollte sie auf dem Fußboden schlafen, damit ich das Sofa nutzen konnte. Ich bat darum, mit ihr auf dem Fußboden zu schlafen.

„*No problem*", sagte ihre Schwester, die sonst kein Englisch sprach.

Binyam konnte diesen Wunsch nicht nachvollziehen. „Warum möchtest du auf dem Fußboden schlafen?"

„Ich fühle mich unwohl dabei, auf dem Sofa zu schlafen, während sie auf dem Fußboden liegt."

„Okay, wenn es dir lieber ist", willigte Binyam ein.

Binyam war ein sehr fleißiger Mann, den ich kaum zu Gesicht bekam. Er ging weit vor Sonnenaufgang zur Arbeit und kam erst gegen zwanzig Uhr wieder.

Ich nutzte die drei Tage in der Hauptstadt, um mein Handy ein weiteres Mal reparieren zu lassen. Es war wieder einmal heruntergefallen und betriebsunfähig. Der Bildschirm musste erneut gewechselt werden. Ich fuhr mit Minibussen durch die Stadt und holte Preise ein.

Am Mexico Square, einem der zentralen Plätze in Addis Abeba, wurde ich fündig. In einem Einkaufszentrum reihten sich Handyläden, die Reparaturen anboten, aneinander. Ein Junge Anfang zwanzig überzeugte mich mit dem besten Preis und seiner freundlichen Art.

„Kann ich hier warten?"

„Gerne. Hast du Hunger? Wir wollten gerade Mittag essen."

Ich bejahte und sein Freund besorgte uns allen Sandwiches.

Nach zwei Stunden hatte Millione, so hieß der Junge, mein Handy repariert. Wir tauschten Nummern aus, und ich ging mit meinem funktionstüchtigen Handy zurück zu meinem Zuhause auf Zeit.

Endlich war der Hochzeitstag und damit mein letzter Tag in Addis Abeba da.

Die Hochzeitsgesellschaft von etwa fünfzig Personen stand mit Kerzen in der Hand im Spalier. Anstelle von einem Brautpaar erschienen zwei Brautpaare, die durch den Gang schritten. Die Frauen waren Cousinen und feierten die traditionelle Hochzeit gemeinsam. In Weiß und Gold gekleidet saßen sie den Tag über auf Thronen im Wohnzimmer des Hauses, während sich die Hochzeitsgesellschaft – alle außer mir elegant gekleidet – über das Buffet hermachte.

Die äthiopische Küche setzte Schärfe in ihren Speisen keineswegs verhalten ein. Mir war, als könnte ich Feuer spucken.

So sehr ich mich bei Binyam und seiner Familie wohlfühlte, wollte ich doch auch noch etwas vom Land sehen.

Mein nächstes Ziel war Bahir Dar.

Bahir Dar ist für einige der ältesten Kirchen und Klöster der Welt und die Blauen Nil Wasserfälle bekannt.

Für mich war aber zunächst der heimische Markt interessanter. Ich hatte afrikanische Märkte liebgewonnen. Dort herrschte immer ein reges Treiben.

In Bahir Dar hatten dauerhafte Regenfälle den Erdboden des Marktes durchgeweicht. Der Untergrund war ungemein glitschig. Ich konnte mich kaum auf die Menschen und die Ware auf dem Markt konzentrieren. Mein Ziel war es, das Ende des Marktplatzes ohne ein Schlammbad zu erreichen.

Scheußlich ungemütliches und regnerisches Wetter mit einer Temperatur unter zwanzig Grad verdarb mir meine Laune. Mürrisch griff ich nach den Reißverschlüssen an meiner Jacke, um meine klammen Hände zu wärmen. Meine linke Jackentasche war geöffnet und leer. Ich hatte dort mein Portemonnaie erwartet.

„*Help! Help!* Spricht hier irgendjemand Englisch? *Help! Help!*", schrie ich panisch. Ich war beklaut worden.

Ich fühlte mich wie eine Verrückte und genauso starrten mich die Menschen an. Immer wieder schrie ich nach Hilfe, bis schließlich jemand kam.

„*I speak English! What happened?*"

„Ich wurde bestohlen. Mein Portemonnaie ist weg. Kannst du mich zur Polizei bringen?"

Ehe der Mann antworten konnte, kam ein kleiner Junge auf uns zu. Er war vielleicht sieben Jahre alt.

„Er sagt, er hat den Dieb gesehen."

„Kannst du mit zur Polizei kommen?", bat ich den Jungen.

Zu dritt gingen wir zu einem Polizeibüro auf dem Markt. Zwei Polizisten saßen in einem Zimmer und wirkten überfordert. Auch sie konnten kein Englisch.

„Die beiden werden den Dieb suchen. Ich soll dich solange zum Hauptbüro bringen."

Nervös rutschte ich auf meinem Stuhl hin und her.

Ein älterer Polizist saß mir gegenüber und versuchte mich zu beruhigen. „Wir finden den Dieb!"

„Wissen Sie", erklärte ich meine Nervosität, „es ist auch meine Kreditkarte drin."

Sie war mir wichtiger als die hundert Dollar, die ich dummerweise bei mir getragen hatte.

So schwammig viele der Erinnerungen an Äthiopien sind, so prägnant ist diese.

Es waren etwa dreißig Minuten vergangen, als zwei Polizisten einen Mann mit schwarzem Kapuzenpulli grob vor sich hertrieben, wobei sie einen Knüppel einsetzten.

„Sie haben ihn beim Glücksspiel erwischt", übersetzte mir der Mann vom Marktplatz ihre Erläuterungen. „Er hatte schon viel verspielt."

Ich bekam mein Portemonnaie mit fünfundfünfzig Dollar zurück. Woher wussten Sie, dass es vorher mehr gewesen war? Ich äußerte diese Zweifel nicht laut und freute mich stattdessen über die Leistung der Polizisten und über meine Kreditkarte.

„Die Uniform ist bei der Verfolgung gerissen."

Ich sah die Uniform an. Das rechte Hosenbein wurde nur noch von Fäden zusammengehalten. „Vielen Dank für Ihren Einsatz!"

Der Dieb saß mir schweigend auf einer Holzbank gegenüber. Er war in sich zusammengesunken, verkrochen in seinem großen, schwarzen Kapuzenpulli. Die Kapuze warf einen Schatten auf sein Gesicht und ich konnte seine Augen nur erahnen. Ich musste seine Augen nicht sehen. Eine Träne schimmerte auf seiner Wange. Meine Glücksgefühle schwanden. Ich fühlte mich schuldig. Er versuchte schüchtern Kontakt zu mir aufzunehmen.

Zum ersten Mal sah ich direkt in seine verweinten Augen, die mich um Gnade anflehten. Mit ihnen schrie er mich an, ohne einen Laut von sich zu geben: „Bitte hilf mir!"

Jetzt erst fiel mir auf, dass er bei seiner Ankunft gehumpelt hatte. Er war offensichtlich verprügelt worden. Mit versteinertem Blick starrte ich ihn an. Ich war mit der Situation überfordert. Ich war zu keiner Regung imstande, in meinem Kopf jedoch rasten die Gedanken und überholten einander: „Bleib ruhig, beobachte die Situation. Du bist Gast und kennst die Regeln nicht", ermahnte ich mich.

Neben mir standen die zwei Polizisten, die ihn ergriffen hatten. Sie sprachen mit dem Mann, doch ich verstand kein Wort. Mir blieb nur, die Körpersprache und den Tonfall zu studieren und zu interpretieren.

Der Polizist war plötzlich außer sich vor Wut. Er brüllte wild gestikulierend.

Der Dieb warf mir einen letzten flehenden Blick zu.

Doch von mir war keine Hilfe zu erwarten.

Der Mann wandte sich von mir ab und sein Kopf drehte sich langsam zum Polizisten. Ich zuckte zusammen, als der schwere Polizeistiefel im Gesicht des Mannes landete.

Ein lautes und gequältes Jammern ertönte.

Mein erster Impuls war es, wegzulaufen. Ich musste bleiben. Weglaufen wäre kindisch gewesen. Im Grunde war ich in diesem Moment ein Kind, das den Unterschied zwischen Gut und Böse bisher nicht gelernt hatte. Ich war verunsichert. In meinem Land wäre die Lage für mich eindeutig gewesen. Ich wäre vermutlich empört aufgesprungen und hätte das Verhalten des Polizisten zur Anzeige gebracht. Vermutlich hätte ich die Presse über den Vorfall informiert. Nur war ich weit weg von zu Hause.

Ich sah wieder auf die zerrissene Uniform des Polizisten. Sein Handeln gegenüber dem Dieb verurteilte ich, gleichzeitig war ich ihm für seinen großen Einsatz, den Dieb zu finden, unendlich dankbar. Ohne ihn würde ich in großen Schwierigkeiten stecken. Mein Rechtsverständnis duldete diese Art von Polizeigewalt trotzdem nicht. Ich wollte den Mann, der mich bestohlen hatte, vor weiteren Schlägen schützen. Vielleicht hatte er gute Gründe, mich zu bestehlen. Was, wenn zu Hause eine hungernde oder kranke Familie auf ihn wartete? Zugleich passte meine Denkweise nicht in diese Realität. Wenn ich ihn beschützte, würde er dann weiter Touristen bestehlen? Womöglich würde er denken, dass es Weißen nichts ausmachte, bestohlen zu werden. Im Gegenteil, sie beschützten Diebe sogar vor der Polizeigewalt. Vielleicht würde er anderen von dem Ereignis erzählen und meine vermeintlich gute Tat würde mehr Diebe hervorrufen. So eine gesellschaftliche Entwicklung würde dem Tourismus hier und damit ehrlichen Äthiopiern schaden. Würde ich damit nicht auch die Autorität der Polizisten infrage stellen? Würden sie dem nächsten Touristen wieder mit so viel Einsatz helfen?

Vielleicht gingen meine Gedankenspiele zu weit, aber mir wurde klar, dass es nicht darum ging, was nach meinem Weltbild richtig oder falsch war. Wichtiger war die Frage, was mein Verhalten für Folgen in diesem Land gehabt hätte. Trotzdem begleitet mich diese Situation bis heute. Ich kann diese brutalen Bilder nicht mehr löschen und die Fragen, die ich niemandem stellen konnte, bleiben unbeantwortet. Ich versuchte, die Lage schnell zu analysieren, um vielleicht nicht richtig, aber wenigstens der Situation angemessen zu handeln. Je nachdem, aus welchem Blickwinkel ich die Situation betrachtete, fühlte sich jede Reaktion mal falsch und dann wieder richtig an. Ging es um mich, den Polizisten oder den Dieb? Oder ging es um keinen von uns, sondern um das große Ganze? Ich traf eine Entscheidung. Ich griff nicht ein. Ich ließ die Polizei gewähren. Ich hatte gelernt, fremde Kulturen nicht mit dem Vorschlaghammer verändern zu wollen. Ich versuchte mich zurückzuhalten, egal, wie schwer es mir fiel. Ich war ein Gast und musste mich dem Land anpassen – nicht umgekehrt.

Schließlich brachten die Polizisten den Mann in die Zelle. Ich konnte ihn nicht mehr sehen, doch ich hörte die Schläge und das Wimmern von fern.

Enttäuscht und deprimiert lief ich am Abend durch die Stadt. Äthiopien war mein Traumziel gewesen und dieser Traum zerfiel zusehends.

Die Palmenallee in der Innenstadt war schön, doch ich konnte den Ort und den Moment nicht genießen.

„Möchtest du einen Drink?"

Ein paar Jungs saßen im Außenbereich einer Bar. Wollte ich?

„Ich hatte einen blöden Tag. Ich will eigentlich nur ins Bett."

Sie hatten ehrliches Interesse. „Was ist denn passiert? Komm, setz dich", schlug einer der Jungs vor, der ausgezeichnetes Englisch sprach.

Ich erzählte von meinem Tag.

„Hast du Lust, morgen gemeinsam mit uns zu frühstücken? Dann zeige ich dir die Stadt und du wirst nicht beklaut."

Ihm schien wirklich daran gelegen, mir zu zeigen, dass Bahir Dar eine tolle Stadt war und so akzeptierte ich die Einladung gerne.

Pfannkuchen und Orangensaft machten das Leben gleich besser. Ich fühlte mich bereit, Äthiopien eine neue Chance zu geben.

Ich hatte mich auf meinen Besuch in Bahir Dar nicht vorbereitet und wie meistens auf das Schicksal gebaut, etwas Spannendes zu erleben.

„Was kann ich denn so in Bahir Dar machen?"

„Es gibt Bootstouren zu den Klöstern."

„Das klingt interessant. Kannst du mir helfen, Tickets zu kaufen? Ich will nicht zu viel bezahlen."

„Klar! Ich habe einen Freund, der die Touren anbietet. Warte, ich rufe ihn kurz an."

Kurze Zeit später standen wir bei seinem Freund am Tanasee. Dort waren schon fünf weitere Touristen, darunter auch Martin aus Deutschland.

„Die anderen dürfen nicht wissen, wie viel du bezahlst", flüsterte mir meine Frühstücksbegleitung zu.

„Warum?"

„Dein Preis ist viel geringer. Mein Freund bekommt sonst Probleme."

„Dann bezahle ich lieber den normalen Preis."

Der Unterschied war fünf Euro. Das schmerzte mich weniger als ihn.

Die Fahrt in dem kleinen Motorboot war für alle ein Abenteuer. Für mich jedoch war ein Boot, aus dem nicht fortlaufend Wasser geschöpft wurde, Luxus. Bei dieser Gelegenheit wurde mir bewusst, wie einzigartig schön die Erlebnisse der vergangenen Monate waren.

Die Klöster ließen erahnen, warum Äthiopien etwas Besonderes war. Die Klosterwände waren mit christlichen Malereien aus dem sechzehnten

Jahrhundert verziert. In einem der Klöster waren prachtvolle Gewänder der vielen Regionen Äthiopiens aus mehreren Jahrhunderten ausgestellt. Sie strahlten hinter Glas in kräftigen Farben.

In keinem anderen Land hatte ich so viel Kultur und Geschichte ausgestellt gesehen. Äthiopien zeigte mir, wie Afrika sein könnte, wäre es nie kolonialisiert worden.

„Wohin fährst du als nächstes?", fragte ich Martin, den anderen deutschen Touristen an Bord.

„Nach Lalibela, morgen fährt mein Bus. Und von dort nach Mek'ele und zum Vulkan."

Martin war Anfang zwanzig und auf Wanderschaft. Ich beschloss, mich ihm anzuschließen. Er war gut vorbereitet und ich war es überhaupt nicht. Ich wusste weder, was es in Lalibela noch was es in Mek'ele zu sehen gab.

Martin zeigte mir, wo er in Bahir Dar übernachtete und was er bezahlte.

„Du bezahlst zehnmal mehr als ich. Komm, es gibt sicherlich noch ein Zimmer da, wo ich schlafe."

„Die eine Nacht bleibe ich noch, aber vielleicht können wir uns in Lalibela ein Zimmer teilen?"

Wir halfen uns gegenseitig. Ich war für die spontanen Lösungen und er für die geplanten Aktivitäten zuständig.

Martin hatte seine Busfahrt bereits vorab organisiert. Ich schlug mich mit mehreren Bussen bis nach Lalibela durch.

Auf dem Weg zu touristischen Attraktionen trifft man häufig auf andere Touristen. Je näher ich Lalibela kam, desto mehr Europäer begleiteten mich. Es zeigte sich, wie viel ich auf meiner Reise gelernt hatte. Einige Männer boten uns Touristen energisch an, die Koffer und Rucksäcke auf dem Dach des Busses zu verstauen und sie auch wieder herunterzuholen. Ich lehnte das Angebot ebenso energisch ab und ersparte mir dadurch, sie für die Dienstleistung zu bezahlen. Die anderen hatten das Angebot als Serviceleistung verstanden und bezahlten unter Protest.

In Lalibela angekommen traf ich mich mit Martin und wir suchten uns eine Unterkunft. Das Zimmer teilten wir uns. Es war schon spät, sodass die elf Felsenkirchen bis zum nächsten Tag warten mussten.

Martin war ein Wandergeselle und saß mir in seiner Kluft gegenüber. Er war eine Erscheinung und ich konnte erahnen, wie viel Aufmerksamkeit er in Afrika erregte. Ein großer Mann mit schwarzem Hut, schwarzer Schlaghose, schwarzer Weste mit auffälligen Knöpfen und einem weißen Hemd.

„Erzähl mir von deiner Wanderschaft", bat ich ihn.

Ich fand die Tradition, „auf die Walz" zu gehen, interessant. Es war eine andere Welt, und es war kurios, in Äthiopien zu sitzen, um etwas über diese deutsche Kultur zu erfahren.

„Ich war in Somaliland beim Roten Kreuz", antwortete Martin. „Jetzt reise ich noch durch Äthiopien und dann geht die Walz in Deutschland weiter."

„Woher weißt du, wie eine Walz gemacht wird? Ich meine, wer zeigt dir, wie alles funktioniert?"

„Du wirst von jemandem abgeholt und begleitet, der selbst auf Walz ist. Als erstes betrinkst du dich und bekommst einen Ohrring."

„Einen Ohrring?"

„Ja. Du wirst an den Tisch genagelt."

„Was? Das tut doch weh!"

„Deshalb betrinkt man sich ja. Ich habe nichts gemerkt."

„Wow. Und warum muss jeder einen Ohrring haben?"

„Früher wurde damit die Beerdigung bezahlt, wenn man auf der Walz verstarb."

Ich liebte es zu hören, wie diese alte Tradition am Leben gehalten wurde.

Am nächsten Morgen machten wir uns sogleich auf zu den Kirchen. Wir standen am Eingang zu den Felsenkirchen und erschraken bei dem Blick auf das Preisschild.

„Fünfzig US-Dollar?!"

Das war natürlich der Touristenpreis. Einheimische Pilger konnten die Felsenkirchen gratis betreten. Ich konnte nachvollziehen, dass Touristen im Gegensatz zu Einheimischen einen Eintrittspreis zahlen mussten, doch fünfzig Dollar fand ich unverhältnismäßig. Ich hätte es zwar interessant gefunden, aber nicht genug, um so viel zu zahlen. Weder Religion noch Geschichte gehörten zu meinen ausgeprägten Interessengebieten. Glücklicherweise waren Martin und ich uns einig und verzichteten auf einen Besuch.

„Es gibt noch eine Felsenkirche, die günstiger ist. Die liegt allerdings weiter weg", klärte mich Martin auf. Er entwickelte sich allmählich zu meinem privaten Reiseführer.

„Dann lass uns dahingehen."

Wir gingen und gingen und gingen. Immer weiter bergauf. Meine Magenkrämpfe kamen zurück. Bei jeder Anstrengung wehrte sich mein Körper mit brutalen Schmerzen, um mich zum Aufgeben zu zwingen. Es war ein regelrechter Kampf, den ich nicht verlieren wollte, auch wenn es ein Spiel mit meiner Gesundheit war.

Einige Jungs, ich schätzte sie auf etwa zehn Jahre, kamen zu uns gelaufen.

„*Money for books*", riefen sie und reichten uns einen Zettel.

„*Which books?*", wollte ich wissen. Es war ein Test. Ich zweifelte ihr Vorhaben, sich Bücher zu kaufen, an.

Sie sahen einander ratlos an.

„Erwischt", dachte ich.

„*School books.*"

„Für welches Fach?"

„*Money.*"

„*Sorry. No*", wies ich sie zurück.

Sie gaben auf und verschwanden enttäuscht.

Kurze Zeit später wurden wir von weiteren Kindern verfolgt.

„*Money, money, money*", riefen sie.

„Nein. Es gibt kein Geld."

„*Sweets*", änderten sie nun ihre Strategie und streckten die Hände aus.

„Nein. Wir haben auch keine Süßigkeiten."

„*Pens.*"

„Es tut mir leid. Wir haben auch keine Kugelschreiber."

Störrisch gingen wir weiter und wurden über lange Zeit mit Steinen beworfen.

„Lasst das. *Go away*", sagte ich energisch.

Sie ließen es nicht. Diese Situation war ein fantastisches Beispiel dafür, was finanzielle oder anderweitige Zuwendungen von Touristen auslösen. Sie stören und zerstören Kulturen. Dieses aggressive Betteln von Kindern kam nur in touristischen Regionen vor.

Es wäre bitter nötig, Afrikareisende hier aufzuklären. Solange sie bettelnden Kindern Geld geben, halten sie diese Kinder davon ab, sich entsprechend ihrer eigenen Kultur zu entwickeln. Wenn man helfen möchte, dann durch die Unterstützung von Hilfseinrichtungen, die langfristige Projekte unter der Berücksichtigung der Kultur durchführen.

Der Aufstieg war psychisch und physisch eine Zumutung gewesen.

Die Ereignisse hatten auch Martin berührt.

Als wir endlich die Felskirche erreichten, entschied er sich gegen einen Besuch. „Ich will nicht, dass die Menschen denken, wir hätten so viel Geld. Ich warte hier auf dich."

Ein verrostetes Schild aus Metall verriet die Eintrittspreise. Die Zahlen waren nicht aufgedruckt, sondern aufgemalt, sodass sie leicht angepasst werden konnten. Zu diesem Zeitpunkt wurden zweihundert Birr[21] verlangt; Fotos und Videos waren erlaubt.

„Der Aufstieg war so anstrengend", sagte ich, „bist du dir sicher, dass du jetzt auf die Besichtigung verzichten willst?"

„Ja, aber geh ruhig. Ich warte."

Er setzte sich hin und ich ging die letzten Meter bis zur Felsenkirche, die optisch mit der Felswand eins und von Weitem kaum als Gebäude auszumachen war.

Ein Mönch in weißem Gewand und weißem Turban zeigte mir die Reliquien. Goldene Kreuze, alte Bücher und Gemälde waren sein ganzer Stolz. Er begleitete mich durch die schmalen Gänge in die lichtarmen Räume.

Wolken zogen auf und so machte ich mich nach dreißig Minuten wieder auf den Rückweg.

Leider schafften Martin und ich es nicht trocken zurück in die Stadt. Es schüttete wie aus Kübeln. Nach nur drei Minuten waren wir bis auf die Unterhosen durchnässt.

---

21 Damals etwa fünf Euro.

Eine Frau sah uns rennen und winkte uns ins Haus.

Wir konnten nicht kommunizieren, doch für Herzlichkeit braucht es keine Worte. Sie bot uns an, auf ihrem Fußboden Platz zu nehmen und servierte uns Tee und Brot. Der Tag hatte ein gutes Ende genommen.

Zurück in unserer Unterkunft besprachen Martin und ich unseren weiteren Plan.

„Ich werde morgen um neun Uhr von einer Agentur abgeholt und nach Mek`ele gefahren", teilte er mir mit.

Nach einem kurzen Telefonat war klar, dass dort kein Platz mehr frei war.

Ich beschloss, einen Linienbus nach Mek`ele zu nehmen. Dort konnten wir uns dann treffen.

Der Bus sollte um halb sechs oder nach äthiopischem Zeitformat um dreiundzwanzig Uhr dreißig abfahren. Zum Glück fiel mir das Einschlafen sehr leicht. Mein Körper war dankbar für jede Pause, die ich ihm gönnte.

Mein Handy klingelte um fünf Uhr. Ich wollte nur noch fünf Minuten schlummern, bevor ich aufstand, und stellte den Alarm aus. Doch als ich wieder auf die Uhr sah, war es bereits sechs. Ich schrak hoch. Nun hellwach griff ich nach meinen Siebensachen, stopfte sie in meinen Rucksack und raste zum Busbahnhof.

Gähnende Leere. Kein einziger Bus parkte dort.

„*Sorry, Sir,* gibt es noch einen Bus nach Mek`ele heute?", fragte ich den einzigen Mann, der sich dort aufhielt.

„*No bus.*"

Okay. Verdammt. Was sollte ich jetzt tun? Zunächst ging ich zurück, um Martin von meinem Dilemma zu berichten.

„Es gibt heute keinen Bus mehr."

„Ich werde um neun Uhr abgeholt. Warte doch, vielleicht gibt es ja kurzfristig einen Platz."

„Das Risiko ist mir zu groß. Es sind immerhin dreihundert Kilometer. Ich sollte keine Zeit verlieren. Ich werde trampen."

Also stiefelte ich los und ärgerte mich über mich. Wie hatte ich weiterschlafen können? Ich wusste doch um die immense sprachliche Barriere in Äthiopien.

Lalibela liegt erhöht und so ging es auf glitschiger Straße stetig bergab. Woher kam nur der ganze Regen? Mit Äthiopien verband ich vor allem Dürren. Ich jedoch schlitterte auf matschigen Straßen durch das Land.

Autos passierten keine, aber einige Kleinbusse. Ob sie wohl nach Mek'ele fuhren? Ich hatte keine Möglichkeit, danach zu fragen. In einem Land mit anderer Schriftart und in dem kaum jemand Englisch sprach, war ich wie taub, stumm und blind zugleich.

Störrisch ging ich weiter die glitschige Straße hinab.

Ein Auto hielt an. Auf dem Beifahrersitz saß ein Chinese in einem Anzug. Offensichtlich ein Geschäftsmann und sein Chauffeur.

„*Where are you going?*"

„*To Mek'ele.* Können Sie mich bitte mitnehmen?"

„Wir können dich ein Stück mitnehmen. Ich bin auf dem Weg zum Flughafen."

„Danke! Mir hilft jeder Meter."

Der Einfluss Chinas wird in Afrika stetig größer. Ich war in Äthiopien gefragt worden, ob ich Chinesin sei. Chinesen waren in Gebieten außerhalb der touristischen Hotspots häufig die einzigen Ausländer mit heller Haut.

Der Wagen machte einen kurzen Halt für Geschäftliches und ich bewunderte den chinesischen Geschäftsmann, wie er mit Personen verhandelte, die vermutlich für ihn arbeiteten. Ich war nicht einmal in der Lage gewesen, einen Bus nach Mek'ele zu bekommen.

Leider war bald der traurige Moment gekommen, an dem ich das Auto verlassen und wieder allein zurechtkommen musste.

Der Ort stimmte mich nicht hoffnungsvoll. Es gab ein Häuschen, einen Sandweg Richtung Flughafen und eine Straße, auf der augenscheinlich nicht viele Autos fuhren. Meine Möglichkeiten waren begrenzt, also ging ich verzweifelt weiter.

Nach einigen Hundert Metern setzte ich mich nieder und weinte.

Zu einem anderen Zeitpunkt der Reise hätte ich mich gelassen zurückgelehnt und gewartet. Notfalls hätte ich mein Zelt aufgeschlagen.

In diesem Moment kam alles zusammen: Die Kinder, die uns mit Steinen beworfen hatten, meine schlechte Verfassung, das Ärgernis über meine eigene Dummheit, den Bus verschlafen zu haben, die Machtlosigkeit und ein gnadenloser Hunger.

Aus dem Augenwinkel sah ich zwei dürre Frauen von hinten auf mich zukommen. Sie trugen lange Gewänder und von ihren Köpfen hingen Schals locker herunter.

Sie kamen immer näher. Langsam, aber stetig. Ich saß mit dem Rücken zur Straße auf dem Boden, umklammerte meine Beine und hatte die Stirn auf die Knie gelegt. Ich fand meine Körpersprache eindeutig: „Ich will alleine sein!"

Als ich unter meinem Arm vorsichtig nach hinten schielte, sah ich, wie eine der beiden Frauen nach meinem, so glaubte ich, Rucksack griff.

Ruckartig drehte ich mich um und schrie aus voller Brust: *„GO AWAY! GO! GO!"* Meine Stimme überschlug sich. Es war eher ein Keifen. Ich verhielt mich wie ein Tier im Überlebenskampf. Die Frauen liefen davon.

Entweder hatte ich gerade meinen Rucksack beschützt oder mich selbst möglicher Hilfe beraubt.

Heute tut mir diese Reaktion leid. Sie hatten vermutlich nur helfen wollen und ich hatte sie behandelt wie Diebinnen. Mein Vertrauen in das Land und seine Leute war nicht ohne Grund erschüttert.

Ich hatte kein Wunder verdient, doch es kam. Ein Bus, der nach Mek'ele fuhr, hielt an.

Mein verweintes Gesicht erzeugte Mitleid. Eine Dame bestand darauf, mir einen Orangensaft im Tetrapak zu schenken. Dieser Tetrapak verwandelte meine Stimmung innerhalb weniger Sekunden von „am Boden zerstört" zu „unglaublich glücklich". Ich fühlte mich nicht mehr alleine. Es gab Menschen, die halfen; auch in Äthiopien.

Ich kam spätabends in Mek'ele an. Gerade rechtzeitig, um mich noch in Martins Touristengruppe einzuklinken und die Tour zu buchen. Martin hatte ihnen bereits Bescheid gegeben und sie hatten noch auf mich gewartet.

Er und ich teilten uns wieder ein Zimmer.

„Ich habe unglaublichen Hunger", gestand ich, „ich habe heute noch nichts zu mir genommen, außer einem Orangensaft."

Martin ging glücklicherweise darauf ein: „Komm, wir suchen ein Restaurant."

Ich war froh darüber, denn es war dunkel und chaotisch auf den Straßen, eine sehr unangenehme Kombination. Wir wollten uns nicht weit vom Hotel entfernen und kehrten in dem erstbesten Restaurant ein. Im schummrigen Licht standen viele kleine Tische, die durch niedrige Wände voneinander getrennt waren.

„Das sieht gemütlich aus", stellte ich fest und wir blieben.

Das Essen kam in kleinen Tonschalen, Fleischstücke in einer pikanten Soße und dazu Brot. Wir wussten beide nicht, was es genau war, aber es war köstlich, was vielleicht auch an meinem Hunger lag.

„Ich glaube, wir sind in einem Bordell", merkte Martin plötzlich an.

„Wie bitte? Warum denkst du das?"

„Ich beobachte schon die ganze Zeit, wie eine Frau immer wieder in dieses Zimmer dort neben der Bar geht. Kurze Zeit später kommt jedes Mal ein anderer Mann dazu und sie verlässt das Zimmer nach einiger Zeit wieder."

„Echt?" Nun beobachtete auch ich die Geschehnisse an der Bar und stellte fest: „Du hast recht. Hier sind außer mir auch nur Männer." Wieso war mir das noch nicht aufgefallen?

Vielleicht, weil es keineswegs schmuddelig oder anrüchig wirkte. Später informierte ich mich und fand heraus, dass Prostitution legal war, aber Bordelle und Zuhälterei illegal waren. Vielleicht war es also ein Restaurant, in dem Prostituierte Kundschaft fanden.

Am nächsten Tag ging es gegen zehn Uhr los. In einer Karawane aus fünf Jeeps machten wir uns auf den Weg zum Vulkan Erta Ale.

Es war ein gefährliches Unterfangen. Der Erta Ale liegt in der Afar Region, und diese wurde immer wieder von islamistischen Terroristen heimgesucht. Eine solche Tour konnte tödlich ausgehen. Nur einige Monate nach meinem Besuch wurde ein deutscher Tourist auf diesem Ausflug getötet.

Nach etwa einer Stunde erreichten wir Abala, eine kleine Stadt, die auf den ersten Blick wie eine Straße mit einigen Häusern am Straßenrand wirkte. Dort war wohl das letzte Restaurant, wo wir uns vor der etwa sechsstündigen Fahrt stärken konnten.

Wir bekamen Spaghetti zu essen. Die Idee war vermutlich gewesen, alle Touristen, egal, woher sie kamen, zufriedenzustellen.

Auch unsere Reisegruppe war eine Mischung aus allerlei Nationen. Ein englischer Medizinstudent mit seinem humpelnden Vater mit kaputtem Knie, drei junge Pärchen aus Spanien, die aussahen, als würde ihr nächster Halt die Olympischen Spiele sein und noch einige mehr.

Auch hier kamen sofort Kinder auf uns zu und wollten Geld oder Geschenke. Ich befürchtete, erneut mit Steinen Bekanntschaft zu machen.

Die Spanier waren vorbereitet. Sie vergaben Süßigkeiten und Buntstifte.

„In Lalibela wurden wir von Kindern beworfen, weil wir ihnen nichts gegeben haben. Es ist, glaube ich, nicht gut, aus fremden Ländern zu kommen und Geschenke zu verteilen. Man erweckt unrealistische Erwartungen."

„Ich bin Sportlehrerin", entgegnete mir eine junge Spanierin, deren T-Shirt kurz genug war, um ihre Bauchmuskeln zu sehen. „Mir ist es wichtig, dass die Kinder Stifte für die Schule haben."

Ich ließ es bleiben. Ich wollte keinen Konflikt und würde doch nichts ändern können. Die Reiseagenturen müssten aufklären.

Die Afar Region gehört mit Temperaturen bis zu fünfundvierzig Grad Celsius zu den heißesten Regionen der Welt.

Ich trug eine lange Hose und ein langärmliges T-Shirt. Mir war kalt. Auch die Guides waren warm angezogen. Was war hier los?

Esel und Ziegen säumten die Straßen und so schlängelten wir uns mit dem Bus langsam durch das Hochland.

Sobald wir in die Senke fuhren, veränderte sich das Landschaftsbild abrupt. Esel und Ziegen wurden durch Kamele ersetzt.

„*How much?*", wollte der Fahrer von uns wissen.

„*How much?*", fragte ich nach.

„*Hot. How much hot?*"

Ach so. Wie viel Grad es sind? Ich weiß es nicht."

„Neunundzwanzig", sagte er.

Alle zehn Minuten fragte er nach, und die Temperatur stieg stetig an.

Die Jeeps hielten an und die Fahrer tauschten ihre Winter- gegen Sommerkleidung ein und banden sich Tücher um ihre kahlen Köpfe.

Ich konnte mich nicht ohne Sichtschutz umziehen und musste mit meiner langen Kleidung leben. Es würde schon gehen, dachte ich. Doch es ging überhaupt nicht. Die Temperaturen waren unerträglich. Ich saß auf der Rückbank mit zwei anderen, und mir wurde schlecht.

„Bitte, darf ich vorn sitzen? Ich halte die Hitze nicht aus."

Zähneknirschend tauschte der Mitreisende, der den Beifahrersitz mit Fahrtwind ergattert hatte, den Platz mit mir.

Der Fahrtwind verschaffte nur milde Linderung.

„Vierzig!", gab uns der Fahrer ein Temperaturupdate.

Und wohin das Auge reichte: nur Sand.

Durch den Sand verliefen Fahrspuren der Jeeps. Die Fahrer hatten sichtbar Spaß. Sie wechselten die Spuren und rasten aneinander vorbei.

Wir kamen an einer kleinen Gemeinde vorbei. Die Kinder liefen auf uns zu, als sie die Autos sahen. Sie hatten auf uns gewartet. Die Fahrer gaben Wasser in Flaschen aus, bevor wir weiterfuhren.

Wieso lebte man hier? Wer hatte jemals gedacht: „Hier ist es schön. Lass uns hierbleiben", und sich hier angesiedelt. Und warum verließen die Menschen diese menschenfeindliche Gegend nicht?

Wir erreichten ein Feld aus Lavagestein, das wir noch langsamer als im Schritttempo befuhren. Ein Mann mit einem Kamel überholte uns. Nach einer Stunde hatte wir fünf Kilometer zurückgelegt und erreichten den Militärstützpunkt.

Ich hätte diese acht Steinhütten nie als Stützpunkt für das äthiopische Militär ausgemacht. Einige Soldaten hielten hier die Stellung gegen islamistische Terroristen.

Es waren fast fünfundvierzig Grad Celsius. Ich lehnte mich an eine der Steinhütten und genoss es, nichts tun zu müssen.

Einer der Guides ging durch das Camp und kam auch zu mir. „Das Essen ist fertig."

Gurken. Tomaten. Gedünstetes Gemüse. Dinge, die mein Magen kannte. Endlich konnte ich etwas essen, ohne Gefahr zu laufen, krank zu werden.

Ich haute richtig rein!

Um siebzehn Uhr brachen wir auf. Wir hatten gewartet, um die Hitze zu vermeiden. Das Thermometer zeigte immer noch über vierzig Grad an. Vor uns lagen zehn Kilometer Fußwanderung, etwa sechshundert Höhenmeter und eine trübselige Landschaft. Langsam schritten wir über den schwarzen Lavaboden. In der Ferne leuchtete und rauchte der Vulkan. Wie mächtig die Lava sein musste, wenn sie den Himmel über dem Vulkan rötlich färbte.

Soldaten rannten in voller Ausrüstung an uns vorbei.

„Wie ist das möglich? Wie können die bei dieser Hitze laufen?"

„Hier können nur Soldaten stationiert sein, die aus dieser Gegend kommen. Sie bleiben immer nur einige Wochen", erklärte mir der Guide.

„Ich würde hier keinen Tag überleben", dachte ich.

Nach einer halben Stunde legten wir unsere erste Pause ein. Zehn Minuten, um Kräfte zu tanken.

Meine Strategie war, möglichst weit vorn in der Gruppe zu laufen, um die zehn Minuten voll auszukosten. Die, die langsamer waren, hatten entsprechend weniger Erholungszeit.

Nach eineinhalb Stunden brach meine Strategie ein und ich zusammen. Magenkrämpfe überfielen mich. Ich konnte keinen Schritt weiter und setzte mich hin. Die Gruppe zog an mir vorbei. Ich sah den humpelnden Engländer mit seinem drahtigen Sohn auf mich zukommen. Sie waren die letzten.

„Geh du weiter", forderte der Sohn seinen Vater auf. „Ich begleite sie."

Sein Vater zog weiter.

„Was hast du?"

„Ich habe Magenkrämpfe. Es geht mir seit einigen Wochen nicht mehr gut."

„Hier, trink das." Er kippte ein Pulver in mein Wasser. „Das sind Elektrolyte. Die sind wichtig für dich."

Einer der Guides kam und bot mir an, meinen kleinen Rucksack zu tragen. Trotz eines unangenehmen Gefühls nahm ich das Angebot an.

Langsam, aber stetig ging es weiter. Ohne Pause.

Nach insgesamt vier Stunden erreichten wir endlich den Gipfel.

„Wir müssen warten", stellte der Guide zu unserer Enttäuschung fest. „Der Wind steht schlecht und bläst die giftigen Schwefelgase in unsere Richtung."

Wie? Was? Ich hatte mich ohne Pause unter Schmerzen hochgequält und nun sollten wir warten?

Es blieb uns nichts anderes übrig. Wir warteten. Natur ist Natur.

Die Luft kühlte langsam ab und meine Magenkrämpfe ließen etwas nach.

„Okay. Wir können zum Krater", teilte der Guide uns endlich mit.

Ein letzter Aufstieg führte uns zur Krateröffnung.

Zäh bewegte sich ein Lavafluss durch den rotgelb glühenden See und wir standen Aug in Aug mit dem Inneren der Erde. Die Lava zog mich in ihren

Bann. Ich ging immer weiter an den Rand. Ein falscher Schritt und die Erde würde mich verschlucken.

Ein Windstoß aus Schwefeldämpfen riss mich aus diesem Bann. Augen, Rachen und Nase schmerzten. Wir alle entfernten uns unverzüglich vom Kraterrand. Sobald sich der Wind gelegt hatte, zog uns der Lavasee wie eine magische Kraft zurück. Das Spiel zwischen abstoßenden Dämpfen und anziehendem Anblick ging eine Weile, bevor wir zurückgerufen wurden.

„Wir kommen später wieder, wenn ihr möchtet."

Nun war es Schlafenszeit. Unser Schlafplatz war der Boden aus Lavagestein und unsere Bettdecke der freie Himmel.

„Zum Glück gibt es hier keine Tiere", merkte eine Spanierin an.

„Ach, hier gibt es bestimmt auch Tiere", warf ich ein.

„Ja, glaubst du?"

Eine Maus flitzte an uns vorbei. „Ich denke schon", sagte ich schmunzelnd und nickte ein.

Der Guide weckte mich auf: „Möchtest du noch einmal mit zum Krater?"

„Wie spät ist es?"

„Mitternacht."

„Ja, ich komme!"

Zurück am Krater erlebte ich einen sehr emotionalen Moment. Ich hatte vor sechs Monaten meine Reise in einer der modernsten Städte Afrikas, in Kapstadt, begonnen. Gesund, aber verängstigt.

Nun stand ich hier. In einem menschenfeindlichen Gebiet, am Abgrund des Kraters eines aktiven Vulkans, körperlich am Ende, aber ohne Angst. Die Reise hatte alles verändert. Die Angst hatte ich losgelassen, um nun frei zu sein.

In den frühen Morgenstunden ging es zurück. Auf die Strapazen folgte ein bitter nötiger Ruhetag. Alle mussten sich erholen und ich ganz besonders.

Ich verbrachte den gesamten Tag über der Kloschüssel oder auf meiner Isomatte. Während die anderen zu Abend aßen, erbrach ich meine letzte Magensäure.

Der darauffolgende Tag hielt noch einige Wunder der Afar Region für uns bereit. Der Salzsee Afrera, der hundert Meter unter dem Meeresspiegel liegt und wo laut unseres Guides mit zweiundfünfzig Grad Celsius die heißeste Lufttemperatur auf dieser Erde gemessen worden war.

Nicht weit entfernt fuhren wir an dürren Männern vorbei, die in der prallen Sonne mit ihren Hacken das Salz aus dem Boden ernteten.

„Wieso werden ihnen keine Maschinen zur Verfügung gestellt?", wollte ich wissen.

„Es wurde ihnen angeboten. Sie möchten das nicht."

Sie hatten recht. Das Denken „höher, schneller, weiter und das ohne Schweiß" hat der Welt und besonders der Umwelt nicht gutgetan. Diese Männer rangen mir Respekt ab. Ich weiß nicht, ob sie Maschinen aus Umweltschutzgründen ablehnten, ob sie die Tradition bewahren wollten oder ob sie um ihre Arbeit bangten. Egal, was es war, es war weise.

Und so hackten sie Salzblöcke aus dem Boden und beluden die wartenden Kamele damit.

Es ging weiter in eine unwirkliche Landschaft. Das Gebiet, das wir nun bereisten, nannte sich „Dallol", was übersetzt so viel heißt wie „der Ort ohne Wiederkehr".

Salzseen in giftigem Grün oder auch verführerischem Türkis lagen in einer Landschaft aus grellem Gelb, knallendem Rot und leuchtendem Orange. Dazwischen hohe weiße Salztürme.

Sie werden durch das heiße Wasser der Salzseen erschaffen. Es verdunstet nach oben, kühlt in der Luft ab, und dabei werden Mineralien freigesetzt, die über Jahrzehnte diese Schwefel-Salz-Landschaft erschaffen.

Froh darüber, diesen Ausflug gemacht zu haben, trat ich nun die Rückreise an. In drei Tagen würde mein Flug nach Hause gehen und es lagen noch tausend Kilometer bis nach Addis Abeba vor mir. Ich durfte kein Risiko eingehen und nahm wieder einen Bus. Die Busfahrt zog sich über zwei Tage. In Äthiopien galt ein Nachtfahrverbot, wie ich es schon in Sambia erlebt hatte. Also waren wir gezwungen, in einem kleinen Hotel zu übernachten.

Als der Bus endlich Addis Abeba erreichte, machte ich mich sofort weiter auf den Weg zu Binyam und seiner Familie, wo ich meine letzte Nacht in Afrika verbringen durfte.

Am nächsten Tag wollte ich gemeinsam mit Jonah das Nationalmuseum besuchen. Dort war „Lucy" ausgestellt. Das berühmte Skelett, das auf dreieinhalb Millionen Jahre geschätzt wurde.

Doch dazu kam es nicht.

In der Nähe des Mexico Squares, wo ich umsteigen musste, stellte ich zu meinem größten Entsetzen fest: Meine Jackentaschen waren offen und leer. Ich war auf dieselbe Weise wie in Bahir Dar bestohlen worden. Wie um Himmels willen konnte mir das passieren? Mein gesamtes Geld war in dem Portemonnaie gewesen. Ich hatte nicht damit gerechnet, noch einmal so kurz vor meiner Abreise bestohlen zu werden.

Wie sollte ich ohne Geld zum Flughafen kommen?

Ich musste Jonah schreiben, vielleicht konnte er helfen. Panisch griff ich nach meinem Handy. Es glitt mir aus den Händen und – voilà – war wieder kaputt. Totalschaden.

Ich setze mich auf die Straße und begann bitterlich zu weinen. Sofort bildete sich eine Menschenmenge um mich herum. Wie ein Tier in der Manege wurde ich beäugt.

Ich sprang hoch und stürmte durch die Menschenwand.

Noch dreieinhalb Stunden bis zum Flug. Ich rannte. Millione war der Einzige, der mir jetzt helfen konnte.

Außer Atem und weinend erreichte ich sein Geschäft.

„Was ist los?", rief er erschrocken.

„Mein Handy", ich reichte es ihm. „Man hat mich bestohlen. Ich habe kein Geld mehr und ich muss doch zum Flughafen."

„Wann geht dein Flugzeug?"

„In ungefähr drei Stunden."

„Ich glaube nicht, dass wir dein Portemonnaie so schnell finden, aber lass mich meine Jungs anrufen."

„Du kannst es wiederfinden?"

„Wenn wir einen Tag hätten, ganz sicher, aber drei Stunden sind sehr wenig Zeit."

„Ich muss in spätestens einer Stunde losfahren."

„Darf ich dein Handy benutzen, um meine Mutter zu kontaktieren?"

Ich schrieb meiner Mutter über WhatsApp. Zum Glück kannte ich ihre Telefonnummer auswendig.

„Mein Portemonnaie wurde mir geklaut. Ich habe kein Geld mehr. Bitte schicke mir Geld mit Western Union an den Flughafen in Dubai."

„Wie weit ist es zum Flughafen? Gibt es einen Bus dorthin?"

„Nein. Leider nicht."

Ich heulte und konnte mich nicht mehr beruhigen. Unter normalen Umständen hätte ich das Flugzeug fliegen lassen und gewartet, bis mein Portemonnaie gefunden worden wäre. Aber nicht an diesem Tag. Nicht so kurz vor einem der wichtigsten Tage im Leben meiner Freundin.

„Was soll ich denn jetzt machen? Ich darf das Flugzeug nicht verpassen."

„Ich zahle dir das Taxi", beschloss Millione.

Gerade noch hatte ich Äthiopien verflucht, doch durch Milliones Herzlichkeit und Großzügigkeit wendete sich das Blatt. Auch er war zu einem fremden Freund geworden, der mir wie Hunderte Afrikaner und Afrikanerinnen einen bedingungslosen Freundschaftsdienst erwiesen hatte.

Erleichtert, glücklich und dankbar stieg ich in das Taxi. Ich hatte es geschafft. Auf der Fahrt zum Flughafen dachte ich an all die Freunde, die ich auf meiner Reise kennengelernt hatte und an die, die mich zu Hause erwarteten. Ich würde es rechtzeitig zum Junggesellinnenabschied meiner besten Freundin schaffen. Hakuna Matata!

Erschöpft und im wahrsten Sinne am Ende meiner Kräfte am Krater des Vulkans Erta Ale im Nordosten von Äthiopien.

Beim Dallol handelt es sich um vulkanische Seen mit einem pH-Wert von nahezu null und einem Salzgehalt von fünfunddreißig Prozent. Das Wasser kommt zudem kochend heiß aus den Quellen. Aufgrund dieser extremen Bedingungen ist dort kein Leben möglich.

Nachwort

◪◪◪◪◪◪◪◪

Zum Schluss möchte ich einige Gedanken mit Ihnen teilen. Dinge, die ich häufig höre, sind: „Alleine als Frau?" Oder „Das war ziemlich naiv!" Oder auch „Du hattest aber viel Glück!"

Ich möchte diese Gelegenheit nutzen, um auf diese Aussagen näher einzugehen.

Beginnen wir mit dem Thema „Glück". Ja, davon brauchte ich viel, denn unter Stress, Hunger, Müdigkeit und Krankheit passieren Fehler. Man wird unaufmerksam und Missgeschicke geschehen schneller.

Doch eines ist sicher: Wir alle können Glück haben, wenn wir in Zeiten des Unglücks nicht aufgeben, sondern trotz allem weitermachen. Denken Sie an die Episode in Sambia, als ich mein Portemonnaie verlor, der Taxifahrer mich betrügen wollte und ich schließlich auf eine freundliche Verkäuferin traf, die mir half. Ich fand mein Portemonnaie wieder, weil ich mit Hilfe anderer weitermachte und nicht aufgab.

Und hier kommt der wichtigste Punkt: Glück ist oft nicht etwas Abstraktes. Glück sind die Menschen. Es waren immer Menschen, die mir glücklicherweise halfen. Ich war nie „glücklich", immer wieder die eine nette Person unter Millionen von „Feinden" zu finden. Es gibt einfach sehr viele wunderbare Menschen, die aus vollem Herzen helfen wollen. Leider sind es auch oft Menschen, die der Ursprung von Unglück sind. Doch die gute Nachricht ist: Diese Bösewichte stellen die Minderheit dar. Es lohnt sich, sich anderen Menschen zu öffnen.

Kommen wir nun zum Thema Naivität – oder aus meiner Sicht Zuversicht.

Zuversicht ist die Mutter von allem. Sie lässt uns an unsere Vorhaben glauben. Manche mögen sie als Naivität bezeichnen, aber das ist nicht zutreffend. Es ist der tiefe Glaube daran, dass trotz aller offensichtlichen Gefahren alles irgendwie gut wird. In meinem Fall speist sie sich aus tausenden Erfahrungen, bei denen ich gelernt habe: Es wird immer irgendwie gut.

Wir brauchen mehr Zuversicht in unserer Welt, denn nur so können wir unsere Träume verwirklichen und unsere Ziele verfolgen. Doch sie alleine wird nicht ausreichen. Denn bevor wir unsere Träume verfolgen können, müssen sie erst entstehen.

Hierfür benötigen wir die Neugier. Sie ist die treibende Kraft! Mein Plädoyer an alle Erwachsenen: Lassen Sie Kinder und Jugendliche träumen! Schränken Sie ihre Träume nicht ein, sondern lassen Sie sich davon inspirieren und träumen Sie mit. Unterstützen Sie sie dabei, ihre Träume Wirklichkeit werden zu lassen!

Ich wünsche allen Menschen, dass sie Neugier auf das „Andere" entwickeln. Doch die Neugierde sollten wir auf Reisen in die richtige Richtung lenken. Sie kann uns in Versuchung führen, respektlos und rücksichtslos mit Kulturen umzugehen. Ich wünsche mir, dass dieses Buch einen positiven Beitrag für den Tourismus leistet. Wir sollten nicht als Lehrende, geschweige denn als Belehrende, sondern als zurückhaltende Lernende in andere Länder reisen. Nicht als voyeuristische Beobachter, sondern als respektvolle, interessierte Besucher.

Meiner Meinung nach ist ein respektvoller Besucher jemand, der sich bemüht, sich in andere hineinzuversetzen. Ich bin weder für Lynchmorde noch für Polygamie, und ich trage kein Kopftuch. Aber ich verstehe, dass es aus der Sicht einer anderen Person als richtig angesehen wird. Länder und Menschen haben eine Geschichte, aus der sich Bräuche, Traditionen oder Verhaltensweisen entwickelt haben. Es lohnt sich zuzuhören, denn nur so können wir verstehen, und dann haben unsere Reisen einen nachhaltigen Wert. Im Idealfall führt Tourismus dann zu mehr Verständnis und Verständigung und hilft dabei, unsere Welt zu einen.

Kommen wir nun zur Frage, ob Frauen alleine reisen können.

Es brodelt in mir, wenn mir diese Frage gestellt wird. Jedes Mal könnte ich schreien! Die Antwort lautet: Ja, selbstverständlich können sie das! Frauen können alles. Natürlich gibt es für Frauen ein höheres Risiko in Bezug auf sexuelle Übergriffe, aber was sagt die Frage wirklich aus? Sie macht deutlich, dass Frauen immer noch mehr Gefahren ausgesetzt sind und es in unserer Welt immer noch schwerer haben. Statt ihnen mit solchen Fragen subtil zu vermitteln, sie seien leichtsinnig und sollten doch besser zu Hause bleiben oder nur in Begleitung reisen, sollten vor allem Männer aufstehen und sich für Frauen einsetzen. Sie sollten ihre Machtposition nutzen, um sich gegen Gewalt an Frauen stark zu machen und sich lautstark für Frauenrechte einzusetzen, damit Frauen dieselben Möglichkeiten und dieselbe Sicherheit wie Männer haben. Ich möchte jedoch auch anerkennen, dass es auf Reisen für mich als Frau manchmal sogar einfacher war als für alleinreisende Männer. Da jeder um die zusätzlichen Gefahren für Frauen weiß und sie grundsätzlich eher als Opfer betrachtet werden, erhielt ich häufig schnelle Hilfe. So bekam ich Einblicke in Kulturen, die männlichen Reisenden seltener zugänglich sind.

Einige haben mich gefragt, wie es war, nach Deutschland zurückzukehren. Ehrlich gesagt, war das Schönste, der Geruch meines liebsten Duschgels – endlich kein Kernseifen-Geruch mehr! Und Sie ahnen es vielleicht: Nicht mehr meine Wäsche per Hand waschen zu müssen. Ab und zu gönne ich mir immer noch eine Eimerdusche, um mich an die Zeit zu erinnern und mir selbst den Wert von Wasser vor Augen zu führen. Probieren Sie es doch mal aus und teilen Sie mir mit, wie es war.

Gleichzeitig war es ein enormer Kulturschock. Direkt nach meiner Rückkehr fand der Junggesellinnenabschied statt, und ich erlitt in der Karaoke-Bar eine Panikattacke und musste die Bar verlassen. Ich kann mir diese Reaktion bis heute nicht erklären. Vielleicht war es der Gruppenzwang, mitzusingen. Sechs Monate lang hatte ich in völliger Freiheit gelebt. Ich musste nichts tun, konnte zu hundert Prozent selbst entscheiden, wie es weiterging. Und plötzlich war dieser Zwang da. Die Freiheit war verschwunden. Zudem war ich von der Reise so erschöpft, dass ich in der letzten Bar bei lauter Musik am Tisch einschlief – ein lustiges Foto, das hoffentlich nie die Öffentlichkeit zu Gesicht bekommt.

Trotz der Herausforderungen des Junggesellinnenabschieds war es richtig, hingegangen zu sein. Denn hundertprozentige Freiheit hat ihren Preis: Man ist alleine. Alleine zu sein und komplette Freiheit ohne Zwänge zu genießen, ist etwas Schönes – nur eben nicht für immer. Wir müssen immer wieder abwägen, wie viel Freiheit für uns gerade richtig ist, was uns belastet und was wir daher loslassen sollten. Ängste loszulassen, ist ein erstrebenswertes Ziel. Heute bin ich verheiratet und habe zwei wundervolle Töchter, für die ich mit großer

Freude viel meiner Freiheit aufgegeben habe – aber aus Liebe. Und das ist der beste Grund.

Zum Schluss noch eine Anmerkung: Dieses Buch ist kein Reiseführer. Man könnte genau diese Route tausendmal bereisen, und jedes Mal wären die Erlebnisse völlig anders und einzigartig. Ich lade Sie dazu ein, mit mir in Kontakt zu treten und ihre Reiseerlebnisse mit mir zu teilen. Besuchen Sie meine Webseite (www.hjoerdislevnajic.de), auf der Sie weitere Bilder finden und die Informationen zu den Ländern wie Bevölkerungsdichte oder Religionszugehörigkeiten stets aktuell gehalten werden. Und natürlich freue ich mich jederzeit über eine nette Rezension.

Ich wünsche Ihnen alles Gute und viele faszinierende Erlebnisse, wo und mit wem auch immer Sie sich auf den Weg machen!